FRAGMENTS

D'UNE

HISTOIRE DES ARSACIDES

TOME PREMIER

FRAGMENTS

D'UNE

HISTOIRE DES ARSACIDES

OUVRAGE POSTHUME

DE M. J. SAINT-MARTIN

PUBLIÉ SOUS LES AUSPICES

DU MINISTÈRE DE L'INSTRUCTION PUBLIQUE

TOME PREMIER

PARIS

IMPRIMERIE NATIONALE

M DCCC L

AVERTISSEMENT

DE L'ÉDITEUR.

La commission[1] chargée du soin de publier, sous les auspices du ministère de l'instruction publique, les œuvres posthumes de MM. Abel Rémusat et J. Saint-Martin, termine cette honorable mission en livrant au jugement des savants les fragments laissés par M. Saint-Martin d'une histoire des Arsacides, qui fut son œuvre de prédilection dès les premières années de sa vie littéraire et scientifique. Le titre que nous donnons à cette dernière publication indique suffisamment l'état d'imperfection où se trouvait l'ouvrage, lorsque le fléau qui, en 1832, désola la France et tant d'autres contrées, ravit M. Saint-Martin à l'amitié de ses confrères et aux justes espérances qu'ils fondaient sur la vaste érudition d'un auteur qui venait à peine d'atteindre sa quarante et unième année. Non-seulement le monde savant regrettera avec eux que M. Saint-Martin ait laissé inachevé un travail où devait être traité, d'une manière complète, un des plus beaux sujets que

[1] Cette commission se compose de MM. Hase, Félix Lajard et Eugène Burnouf, membres de l'Institut (Académie des inscriptions et belles-lettres).

présente l'histoire ancienne de l'Asie occidentale, mais on déplorera la fatalité qui a voulu qu'une mort prématurée l'ait même empêché de revoir et de coordonner les parties de ce travail qu'il avait rédigées. Publiés par lui, les fragments de son histoire des Arsacides n'auraient présenté ni les lacunes, ni les imperfections, ni les incohérences qu'on y remarquera. Les unes et les autres doivent être imputées au manque de temps. Les incohérences sont, en particulier, le résultat des modifications que subissent inévitablement les opinions de tout écrivain consciencieux qui, ayant entrepris un ouvrage de longue haleine, rencontre sous sa plume, à mesure qu'il avance dans l'accomplissement de sa tâche, des faits, des rapprochements, des conséquences que d'abord il n'avait qu'entrevus, ou qui avaient entièrement échappé à son attention. On approuvera, sans doute, que la commission se soit abstenue de chercher à remplir aucune des lacunes qui existent dans le manuscrit de M. Saint-Martin. On approuvera certainement aussi qu'elle y ait laissé subsister les passages qui offrent quelques contradictions. Elle a voulu que le lecteur pût constater lui-même quelles modifications avait successivement éprouvées le sentiment de l'auteur sur l'authenticité de tel ou tel récit des historiens de l'antiquité et sur les conséquences qu'il convient de tirer des faits avérés. A l'exception de la rectification d'un petit nombre d'erreurs que l'auteur avait reconnues lui-même dans des notes volantes, les seuls changements, les seules améliorations que la commission ait permis à l'éditeur d'apporter au texte de M. Saint-Martin, se sont bornés à faire disparaître quelques négligences de style, à supprimer plusieurs répétitions inutiles, et à remplir les citations, presque partout restées en blanc. Ce dernier soin, l'éditeur se plaît à reconnaître ici qu'il n'aurait pu l'accomplir convenablement, s'il n'avait eu le secours de la riche érudition de ses deux collègues, MM. Hase et Eugène Burnouf.

Les recherches de M. Saint-Martin, commencées dès l'année 1816 ou 1817[1], s'étaient étendues aux quatre branches royales des Arsacides : les Arsacides de Perse, ceux d'Arménie, les Arsacides de l'Inde ou de la Bactriane, appelés rois de Kouschan dans les auteurs arméniens, comme dans les auteurs chinois; et les Arsacides septentrionaux, fréquemment désignés sous la dénomination de rois des Massagètes ou des Alains. L'auteur s'était proposé de remonter à l'origine et de tracer l'histoire de chacune de ces quatre branches royales, en y rattachant l'histoire de toutes les branches collatérales qui régnèrent sur quelques petits royaumes ou sur des principautés héréditaires. Les fragments qu'il nous a laissés

---

[1] Voy. *Nouv. Rech. sur l'époque de la mort d'Alexandre et sur la chronologie des Ptolémées*, etc.; Avertissement, p. I. Paris, Imprimerie royale, 1820.

comprennent seulement le résultat de ses recherches sur l'origine des Arsacides de Perse et des Arsacides d'Arménie, et l'histoire des premiers depuis leur avénement au trône des Achéménides jusqu'au moment où Corbulon s'efforce d'amener Vologèse, roi des Parthes, à conclure un traité de paix avec les Romains, et Tiridate à recevoir des mains de Néron la couronne d'Arménie, plutôt que de tenter, par la voie des armes, la conquête de ce royaume. Mais si le manuscrit de M. Saint-Martin s'arrête là, on aurait tort d'en conclure que là aussi s'arrêtaient les investigations de l'historien. Écrire était pour lui le plus pénible des labeurs. Il ne s'y livrait qu'avec répugnance, confiant, trop souvent peut-être, à sa prodigieuse mémoire le soin de retenir et de classer les faits, et préférant toujours le plaisir de courir après la découverte de nouveaux faits à l'obligation, fastidieuse pour lui, de coordonner par écrit ceux dont il avait déjà acquis la connaissance. Toutes les personnes qui, comme nous, ont été à portée de l'entendre parler de ses travaux historiques, attesteront, d'un commun accord, que, longtemps avant le jour où il a succombé à une violente attaque de choléra asiatique, il avait déjà lu tous les historiens orientaux ou occidentaux qui pouvaient lui fournir des renseignements pour achever la tâche qu'il s'était imposée. On en trouvera d'ailleurs une preuve irrécusable dans son Mémoire sur l'époque de la

AVERTISSEMENT.

fondation de la dynastie des Arsacides, que nous avons placé, comme appendice, à la fin du second volume des Fragments de son histoire des Arsacides; dans ses Mémoires sur la géographie et l'histoire de l'Arménie, imprimés en 1829[1]; dans les nombreux articles qu'il a fournis à la Biographie universelle de Michaud; dans les notes savantes dont il a enrichi son édition de l'Histoire du Bas-Empire par Lebeau; et enfin dans ses Recherches sur la Mésène et la Characène, que nous avons publiées en 1838[2]. L'auteur avait, dès 1818, présenté ces Recherches à l'Académie des belles-lettres comme un fragment détaché de son Histoire des Arsacides. Deux ans plus tard, il annonçait[3] cette histoire comme n'étant elle-même qu'une partie d'un travail beaucoup plus considérable, qui devait embrasser l'histoire ancienne de toute l'Asie occidentale, méridionale et septentrionale. En 1821, il lisait, dans une séance publique de la même académie, un discours très-remarquable sur l'origine et l'histoire des Arsacides, qui a été imprimé dans le Journal asiatique[4]. Nous le reproduisons ici[5], parce qu'il contient, sur certaines institutions des peuples de l'Orient et des Parthes en particulier, des vues neuves et des observations

---

[1] Paris, Imprimerie royale, 2 vol. in-8°.
[2] Paris, Imprimerie royale, 1 vol. in-8°.
[3] Voy. ses *Nouvelles Recherches sur l'époque de la mort d'Alexandre le Grand;* Avertissement, p. 1.
[4] Tom. I (août 1822), p. 65-77.
[5] Tom. II, p. 293-306.

qui ne se trouvent point dans les autres écrits de l'auteur.

M. Saint-Martin avait étudié, avec une attention particulière, l'origine et l'histoire des deux branches royales des Arsacides que l'Europe savante connaît le moins : les Arsacides indiens et les Arsacides septentrionaux. Mais il ne nous a laissé sur ces deux branches qu'un résumé très-succinct de ses recherches. Il l'a fait entrer dans son Mémoire sur l'époque de la fondation de la dynastie des Arsacides[1], mémoire dont, pour cette raison surtout, la commission n'a pas hésité à proposer au ministre l'impression intégrale, bien que la plupart des autres renseignements qu'il renferme se trouvent déjà, et avec plus de détails, dans les Fragments qui le précèdent. Combien les amis des sciences historiques n'auraient-ils pas à s'affliger si, en leur annonçant que la mort a surpris M. Saint-Martin avant la rédaction de son travail particulier sur les deux branches royales dont il s'agit, nous n'avions à ajouter que, de l'aveu de l'auteur, ce travail aurait été fort incomplet[2]. Les historiens orientaux, pas plus que les historiens grecs ou latins, n'avaient pu lui fournir les renseignements nécessaires pour le rendre satisfaisant. Il ne faut donc pas s'étonner si, malgré le grand nombre de médailles nouvelles,

[1] *Fragm. d'une hist. des Arsacides*, t. II, p. 272-277, 283, 285-289.
[2] *Ibid.* t. I, p. 38.

AVERTISSEMENT.

découvertes, depuis une trentaine d'années, sur le sol de la Bactriane et de quelques autres provinces de la haute Asie, le monde savant n'est point encore doté d'un ouvrage qui puisse suppléer aux deux parties de l'histoire des Arsacides que M. Saint-Martin n'avait pas eu le temps de rédiger.

Il s'était vraisemblablement proposé de diviser par chapitres chacune des parties dont son ouvrage devait être composé. La commission, tout en regrettant qu'il n'ait introduit aucune division de ce genre dans le manuscrit de son travail, a pensé que néanmoins elle ne pouvait pas se substituer à l'auteur pour l'accomplissement d'un tel soin. J'ai dû me conformer à une résolution dont chacun comprendra les motifs. Toutefois, pour remédier à quelques-uns des inconvénients qui résultent de ce manque de subdivisions dans un travail aussi étendu que celui de M. Saint-Martin, je me suis imposé l'obligation de placer, à la fin du second volume, une ample table des matières qui, tout à la fois alphabétique et analytique, suppléera, en quelque sorte, aux titres et aux sommaires des chapitres que l'on aurait certainement trouvés dans l'ouvrage, si l'auteur avait pu y mettre la dernière main. J'ai jugé aussi qu'il ne serait pas inutile de faire précéder cette table des matières de quelques remarques et additions que le texte de M. Saint-Martin me semblait rendre nécessaires en plusieurs endroits. Les additions comprennent trois tableaux chronologiques, qui présentent, l'un, la série des rois arsacides de Perse, les deux autres, la série des rois arsacides d'Arménie de la première et de la deuxième branche. J'ai placé en regard de la date qu'assigne à chaque règne le savant académicien, les dates qui résultent des recherches de feu M. Tychsen et des travaux récents de MM. Ch. Lenormant, Adrien de Longpérier, Cappelletti et H. T. Prinsep.

L'intention de M. de Saint-Martin, formellement exprimée à la fin de ses observations sur l'origine des Arsacides, avait été de discuter, dans deux appendices ou mémoires très-étendus, tout ce qui concerne la chronologie et la succession des rois parthes de Perse et d'Arménie. C'est là qu'il aurait réuni les témoignages et les arguments les plus propres à justifier les modifications apportées par lui à cette chronologie et à cet ordre de succession, tels que les ont établis plusieurs savants, dont les ouvrages sont antérieurs à ses recherches sur l'origine et l'histoire des quatre branches royales des Arsacides. Les deux dissertations dont je parle ne se sont point trouvées parmi les papiers de l'auteur; elles doivent être comptées au nombre de celles que M. Saint-Martin, se reposant sur sa mémoire, avait, de jour en jour, différé d'écrire ou d'achever, lorsqu'une mort prématurée est venue le surprendre dans la force de l'âge.

Félix LAJARD.

TABLE

DES DIVISIONS DE L'OUVRAGE.

Avertissement de l'éditeur, t. I, p. v-xii.

Première partie. Origine des Arsacides, t. I, p. 1-38.
  Section Ire. Arsacides de Perse, t. I, p. 38-54.
  Section IIe. Arsacides d'Arménie, t. I, p. 54-169.

Deuxième partie. Histoire des Arsacides.
  Section Ire. Histoire des Arsacides de Perse, t. I, p. 171-448; t. II, p. 1-218.

Appendice.
  Mémoire sur l'époque de la fondation de la dynastie des Arsacides, t. II, p. 219-292.
  Discours sur l'origine et l'histoire des Arsacides, t. II, p. 293-306.
  Notes de l'éditeur, t. II, p. 307-369.
  Tableau chronologique des rois arsacides de Perse, t. II, p. 371, tableau n° 1.
  Tableau chronologique des rois arsacides d'Arménie, de la première branche, t. II, p. 371, tableau n° 2.
  Tableau chronologique des rois arsacides d'Arménie, de la deuxième branche, t. II, p. 371, tableau n° 3.
  Table alphabétique des matières, t. II, p. 371-443.

FRAGMENTS

D'UNE

HISTOIRE DES ARSACIDES.

PREMIÈRE PARTIE.

ORIGINE DES ARSACIDES.

Quelques auteurs, induits en erreur par une analogie apparente de noms, ont prétendu que le nom de Perses et celui de Parthes, que l'on donne ordinairement aux rois Arsacides, étaient exactement les mêmes, avec une simple différence de prononciation, et qu'on avait eu tort de les distinguer. Cette assertion est en contradiction manifeste avec le témoignage unanime de l'antiquité. Il suffit, pour le démontrer, de s'appuyer de l'autorité de tous les géographes grecs et romains qui font mention d'une province de Perse, appelée Parthie ou Parthyène, où ils disent que les Arsacides jetèrent les premiers fondements de leur empire. Ce pays, dont l'étendue ne nous est pas bien connue et dont les limites paraissent avoir considérablement varié, était borné à l'orient par l'Asie; au sud, par la Carmanie; au couchant, par la Médie, l'Hyrcanie et la mer Caspienne; et au nord, par les nations scythiques qui habitaient les rives de l'Oxus. Observons cependant que le nom de Parthyène ne semble s'appliquer proprement qu'à une petite contrée située à l'orient de la mer Caspienne, et que celui de Parthie désigne la totalité des pays qui furent les premières conquêtes des Arsacides, et les seuls qui reconnurent leur souveraineté pendant assez longtemps. Le pays dont nous venons de tracer les limites renfermait un grand nombre de villes, parmi lesquelles on compte Isatis, Europus, Arsacia, Héraclée, Apamia, Artacoana ou Arctacana, Aspa, Hécatompylos, et quelques autres, dont il est presque impossible de déterminer la véritable position, au milieu du chaos dans lequel se trouve encore la géographie ancienne de l'Orient, par suite d'un manque absolu de connaissances positives sur un grand nombre de localités.

Ce fut dans la Parthyène que les Arsacides se rendirent pour la première fois indépendants des Séleucides. Il est donc fort naturel qu'ils aient pris le nom de cette province, et qu'ils l'aient ensuite étendu à la totalité de leur empire. S'il était besoin d'autres preuves pour démontrer que le nom de Perses et celui de Parthes n'ont jamais rien eu de commun, il suffirait de dire qu'Hérodote, qui vivait environ deux siècles avant la révolte du premier des Arsacides,

PREMIÈRE PARTIE.

parle plusieurs fois des Parthes comme d'une petite nation de la Perse orientale, dont le nom obscur n'avait certainement aucun rapport pour l'origine avec celui des Perses. Enfin, les Arméniens, qui furent gouvernés par des rois de la même race que ceux qui régnaient en Perse, ont bien soin de distinguer ces deux noms. Celui de Պարսիկք, *Barsik'h*, désigne les Perses, et celui de Պարթեւք, *Barthierk'h*, s'applique aux princes issus de la race royale des Arsacides de Perse. Si cette dernière dénomination ne se trouvait que dans des écrivains modernes, leur autorité serait de peu de valeur; mais elle se trouve dans des historiens tels qu'Agathangélus, Faustus de Byzance, Moïse de Khoren et Lazare de Pharbe, qui vivaient dans les IVe et Ve siècles de notre ère, pendant que l'Arménie était encore soumise à des rois Arsacides, ou peu après la fin de la domination de ces princes.

Bien loin de confondre les Perses avec les Parthes, et de les regarder comme une seule et même nation habitant de toute antiquité le même pays, c'est bien loin de là, et jusqu'en Europe, qu'il faut rechercher l'origine de ces derniers. Tous les écrivains anciens qui parlent des Parthes les font sortir de la Scythie; mais ils s'expriment à ce sujet d'une manière vague et générale, sans rapporter aucune particularité qui établisse exactement le fait. *Qain Scythæ*, observe Quinte-Curce[1], *qui Parthos condidere, non a Bosporo*,

[1] VI, XI, 14.

sed ex regione Europæ penetraverint. Strabon avait parlé longuement des Parthes dans des mémoires historiques que nous n'avons plus. Toutefois, sa géographie est le seul ouvrage de l'antiquité qui nous fasse connaître un peu en détail à quelle tribu de la nation scythe ils appartenaient, et de quels lieux ils tiraient leur première origine. Voici ce qu'on y lit[1] : « Ensuite Arsacès, Scythe d'origine, soutenu par quelques-uns des *Daæ,* je veux dire ceux que l'on appelle *Parni,* peuples nomades, riverains de l'*Oxus,* entra dans la *Parthyæa* et s'en empara. Cette nouvelle puissance, dans le principe, fut assez faible ; Arsacès et ses (premiers) successeurs eurent toujours à se défendre contre les princes qu'ils avaient récemment dépouillés. Mais, peu à peu, les rois de la *Parthyæa,* agrandis aux dépens de leurs voisins, par des victoires successives, devinrent très-forts ; de sorte qu'enfin ils se trouvèrent possesseurs de tout le pays d'en deçà de l'Euphrate. Quand une fois, déjà vainqueurs d'Eucratidas, ils eurent aussi défait les Scythes, une portion de la Bactriane tomba de suite en leur pouvoir ; et maintenant ils dominent sur un pays si vaste, sur tant de nations diverses, que, par la grandeur de leur empire, ils peuvent, en quelque sorte, lutter avec les Romains. Ils doivent ces accroissements à leur genre de vie et à leurs usages,

[1] Lib. XI, p. 515 ; ed. Casaub. — Traduct. franç. tom. IV, I⁰ partie, p. 272-275 ; Paris, Impr. roy. 1814.

« qui, sans doute, tiennent beaucoup de ceux des
« barbares et des Scythes ; mais qui n'en sont pas moins
« propres à leur assurer une domination absolue, et
« des succès dans la guerre. — Selon certains auteurs,
« les *Daæ-Parni* seraient des émigrés de ces *Daæ*, éta-
« blis au-dessus du (*Palus*) *Mæotis*, que l'on nomme
« *Xanthii* et *Parii*. Mais que, parmi les peuples scythes
« qui demeurent au-dessus du *Palus-Mæotis*, on trouve
« certaines tribus de *Daæ*, tout le monde n'en con-
« vient pas. J'ai dit que l'on faisait descendre Arsacès
« des *Daæ-Parni* : suivant une autre tradition, il aurait
« été Bactrien....... »

Pour le moment nous ne nous arrêterons point sur cette dernière opinion ; nous démontrerons plus loin qu'elle ne contrarie en aucune manière celle que nous nous sommes formée sur l'origine des Arsacides.

L'ensemble de ce passage important nous montre que les Grecs regardaient les Arsacides, non-seulement comme Scythes d'origine, mais encore comme issus particulièrement de la tribu des Parni, division de la nation des Dahi ou Daæ, au sujet de laquelle nous allons entrer dans quelques détails pour donner une idée satisfaisante de ce qu'elle était et des pays qu'elle habita. Il paraît qu'à l'époque où Arsace, s'étant soulevé contre les rois Séleucides, s'empara de la Parthyène et prit le titre de roi, les Dahi habitaient sur les rives orientales de la mer Caspienne, et s'étendaient vers les lieux où l'Oxus se jetait dans le lac que nous appelons actuellement le lac d'Aral[1]. « Nos « modernes, dit Strabon[2], appellent *Daæ* ces nomades « surnommés *Parni*, qui, lorsqu'on navigue dans l'in- « térieur de la mer Caspienne se rencontrent sur la « gauche. Après le pays des *Daæ*, vient un désert qui « le sépare de l'Hyrcanie. » Le même géographe rapporte que les nations qui habitaient à la gauche des montagnes de la Perse orientale, appelées Caucase par les Macédoniens, étaient toutes des nations errantes et scythiques, qui occupaient aussi les plaines situées au nord de ces montagnes. Elles se composaient, pour la plupart, des Scythes nommés Daæ, qui s'étendent jusque-là depuis la mer Caspienne. Du côté de l'orient, étaient les Massagètes et les Saces. Tous les autres s'appelaient en commun Scythes, quoiqu'ils eussent chacun un nom particulier. « Tous, « ou du moins la plupart, dit ensuite Strabon[3], sont « nomades. De ces nomades, les plus connus sont « ceux qui ont enlevé aux Grecs la Bactriane : je veux « dire (d'abord) les *Asii*, les *Pasiani*, les *Tochari*, les « *Sacarauli*, et puis ceux qui partirent des rives de « l'Iaxartès, où ils demeuraient vis-à-vis des *Sacæ* et des « *Sogdiani*; (enfin) les *Sacæ*, avec ces (tribus des) *Daæ*, « auxquelles on applique les surnoms d'*Aparni*, de « *Xanthii* et de *Pissuri*. Les *Aparni* sont les plus proches

---

[1] Voy. Strab. *Geogr.* XI, 511.
[2] *Ibid.* 508. — Trad. franç. *loc. cit.* p. 242 et 243.
[3] XI, 511. — Trad. franç. *loc. cit.* p. 255 et 256.

« de l'Hyrcanie et de la mer qui borde ce pays; les
« autres s'étendent jusque vis-à-vis de l'*Aria*. — Le ter-
« ritoire qu'occupent ces peuples est séparé de l'Hyrca-
« nie et de la *Parthyæa* par un vaste désert, dépourvu
« d'eaux, et qui se prolonge jusqu'aux confins de
« l'*Aria*. (Jadis) ils traversaient (à grandes journées)
« pour faire des incursions dans l'Hyrcanie, dans la
« *Nesæa*, dans les plaines des *Parthyæi*......... » On
aura pu remarquer que les Dahi, nommés précédemment Parni par notre géographe, sont appelés, dans
ce dernier passage, Aparni; légère différence, qui s'est
peut-être introduite dans le texte de Strabon par la
négligence des copistes.

On voit que les Daæ ou Dahi habitaient un assez
grand pays, depuis les bords de la mer Caspienne
jusqu'aux rives de l'Oxus, et même dans l'intérieur
du Khorassan actuel. Il est fort probable que ce peuple
errant, divisé en un très-grand nombre de petites
tribus indépendantes, s'étendait encore beaucoup plus
loin dans l'intérieur de la Perse, et que, semblable
aux diverses tribus turques et tartares, qui envahirent
ce même pays dans les siècles postérieurs, il se répandit dans presque toutes les provinces. Il paraît
qu'un grand nombre d'entre eux habitaient aussi au
delà de l'Iaxartès, car Pline[1] y place un peuple de ce
nom. Du temps de Ptolémée[2], plusieurs de leurs tribus

[1] *Hist. natur.* XI, xix.
[2] *Geograph.* VI, ii.

habitaient du côté de la Margiane. Actuellement encore les pays situés à l'Orient de la mer Caspienne, vers le Tabaristan, portent le nom de *Dahistan*, mot qui signifie pays du Dahi.

A l'époque de la conquête de la Perse par Alexandre, les Daæ étaient déjà répandus dans les parties orientales de ce royaume, et ils avaient fourni des corps nombreux de troupes pour résister au conquérant macédonien. Après la mort de Darius, on les voit figurer parmi les soldats de Bessus, assassin de ce prince, dans la retraite qu'il fit au delà du Djihoun jusqu'à l'Iaxartès; ils se soumirent enfin à Alexandre, après la défaite de Bessus. Il est probable que, bien longtemps avant cette époque, les Dahi s'étaient avancés fort loin du côté de l'occident et du midi de la Perse, puisqu'Hérodote[1] compte, parmi les tribus qui habitaient la Perse lors de l'avénement de Cyrus au trône, un peuple nomade nommé *Daæ*, et que rien, dans le texte de cet historien, ne nous porte à croire que ces Daæ fussent différents de ceux dont nous parlons. Hérodote[2] place encore, dans les mêmes pays qui sont assignés aux Dahi par Strabon, un peuple qu'il appelle *Daritæ*, et dont il ne fait mention dans aucun autre endroit. Ce nom n'était peut-être qu'une altération de celui des Dahi, altération que, dans cette supposition, il faudrait attribuer aux copistes qui nous ont transmis

[1] I, 125.
[2] III, 92.

le texte de cet historien, ou bien à Hérodote lui-même.

Nous avons vu, d'après le passage cité de Strabon, qui est relatif à l'origine d'Arsace, que la nation des Dahi n'avait pas toujours habité dans les pays situés à l'Orient de la mer Caspienne, et qu'elle était une division d'un peuple du même nom, qui habitait au-dessus du Palus-Mæotide. Parmi les peuples auxiliaires du satrape Bessus, Arrien[1] fait mention de Dahi venus des bords du Tanaïs, et qui appartenaient sans doute à la nation dont nous parlons. Malgré l'opinion contraire de savants aussi recommandables que Larcher et Sainte-Croix, il ne faut pas croire qu'Arrien s'était trompé dans cet endroit et qu'il avait pris l'Iaxartès pour le Tanaïs. On ne peut supposer que ce judicieux écrivain ait commis une erreur aussi grossière, quand lui-même il relève celle des Macédoniens, compagnons d'Alexandre, qui avaient confondu ces deux fleuves : il vaut bien mieux penser que, comme Strabon, il savait que les rives du Tanaïs européen étaient occupées par un peuple qui portait le même nom que les Dahi de la Scythie orientale.

C'est peu de reporter l'origine des Parthes et des Dahi asiatiques jusqu'aux rives du Tanaïs, il faut encore, avec Quinte-Curce et Strabon lui-même, l'aller chercher plus loin vers l'occident, jusqu'en Europe, et la confondre avec celle de la puissante nation des

[1] *Exped. Alexandr.* III, xxviii, 13.

Daces, qui, depuis un temps immémorial, habitait les bords septentrionaux du Danube. Après avoir parlé de la division du pays des Gètes, Strabon ajoute[1] : « Une autre ancienne division de ce peuple, laquelle « existe encore aujourd'hui, c'est celle en *Daces* et en « *Gètes*. On donne ce dernier nom à tous ceux qui « sont à l'Orient et vers le Pont-Euxin ; et l'on nomme « *Daces* ceux qui occupent la partie opposée vers la « Germanie et les sources de l'*Ister*, et qui, plus an- « ciennement, portaient, je crois, le nom de *Daï* : c'est « de là que tirent leur origine les noms de *Getæ* et de « *Daï* que les Athéniens donnaient communément à « leurs esclaves. Il paraît moins probable de tirer ce « dernier nom du peuple scythe connu sous celui de « *Daæ*. Le pays de ceux-ci, situé aux environs de « l'Hyrcanie, était trop éloigné pour que les Athéniens « en fissent venir des esclaves. » Eustathe, dans son commentaire sur Denys Périégètes[2], rapporte la même chose, sans doute d'après le témoignage de notre géographe. Sans que ce passage soit par lui-même fort concluant, il sert à constater que les Daces portaient dans l'antiquité le nom de Δάοι, comme on le voit encore dans d'autres écrivains ; et, malgré ce que dit Strabon, à Athènes, de son temps, on regardait les esclaves qui venaient du pays des Daces comme étant de la nation des Dahi dont nous nous occupons.

[1] VII, 304. — Trad. franç. t. III, p. 47 et 48.
[2] Ad vers. 302-305.

De toute antiquité, les vastes plaines qui s'étendent depuis le Danube, au nord du Pont-Euxin, du Caucase et de la mer Caspienne, jusqu'aux rives des fleuves Oxus et Iaxartès, le Djihoun et le Sihoun des Orientaux, paraissent avoir été occupées par une seule nation, divisée en un nombre immense de petites peuplades ou tribus, qui peut-être parlaient toutes la même langue, mais qui, bien certainement, avaient toutes les mêmes mœurs, les mêmes usages, et fort souvent un seul et même nom, selon que telle ou telle tribu dominait sur toutes les autres et devenait la plus puissante. Dès un temps fort reculé, les tribus de cette nation qui étaient limitrophes de la Thrace et du Pont-Euxin furent connues des Grecs; ils nommèrent Scythie le pays qu'elles occupaient; et, dans la suite, ils étendirent fort loin cette dénomination vers le nord et l'orient, appelant Scythes tous les peuples errants qu'ils connurent de ce côté, à diverses époques, et peut-être bien longtemps après que la tribu qui portait particulièrement ce nom se fut éteinte, ou qu'elle eut été confondue avec les autres. Toutefois les Grecs désignaient plus particulièrement sous le nom de Massagètes les peuples qui habitaient les rives septentrionale et orientale de la mer Caspienne. Cette dernière appellation se conserva fort longtemps chez les Grecs, et même chez les Orientaux, comme on peut s'en convaincre par le témoignage des écrivains arméniens, antérieurs au xe siècle.

Ceux-ci l'appliquaient fort souvent aux peuples qui habitaient au nord du Caucase, et qui, dans les IIIe, IVe et Ve siècles, faisaient de fréquentes incursions en Arménie. Le nom de Huns paraît avoir ensuite remplacé ceux de Scythes et de Massagètes, et avoir été donné, dès le IIIe siècle de notre ère et jusqu'au milieu du VIe, à toutes les peuplades errantes de la Scythie, depuis le Borysthène jusqu'au Djihoun. Après le VIe siècle, ce dernier nom est effacé par celui des Khazars, nation obscure dans l'origine, mais qui étendit alors sa domination depuis la mer Caspienne jusqu'au Pont-Euxin, et même jusqu'en Crimée. Ces deux mers prirent alors le nom de *mer des Khazars*, qui se trouve fréquemment dans les écrivains orientaux, et qui s'y conserva fort longtemps; il en fut de même de la Crimée, qui reçut d'eux le nom de *Ghazarie*. Toutefois, malgré la puissance des Khazars, tous les peuples scythiques furent désignés sous une dénomination bien plus générique encore, sous celle de Turks. Nous voyons, par le récit de Ménander Protector[1], que, vers la même époque, les Turks, abandonnant l'extrémité de l'Orient, s'avancèrent vers la Perse et vers les rives du Wolga, détruisirent toutes les souverainetés possédées par les Huns, vainquirent et soumirent les peuplades scythiques répandues jusqu'au Danube, et leur donnèrent à toutes le nom de Turks, qu'elles conservèrent fort longtemps. Toutes

---

[1] *De legation. Romanor. ad gentes*, § 14.

les nations barbares que l'on vit alors inonder l'empire de Constantinople, telles que les Madjars, les Bulgares, les Ouzes, les Patzinaces, les Khazars, les Komans et beaucoup d'autres encore, toutes ces nations portaient généralement la dénomination de Turks, et la Hongrie actuelle fut alors appelée Turkie. Mais, en acceptant le nouveau nom qu'on leur donnait, elles ne renoncèrent point à celui que chacune d'elles avait en particulier. Il paraît cependant que les Turks, qui soumirent toutes ces peuplades, n'étaient pas assez nombreux, quelle que fût d'ailleurs leur puissance, pour faire adopter leur langue aux vaincus; et il est assez naturel de penser que, de cette immense quantité de nations qui portaient le nom de Turks, il n'y avait peut-être que les chefs qui appartinssent à la race étrangère des vainqueurs. Si nous en jugeons par la langue des Hongrois actuels, qui faisaient alors partie de ce peuple, nous ne conserverons aucun doute à cet égard : elle ne renferme qu'un très-petit nombre de mots turks; le reste, qui appartenait, selon toute probabilité, à la langue des autres peuples scythiques, est extrêmement différent de la langue turque, et offre des rapports avec les divers idiomes finnois répandus dans l'empire de Russie. Les peuples du Caucase, connus sous les noms de Khounsag et d'Avari, qui sont compris parmi les tribus des Lesghis, et qui paraissent descendre des Huns appelés Sabiriens et Tétrexites par les écrivains byzantins, sont absolument dans le même cas. Quoiqu'ils soient extrêmement éloignés des Finnois, et que, depuis fort longtemps, ils ne paraissent pas avoir eu des rapports avec eux, leur langue, qui diffère de tous les autres idiomes, n'offre de ressemblance qu'avec celui des Finnois ou des Samoyèdes.

Il est presque impossible, en examinant les narrations des anciens Grecs, de se défendre de croire que les vastes pays dont nous venons de parler avaient été soumis à une seule domination dès les temps les plus reculés. Les Grecs nous parlent souvent des guerres perpétuelles des Scythes et des Perses. Ces guerres ressemblent beaucoup à celles qui sont décrites dans les anciens poëmes persans, et qui s'étaient perpétuées entre les Iraniens, c'est-à-dire entre les Perses, d'une part, et les peuples du Touran, de l'autre. Les Scythes dont ils s'agit étaient aussi appelés Massagètes. Le principal théâtre de leurs guerres avec les Perses, selon Hérodote[1], était sur les rives d'un fleuve appelé Araxes, qui séparait les deux nations. Malgré l'opinion contraire de plusieurs savants fort habiles, il ne faut pas confondre cette rivière avec l'Araxe d'Arménie, ou avec le Wolga; le texte même d'Hérodote ne permet pas de douter qu'elle ne soit l'Oxus ou Djihoun, qui, dans l'antiquité, formait la limite du Touran et de l'Iran, de la Scythie et de la Perse. Les diverses tribus de la nation scythique, que les

[1] I, 204-211.

Grecs et les Romains connaissaient collectivement sous le nom de Massagètes, et que les anciens poëmes persans appellent Touraniens, étaient aussi nommés Saces par les Perses, au rapport d'Hérodote[1]. Plusieurs siècles après cet écrivain, beaucoup de peuplades du même nom habitaient encore les pays situés au nord de l'Oxus, d'où il paraît qu'elles firent des émigrations en Perse à des époques fort reculées, puisqu'une des provinces de cet empire a conservé leur nom jusqu'à nos jours. Le Sedjestan était, en effet, nommé anciennement Sacastan, et semble avoir, de bonne heure, été habité par ce peuple. C'est sans doute du nom de Sace ou *Sag*, qui, en persan, signifie *chien*, que vient la dénomination de سكسار *Sagsar*, *têtes-de-chiens*, qui, dans le Schâh-namèh, est souvent appliquée aux Touraniens. Ce ne serait pas la seule fois que la haine nationale aurait cherché, dans le nom même d'un peuple ennemi, un sens qui justifiât son mépris. Les mêmes Touraniens sont encore appelés, dans les poëmes persans, كرکسار, *Gorgsar*, *têtes-de-loups*. Ces Touraniens étaient indubitablement, à ces époques reculées, maîtres de la totalité des régions dont nous avons parlé. Les livres zends nous attestent qu'Ardjasp, l'un des rois du Touran, avait, sur les deux rives de la mer Caspienne, des possessions qui s'étendaient jusqu'aux bords de l'Araxe. C'est, sans doute, pour cette raison que les anciens rois de Perse firent garnir de

[1] VII, 64.

fortifications tous les défilés du Caucase : ils voulaient défendre leurs états contre les invasions des Touraniens ; et, dans la suite des temps, les rois Sassanides firent de même, pour résister aux nations hunniques qui les attaquaient des deux côtés de la mer Caspienne. Les nombreuses traditions des Persans nous attestent quelle importance les anciens rois de Perse attachaient à la possession du Caucase pour arrêter les barbares du Nord. Ces montagnes furent le théâtre de sanglants combats entre les Perses et les Touraniens ; et c'est dans la partie de l'Arménie qui avoisine le Caucase, qu'Afrasiab, l'un des prédécesseurs d'Ardjasp, roi du Touran, fut pris par les Perses, qui le firent mourir. Les Touraniens, qui étaient les maîtres des rives de l'Oxus et du revers septentrional du Caucase, étendaient indubitablement leurs possessions jusqu'en Europe : l'expédition entreprise contre eux dans cette partie du monde par Darius, fils d'Hystaspes, en est la preuve démonstrative. Ce prince, lassé sans doute de combattre infructueusement sur les bords du Djihoun et dans les défilés du Caucase, où la nature du terrain favorisait ses ennemis, pensa qu'il les attaquerait avec plus d'avantage à l'extrémité de leurs états, sur les bords du Danube, où jamais ils n'avaient eu de démêlés avec lui. C'est le seul motif raisonnable que l'on puisse attribuer à l'expédition de Darius ; car, si l'on n'admet pas que les états des Touraniens s'étendaient jusque-là, quelle raison trouver à cette guerre, et comment croire que le roi de Perse aurait sans motif entrepris une expédition contre des peuples aussi éloignés de ses états et avec lesquels il n'avait jamais eu de différend? Cette immense domination des Touraniens n'a rien de bien étonnant si l'on considère l'état politique de ces mêmes contrées aux époques suivantes. Il a fort peu changé, car on voit, plusieurs siècles plus tard, les Huns combattre les Romains sur le Danube, faire des incursions dans toute l'Europe, et, d'un autre côté, attaquer les Perses par l'ouest de la mer Caspienne, ou bien franchir les sommets du Caucase, et porter leurs ravages jusque dans la Syrie, comme avaient fait autrefois leurs aïeux. A une époque beaucoup plus rapprochée de nous, les princes monghols du Kaptchak combattent en même temps dans le Kharizm et sur les bords du Djihoun; ils passent le Caucase, pénètrent jusqu'à Tauriz, parcourent la Pologne, traversent le Danube et s'avancent vers Constantinople. En général, l'état des peuples de l'Asie est à peu près le même depuis l'antiquité : ce qui se faisait alors s'est fait dans les siècles suivants, et se fait encore à présent; il n'y a de changé que les noms.

Il est souvent question, dans les livres zends et dans les livres pehlvis, des peuples nommés Dâhi, et tous les passages où il en est parlé semblent s'appliquer aux contrées situées au nord-ouest de la mer Caspienne. Dans la prière nommée *Iescht Farvardin*, l'auteur adresse ses invocations aux *féroüers* des hommes purs de chacune des grandes divisions de la terre connue alors. Après avoir invoqué les purs de l'Iran (la Perse), du Touran (la Scythie) et de deux autres contrées, le *Serman* et le *Sâon*, dont nous ignorons la position, il parle du *Dahi* ou *Dahou*[1]. Il est à croire, par ce passage, que la nation dahou était alors fort puissante; elle donnait son nom à la mer Caspienne, qui était un objet d'horreur pour les Perses[2]. Ils appelaient cette mer *Tchekaët-Daëti;* elle était, dit le Boun-Déhesch[3], « au milieu du monde, « profonde de la hauteur de cent hommes. (Au-dessus) « est le pont Tchinevad. C'est là que les âmes rendent « compte de leurs actions, sur le mont Albordj, qui « est près d'Arzour. Le Tchekaët-Daëti est à la porte « de l'enfer, où les Dews rodent en foule. » Un fleuve, qui paraît être le Cyrus ou le Térek, portait le nom de *Daëti roud*, c'est-à-dire *fleuve du Dahi*. Le Boun-Déhesch[4] dit: « Le *Daëti roud* prolonge l'Iran-Vedj et « paraît dans le Gopestan. » L'Iran-Vedj ou Iran pur est toute la partie orientale de l'Arménie qui porte encore le nom d'Aran; et le Gopestan, mot pehlvi qui signifie pays de montagnes, est certainement la partie montagneuse du Caucase appelée *Daghestan*,

---

[1] *Zend-Avesta*, t. II, p. 282 et 283.
[2] Voyez le *Zerdoust-namèh*.
[3] *Zend-Avesta*, t. II, p. 365.
[4] *Ibid.* p. 392.

nom qui signifie la même chose dans une langue différente. Cette position nous autorise à voir dans le Daëti roud l'un des fleuves que nous avons déjà indiqués, le Cyrus ou le Térek; et nous devons croire, en conséquence, que les Dahi habitaient en grand nombre dans ses environs. Les passages des écrivains anciens que nous avons rapportés au commencement de cet ouvrage ne nous permettent pas de douter que les Dahi ne se fussent, depuis très-longtemps, établis sur les bords occidentaux de la mer Caspienne et sur ceux de la mer Noire. Ammien Marcellin[1] nous assure que les Dahæ habitaient en grand nombre dans les montagnes des environs de Trébizonde; Xénophon[2], qui la traversa plus de quatre siècles avant J. C. y trouva aussi une nation puissante, les *Taochi*. Ils étaient indépendants de l'autorité du grand roi de Perse. Les Arméniens, depuis un temps immémorial, donnent à ces mêmes régions le nom de *Daïk'h*, qui nous paraît leur être venu des peuples qui les habitaient. Enfin, de nos jours, un des cantons qui est situé vers les mêmes lieux, à l'extrémité de la Géorgie, est encore appelé *Tahoskari*, nom qui signifie, en géorgien, *porte de Taho* ou *des Dahi*. On ne peut guère douter, après ce grand nombre de témoignages fournis par tant de peuples différents, que la nation des Dahi n'occupât toutes les plaines qui

[1] XXII, VIII.
[2] *Exped. Cyr.* IV, 7.

séparent l'Europe de l'Asie. Elle devait même s'étendre jusqu'au Danube, si l'on y joint les Daces, qui, chez les Grecs, ne portaient pas un nom essentiellement différent de celui des Dahi. On croyait, à Athènes, que les esclaves qui venaient du pays des Daces étaient amenés des rives de la mer Caspienne, ce qui, outre l'analogie des deux noms, tendrait à faire croire qu'il y avait entre les Daces et les Dahi une grande ressemblance de langage et de mœurs. Ces peuples, depuis une époque très-reculée, s'étaient avancés vers l'Orient, et avaient porté leurs armes jusque dans l'intérieur de la Perse, où l'on retrouve encore aujourd'hui des traces de leur séjour. C'est d'eux que tire son origine la famille des Arsacides, qui monta sur le trône de Perse, et arracha l'empire de l'Asie aux successeurs d'Alexandre. Il paraît que les Dahi seuls qui habitaient vers le pays actuellement nommé Khorassan, furent sujets des Arsacides et les aidèrent à faire la conquête de la Perse. Le reste de la nation continua de vivre indépendant, et de faire, comme auparavant, des incursions dans la Perse, sans s'embarrasser beaucoup des liens de parenté qui l'unissaient à la famille des Arsacides. Plusieurs princes parthes furent forcés de soutenir de longues et sanglantes guerres contre les tribus dont il s'agit ici, et quelques-uns même d'entre eux y éprouvèrent de très-grands revers : tels on vit, plus de dix siècles après, les Seldjoukides sortir de la nation des Ouzes, qui habitait les rives du Don et du Volga, et fonder, avec le secours de leurs compatriotes, un puissant empire en Asie. Un siècle plus tard, le sultan Sandjar est obligé de soutenir de cruelles guerres contre des peuples qui dévastèrent ses états, le vainquirent et l'emmenèrent en captivité. Ces peuples étaient de son sang et parlaient la même langue que la sienne.

Il paraît cependant que les Dahi qui habitaient au nord du Caucase étaient aussi gouvernés par des princes Arsacides; car, au milieu du IVe siècle de notre ère, un de ces princes, nommé Sanésan, qui commandait à un grand nombre de nations, franchit le Caucase et fit une invasion en Arménie, où régnait alors Chosroès (*Khosrou*) II, fils et successeur de Tiridate, premier roi chrétien de ces pays. Sanésan fut vaincu et tué à Oschagan, lieu situé dans le pays d'Ararad, au nord de l'Araxes. Voici comment Faustus de Byzance, historien arménien, presque contemporain, raconte cette invasion [1] :

« Après avoir érigé ou restauré toutes les églises
« des contrées dont nous avons parlé, Grégoire (*Gri-*
« *gōr*) [2] alla jusqu'au camp du roi arsacide des Massa-
« gètes (*Mazk'houth*), nommé *Sanésan*. Les rois de ce
« peuple et ceux des Arméniens étaient issus d'une

---

[1] *Histoire byzantine* (*Piouzantazan badmouthioun*) liv. III, chap. VI et VII, p. 20-26 ; Constantinople, 1730 ; 1 vol. in-4°.

[2] Patriarche de l'Ibérie et d'Albanie, fils de Verthanès et frère de Housig, patriarches d'Arménie.

« seule et même race. Il était venu du pays des Huns
« (*Hönk'h*), auprès du roi des Massagètes, une grande
« quantité de troupes.... On amena un cheval sauvage;
« on attacha et on suspendit à sa queue le jeune Gré-
« goire[1]; puis on lâcha ce cheval sur le bord de la
« mer, hors du camp, dans une plaine de la grande
« mer septentrionale, la plaine de *Vadnéa*. C'est ainsi
« qu'on fit périr le jeune et vertueux prédicateur de
« J. C., Grégoire..... — A cette époque, Sanésan, roi
« des Massagètes, nourrissait dans son cœur les élé-
« ments d'une violente haine contre son parent Chos-
« roès (*Khösro*), roi des Arméniens. Il rassembla toutes
« les troupes des Huns, fit venir celles des *Thavas-*
« *bark'h*, des *Hedjmadakk'h*, des *Ijmakhk'h*, des *Gathk'h*,
« des *Gghövark'h*, des *Schetchpk'h*, des *Djeghpk'h*, des
« *Paghasdjk'h*, des *Egersövank'h*, avec un mélange
« d'autres nations et la nombreuse armée du pays de
« *Vatchakan*, qui commandait lui-même à beaucoup
« de troupes. — Tous ces corps s'avancèrent et s'ap-
« prochèrent du grand fleuve, le Kour; ils se répan-
« dirent sur le territoire arménien. Il n'y avait jamais
« eu une telle multitude de troupes à cheval et de
« troupes à pied; enfin, il aurait été impossible de
« faire l'énumération complète de tous les soldats....
« Ils pillèrent, dévastèrent et ruinèrent tout. Ils s'éten-
« dirent de tous les côtés, jusqu'à la petite ville de

[1] Dans le texte arménien, il est appelé, ici et plus bas, *Gri-görios*, c'est-à-dire *le grand Grégoire*.

« *Sadagha*, et ils atteignirent *Gandsak*, frontière de
« l'*Aderbadakad*. Ils se réunirent ensuite dans une
« plaine, au lieu qui avait été désigné, parce qu'il y
« avait un grand camp dans la plaine d'*Ararad*. —
« Chosroès, roi des Arméniens, prit la fuite à l'ap-
« proche de son frère Sanésan, roi des Massagètes, et
« se jeta dans le fort de *Tarevnits-pert*, situé dans le
« pays de Kôta. Il avait avec lui le vénérable Verthanès,
« grand prêtre des Arméniens. Ils jeûnaient, ils im-
« ploraient Dieu, pour qu'il les délivrât de leur cruel
« persécuteur (Sanésan)...... Alors arriva Vatché, fils
« d'Artavasde (*Ardavazt*), de la race des Mamigonians,
« général de toutes les troupes de la grande Arménie.
« Depuis quelque temps il était absent : il avait été faire
« un long voyage dans le pays des Grecs. Il rassembla
« tous les vaillants nakharars[1], et forma une nombreuse
« armée. Il se mit en marche et fondit, au lever de
« l'aurore, sur un poste, pendant qu'on y était occupé
« à boire. Les ennemis étaient campés sur une mon-
« tagne nommée *Tslouglouth;* ils furent tous passés au
« fil de l'épée; aucun ne s'échappa, et on délivra une
« grande quantité de prisonniers. Après cela, on ra-
« massa le butin, on se remit en marche, on s'avança
« et enfin on descendit dans la plaine de la province
« d'Ararad, parce qu'on savait que Sanésan, roi des
« Massagètes, était arrivé dans la ville de Vagharscha-
« bad avec une armée très-nombreuse. Vatché, à la

[1] Les grands ou les notables du pays des Arméniens.

« tête de ses troupes, fondit inopinément sur la ville.
« Le Seigneur lui livra ses ennemis. Lorsque ceux-ci
« se virent attaqués et surpris, ils prirent la fuite, sor-
« tirent de la ville, et se retirèrent vers une montagne
« d'un accès difficile, située dans le voisinage du fort
« d'Oschagan.... Cependant, on leur livra un violent
« combat : Pagrad Pagratide (*Pagadrouni*), Méhentag
« et Garégin, Erhschdounik'h, Vahan, nahabied [1] des
« Amadounik'h, et Varaz Kaminakan, généraux des
« Arméniens, attaquent l'ennemi la lance en main et
« font un grand carnage parmi les Alains (*Alank'h*),
« les Massagètes, les Huns et les autres troupes de
« Sanésan. Toute la plaine hérissée de collines, où ils
« combattaient, fut bientôt couverte de cadavres; le
« sang y coulait comme un fleuve.... Le petit nombre
« d'ennemis qui échappa à la mort s'enfuit jusqu'au
« pays des *Paghasdjk'h*. — On porta au roi des Armé-
« niens la tête du grand roi Sanésan. Quand ce prince
« la vit, il se mit à pleurer et dit : « O mon frère, tu
« étais de la race des Arsacides. » Le roi se rendit im-
« médiatement, avec le grand prêtre des Arméniens,
« sur les lieux où s'était livrée la bataille. Ils virent
« quel carnage on avait fait des soldats ennemis. L'air
« était empesté par la mauvaise odeur qui s'exhalait
« des cadavres. L'ordre fut donné d'enlever les morts
« et de les ensevelir..... C'est ainsi que l'on tira ven-
« geance de Sanésan et de son armée pour la mort de

[1] Ce titre répond à celui de chef ou de prince.

« saint Grégoire. Cette vengeance fut si complète qu'il
« ne resta pas un seul ennemi. »

Si les anciens écrivains nous avaient conservé quelques renseignements sur la langue des Dahi, il serait certainement curieux de comparer ces renseignements avec les idiomes qui ont été usités dans la partie orientale de l'Europe. Peut-être nous révéleraient-ils que les trônes de Persépolis et de Babylone étaient occupés, au commencement de l'ère chrétienne, par des Goths ou des Huns; peut-être nous apprendraient-ils plus encore, et nous donneraient-ils quelques lumières sur l'origine des étonnants rapports qui existent entre la plupart des langues européennes et les idiomes usités dans la Perse et dans l'Inde. Peut-être même, sans nous faire connaître complétement ces rapports, nous conduiraient-ils à envisager la question sous un tout autre point de vue qu'on ne l'a fait jusqu'à présent.

Ainsi, plusieurs siècles avant l'ère chrétienne, les Scythes nommés Dahi ou Dahæ habitaient les rives sud-est de la mer Caspienne, où leur nom s'est conservé jusqu'à nos jours; ils étaient, en outre, dispersés dans l'intérieur de la Perse, et s'étendaient jusqu'aux rivages de la mer Noire; ils formaient dans l'intérieur de la Perse une population étrangère au reste des habitants, qui devaient les avoir en horreur, soit par la différence des mœurs, soit par les ravages qu'ils commettaient. Peut-être faut-il faire remonter à cette époque l'origine de la dénomination de *Tadjik*, que les possesseurs actuels de la Perse donnent aux malheureux descendants des anciens Iranians, et que les peuples dominateurs de ces contrées semblent avoir toujours donné à des populations qui habitaient au milieu d'eux, mais qui n'étaient pas de leur race. Ce nom de Tadjik, connu aussi des Arméniens, qui le prononcent *Dadjig*, fut appliqué par les Perses aux Arabes. Il ne paraît plus signifier que *barbare*, quelle que soit la nation à laquelle on l'applique ; et c'est vraisemblablement dans ce seul sens qu'il fut donné aux Arabes, de même que ces derniers désignent la Perse sous le nom d'*Adjem*, qui, dans sa signification, reçoit l'extension de *barbare* ou *étranger*. Le nom de Tadjik n'est pas le seul que les Arméniens donnent aux Arabes ; ils se servent aussi de celui de *Tazy*, qui a absolument la même valeur, et dont l'origine est la même, selon toute probabilité. Actuellement même ils appliquent fort souvent à tous les musulmans le nom de Dadjig. C'est sans doute jusqu'au temps de la dynastie des Arsacides qu'il faut remonter pour trouver l'origine du nom de Tadjik que les Turks, les Turkomans, les Monghols, et, en général, les barbares venus de l'Orient pour s'établir en Perse, donnent aux Persans. C'est sans doute aussi depuis cette époque reculée que les Chinois se servent du nom de *Tiao-tchi*, qui, selon leurs anciens historiens et géographes, est porté par des peuples situés fort loin du côté de l'Occident et de la mer Caspienne, dans le Khorassan et dans le Kharism des modernes.

Nous avons dit que, dès le temps de la conquête de l'Asie par Alexandre, et longtemps même avant ce conquérant, toutes les parties de l'empire persan étaient habitées par un peuple nombreux, nommé, à quelques légères altérations près, Dahi; que ce peuple était d'origine scythique, qu'il faisait partie d'une immense nation qui s'étendait depuis les bords du Danube jusqu'aux montagnes voisines de l'Inde, et que son nom a laissé des traces jusqu'à nos jours dans les diverses contrées qui furent le théâtre de ses courses : nous allons montrer que tous les rapprochements auxquels vient de donner lieu ce peuple s'appliquent également aux Parthes.

Le pays qui portait en particulier le nom de Parthie était celui où les Dahi s'étaient fixés en plus grand nombre, et où ils formèrent la portion la plus considérable de la population, s'ils ne la composèrent tout entière, puisque la partie de cette province qui était située sur les bords de la mer Caspienne a conservé jusqu'à présent le nom de Dahistan. C'était de là qu'ils partaient toujours pour faire des courses dans l'intérieur de la Perse, dans cette contrée fertile et remplie de vastes plaines incultes, fort convenables pour une nation nomade, qui avait besoin de nombreux pâturages pour nourrir ses troupeaux.

Tous les écrivains de l'antiquité ont dit des Parthes,

comme des Dahi, qu'ils étaient Scythes d'origine. Jonandès[1] leur donne la même origine qu'aux Gêtes ou Goths qui se répandirent en Europe. Cette opinion s'accorde fort bien avec ce que nous avons rapporté des Dahi, qui étaient les mêmes que les Daces, de tout temps confondus avec les Gêtes. Les anciens font plus; ils disent que le nom de Parthes était lui-même scythique, et ils prétendent que, dans la langue des Scythes, il signifiait exilé[2], étymologie que, dans l'état actuel de nos connaissances, nous n'avons pas le moyen de vérifier. Quoi qu'il en soit, l'origine des Parthes nous semble maintenant mise hors de doute; il nous reste à dire quelques mots de l'antiquité de l'établissement des Scythes dans l'intérieur de la Perse, et à en fixer approximativement la date, qui nous paraît devoir remonter à une époque fort reculée, puisque dès le temps d'Hérodote, ils étaient comptés parmi les peuples soumis à l'empire du grand roi. Bien plus, longtemps avant ils formaient un peuple puissant, car Ctésias, dont Diodore de Sicile[3] nous a conservé le témoignage, rapporte que sous le règne d'Astibara ou Artibara, roi des Mèdes, qui régnait avant Astyage, les Parthes se révoltèrent contre ce prince pour s'affranchir du joug des Mèdes, et appelèrent à leur secours les Saces, ce qui serait encore

---

[1] *De reb. Get.* VI.
[2] Voy. Justin, *Histor. Philippic.* XLI, 1.
[3] II, 104.

une présomption en faveur de leur origine scythique. Ils ne purent cependant se rendre indépendants des Mèdes, qui les firent rentrer sous leur domination, après une guerre longue et sanglante. C'est peu de reculer jusqu'à sept ou huit siècles avant J. C. l'existence historique des Parthes ; si nous nous en rapportions à la chronique de Malala, nous placerions au temps des conquêtes de Sésostris l'époque de leur établissement en Perse. « Sésostris, revenant de Syrie « en Égypte, dit cette chronique [1], choisit seize mille « jeunes gens, puissants guerriers, qu'il transporta en « Perse, où il leur ordonna de fixer leur résidence, en « leur donnant la région qui leur plairait. Ces Scythes « ont habité en Perse depuis cette époque jusqu'à pré- « sent ; les Perses les appellent Parthes, ce qui signifie « Scythe dans la langue persane. Ces Parthes ont con- « servé jusqu'à ce jour leur costume, leur langue et « leurs lois scythiques. Ils sont très-vaillants dans les « combats. » On sent bien que nous n'admettons pas dans toute son étendue un pareil récit ; il nous servira seulement à prouver que les Orientaux regardaient les Parthes comme une race étrangère, qui s'était établie au milieu d'eux depuis une époque très-reculée, et qui avait conservé, jusqu'à des temps assez modernes, des traces de son origine. En effet, malgré leur long séjour au milieu des nations efféminées et civilisées de l'Asie, les Parthes n'avaient pas répudié les

[1] Pag. 10, B, C; ed. Venet. 1733.

mœurs barbares et guerrières de leurs aïeux; ils dédaignaient tous les arts et tous les travaux qui exigent une vie sédentaire; la guerre était leur seule occupation; toujours à cheval, ils erraient armés au milieu de leurs vastes possessions, et n'avaient d'autre distraction que le plaisir de la chasse aux bêtes féroces. Ils furent plutôt les oppresseurs que les souverains des peuples soumis à leur empire. Leur langue, dit Justin[1], est un mélange de scythe et de mède. Ceux de leur nation qui étaient attachés à la cour de leur roi, et qui avaient dû adopter une partie du luxe et des usages des vaincus, n'avaient cependant pu s'astreindre entièrement à suivre les usages de peuples qu'ils méprisaient. Quand les rois Arsacides, devenus maîtres de toute la Perse, voulurent transporter leur résidence sur les bords du Tigre, dans la ville de Séleucie, résidence des rois de Syrie, ils furent obligés de bâtir auprès de cette capitale une nouvelle ville pour leur habitation et celle de leurs compatriotes, qui ne pouvaient vivre commodément avec les anciens habitants de Séleucie, qu'ils accablaient de vexations et de désagréments lorsqu'ils étaient mêlés avec eux. Cette ville, qu'on appela *Ctésiphon*, fut toujours la résidence des rois Parthes, et devint celle des princes Sassanides, leurs successeurs; elle est connue des Arméniens sous le nom de *Dispon*, et des Persans sous le nom de *Tisfoun* ou *Theysfoun*, dénominations qui sont des

[1] XLI, II.

altérations du nom grec. C'est de son emplacement auprès de Séleucie, avec laquelle elle ne faisait qu'une seule ville, que lui vint le nom de *Madaïm*, c'est-à-dire les deux villes, qu'elle portait sous les derniers rois Sassanides. En affectant toujours de se distinguer de leurs sujets, les Parthes ne purent éviter de leur devenir odieux. Les vaincus durent attendre avec impatience le moment favorable pour secouer le joug de leurs dominateurs, qui dédaignaient de se mêler avec eux, qui altéraient la pureté de leur religion, et qui affectaient en tout de suivre des usages barbares, ou bien d'imiter ceux des Grecs, que les Perses avaient en aversion. Ce fut certainement toutes ces raisons réunies qui amenèrent la destruction de la puissance des Arsacides en Perse; elle est clairement indiquée dans un écrivain presque contemporain, qui nous raconte l'histoire de la révolte d'Ardeschir, premier prince de la race des Sassanides, contre Ardéwan, dernier roi des Parthes. Cet historien, nommé Agathangélus, vivait au commencement du IVe siècle de notre ère; Grec de naissance, comme son nom l'indique, il s'attacha au service du roi d'Arménie, Tiridate, qui, chassé de son royaume par les Perses, avait longtemps habité l'empire romain, et rentra dans ses états avec une armée. Agathangélus remplissait auprès de ce prince les fonctions de secrétaire; il écrivit en arménien une histoire de la conversion du roi Tiridate et de l'établissement du christianisme en Arménie, avec de grands détails sur les guerres qui avaient amené l'expulsion des Arsacides de Perse, et sur celles que les Arsacides d'Arménie avaient été forcés de soutenir pour venger les malheurs de leurs parents.

Les anciens historiens d'Arménie, Moïse de Khoren et Lazare de Pharbe, parlent de cet ouvrage avec les plus grands éloges. Le texte arménien a été publié à Constantinople en 1712. La Bibliothèque royale possède un manuscrit où ce texte est beaucoup plus complet qu'il ne l'est dans l'imprimé; cependant, il ne contient pas tout l'ouvrage d'Agathangélus; il y manque le commencement, qui renfermait ce qui pouvait nous intéresser le plus, c'est-à-dire les détails relatifs à l'expulsion des Arsacides de Perse; mais heureusement nous pouvons y suppléer par une traduction grecque, qui paraît remonter au VIIIe ou au IXe siècle, et qui reproduit l'ouvrage entier. Elle est insérée dans la collection des Bollandistes. Nous rapporterons ici un morceau du discours qu'Agathangélus met dans la bouche d'Ardeschir (*Artasiras*), au moment où il est près de se révolter contre les Parthes : « Nobles Persans « et Assyriens, dit-il[1], nous connaissons depuis long-« temps le faste des Parthes; ces étrangers nous ravis-« sent le fruit de nos travaux. Ils sont dans la joie quand « ils nous accablent d'injures; ils ne cessent de don-« ner la mort sans motifs. Ils détestent les Perses et

[1] Bolland. *Act. SS. septembr.* t. VIII, p. 321 C, et 322 A.

//PREMIÈRE PARTIE.

« les Assyriens, ces Parthes, qui sont venus de la terre
« des barbares s'établir chez nous. Que direz-vous donc?
« Si mes paroles sont fausses, que le tyran continue
« de régner et de nous maltraiter. Mais si je n'ai rien
« dit qui soit hors de la vérité, courons aux armes!
« Il vaut mieux mourir que de servir un despote qui
« nous outrage. » Les nobles persans, ajoute notre historien [1], écoutèrent favorablement cette allocution, parce qu'ils désiraient d'être délivrés du joug des Parthes, et d'avoir un roi de leur race. Enfin, dans le message qu'Ardeschir envoya à Ardéwan, au nom des grands de la Perse, il se sert de ces paroles [2] : « O roi,
« c'est chez nous, Perses, la coutume d'être soumis au
« roi, car il est le maître de toutes choses; mais il
« faut aussi que le roi administre avec justice et équité,
« qu'il gouverne sans cruauté, qu'il soit terrible pour
« ses ennemis et bienveillant pour ses sujets. » Ardéwan, voyant que les Perses s'étaient révoltés contre lui, se prépara à leur résister avec les Parthes et avec quelques Perses qui n'avaient point pris part à la conspiration de leurs compatriotes.

Il nous paraît hors de doute, d'après tout ce que nous venons de rapporter, que les Parthes avaient une origine différente de celle des Perses, puisque, jusqu'aux derniers jours de leur domination, ils affectèrent de se distinguer de leurs sujets, soit par les

[1] Bolland. *Act. SS. septembr.* t. VIII, p. 322 A.
[2] *Ibid.* p. 322 B.

usages, soit même par le langage; les historiens orientaux modernes ne l'ignorent même pas : ils parlent fort au long des anciennes dynasties persanes et de celles des Sassanides, avec beaucoup de détails fabuleux, il est vrai, surtout pour les premières; mais quand ils arrivent aux Moulouk-al-théwaïf ou rois des tribus (c'est ainsi qu'ils nomment les Parthes), ils sont extrêmement brefs; à peine se rappellent-ils leur véritable nom, qu'ils ont altéré en celui d'Aschkanians. Ils ne parlent que d'un petit nombre de princes dont les noms sont très-divers, et ils fixent la durée de la puissance de la dynastie à la moitié de sa durée réelle. Remplie de fables qui mériteraient un examen sérieux, et dont les résultats pourraient être fort intéressants, l'histoire des anciennes dynasties est extrêment détaillée; les historiens s'y arrêtent avec complaisance : on sent qu'il est question de leurs aïeux. La dynastie des Arsacides forme une lacune; l'histoire renaît sous les Sassanides, leurs vainqueurs. Lorsque l'auteur du Modjmel-al-téwarikh, excellent ouvrage persan du commencement du XIIe siècle, parle des causes des obscurités et des contradictions qui se trouvent dans l'histoire de l'ancienne Perse, il les attribue aux dévastations d'Alexandre, qui fit, dit-il, détruire une très-grande quantité de livres et périr beaucoup de savants, et il reproche aux princes Arsacides leur domination et les mêmes crimes. On ne peut recueillir qu'un très-petit nombre de renseignements sur l'histoire ancienne de l'Asie, ce qui a lieu de nous surprendre quand nous considérons tout ce que l'on sait au sujet des Parthes. Aussitôt qu'Ardeschir, fils de Sassan, les eut défaits entièrement, il s'occupa, avec la plus grande ardeur, de rétablir la Perse dans son ancien état, de rassembler des livres, et d'en faire composer de nouveaux par les savants qu'il avait réunis à sa cour. Aidé par un prêtre nommé Erda-Viraf, il réunit une espèce de concile, composé des principaux mages de ses états, pour rétablir dans sa pureté primitive la religion de Zoroastre, qui s'était fort corrompue sous la domination des étrangers. Toutefois, le nom des Parthes, après même la destruction de leur puissance, se conserva fort longtemps chez d'autres peuples; les écrivains grecs et les écrivains romains le donnèrent souvent aux princes de la race des Sassanides, comme ils avaient donné celui de Perses aux princes Arsacides qui étaient maîtres de la Perse. Agathangélus désigne même sous la dénomination de *langue parthe* la langue des Arméniens, qui furent gouvernés par des rois Arsacides jusqu'à l'an 428.

Tous les princes de la race arsacide qui se révoltèrent dans l'orient de la Perse contre les successeurs d'Alexandre, et qui, tour à tour alliés et ennemis des rois grecs de la Bactriane, furent soutenus par les secours des Scythes, leurs parents, leurs voisins et leurs alliés, luttèrent avec des succès divers contre les rois de Syrie, qui cherchaient à rétablir leur autorité dans la haute Asie. Enfin, vers le milieu du IIe siècle avant notre ère, Mithridate, sixième successeur du premier Arsace, vainquit plusieurs fois les rois Séleucides, prit Babylone, détruisit le royaume de la Bactriane, étendit fort loin ses conquêtes dans la Scythie et dans l'Inde, s'empara de la Médie et de l'Arménie, et plaça sous son sceptre tous les pays renfermés entre l'Inde, l'Euphrate et le mont Caucase. La puissance des Arsacides s'accrut encore par la suite, et l'on serait fondé à dire qu'ils partageaient avec les Romains l'empire du monde. Si nous nous en rapportons au témoignage des historiens arméniens que nous aurons plusieurs fois occasion de citer, les princes Arsacides eurent sous leur domination tous les pays qui environnent la mer Caspienne; leur immense puissance fut partagée entre quatre branches qui étaient issues de la même race, et dont les trois dernières reconnaissaient la suprématie de la branche aînée. Celle-ci gouvernait la Perse, prise dans sa plus grande étendue, et les pays limitrophes. Agathangélus, que nous avons déjà cité, décrit en ces termes[1], dans la partie de son histoire dont nous ne possédons que la version grecque, le vaste empire des Arsacides : « Les Parthes, lorsqu'ils « étaient au plus haut degré de leur fortune, possé- « daient les royaumes de Perse et d'Arménie, celui « des Indiens limitrophes des parties orientales de la « Perse, et celui des cruels Massagètes. Ils étaient par-

[1] Bolland. *Act. SS. septembr.* t. VIII, p. 320.

« tagés ainsi : le premier de la race des Parthes qui,
« par la suite, changèrent leur nom en celui d'Arsa-
« cides, le premier, disons-nous, qui alors occupait le
« premier rang et qui se distingua par sa bravoure,
« devint maître du royaume des Perses; celui qui te-
« nait le second rang obtint l'Arménie; le troisième eut
« en partage les Indiens voisins de la Perse; le qua-
« trième, le royaume des Massagètes. L'ordre ainsi
« établi dans la race des Parthes se maintint très-long-
« temps dans cet état de prospérité. » Le même Agathangélus et Faustus de Byzance, historien arménien
qui vivait à la fin du IVe siècle, nous fournissent plusieurs renseignements importants, qui prouvent que,
de leur temps, cet ordre subsistait, à quelque chose
près, malgré l'expulsion des Parthes de la Perse, et que
des rois d'origine arsacide existaient dans des pays situés
à de très-grandes distances les uns des autres. L'important passage d'Agathangélus, que nous venons de rapporter, nous servira pour classer les renseignements
que nous possédons sur chacune des branches de cette
race illustre. Nous ferons ensuite connaître les divers
rejetons de la même famille qui se sont perpétués dans
l'Arménie jusqu'à des époques fort rapprochées de
nous, aussi bien que les autres rejetons qui s'établirent dans l'empire grec, et qui parvinrent à s'asseoir sur le trône de Constantinople. Nous ne nous
attacherons pas, pour le moment, à fixer la série
chronologique de chacun des princes de ces diverses

branches; nous nous bornerons à les faire connaître d'une manière générale; et il nous serait même impossible, faute des renseignements nécessaires, d'entrer dans de grands détails sur les branches établies chez les Indiens et chez les Massagètes. Dans deux appendices fort étendus, nous discuterons tout ce qui concerne la chronologie et la succession des rois parthes d'Arménie et de Perse; nous espérons, malgré le petit nombre de documents qui sont à notre disposition, et malgré les contradictions souvent apparentes des historiens, présenter sous un jour tout nouveau la chronologie de cette dynastie intéressante; et, si nous ne pouvons lever toutes les difficultés, nous parviendrons du moins à restreindre les chances d'inexactitude et d'erreur que présente la recherche de faits qui nous ont été transmis d'une manière fort incomplète, ou dont la relation historique s'est entièrement perdue.

SECTION Ire.

ARSACIDES DE PERSE.

Un grec, que quelques auteurs appellent Agathoclès, et qu'Arrien[1] nomme Phéréclès, avait été chargé par le roi de Syrie Antiochus II, surnommé Dieu, du gouvernement de toutes les provinces de son empire, situées au delà de l'Euphrate. Il se conduisit d'une manière si tyrannique, et commit même tant de cruau-

---

[1] *In Parthic.* apud Phot. *Bibliothec.* t. I, p. 17; ed. Bekker.

tés, qu'il rendit le joug des Macédoniens insupportable aux peuples placés sous son administration. Les Grecs eux-mêmes, qui s'étaient fixés dans ces contrées éloignées, cherchèrent à se soustraire à l'oppression. Théodote ou Diodote, gouverneur de la Bactriane, se révolta, se fit déclarer roi de cette province, et transmit la souveraineté à ses descendants. Cet exemple fut bientôt suivi par les peuples des provinces voisines. Arsace et son frère Tiridate, qui appartenaient, par leur origine, aux nombreuses tribus scythiques établies depuis longtemps dans la Perse, avaient été particulièrement offensés par le gouverneur macédonien; ils levèrent, à leur tour, l'étendard de la révolte, tuèrent Phéréclès, et, avec le secours de leurs compatriotes qui habitaient la Parthyène, s'emparèrent de cette contrée, ainsi que des pays limitrophes. C'est là qu'ils jetèrent les fondements d'une monarchie qui, dans les siècles suivants, devint une des plus puissantes de l'Asie.

Nous croyons avoir établi plus haut[1] que les princes arsacides tiraient leur origine de la nation scythique des *Daæ* ou *Dahi*. Mais, si l'on remarque que les Arsacides se rendirent pour la première fois indépendants des Séleucides dans la partie orientale de la Perse, du côté du pays appelé par les Grecs Bactriane, on reste moins étonné que quelques historiens de l'antiquité, peu instruits des faits, aient avancé que les

[1] Voy. ci-dessus, p. 3 et suiv.

Arsacides étaient Bactriens. C'est Strabon qui nous l'apprend[1], après avoir rapporté l'opinion de ceux qui les disaient issus des *Daæ*. De son côté, le Syncelle, sur l'autorité d'Arrien, rapporte[2] que, du temps d'Agathoclès, gouverneur macédonien de la Perse, les deux frères Arsace et Tiridate remplissaient les fonctions de satrapes. Le témoignage d'Arrien, historien fort instruit, qui avait écrit un ouvrage particulier sur les Parthes[3], serait certainement d'un fort grand poids dans la question de l'origine bactrienne des Arsacides; mais, en supposant que le Syncelle ait fidèlement reproduit la pensée de cet écrivain, le passage cité, bien loin de prouver que les Arsacides fussent Bactriens d'origine, contient la remarque importante qu'Arsace et son frère Tiridate appartenaient à la race d'Artaxerxès, roi de Perse, c'est-à-dire à la race des Achéménides. D'autre part, Strabon, peu avant de rapporter les deux traditions qui avaient cours au sujet de l'origine des Arsacides, qualifie expressément de Scythe le chef de cette famille[4]. Il pourrait donc

---

[1] Οἱ δὲ, Βακτριανὸν λέγουσιν αὐτόν (τὸν Ἀρσάκην). (*Geogr.* XI, § 3, p. 515.)

[2] Ἀρσάκης τις καὶ Τηριδάτης ἀδελφοί, τὸ γένος ἕλκοντες ἀπὸ τοῦ Περσῶν Ἀρταξέρξου, ἐσατράπευον Βακτρίων, ἐπὶ Ἀγαθοκλέους Μακεδόνος ἐπάρχου τῆς Περσικῆς. (*Chronogr.* p. 284; ed. Goar.)

[3] Apud Phot. *Biblioth.* cod. 58, p. 17, ed. Bekker.

[4] *Geogr.* XI, § 2, p. 515.

être vrai qu'Arsace était Bactrien, sans que cette notion nous empêchât d'admettre qu'il avait une origine scythique. Justin[1] et Isidore de Séville[2] nous attestent que la Bactriane était entièrement habitée par des Scythes ; les *Daæ*, en particulier, s'y trouvaient en si grand nombre qu'ils avaient imposé leur nom à la totalité du pays. Nous avons dit ailleurs qu'en effet, au premier siècle avant notre ère, les Chinois appelaient ce pays *Ta-hia*, ou, plus exactement, *Da-kia*. Ajoutons ici que, bien que les Grecs aient donné particulièrement le nom de Bactriane aux contrées situées à l'extrémité de la Perse, fort loin vers les frontières de l'Inde et les sources de l'Oxus, les limites de la Bactriane ne furent jamais fixées avec beaucoup de précision. On peut même croire, comme nous aurons occasion de le faire remarquer dans une autre partie de notre travail, que la Bactriane comprenait, ainsi que l'indique l'étymologie de son nom, toutes les provinces *orientales* de la Perse, sans en excepter la Parthyène, patrie des Arsacides.

Les Arméniens ont conservé, sur l'origine de la famille de ces princes, des traditions qui prouvent que c'est effectivement dans une partie de la Bactriane que les Arsacides jetèrent les fondements de leur puissance. Moïse de Khoren dit[3] qu'Arsace leva, pour la première

---

[1] *Hist. Philippic.* II, 1, 111.
[2] *Origin.* IX, 11.
[3] *Hist. arm.* II, 11.

fois, l'étendard de la révolte contre les rois séleucides, dans la célèbre ville de Balkh. Cette ville, dont il est nécessaire que nous disions ici quelques mots, est appelée par les Arméniens, *Bahl* ou *Balh*, et les derniers Arsacides qui étaient venus de Perse s'établir parmi eux, après la mort d'Ardéwan, sont désignés sous le nom de *Balhavouni* ou *Balhavig* (les Palhavans), c'est-à-dire hommes de *Balh*. Située à l'extrémité orientale de la Perse, vers les montagnes de l'Inde et sur la frontière du Thôkharestan, la ville de Balkh est fort ancienne, puisque, d'après les traditions persanes, Zoroastre y publia sa loi, et qu'alors elle était la résidence des rois de Perse, qui l'avaient choisie pour être plus à portée de combattre les Scythes ou Touraniens. Elle est à coup sûr identique avec la capitale de la Bactriane, que les Grecs appelaient du nom du pays, *Bactra* (Βάκτρα), et que Strabon place sur une rivière qui, venant du midi, se jette dans l'Oxus. Si elle a conservé le nom de Balkh, au lieu de celui de Bactre, c'est qu'il nous semble très-probable que, chez les indigènes, la ville dont il s'agit ne s'appela jamais Bactre. Les Grecs, en la nommant ainsi, nous montrent qu'ils ignoraient le sens du nom de Bactriane, qui, comme l'a déjà fait observer D'Herbelot, est dérivé du mot persan *bakhter*, qui signifie l'orient. La Bactriane tirait ce nom de sa position à l'égard des autres provinces, selon l'usage où paraissent avoir été les Perses, depuis une époque fort reculée, de donner à leurs provinces des noms qui exprimaient les positions relatives qu'elles avaient entre elles. Dans le Schah-namèh, Firdousi appelle l'Asie Mineure, ou les contrées situées à l'occident de la Perse, خاور *Khawer*, c'est-à-dire l'Occident; le Farsistan, le Kirman et les provinces limitrophes sont appelées *Nimrouz*, c'est-à-dire le Midi; enfin, les Persans donnent encore à la province qui a succédé en grande partie à l'antique Bactriane le nom de Khorassan, qui signifie le *lieu du soleil* ou l'Orient.

Dans un autre endroit de son histoire d'Arménie, Moïse de Khoren appelle la ville de Balh, *la maison originaire* des princes parthes[1]. Selon le même écrivain, l'usage de la dénomination de *Balhavig* ou *Balhavouni*, donnée aux Arsacides de Perse, remonte jusqu'au règne d'Arsace le Grand ou Mithridate Ier, qui occupa le trône depuis l'an 173 jusqu'en l'an 137 avant J. C. « Arsace, dit l'historien arménien[2], se « rendit à Balh, où il établit sa puissance royale; « c'est pour cela que sa postérité fut appelée *Balhavig*, « comme celle de son frère Valarsace (*Vagharschag*) fut « appelée Arsacide, du nom de leur ancêtre Arsace. » Au commencement du Ier siècle de notre ère, la ligne

---

[1] Բհլն աուն. *Hist. arm.* II, LXXI.

[2] Եւ ինքն (Արշակ) շուրտագ 'ի Բահլ, հաստատէաց զգթագաւորու Բհեան նէր, զի որոյ զաւրէն ին՝ Պահլաւիկ անուանե֊ ցան, որպէս եւ եղբօր նորա Վաղարշականին՝ Կնասիսել ու անուն, Արշակունիք. *Ibid.* II, LXV.

directe de la race des rois parthes fut privée de la couronne, et une nouvelle branche fut investie de l'autorité souveraine. Elle se divisa bientôt en quatre autres branches, dont les trois dernières portèrent toutes le nom de *Balhavig* ou *Balhavouni*, auquel elles joignirent une seconde dénomination pour se distinguer les unes des autres, comme nous le verrons tout à l'heure. C'est de ces dernières branches que descendaient les Arsacides qui, dans le ii° siècle avant la naissance de J. C. vinrent s'établir en Arménie. Leur postérité y subsistait encore au xiii° siècle de l'ère chrétienne, et conserva jusqu'à cette époque le nom de *Balhavouni*.

Le témoignage des médailles qui nous restent des Arsacides, bien qu'il soit incomplet à cet égard, nous apprend qu'outre leur nom d'Arsace, chacun des rois parthes portait un nom particulier qui servait à les distinguer les uns des autres; mais ces noms n'étaient sans doute que des petits noms, ou des noms d'un ordre secondaire, comme ceux qui étaient en usage autrefois chez les Arméniens et qu'on appelait վաղաշբական, *p'haghaschkhagan*, c'est-à-dire d'amitié. On en voit des exemples dans les doubles noms que portent beaucoup de princes cités dans l'histoire d'Arménie.

La dénomination sous laquelle généralement les écrivains orientaux, arabes et persans, désignent les Arsacides, vient de la constitution politique des pays soumis à leur empire : ce nom est celui de Moulouk-al-théwaïf, ملوك الطوايف, rois des dynasties ou des tribus. Il était difficile d'en trouver un qui donnât une idée plus exacte des fondements de leur puissance.

La race royale des Arsacides de Perse devint extrêmement nombreuse. Les historiens grecs et romains ne nous ont point conservé de renseignements sur sa division en différentes branches : ils nous parlent seulement de quelques rois de Médie qui appartenaient à des branches collatérales de la maison régnante. Les Arméniens seuls nous font connaître trois autres branches distinctes de celle qui possédait la puissance souveraine. Cette séparation des Arsacides de Perse en quatre branches principales s'opéra dans les premiers siècles de notre ère, après la mort d'un roi nommé Arschavir par les Arméniens. Nous démontrerons plus loin qu'il est le même que l'Artaban qui régnait du temps des empereurs romains Tibère, Caligula et Claude. Voici comment Moïse de Khoren parle de la division des Arsacides de Perse en quatre branches ou tribus[1] : « Abgare alla dans l'Orient, où il « trouva qu'Ardaschès, fils d'Arschavir, régnait sur les « Perses, et qu'il était en guerre avec ses frères parce « que, en vertu de sa naissance, il prétendait régner « sur eux. Ceux-ci refusaient de se soumettre, attendu « qu'il avait assiégé leurs villes et qu'il les avait me- « nacés de la mort; ce qui avait produit beaucoup de

[1] *Histor. armen.* II, xxvii.

« guerres et de désordres dans l'armée et parmi leurs
« autres parents. Le roi Arschavir avait eu trois fils et
« une fille : le premier de ses fils était le roi Ardaschès
« lui-même; le second se nommait Garen, et le troi-
« sième Souren. Leur sœur, qui portait le nom de
« Goschm, était mariée à un homme que son père
« avait créé général de toutes les armées de la Perse.
« Abgare engagea les trois frères à faire la paix, et il ar-
« rêta entre eux les conditions suivantes, savoir : qu'Ar-
« daschès serait roi, ainsi qu'il le désirait; qu'il trans-
« mettrait la dignité royale à sa postérité; que ses frères
« porteraient le nom de Balhav, du nom de leur ville
« et de sa grande et fertile région, et qu'en qualité de
« rejetons du sang royal, ils seraient supérieurs en
« rang et en honneurs à tous les autres princes persans.
« Cet arrangement fut confirmé par des serments
« mutuels, et on régla, en outre, que si la postérité
« masculine d'Ardaschès venait à s'éteindre, ses frères
« hériteraient de la dignité royale. Le roi forma ensuite
« de leur race trois tribus, qui furent nommées *Ga-*
« *réni Balhav*, *Souréni Balhav* et *Asbahabiédi Balhav;* la
« dernière était formée de la postérité de la sœur d'Ar-
« daschès, et tirait son nom de la dignité dont était
« revêtu le mari de cette princesse. »

Moïse de Khoren, dans la suite de son histoire d'Arménie[1], reparle des diverses branches de la race royale de Perse, et s'exprime en ces termes : « Arschavir eut

[1] II, LXV.

« trois fils et une fille, comme nous l'avons déjà dit;
« l'aîné s'appelait Ardaschès, le second Garen, le troi-
« sième Souren, et la fille Goschm. Après la mort de
« son père, Ardaschès voulut, par droit de naissance,
« régner sur ses frères, ce que ces derniers lui accordè-
« rent, plutôt à cause de ses menaces qu'à cause de ses
« paroles et de ses prières. Abgare fit entre eux un pacte
« et une alliance, à ces conditions, qu'Ardaschès et ses
« descendants auraient l'empire, mais que si sa pos-
« térité venait à s'éteindre, ses frères hériteraient de
« la royauté, par ordre de primogéniture. Après avoir
« obtenu ces avantages, Ardaschès donna des provinces
« à ses frères; ils formèrent des races qui portèrent leur
« nom, et qu'on éleva au-dessus de toutes les autres
« souverainetés. Chacune de ces races conserva le nom
« de son fondateur : elles furent, en conséquence,
« appelées *Garéni Balhav, Souréni Balhav*. Celle qui
« descendait de la sœur de ces princes fut nommée
« *Asbahabiédi Balhav*, parce que le mari de cette prin-
« cesse était chef des troupes. Cet ordre subsista pen-
« dant longtemps, et se maintint jusqu'à l'époque où
« l'empire fut enlevé à la race des Arsacides. » Nous
verrons que cette même organisation existait encore
quand Ardeschir, fils de Sassan, détruisit la puissance
des Parthes en Perse.

A propos du nom de *Souréni*, que portait la troisième branche de la famille royale de Perse, et qui
lui venait de *Souren*, frère du roi Ardaschès, nous

devons faire remarquer le rapport qui existe entre le nom de ce prince et le nom de Suréna, que l'on est convenu mal à propos de regarder comme désignant la première dignité de l'empire persan après la dignité royale. La cause de cette erreur remonte à Plutarque. Cet écrivain dit, dans la Vie de Crassus[1], que le général qui commandait les Parthes, et qui vainquit Crassus, s'appelait Suréna, qu'il était la seconde personne de l'empire, et qu'il tenait de son père le droit de couronner les rois. Trompé par cette prérogative, on a pris fort légèrement le nom de ce général pour un titre de dignité. Rien, dans le texte de Plutarque, ni dans celui du faux Appien, qui l'a copié, ne peut nous porter à voir autre chose qu'un nom propre dans le nom de Suréna. Ammien Marcellin[2] fait mention d'un autre Suréna, qui commandait l'armée du roi de Perse Schahpour, et qui fut chargé par ce prince de traiter de la paix avec l'empereur Jovien. Suréna était bien son véritable nom; ce n'était pas celui de sa charge. Faustus de Byzance, qui vivait à cette époque en Arménie, et qui a écrit en arménien une histoire de ce pays, parle du même personnage. Ce général, issu de la race royale des Arsacides, se nommait véritablement *Souren*, et ne paraît avoir eu aucun des droits et des priviléges que l'on suppose gratuitement avoir été attachés au prétendu titre de Suréna. Parmi les diverses dignités instituées dans l'ancien

---
[1] § 21. — [2] XXV, vi.

empire persan, il en existait effectivement une qui conférait le privilége dont nous venons de parler; mais son nom n'avait aucun rapport avec celui de Suréna. L'auteur du Modjmel-al-téwarikh, qui parle de cette dignité, donne à celui qui en était revêtu le titre de *pahlawani djéhan*. Elle existait aussi en Arménie, où les rois Arsacides avaient établi tous les usages civils et politiques de l'ancienne monarchie persane, en se modelant sur ce qui se pratiquait à la cour de leurs parents, surtout pour le cérémonial. Celui qui remplissait la fonction dont il s'agit recevait les titres d'*asbied* et de *thakatir* : le premier signifie chevalier; le second, celui qui porte la couronne. Comme en Perse, cette dignité, chez les Arméniens, était héréditaire. Elle avait été donnée, un siècle et demi avant notre ère, par le premier des Arsacides, à Pagarad, qui passait pour être d'origine juive[1]. Sa postérité, qui en hérita, tint constamment un rang très-distingué en Arménie, avant la destruction de la monarchie ; elle obtint ensuite la puissance royale dans l'Arménie et dans la Géorgie, où les descendants de Pagarad se sont perpétués jusqu'à nos jours, avec une existence historique de près de vingt siècles.

Après avoir dominé presque cinq cents ans sur la Perse, la race royale des Arsacides fut dépossédée de la couronne par un Perse surnommé Ardeschir, et nommé indifféremment fils de Babek (*Pabek*), ou fils

[1] Voyez Moïse de Khoren, *Histor. armen.* II, III.

de Sassan, selon qu'il est question de ses aïeux paternels, ou de ses aïeux maternels. Les écrivains grecs et les écrivains romains, ennemis de tous les princes de la race sassanide, ont cherché à abaisser la naissance d'Ardeschir; ils n'en parlent que comme d'un homme obscur, né dans la Perse proprement dite, qui se révolta contre son souverain et le détrôna. Ils n'auront sans doute fait que nous rapporter les bruits injurieux répandus par les Parthes fugitifs, qui se retirèrent en Arménie et dans l'empire romain après la mort d'Artaban, et qui ne devaient pas être très-disposés à faire l'éloge d'Ardeschir et de sa race. L'historien arabe Eutychius nous dit qu'Ardeschir était prince d'Estakhar, l'une des plus puissantes et des plus anciennes villes du Farsistan, et, selon nous, la même que Persépolis. Les anciens historiens d'Arménie, Agathangélus, Moïse de Khoren, Élisé[1], lui donnent le nom de *Sdaharatsi*, c'est-à-dire natif d'Idahar ou d'Istakhar, ce qui revient au même. D'autres historiens orientaux, et même Agathias, disent qu'il fut adopté par le prince du Farsistan, Babek, qui lui donna sa fille en mariage et sa souveraineté pour héritage; c'est pourquoi il est toujours appelé, par les écrivains orientaux, Ardeschir Babégan, c'est-à-dire Ardeschir fils de Babek. Il se nomme ainsi lui-même sur les monuments qu'il a fait élever, et dont M. Silvestre de Sacy a donné une savante explication. Strabon nous apprend que, de son

[1] Écrivain du ve siècle de notre ère.

temps, la Perse était gouvernée par des rois vassaux des monarques parthes. Babek était, sans doute, un des successeurs ou des descendants de ces rois vassaux; et Ardeschir, bien loin d'être un aventurier obscur, se trouvait en possession de l'une de ces souverainetés qui formaient la monarchie féodale des Arsacides. Aussi voyons-nous, dans Agathangélus, que les serviteurs les plus distingués d'Assyrie et de Perse, lassés du joug des Parthes et prêts à se révolter, s'adressent à Ardeschir comme à un prince puissant, en état de les servir utilement. Il paraît qu'Ardeschir se prétendait même issu, par son grand-père Sassan, de la race des anciens rois qui avaient régné dans la Perse avant l'invasion d'Alexandre.

Soutenu par le mécontentement des peuples de la Perse, qui considérèrent toujours les Parthes comme des étrangers, et qui détestaient leur joug, Ardeschir profita des divisions qui existaient entre les chefs des diverses branches de la race royale. Ces princes, possesseurs de grands fiefs, se souciaient fort peu de soutenir une monarchie à laquelle ils n'avaient que des droits fort éloignés, et ils songeaient bien plutôt à se rendre indépendants ou à s'agrandir aux dépens de leurs parents. C'est, il nous semble, ce qui explique pourquoi Ardeschir fut soutenu dans sa révolte par deux branches de la famille royale, celles de Souréni Balhav et d'Asbahabiédi Balháv, qui, ne tenant que le troisième et le quatrième rang, se trouvaient fort

4.

éloignées de la succession à la couronne. La branche de Garéni Balhav, qui avait le second rang, et qui, par conséquent, pouvait espérer de faire valoir un jour ses droits, resta fidèle à la branche royale, et soutint de toutes ses forces la guerre contre Ardeschir. La mort du dernier roi des Parthes rappela à tous les autres princes de la même race les liens qui les unissaient, et leur fit sentir la nécessité de s'unir pour écraser, dès sa naissance, la nouvelle puissance des Perses. A peine le roi d'Arménie nommé Chosroès (*Khosrou*), qui tenait le second rang dans la monarchie parthe, eut-il appris le malheur de son parent, qu'il rassembla des troupes, se mit en campagne, et sollicita l'assistance des Romains. Les princes des Scythes du nord, Arsacides comme lui, s'empressèrent de lui fournir des secours. Il envoya des ambassadeurs aux Parthes, qui étaient ses parents, ainsi qu'aux diverses familles nommées Balhav, dont nous avons déjà parlé, et qui tenaient de plus près au sang royal ; il ne négligea pas d'en envoyer à Balkh même, et dans les pays les plus éloignés, du côté de l'Orient, jusque dans le pays des K'houschans, où régnaient, comme nous le démontrerons, les Arsacides orientaux. Il paraît que toutes ces diverses branches ne montrèrent pas beaucoup de zèle pour venger l'injure faite à leur sang. Les familles Souréni Balhav et Asbahabiédi Balhav refusèrent leur concours à Chosroès ; et il apprit, par un de ses ambassadeurs, qu'il avait dirigé vers l'extrême

Orient, que Vehsadjan et la famille Garéni Balhav étaient seuls prêts à se joindre à lui. Aussi, après quelques succès infructueux, rentra-t-il dans ses états. Ardeschir profita de son éloignement pour attaquer la race de Garéni Balhav, dont il détruisit tous les mâles, à l'exception d'un enfant, qui fut sauvé par un des serviteurs de ses parents. Ce fidèle serviteur l'amena dans le pays des K'houschans, et le confia aux soins de sa famille, pour le mettre à l'abri des fureurs d'Ardeschir. Nous parlerons plus loin de la postérité de cet enfant. Privé des secours de l'Orient, le roi d'Arménie fut obligé de continuer la guerre avec ses seules forces et avec les secours qu'il reçut des peuples du nord. Cependant, il se conduisit avec tant de courage, qu'il mit Ardeschir dans le plus grand embarras. Celui-ci se crut forcé de recourir à la perfidie pour se débarrasser d'un si terrible ennemi, en le faisant périr par le fer ou le poison. Dans ce dessein, il s'adressa à ceux des Parthes qui lui étaient soumis, et qui, par leur parenté avec le roi d'Arménie, pouvaient avoir un accès plus facile auprès de ce prince. Il promit à celui d'entre eux qui voudrait servir son projet de lui rendre la ville royale de Balkh et les anciennes possessions de ses ancêtres, avec le premier rang après lui dans la Perse. Un certain Anag, de la race de Souréni Balhav, lui promit d'accomplir ses désirs, feignit de fuir la Perse pour éviter les persécutions d'Ardeschir, arriva en Arménie, y fut reçu comme un parent par le roi Chosroès, et l'assassina quelque temps après. Nous nous occuperons ailleurs de la postérité de cet Anag. Délivré de son plus redoutable adversaire, Ardeschir s'empara de l'Arménie, et la réunit à son empire. Beaucoup de Parthes abandonnèrent alors la Perse, se réfugièrent sur les possessions romaines en Asie, formèrent des corps de troupes de leur nation, et se mirent au service des empereurs, qu'ils suivirent dans toutes leurs expéditions contre les Perses. Nous avons vu que, lorsqu'Ardeschir se révolta contre Ardéwan, un grand nombre d'Arsacides se joignit à lui et reconnut sa domination. Il paraît que leur postérité subsista encore longtemps en Perse, car Faustus de Byzance parle de plusieurs généraux issus de la race des Arsacides, qui commandaient les armées du roi de Perse Schahpour II, vers l'an 370 de notre ère.

SECTION II.

ARSACIDES D'ARMÉNIE.

Le roi des Parthes, Mithridate, chassa les Séleucides de la haute Asie, s'empara de l'Arménie, y plaça pour roi son frère Valarsace (*Vagharschag*), et lui donna le second rang dans la monarchie parthe. Tel est le récit des historiens d'Arménie; il fait remonter à plus d'un siècle avant notre ère l'établissement de la dynastie des Arsacides dans ce pays. C'est en vain que nous cher-

cherions des renseignements sur cet événement dans les écrits qui nous restent des Grecs et des Romains. Les historiens occidentaux ne paraissent pas avoir su qu'il existait en Arménie une branche de la race royale des Arsacides; nous ne pouvons cependant pas assurer que l'antiquité ait ignoré que Tigrane, et la plupart des rois d'Arménie qui vécurent avant Jésus-Christ, appartenaient à la nation parthe. Il y a, dans les ouvrages qu'elle nous a légués, une si grande lacune pour l'histoire de ces temps, qu'il est fort difficile, avec le seul secours des fragments que nous possédons, de se former une idée juste de l'histoire des successeurs d'Alexandre et des princes orientaux qui eurent des rapports avec eux. De toutes les parties de l'histoire ancienne, c'est peut-être celle qui laisse le champ le plus vaste aux discussions chronologiques. Quelques renseignements épars çà et là dans divers auteurs nous portent à conjecturer que les anciens avaient, en général, sur les royaumes de l'Asie, des connaissances plus exactes et plus complètes qu'on ne serait disposé à le croire après avoir lu les fragments qui nous restent de leurs écrits historiques. Justin, par exemple, dit[1] que le Mithridate, roi des Parthes, dont nous avons déjà parlé, fit sur les Séleucides la conquête de la Médie, et qu'après avoir chassé de l'Arménie un roi qu'il appelle Ortoadiste ou Artoadiste, nom identique, sans doute, avec celui d'Artavasde, qui est fort connu, il éleva son frère

[1] *Histor. Philippic.* XLII, 11.

à la dignité de roi des Mèdes. Si nous avions le texte de Trogue Pompée, dont Justin n'est que l'abréviateur, nous apprendrions probablement que le frère du roi des Parthes créé roi des Mèdes n'était autre que le prince appelé Vagharschag (Valarsace) par les Arméniens. Ceux-ci disent, en outre, que le roi des Parthes, après avoir fait son frère roi d'Arménie, lui céda la partie de la Médie qui porte le nom d'*Aderbadagan*. Cette province, nommée par les Grecs *Atropatène*, fit longtemps partie du royaume des Arsacides d'Arménie.

Justin dit encore[1] qu'après la Parthye, l'Arménie est le plus grand des royaumes d'Asie, et les historiens nationaux affirment, de leur côté, que le royaume d'Arménie tenait le deuxième rang immédiatement après celui des Parthes. Les divers rangs établis entre les royaumes Arsacides ne furent, sans doute, institués par les successeurs d'Arsace, que pour imiter les usages et le cérémonial usités chez les anciens souverains de l'Asie, et pour justifier leur titre de grand roi, ou de roi des rois. Nous voyons dans Moïse de Khoren[2] que, bien longtemps avant cette époque, Ninus, roi d'Assyrie, instruit des belles actions et de la puissance d'un des anciens rois de l'Arménie nommé Aram, lui donna le titre de second (du roi des rois), c'est-à-dire de premier prince de l'empire. Comme chacun des divers royaumes de l'Asie était organisé à

[1] *Histor. Philippic.* XLII, II. — [2] *Histor. armen.* I, XII.

l'instar de la grande monarchie, qui ne faisait elle-même que se conformer à d'antiques usages, il y avait dans l'Arménie, parmi les princes que comptait la monarchie féodale de ce pays, un souverain qui portait le titre de second, et qu'il faut bien distinguer de l'asbied ou thakatir dont nous avons déjà parlé. Celui-ci n'était que le premier des dignitaires de la couronne, tandis que l'autre tenait le premier rang entre les princes feudataires. Les chefs du pays de Mouratsem, situé dans les environs de la ville actuelle de Nakhdjévan, furent en possession de cet honneur jusqu'au milieu du IIe siècle de notre ère; ils passaient pour des descendants d'Ajtahag ou Astyages, roi des Mèdes. Un prince appelé Ardaschès, petit-fils du premier des Arsacides d'Arménie et père du fameux Tigrane, connu par ses démêlés avec les Romains, usurpa, à ce que racontent les Arméniens, le titre de roi des rois, et, par conséquent, le premier rang dans l'Asie. Le roi des Parthes, issu de la branche aînée des Arsacides, fut contraint de se contenter du titre de second, ou du premier rang après lui. L'exemple d'Ardaschès fut imité par son fils Tigrane, qui usurpa aussi le titre de roi des rois.

Tacite, dans le récit des démêlés qu'eurent les Romains avec les Parthes, rapporte que ces derniers regardaient l'Arménie comme leur patrimoine, comme une antique possession de leur race, ce qu'ils n'auraient pu faire, si Tigrane et ses descendants n'avaient pas été des princes de leur famille. En plusieurs endroits de ses écrits, Procope nous dit que l'Arménie était gouvernée dès longtemps par des Arsacides; enfin Cédrène, sans doute d'après quelque auteur ancien, raconte, en parlant de Basile le Macédonien, empereur de Constantinople, qu'il tirait son origine de l'illustre race des Arsacides, qui avait donné des rois aux Parthes, aux Mèdes et aux Arméniens. Si nous n'avons pas d'autres témoignages positifs pour affirmer que les Arsacides régnaient en Arménie, du moins voyons-nous les historiens de l'antiquité considérer ce royaume toujours comme un état parthe, et souvent même comme une dépendance du grand empire des Arsacides de Perse.

Il nous reste fort peu de renseignements sur l'origine de Tigrane; tout se réduit à deux passages, l'un de Strabon, l'autre d'Appien. Le premier de ces deux écrivains dit [1] que Tigrane descendait d'Artaxias, qui, étant gouverneur d'Arménie pour le roi de Syrie, se soumit aux Romains après la défaite d'Antiochus le Grand, et fut reconnu roi par eux. Appien [2] rapporte que Tigrane était fils d'un autre Tigrane et d'une fille de Mithridate; il n'ajoute rien de plus sur son origine. Il est très-peu question, dans les écrivains anciens, des divers gouverneurs qui furent envoyés par les Séleucides dans l'Arménie, et qui y usurpèrent l'autorité royale. On nous parle cependant avec plus de détail d'Artaxias; on nous apprend qu'il se rendit indépen-

[1] *Geograph.* XI, p. 528 et 532. — [2] *De Bello Mithrid.* c. IV.

dant; qu'après la défaite d'Antiochus le Grand par les Romains, il donna, pendant un certain temps, à sa cour, asile à Annibal, et que, d'après les avis de ce général, il fonda la ville d'Artaxate et en fit la capitale de ses états. Mais quelques lignes sont tout ce qui nous reste sur son compte, et on nous a laissé ignorer l'époque de sa mort. Nous savons seulement que depuis le temps qu'il fut nommé par le roi de Syrie gouverneur d'Arménie, époque ordinairement placée entre les années 224 et 220 avant la naissance de Jésus-Christ, jusqu'aux dernières actions qu'on cite de lui, il s'écoula plus de quarante ans. Il est fort difficile de croire que son existence se soit prolongée beaucoup au delà. Peu après, vers le milieu du IIe siècle avant notre ère, il est question d'un certain Artoadiste, qui fut détrôné par le roi des Parthes[1]. Trompé par la ressemblance des noms, Justin a placé ce dernier événement à plus d'un siècle de son époque réelle, peu avant la défaite de Crassus, et il aura pris cet Artoadiste pour Artavasde, fils de Tigrane. Nous présumons qu'Artoadiste était fils d'Artaxias; et c'est après qu'il eut été dépouillé du royaume d'Arménie par le roi des Parthes, que nous plaçons l'établissement de la dynastie des Arsacides en Arménie. Il serait fort étonnant que les Parthes, qui, à cette époque, avaient repoussé les Grecs de l'autre côté de l'Euphrate et établi leur empire sur toute l'Asie, n'eussent pas fait

---

[1] Voyez ci-dessus, p. 55.

la conquête de l'Arménie, où plus d'une raison devait les déterminer à porter leurs armes. On aurait peine à comprendre qu'ils n'eussent pas fait ce qu'ils avaient fait ailleurs, et ce qu'on les vit faire dans les siècles suivants, c'est-à-dire qu'ils n'eussent pas donné l'Arménie en apanage à une branche de leur race. L'autorité des écrivains d'une aussi ancienne nation que la nation arménienne doit certainement l'emporter sur un passage unique de Strabon. Nous ne parlons pas d'Appien, qui ne contredit point notre opinion; mais nous ajoutons que l'assertion de Strabon, bien loin d'être appuyée, même indirectement, par d'autres auteurs anciens, est plutôt infirmée, car plusieurs d'entre eux rapportent que les rois d'Arménie étaient de la race d'Arsace. Dans l'antiquité, on savait si bien que les Arméniens faisaient partie de la monarchie arsacide, que très-souvent les historiens anciens les appellent Parthes. On ne distingue même pas facilement, dans leurs récits, ce qu'on doit attribuer à l'un plutôt qu'à l'autre de ces deux peuples. Les traditions relatives à la communauté d'origine des Parthes et des Arméniens se sont perpétuées jusqu'à des époques fort rapprochées de nous, puisque, dans sa chronique écrite en syriaque, aussi bien que dans celle qui est écrite en arabe, le patriarche jacobite Grégoire Abou'lfaradj donne le nom d'Arméniens aux rois parthes qui régnaient en Perse et qui secouèrent le joug des successeurs d'Alexandre.

PREMIÈRE PARTIE. 61

Ce qui aura pu porter Strabon à faire descendre Tigrane d'Artaxias, qui s'était révolté contre les rois séleucides, c'est que le nom de ce dernier prince est à peu près pareil à celui d'Ardaschès, que les Arméniens donnent au père de Tigrane, et que les Grecs et les Romains ont pu prononcer Artaxias.

Si l'on rencontre de très-grandes difficultés pour fixer la succession des princes de la race arsacide en Perse, et pour tracer la série chronologique des événements de leur histoire, on en trouve de bien plus grandes encore lorsqu'il s'agit de l'histoire des Arsacides d'Arménie. Rien de plus dissemblable que les récits des historiens arméniens et ceux des historiens grecs ou latins. Sans quelques noms que l'on reconnaît de temps à autre, on aurait peine à croire que ces récits s'appliquent aux mêmes princes; mais, quoique les faits rapportés par les auteurs occidentaux soient en très-petit nombre, ces écrivains ayant été, pour la plupart, presque contemporains, nous croyons que le plus souvent leur témoignage est bien préférable à celui des historiens orientaux, au moins pour ce qui précède le IIe siècle de notre ère.

Le premier roi des Arsacides s'appelait Vagharschag ou Valarsace, et il régna vingt-deux ans. C'est le nom de ce prince qui, altéré par la suite des temps, fut changé, chez les Arméniens, en Vagharsch; chez les Perses, en Balas ou Balasch et Valasch; chez les Grecs et les Romains, en Bologésès, Bolagasès et Vologèse.

Son fils, Arschag (Arsace), lui succéda, et régna treize ans. Il fut remplacé par Ardaschès ou Artaxès, qui en régna vingt-cinq. Il faut donc, comme Michel Tchamtchéan, historien moderne, auteur d'une Histoire d'Arménie, fixer l'établissement des Arsacides à l'an 149 ou 150 avant Jésus-Christ.

Selon les Arméniens, le roi qu'ils appellent Ardaschès, et qui fut père du célèbre Tigrane, devint l'un de plus puissants princes de l'Asie; d'après les récits de Moïse de Khoren, il aurait même porté ses armes jusque dans la Grèce. « Ardaschès, dit notre « historien[1], régna sur l'Arménie après son père, dans « la vingt-quatrième année d'Arschagan, roi de Perse; « il était trop ambitieux pour se contenter du second « rang, il s'empara de l'empire. Arschagan se soumit à « sa volonté et lui céda la suprême puissance. Comme « Ardaschès était un homme audacieux et belliqueux, « il se fit construire une résidence royale dans la Perse, « voulut qu'on y battît monnaie en son nom, et créa « roi Arschagan, chez les Perses, sous sa suzeraineté, « de même qu'il plaça son fils Tigrane sur le trône « d'Arménie. » Ardaschès, dit un peu plus loin le même historien[2], donna sa fille Ardaschama en mariage à Mithridate, commandant militaire de l'Ibérie, qui était issu de Mithridate, satrape de Darius. Il confia à son gendre le gouvernement des montagnes septentrionales et de la mer de Pont.

[1] II, x. — [2] *Ibid.*

Si nous consultons les historiens grecs, c'est Tigrane, et non Ardaschès, qui usurpa le premier rang en Asie, qui prit le titre de roi des rois, et qui, ayant soumis le roi des Parthes à sa puissance, fit construire un palais dans la Perse, et battre monnaie en son nom dans ce royaume. Ces historiens ne parlent pas du mariage de Mithridate, roi de Pont, avec une fille du roi d'Arménie; ils disent que Tigrane épousa Cléopâtre, qui était fille de Mithridate. Ces divers récits paraissent être inconciliables; nous espérons cependant venir à bout de les concilier lorsque nous aurons achevé de rapporter ce que les Arméniens racontent d'Ardaschès.

Ce prince, après avoir usurpé le premier rang en Asie, rassembla, disent-ils, une grande armée, soumit l'Asie Mineure tout entière, passa la mer, fit une expédition dans l'Occident, et périt dans la Grèce, à la suite d'une sédition qui s'éleva dans son armée : il fut assassiné par ses soldats. Ces détails surprennent d'autant plus le lecteur, que jamais aucun écrivain grec ou latin n'a parlé d'une expédition de ce genre. Il serait fort singulier qu'un roi d'Arménie eût conquis toute l'Asie Mineure et porté ses armes dans la Grèce sans qu'on s'en fût aperçu; car, quelque rapide que l'on suppose son expédition, elle aurait dû faire une trop forte sensation pour que les Grecs n'en eussent pas conservé le souvenir. On est donc tenté, de prime abord, de la regarder comme fabuleuse. Cependant, en examinant attentivement la question, autant toutefois qu'on le peut faire avec les seuls secours que nous a légués l'antiquité, on reconnaîtra qu'il y a quelque chose de vrai dans les récits des Arméniens relatifs à l'expédition dont il s'agit. Seulement, nous ne devons les accepter qu'en les circonscrivant dans de justes bornes. Il est certain, par exemple, selon le témoignage de Moïse de Khoren[1], que, longtemps après l'expédition, on montrait encore à Armavir, ancienne capitale de l'Arménie; à Ani et à Aschdischad, deux villes sacerdotales de ce royaume, des statues de Jupiter, de Diane, de Minerve, d'Apollon, de Vulcain et d'Hercule, qu'Ardaschès y avait envoyées comme autant de trophées conquis par ses victoires. Celle d'Hercule était l'ouvrage des fameux sculpteurs Scyllis et Dipœne de Crète. On a remarqué avant nous que Pline[2] parle des statues des dieux qui avaient été sculptées par ces deux artistes; on a remarqué aussi que Cédrène[3] fait mention d'eux; il est donc difficile de se refuser à croire qu'il y avait effectivement en Arménie plusieurs statues conquises dans une partie quelconque de l'Occident. Nous allons essayer de jeter quelque lumière sur les événements auxquels se rattache ce fait curieux.

On a vu que, selon les historiens arméniens, Mithri-

[1] *Hist. armen.* II, xi.
[2] *Hist. natur.* XXXVI, vi.
[3] *Compend. historic.* p. 265, ed. Xylandr.

date, roi de Pont, avait épousé une fille d'Ardaschès, père de Tigrane, et que, par conséquent, il était beau-frère du roi d'Arménie. Plutarque, Appien et d'autres écrivains grecs, nous disent, au contraire, que Tigrane était gendre de Mithridate. D'après les historiens occidentaux, Mithridate, dans la première guerre qu'il entreprit contre les Romains et les rois de l'Asie Mineure, avait Tigrane pour allié; ce ne fut même qu'avec le secours de ce prince qu'il fit la conquête de la Cappadoce. Après cet événement, il n'est plus question de Tigrane, dans l'histoire de Mithridate, qu'environ trente ans plus tard. Pourquoi ce long silence? Mithridate fut plusieurs fois, dans cet espace de temps, obligé de solliciter l'assistance des princes ses voisins; et cependant on ne le voit point demander des secours à Tigrane, qui déjà antérieurement lui avait fourni des troupes. Selon Memnon d'Héraclée [1], Mithridate, dans sa première guerre contre les Romains, avait pour alliés le roi Tigrane, les Parthes, les Mèdes, les princes de l'Ibérie et les princes des Scythes. Une telle alliance pouvait être une conséquence naturelle de la suprématie de Tigrane sur tous les princes parthes qui étaient en état de lui fournir des contingents. Dans le cours de cette guerre, plusieurs Arméniens figurent parmi les généraux de Mithridate. Cependant, lorsqu'en l'an 85 avant notre ère, Mithridate, vaincu par Sylla, fut contraint de faire la paix avec les Romains,

[1] Apud Phot. *Biblioth.* t. I, p. 230.

on ne le voit pas, nous le répétons, demander des secours à Tigrane, qui avait commencé la guerre avec lui. Il n'est plus question des Arméniens, et le nom de Tigrane ne reparaît que longtemps après, quand Mithridate, de nouveau vaincu par les Romains, se réfugie en Arménie, chez ce prince, qui lui donne asile, mais qui refuse de le voir. Ce refus semblerait indiquer qu'il s'était passé dans l'Orient quelque événement qui avait rompu l'alliance de Mithridate avec le roi d'Arménie. Il paraît que, pour se décider à protéger le roi de Pont contre les Romains, Tigrane fut obligé d'oublier des ressentiments.

Appien[1] nous apprend que Tigrane portait le même nom que son père. Nous pensons que ce prince se confond avec celui que les Arméniens appellent Ardaschès, nom qui signific *grand roi*, comme nous l'avons dit. Selon toute probabilité, Tigrane avait pris ce nom en usurpant le premier rang dans la monarchie parthe, après avoir soumis le roi de Perse à sa puissance. Cette circonstance aura fait oublier aux Arméniens le véritable nom de Tigrane, comme cela est arrivé dans d'autres occasions. C'est sans doute ce prince qui donna sa fille Ardaschama en mariage à Mithridate. Celui-ci, bien loin d'être considéré par les Arméniens comme un prince dont la puissance répondît à l'idée que nous nous en faisons, n'était qu'un petit souverain subordonné au roi d'Arménie. En effet, quand Mithridate

[1] *De bell. Mithrid.* CIV.

succéda à son père, il ne possédait que le royaume de Pont, qui, resserré entre le Pont-Euxin et la Cappadoce, entre le fleuve Halys et les nombreuses nations barbares qui séparaient l'Arménie du territoire de Trébizonde, ne devait pas avoir une bien grande importance. Aussi voyons-nous que lorsque Mithridate, au commencement de son règne, voulut attaquer le royaume de Cappadoce, il ne se crut pas assez fort pour le faire tout seul; il implora l'assistance du roi d'Arménie, alors le souverain le plus puissant de l'Asie; et, avec son aide, il put conquérir la Cappadoce et la plus grande partie de l'Asie Mineure. Quand les Romains, alarmés du progrès des armes de Mithridate en Orient, se mêlèrent de la querelle des princes qu'il avait dépouillés de leurs états, le roi de Pont fut soutenu par les forces de Tigrane, des Parthes, des Mèdes et de beaucoup d'autres nations. Il chassa les Romains de l'Asie; ses généraux passèrent le Bosphore de Thrace et soumirent la plus grande partie de la Grèce. On ne peut guère douter que cette expédition ne soit la même que celle dont les historiens arméniens font honneur à leur roi Ardaschès, père de Tigrane, qui y trouva la mort. « Ardaschès, dit Moïse de Khoren[1], « après avoir soumis les pays situés entre les deux « mers, couvrit l'Océan d'une grande quantité de vais- « seaux, voulant asservir l'Occident tout entier. Comme « il y avait alors de grands troubles à Rome; personne

[1] *Ubi supra.*

« ne lui résista fortement. Mais je ne saurais dire par
« quelle cause ou désordre horrible beaucoup de ses
« soldats s'entre-tuèrent. Ardaschès, prenant la fuite,
« périt, à ce que l'on dit, par les mains des siens,
« après avoir régné vingt-cinq ans. » Que l'on compare
avec ces renseignements, tout incomplets qu'ils sont,
ceux qui se trouvent dans Appien, on ne pourra s'empêcher de convenir qu'il existe entre eux une remarquable coïncidence, si toutefois on excepte le nom
que chacun des deux historiens impose aux chefs de la
guerre. A cette époque, les Romains, tourmentés par
la guerre civile de Marius et de Sylla, ne pouvaient
se mêler activement des affaires de l'Orient; aussi les
flottes de Mithridate et les armées de ses généraux soumirent-elles sans résistance toutes les îles de la Grèce
et la plus grande partie du continent opposé à l'Asie
occidentale. Comment supposer que Mithridate, qui
possédait un royaume dont les forces n'étaient pas suffisantes pour soumettre la Cappadoce, aurait pu faire
tant de conquêtes avec ses seules ressources? Nous aimons mieux penser qu'il ne les fit que de concert avec
le roi d'Arménie, qui était alors le maître de tout l'Orient. Ce dernier prince, après avoir soutenu Mithridate dans le commencement de l'expédition, aura péri
pendant le cours de la guerre, et cette circonstance
nous donnerait la clef des événements. La mort d'Ardaschès ou Tigrane aura causé de grands troubles
dans ses états, et amené d'importants changements en

Orient. Le roi des Parthes, chef de la branche aînée des Arsacides, qui avait été dépouillé de la suprême puissance par le roi d'Arménie, aura certainement profité de cette occasion pour reprendre le premier rang dans l'Asie. C'est à l'aide de ces diverses suppositions que nous pouvons comprendre pourquoi Tigrane, dans sa jeunesse, fut conduit en otage chez les Parthes, et pourquoi il ne rentra dans ses états qu'en cédant au roi de Perse la possession de soixante et dix vallées ou cantons. Car, comment expliquerait-on tous ces événements, si le roi des Parthes n'avait pas eu à se venger de Tigrane et de son père? Comment imaginer que ce roi aurait attaqué un prince, son parent, qui ne se serait point affranchi de sa dépendance, et avec qui les liens de famille ne pouvaient encore s'être beaucoup relâchés, puisque le royaume arsacide d'Arménie ne comptait pas alors plus de cinquante ou soixante ans d'existence, et que les rapports de parenté et de subordination qui le liaient à la monarchie arsacide devaient encore subsister? Une fois privé de l'assistance des Arméniens, Mithridate ne put résister seul aux Romains, et fut contraint de faire une paix honteuse avec Sylla. Il n'est plus alors question du roi Tigrane, qui avait pris part au commencement de la guerre; et ce silence n'est pas fort étonnant, puisque, à cette époque, comme nous venons de le dire, l'Arménie devait être occupée par les Parthes, et que l'héritier de la couronne, après avoir été emmené comme otage, ne pouvait rentrer dans son royaume qu'en cédant une partie de ses états pour prix de sa liberté.

Après que Mithridate eut été vaincu par les Romains et qu'il eut fait la paix avec eux, il conserva seulement les provinces qu'il avait héritées de ses aïeux; il resta quelque temps en paix avec ses vainqueurs, et il s'occupa, dans cet espace de temps, du soin de soumettre à sa puissance les peuples barbares des environs de Trébizonde, de la Colchide, de l'Ibérie, les nations du Caucase et celles des plaines qui s'étendent au nord de cette chaîne de montagnes. De plus, il devint maître du royaume du Bosphore et des contrées environnantes; ce qui justifie le titre de prince des montagnes septentrionales et de la race de Perse, que lui donnent les Arméniens. Il fit de nombreuses levées dans ces nouvelles possessions, prit à sa solde une grande quantité de barbares du nord, et se crut assez fort pour lutter seul contre les Romains; aussi ne le voyons-nous pas aidé par Tigrane lorsqu'il commence cette nouvelle guerre. On peut même présumer qu'il prit le titre de grand roi, et qu'il se rendit indépendant de Tigrane, qui, trop occupé de se venger des injures dont s'était rendu coupable à son égard le roi des Parthes, ne se montra ni l'ami, ni l'ennemi de Mithridate. Toutefois, il est certain que, même dans le cours de cette guerre, le roi de Perse se vantait encore d'avoir pour allié le roi d'Arménie; car, pendant qu'il assiégeait Cyzique, il voulut faire savoir à la garnison qui se défendait avec intrépidité depuis fort longtemps, que les troupes de Tigrane venaient d'arriver. Au fait, c'est seulement après qu'il a été vaincu par Lucullus et dépouillé de la plus grande partie de ses possessions, qu'il implore la protection de Tigrane, qui, pendant cet espace de temps, ayant rétabli son autorité sur les Parthes, les avait forcés à lui restituer les provinces qu'il leur avait cédées, et s'était même emparé de Ninive et d'une grande partie de l'Assyrie. Ce prince était maître aussi de presque toutes les provinces de la Syrie qui avaient appartenu aux Séleucides, et dont les peuples l'avaient choisi librement pour souverain. Lorsque Mithridate se jeta entre les bras de Tigrane, ce dernier, tout en lui promettant son assistance, ne put s'empêcher de lui manifester un vif mécontentement; il refusa pendant quelque temps de le voir, et le laissa dans une province déserte, loin de sa capitale. Les anciens historiens ne nous parlent pas des sujets de ce mécontentement. Tigrane pouvait-il en avoir d'autres que l'indépendance affectée par Mithridate et les conquêtes de ce prince dans les régions situées au nord de l'Arménie, régions qui étaient considérées comme des dépendances de ce royaume, quoiqu'elles fussent gouvernées par des princes particuliers? Il en était sans doute alors comme il en a été depuis : tous les princes du Caucase sont devenus les vassaux des princes arméniens, chaque fois que ceux-ci ont eu quelque puissance. Quand les

Romains surent que Mithridate s'était réfugié en Arménie, ils voulurent se rendre maîtres de sa personne. Lucullus envoie P. Clodius à Tigrane pour demander l'extradition de ce prince ; le roi d'Arménie rejette avec mépris une pareille proposition, refuse de recevoir l'ambassadeur romain, et se prépare à combattre Lucullus ; il est vaincu. Le roi des Parthes, son vassal, profite de ce revers de fortune pour s'affranchir de sa dépendance et faire un traité avec les Romains, sans prendre toutefois une part active à la guerre. Cependant, la défaite de Tigrane n'eut pas d'abord des conséquences aussi fâcheuses pour sa puissance que ses ennemis pouvaient en attendre. Des divisions éclatèrent parmi les Romains; Lucullus fut rappelé, et Pompée nommé pour le remplacer. Mithridate et Tigrane profitèrent de ces divisions. Mithridate se rendit bientôt maître d'une partie du Pont, de la Petite-Arménie et de la Cappadoce. Ce fut à cette époque qu'il écrivit au roi des Parthes une lettre qui fit beaucoup de bruit dans l'Orient ; il engageait ce prince à se joindre à lui et à Tigrane contre les Romains. Salluste[1] nous a conservé une traduction latine de cette lettre. L'opinion qu'y exprime le roi de Pont s'accorde parfaitement avec tout ce que nous venons de dire. Après avoir indiqué au roi des Parthes les raisons qu'il peut avoir de redouter la puissance des Romains et de faire cause commune avec lui et avec Tigrane, quoique tous deux ils aient

[1] *Opp. (Fragm.)*, p. 405-415; ed. Burnouf.

été vaincus, Mithridate lui dit : « Quant aux motifs qui
« pourraient vous éloigner de mon alliance, le ressenti-
« ment que vous ont inspiré contre Tigrane une guerre
« récente et les revers que j'ai éprouvés, ces motifs
« mêmes, si vous voulez bien les examiner, doivent
« vous porter à accueillir ma proposition. Tigrane, ayant
« des torts à réparer, vous laissera le maître des condi-
« tions du traité. » On voit d'abord, par cette lettre, que
les revers de Tigrane avaient décidé le roi des Parthes
à s'affranchir de sa dépendance, et qu'il y avait peu de
temps que le roi d'Arménie, au mépris d'un droit
reconnu, avait usurpé l'autorité suprême. Mithridate
parle ensuite de l'insatiable avidité des Romains, et du
peu de confiance qu'on doit avoir dans les traités que
l'on fait avec eux; il continue en disant : « Je voyais
« bien que ce n'était point une paix véritable, mais
« une simple trêve, dont j'étais redevable aux divisions
« intestines des Romains ; aussi, quoique Tigrane, qui
« aujourd'hui, mais trop tard, approuve mes projets,
« refusât alors de les seconder; bien que vous fussiez
« loin de moi, et que tous les autres peuples fussent es-
« claves des Romains, je repris cependant les armes. »
Tigrane ne put certainement être détourné du dessein
de faire la guerre aux Romains, que par ses démêlés
avec les Parthes, par l'occupation de la Syrie, et par le
refus qu'avait fait Mithridate de lui prêter son concours. Lorsque le roi de Pont écrivit la lettre dont
nous venons de rapporter quelques passages, les états

de Tigrane n'étaient point encore entamés, quoiqu'il eût éprouvé un échec; il paraît que Lucullus était entré dans la Mésopotamie, mais qu'il n'avait point franchi les montagnes qui séparent ce pays de l'Arménie; aussi Mithridate dit-il au roi des Parthes, que, tandis que les possessions de Tigrane ne sont pas encore envahies et qu'il va tenter, avec ce prince, le sort des combats, il serait à désirer que les troupes parthes pussent attaquer les Romains du côté de la Mésopotamie, pour les chasser de l'Asie occidentale.

Tigrane, de son côté, envoya aussi une ambassade au roi des Parthes pour lui proposer un traité d'alliance : il offrait de céder à ce prince la Mésopotamie, l'Adiabène et un certain nombre de grandes vallées. Lucullus, informé de ces négociations, voulut empêcher une coalition si redoutable : par son ordre, Lucilius, un de ses lieutenants, se rendit auprès du roi des Parthes, pour l'engager à rester neutre, ou même à se joindre aux Romains. Phraate ne pouvait oublier l'outrage que lui avait fait Tigrane en usurpant le titre de roi des rois; et, tandis qu'il n'avait rien à appréhender de la part des Romains, il devait redouter encore l'ambition du roi d'Arménie, si ce prince parvenait à se débarrasser de ses ennemis. Dans cette situation, il prit le parti de sacrifier les intérêts de ses parents à son ressentiment; il fit la paix et un traité d'alliance avec Lucullus, et il renouvela ce traité avec Pompée.

Livrés à leurs seules forces, par la jalousie et le ressentiment du roi des Parthes, Tigrane et Mithridate ne purent plus résister aux Romains. Mithridate chercha un asile au delà du Caucase et du Pont-Euxin ; Tigrane fut obligé de se soumettre à Pompée, qui, ne voulant pas détruire entièrement sa puissance, se contenta d'exiger de lui l'abandon du royaume de Syrie et des provinces situées à l'occident de l'Euphrate; il lui laissa la possession de l'Arménie et de la Mésopotamie, avec le titre d'ami et d'allié des Romains, en donnant toutefois la souveraineté de la Sophène à Tigrane, fils du roi. Ce jeune prince s'était révolté contre son père, et, soutenu par les Parthes, avait causé des troubles dans l'état; il s'était ensuite réfugié dans le camp de Pompée. Quoique le général romain eût fait une sorte d'alliance avec les Parthes, qui, en restant neutres, l'avaient aidé dans sa guerre contre Tigrane, il connaissait, sans doute, trop bien le caractère inconstant de cette nation, pour croire qu'une telle alliance serait de longue durée. S'il avait réduit Tigrane à la dernière extrémité, celui-ci se serait probablement jeté dans les bras de son parent, et l'aurait engagé à défendre un pays qui, un jour, pouvait lui appartenir. Pompée avait le plus grand intérêt à empêcher ces deux princes de se coaliser. Mais, s'il y parvint, en traitant avec le roi des Parthes, il ne dut pas compter beaucoup sur une alliance qu'il devait plutôt au ressentiment du roi envers Tigrane, qu'à de vraies considérations politiques ; aussi tint-il avec le roi d'Arménie une conduite opposée à celle que tenaient ordinairement les Romains : il ne se mêla, en aucune manière, des différends qui existaient entre le roi des Parthes et Tigrane; il rendit à ce dernier son royaume, et n'appuya point les projets de ses fils, qui, révoltés contre leur père, avaient recherché l'alliance des Parthes et même épousé deux filles du roi Phraate. Sachant bien que tôt ou tard ils auraient à combattre les Parthes, les Romains, dans cette circonstance, parurent plus généreux qu'ils ne l'étaient ordinairement envers les rois vaincus; ils ne dépouillèrent point Tigrane d'un royaume que les Parthes auraient pu revendiquer comme un fief dépendant originairement de leur empire; ils aimèrent mieux accorder le titre d'ami et d'allié, et rendre son trône à un prince qui avait beaucoup offensé les Parthes, et que ceux-ci n'avaient point voulu soutenir quand il avait imploré leur appui. Ce prince, par conséquent, devait être l'ennemi des Parthes, et soutenir les Romains dans les guerres qu'ils pouvaient avoir contre eux.

En s'alliant avec les Romains, le roi des Parthes n'avait, sans doute, pas eu d'autre projet que celui de venger les outrages qu'il avait éprouvés de la part de Tigrane, et de recouvrer les provinces qu'il avait perdues. Les Romains, qui connaissaient les vrais motifs de sa conduite, ne lui surent pas beaucoup de gré de son alliance, et ne songèrent nullement à lui lorsqu'ils traitèrent avec Tigrane ; il est probable même que, par politique, ils laissèrent subsister tous les sujets de division qui existaient entre lui et le roi d'Arménie. Les fils de Tigrane, qui s'étaient mis en révolte contre leur père, et qui avaient recouru à la protection des Parthes, ne furent point soutenus par les Romains. Enfin, après avoir traité avec ses vainqueurs, Tigrane resta maître des provinces qu'il avait enlevées au roi des Parthes, et continua, sans doute, de prendre le titre de roi des rois, qui appartenait à la branche aînée des Arsacides. Mécontent des Romains, Phraate fit plusieurs fois la guerre à Tigrane, mais sans pouvoir lui reprendre les territoires dont celui-ci s'était emparé. Le fils de Tigrane, devenu gendre du roi des Parthes, l'excitait à combattre les Romains ; aussi Phraate envoya-t-il une ambassade à Pompée pour réclamer ce jeune prince, qui était captif, et pour demander que l'Euphrate formât la limite des deux empires. Pompée répondit à Phraate que, s'il devait remettre le jeune Tigrane à quelqu'un, c'était plutôt à son père qu'à son beau-père ; et il ne statua rien sur la question des frontières. Lorsqu'il revint de son expédition dans le Caucase, il reçut les ambassadeurs des rois de la Médie et de l'Élymaïde, qui venaient lui demander de les affranchir du joug des Parthes, et il les traita avec beaucoup de bienveillance. Phraate, irrité de ces procédés, dévasta la Gordyène, qui lui avait été enlevée autrefois par le roi d'Arménie, et ravagea les possessions de ce prince, malgré la présence des armées romaines, qui étaient sur les bords du Tigre et de l'Euphrate. Aussitôt Afranius, lieutenant de Pompée, marcha contre le roi des Parthes; il le vainquit sur le territoire d'Arbèle, le contraignit de demander la paix, et remit entre les mains de Tigrane la Gordyène, que celui-ci réclamait. Quoique Phraate prît alors le titre de roi des rois, les Romains, dans leurs relations diplomatiques, ne lui accordaient jamais que celui de roi; il en était d'autant plus irrité contre eux et contre Tigrane. Toutefois, pendant que Pompée était occupé en Syrie, Phraate chercha à se rapprocher de Tigrane et à lui inspirer de la défiance à l'égard des Romains, en lui rappelant que ceux-ci n'avaient pas servi d'une manière bien efficace les intérêts du roi d'Arménie lorsque les Parthes avaient porté la guerre dans ses états. Ces deux princes réglèrent par la suite leurs différends, et il paraît que ce fut à l'avantage de Tigrane, car il garda les provinces dont il s'était emparé. Il paraît aussi que cette alliance se fit au préjudice des Romains, qui alors, fort occupés des guerres civiles de la république, durent nécessairement négliger un peu les affaires de l'Orient. Phraate, bientôt après, fut tué par ses fils, Mithridate et Orode.

Mithridate monta sur le trône, vers la même époque; le fils de Tigrane, qui était captif à Rome, parvint à s'échapper par la protection de P. Clodius Pulcher, et se réfugia auprès du nouveau roi des

Parthes, qu'il engagea à porter la guerre en Arménie, pour l'aider à remonter sur le trône. Plutarque[1] et Dion Cassius[2] nous attestent que, vers ce temps, Artavasde régnait en Arménie; il y a même lieu de croire que c'était l'avénement de ce prince qui avait décidé Tigrane le Jeune à renouveler ses tentatives pour s'emparer de la couronne, parce qu'il était indigné que son père lui eût préféré pour successeur Artavasde, le plus jeune de ses fils. Vaillant[3] et plusieurs autres savants ont, en conséquence, pensé que Tigrane mourut peu de temps avant cette époque, c'est-à-dire, l'an 39 avant notre ère. Effectivement, ce prince, si nous nous en rapportons au témoignage de Moïse de Khoren[4], prolongea son existence plusieurs années après que les Parthes eurent défait Crassus. D'autre part, nous savons que l'on vint apporter la nouvelle de sa mort à Antoine pendant que ce dernier faisait le siége de Samosate, en l'an 39. Mais Lucien[5] affirme que Tigrane mourut dans un âge fort avancé, à 85 ans. Or nous avons dit qu'il avait commencé de régner environ vers l'an 90 avant J. C. et qu'il était encore jeune lorsqu'il succéda à son père; il est donc évident que Tigrane, mort vers l'an 39, n'avait pas pu atteindre

---

[1] In *Vit. M. Anton.* § 39; ed. Reiske.
[2] *Hist. roman.* XLIX, xxv; ed. Sturz.
[3] *Arsacid. imper.* t. I, p. 99.
[4] *Hist. armen.* II, xvi-xviii.
[5] In *Macrobiis*, § 15; ed. Lehmann.

l'âge avancé que lui donne Lucien. Quoi qu'il en soit, nous pouvons supposer, avec assez de vraisemblance, que ce prince, pendant les dernières années de sa vie, associa Artavasde à la royauté, et qu'en agissant ainsi, il alluma l'ambition et la jalousie de Tigrane, son autre fils. Moïse de Khoren nous atteste que de pareilles associations avaient déjà eu lieu en Arménie. Leur but était, sans doute, de prévenir les sanglantes divisions que les changements de règne amenaient presque toujours ; l'histoire de la monarchie parthe nous montre, en effet, que la succession au trône n'était pas fixée par des usages constants, et qu'après la mort du prince régnant, ses fils se faisaient la guerre, pour décider à qui serait l'empire. Nous avons déjà vu que le roi Ardaschès avait, de son vivant, donné à son fils Tigrane le titre de roi; Valarsace, premier roi arsacide d'Arménie, avait fait la même chose pour son fils Arsace; Phraate II, selon l'opinion de M. Visconti[1], fut associé à la royauté par son père, Mithridate Ier: ainsi l'association d'Artavasde au trône de son père n'aurait rien de bien étonnant.

Pendant que Mithridate était occupé à faire la guerre en Arménie, pour mettre sur le trône le jeune Tigrane, Orode, frère du premier de ces deux princes, se révolta contre lui, et voulut s'emparer du pouvoir royal, mécontent qu'il était de n'avoir reçu en partage aucune portion du royaume, après avoir coopéré au

[1] *Iconogr. grecq.* t. III, p. 60 et 61.

meurtre de son père. Mithridate, contraint d'abord d'abandonner Tigrane, qui fut vaincu par Artavasde, rentra ensuite dans l'Arménie, obligea Orode à prendre la fuite, et fit massacrer tous ceux qui avaient approuvé les projets de ce prince. Cette cruauté irrita tellement contre lui les grands de l'état, qu'ils se soulevèrent de nouveau et proclamèrent roi Orode, qui détrôna Mithridate. Celui-ci fut réduit à se contenter de la possession du royaume de Médie. Mais, peu satisfait de la conduite de son frère, il reprit les armes contre lui: Orode le vainquit, et le força de chercher un asile auprès de Gabinius, gouverneur de la Syrie pour les Romains. L'agression de Mithridate contre l'Arménie avait dû porter Tigrane et son fils Artavasde à se rapprocher d'Orode, et à oublier tous les anciens sujets de querelles qui avaient divisé les princes arsacides, en même temps qu'elle ne pouvait manquer de mécontenter les Arméniens contre Gabinius, auprès de qui Mithridate, protecteur du jeune Tigrane, avait trouvé asile. Nous apprenons de Moïse de Khoren[1] que ce gouverneur romain avait voulu entreprendre une expédition contre Tigrane, mais que, sous le prétexte de marcher contre l'Égypte, d'où Ptolémée avait été chassé par ses sujets, il repassa l'Euphrate. L'historien arménien ajoute que, par un traité secret avec Tigrane, Gabinius lui rendit le jeune Mithridate, fils de sa sœur, et répandit le bruit que le prisonnier s'était échappé. Josèphe[2] et Dion

---

[1] *Hist. armen.* II, xv. — [2] *De bell. jud.* I, viii, 7.

Cassius[1] disent seulement que Gabinius, pour soutenir Mithridate, se proposait de faire une expédition contre les Parthes ; ils ne parlent pas des Arméniens, comme alliés d'Orode, mais ils pouvaient fort bien les comprendre sous la dénomination collective de Parthes. Dans les anciens, on trouve souvent des exemples analogues d'une pareille extension de nom. C'est ainsi que, selon Moïse de Khoren[2], l'expédition de Crassus fut dirigée par les Romains contre les Arméniens, tandis que nous savons fort bien qu'elle fut faite contre les Parthes. L'opinion, en apparence erronée, de l'historien arménien s'explique sans peine par l'alliance qui naturellement devait exister entre les rois d'Arménie et Orode ; car, dans cette guerre, les Romains soutenaient les droits de Mithridate, que les Arméniens devaient regarder comme leur ennemi, puisqu'il avait appuyé les prétentions du jeune Tigrane au trône d'Arménie.

Lorsque Crassus passa l'Euphrate pour faire la guerre aux Parthes, il entra dans la Mésopotamie, qui devait alors appartenir aux Arméniens, et qui leur appartint encore longtemps après, comme nous le verrons bientôt. Les rois d'Arménie n'avaient pas, à cette époque, rompu avec les Romains, qui, au reste, ne parlent que d'Artavasde et ne l'avaient point précisément offensé. Gabinius et Crassus s'étaient, en

[1] *Hist. roman.* XXXIX, LVI.
[2] *Hist. armen.* II, XVI.

effet, mêlés des affaires des Parthes, sans y avoir été autorisés par le sénat ni par le peuple ; leur ambition ou leur cupidité les avait seule décidés à faire la guerre au delà de l'Euphrate. Artavasde n'était pas intimement lié avec le roi des Parthes ; ces deux princes n'étaient unis entre eux que parce qu'ils avaient un commun ennemi à combattre dans la personne de Mithridate. Il ne fallait rien moins qu'un tel motif pour faire oublier à Orode les torts que la famille de Tigrane avait envers la monarchie parthe. Nous voyons aussi que, lorsque Crassus arriva dans la Mésopotamie, Artavasde vint le trouver avec six mille cavaliers, et eut l'air de renouveler les anciens traités que ses prédécesseurs avaient faits avec les Romains : il promit à Crassus de le seconder avec toutes ses forces, et d'attaquer les Parthes du côté de la Médie. Mais, après avoir pris congé du général romain, il ne se mit pas beaucoup en peine de tenir ses promesses ; il le trompa même souvent en lui envoyant de fausses nouvelles. Enfin, vers l'époque où l'armée de Crassus fut anéantie, près de Carrhes dans la Mésopotamie, par Souréna, général des troupes d'Orode, Artavasde abandonna ouvertement l'alliance des Romains, se réunit à Orode, donna sa fille en mariage à Pacorus, fils du roi, et joignit ses forces aux siennes pour combattre les Romains. C'est très-probablement à cette époque que les rois d'Arménie cessèrent de prendre le titre de roi des rois. Ce titre se lit encore sur les médailles d'Artavasde que l'on possède; mais il faut, ce nous semble, les placer aux années qui précédèrent la date de l'alliance d'Artavasde avec le roi des Parthes. L'ordre anciennement établi dans la monarchie arsacide fut sans doute rétabli alors, et l'Arménie redescendit au second rang. Il paraît cependant que les provinces usurpées par Tigrane restèrent au pouvoir des Arméniens; car, longtemps après, nous voyons l'Adiabène et plusieurs contrées sur les bords du Tigre possédées encore par eux. Le roi des Parthes se contenta vraisemblablement d'avoir sur ces provinces la suprématie qu'exerçaient jadis ses aïeux. Moïse de Khoren, qui attribue à Tigrane la défaite de Crassus, dit aussi[1] qu'après cet événement le roi retourna en Arménie, emportant le trésor du général romain. Il ajoute que les Romains envoyèrent, sous le commandement de Cassius, une armée innombrable pour empêcher les troupes arméniennes de passer l'Euphrate et de faire des incursions en Syrie. Le même historien[2] rapporte enfin que, vers ce temps, Tigrane conclut un traité de paix avec le roi de Perse Ardaschès, renonça au titre de roi des rois, et se contenta du second rang. Si l'on retranche du récit de Moïse de Khoren tout ce qui tient à un sentiment trop exalté d'orgueil national, il reste un certain nombre de faits qui ne sont pas manifestement en opposition avec ce que nous venons de

[1] *Hist. armen.* II, xvi, xvii.
[2] *Ibid.* II, xviii.

rapporter. Nous avons vu, en effet, que, selon toute probabilité, Tigrane vivait encore à l'époque dont il s'agit, quoique Artavasde, par son association à la couronne, eût l'administration principale des affaires. Moïse de Khoren[1] observe, de plus, que, à cette même époque, Tigrane était malade; peut-être était-il attaqué d'une maladie qui, par sa nature, l'obligeait à rester dans l'inaction. Quoi qu'il en soit, on peut tenir, au moins, pour certain, qu'après la mort de Crassus les Arméniens prirent une part très-active aux guerres des Romains contre les Parthes, et que la communauté d'origine des princes qui régnaient sur les Parthes et sur les Arméniens, et les ressemblances de mœurs et de langage qu'offraient entre eux ces deux peuples, ont pu leur faire donner le même nom.

Après la défaite de Crassus, les armées parthes, commandées par un fils du roi, nommé Pacorus, passèrent l'Euphrate, en même temps que les Arméniens entrèrent dans la Cappadoce. Cassius et Cicéron les repoussèrent plusieurs fois, mais ils ne purent jamais obtenir des succès décisifs; les Parthes furent toujours les maîtres de la plus grande partie de l'Asie occidentale. Les guerres civiles qui suivirent la mort de Jules César, les favorisèrent considérablement; ils prirent une part très-active aux démêlés des Romains, embrassèrent le parti de Brutus et de Cassius, et suivirent dans l'Asie Mineure T. Labiénus, que Brutus avait

[1] *Hist. armen.* II, XVIII.

envoyé chez eux, pour leur demander du secours. Pendant plus de quinze ans, sous les ordres de Pacorus, fils du roi, et de plusieurs autres généraux, ils occupèrent militairement toute la Syrie, à l'exception de la ville de Tyr, dont ils ne purent s'emparer. Durant tout cet espace de temps, les Grecs et les Romains ne font aucune mention des Arméniens; mais il est extrêmement probable qu'après l'alliance dont nous avons parlé, ceux-ci furent constamment les auxiliaires des Parthes, avec lesquels ils auront été confondus par les Romains. Moïse de Khoren parle de plusieurs Arméniens qui servirent dans ces diverses expéditions; le plus célèbre d'entre eux est Parzap'hran ou Pazaphran [1], prince des Rheschdouniens, peuple qui habitait les bords méridionaux du lac de Van. Ce vaillant guerrier se signala par plusieurs grandes actions dans la Judée; prit Jérusalem, fit prisonnier le grand prêtre Hyrcan, et envoya en Arménie un nombre considérable de captifs juifs, qui reçurent des établissements dans les villes de Van et d'Artaxate. Josèphe, dans ses Antiquités judaïques [2] et dans son livre de la guerre des juifs [3], appelle ce personnage Barzapharne, et en fait un satrape parthe, qui accompagne Pacorus dans son expédition de Syrie; il lui attribue à peu près les mêmes actions que lui prête Moïse de Khoren. On

---

[1] Mos. Choren. *Hist. armen.* II, xviii; III, xxxv.
[2] XIV, xiii.
[3] I, xiii.

voit évidemment que, à quelques circonstances près, ce dernier écrivain a puisé son récit dans l'historien juif. Il fait aussi mention [1] d'un autre Pacorus, qu'il confond avec le fils du roi des Parthes, qui avait le suprême commandement des armées placées sur la rive droite de l'Euphrate. L'historien arménien dit, de plus, que le père de ce Pacorus avait autrefois gouverné la Syrie. Le nom de Syrie, chez les Arméniens, s'étend aux contrées situées sur les deux rives de l'Euphrate, et il ne serait pas impossible que le personnage dont parle Moïse de Khoren fût le fils d'un des rois d'Édesse : plusieurs de ces princes portèrent même le nom de Pacorus. Si nous nous en rapportons au témoignage de la chronique syriaque du patriarche Denys de Tel-mahar [2], lorsque Pacorus, fils du roi des Parthes, entreprit son expédition en Syrie, un prince de son nom gouvernait la ville d'Édesse, et l'on peut croire que c'est le même dont il est question dans Moïse de Khoren. On voit, par le récit de cet historien, qu'il était sous les ordres de Parzap'hran. Josèphe [3] parle aussi d'un Pacorus, qui fut employé par ce général dans plusieurs occasions; mais il lui donne le titre d'échanson du roi des Parthes, ce qui ne s'accorderait pas tout à fait avec la suite du récit de Moïse de Khoren, où nous lisons qu'un échanson du roi d'Arménie,

[1] *Hist. armen.* II, xviii.
[2] Apud Bayer. *Hist. osrhoen.* t. II, p. 87.
[3] *Antiq. judaic.* XIV, xiii, 3. — *De bell. judaic.* I, xiii, 1.

nommé Gnel ou Kénel, de la race des Gnounis, remplissait cette charge dans la régence, par droit de succession ; le rôle que lui attribue l'historien arménien est, au reste, le même que joue l'échanson Pacorus dans la narration de Josèphe.

Les guerres civiles empêchèrent longtemps les Romains de songer à chasser les Parthes de l'Orient. Après la mort de Brutus et de Cassius, Antoine envoya en Asie son lieutenant Ventidius. Celui-ci vainquit le Romain Labiénus, qui s'était joint aux Parthes ; il reprit la Syrie, et, après avoir battu Pacorus, fils du roi, qui périt dans cette bataille, il chassa au delà de l'Euphrate tous les ennemis des Romains. Antoine, jaloux des succès de son lieutenant, vint alors se mettre à la tête des armées romaines, et fit partir Ventidius pour Rome, sous le prétexte qu'il était appelé à y jouir des honneurs du triomphe. Dans le même temps, le roi des Parthes Orode périt victime de la cruauté de son fils Phraate, qu'il avait désigné pour son successeur. Antoine voulut profiter de cette occasion pour porter ses armes au delà de l'Euphrate ; il appela auprès de lui Artavasde, roi d'Arménie. Celui-ci n'était pas alors, à ce qu'il paraît, dans des rapports d'amitié avec le roi des Parthes, peut-être à cause de la haine particulière qu'il avait contre le roi des Mèdes, nommé aussi Artavasde, qui était l'allié de Phraate, ou peut-être même à cause du meurtre d'Orode. Quoi qu'il en soit, les motifs de l'inimitié qui existait entre lui et

Phraate ne furent pas suffisants pour le décider à se lier franchement avec les Romains. Séduit par ses fausses promesses, Antoine voulut traverser l'Arménie, pour entrer par la Médie dans les états du roi des Parthes. Pendant la route longue et pénible qu'il fit, avec ses troupes, sur le territoire arménien, Artavasde, roi d'Arménie, ne lui donna aucun secours, et servit bien plutôt les Parthes que les Romains. Antoine, après avoir perdu la plus grande partie de son armée, fut obligé de faire retraite à travers les états de son perfide allié; il ne ramena qu'un très-petit nombre de troupes en Syrie, et garda un profond ressentiment de la conduite qu'Artavasde avait tenue à son égard. Il tâcha, sans montrer de mécontentement à ce prince, de l'attirer auprès de lui sous divers prétextes, pour s'emparer de sa personne. Le roi d'Arménie, qui se défiait d'Antoine, résista longtemps à ses instances; mais enfin ce dernier l'ayant mandé sous le prétexte de conclure un mariage entre Alexandre, fils qu'il avait eu de Cléopâtre, et une fille du roi, Artavasde se décida, non sans peine, à venir trouver Antoine à Nicopolis, dans la petite Arménie. Celui-ci ne le vit pas plus tôt auprès de lui, qu'il le fit charger de fers, et conduire, avec la plus grande partie de sa famille, à Alexandrie, où, par son ordre, on lui trancha la tête.

Aussitôt après qu'Antoine se fut rendu maître de la personne du roi Artavasde, il passa l'Euphrate pour faire la conquête de l'Arménie. Les princes du pays mirent à leur tête le fils aîné du roi captif, Artaxès, qui, trop faible pour tenir tête aux Romains, fut vaincu, et se réfugia chez les Parthes. Antoine alors créa roi d'Arménie son fils Alexandre, et lui fit épouser Iotape, fille d'Artavasde, roi des Mèdes, qui, s'étant brouillé avec les Parthes, avait recherché l'alliance des Romains et obtenu d'Antoine une partie de l'Arménie. Quand ce dernier eut été vaincu à Actium, Artavasde chercha à se maintenir en possession de l'Arménie; mais il fut chassé de ce pays, ainsi que de son royaume de Médie, par les Parthes et par le prince Artaxès, qui remonta sur le trône de son père. Artavasde se réfugia dans l'empire romain, où, par la suite, il obtint d'Auguste le royaume de la Petite Arménie.

Nous ne sommes entré dans ces détails, sur lesquels nous reviendrons dans nos recherches chronologiques sur l'histoire des Arsacides, que pour jeter quelque jour sur les discordances qui se font remarquer entre les récits de Moïse de Khoren et ceux des écrivains grecs ou latins.

Artaxès, fils d'Artavasde, occupa fort peu de temps le trône d'Arménie; Auguste le remplaça bientôt par son frère, qui, à son tour, fut détrôné peu de temps après. Tous les princes, leurs successeurs, jouets de la politique romaine et de celle des Arsacides de Perse, ne pouvaient qu'avec grande peine se maintenir en possession de la couronne : placés sur le trône par des armées romaines ou parthes, ils ne restaient maîtres du pouvoir royal qu'aussi longtemps que les armées étrangères qui les avaient amenés en Arménie, occupaient le pays. Le règne des Arsacides fut interrompu ; plusieurs étrangers, d'origine ibérienne, parvinrent à s'emparer du trône et à s'y maintenir quelque temps ; le royaume d'Arménie, pendant cette période, se vit dépouillé du rang qu'il tenait antérieurement dans la monarchie arsacide. Vologèse Ier, vers l'an 50 ou 51 de l'ère chrétienne, donna la Médie, en apanage à son frère, avec le second rang dans l'empire ; Tiridate, qui eut l'Arménie, fut obligé de se contenter du troisième. Il paraît cependant que, dans la suite des temps, l'ancien ordre se rétablit ; car nous voyons dans les historiens romains, que, lorsque la dynastie des Arsacides fut dépouillée de la couronne de Perse, l'Arménie tenait de nouveau le second rang. Tous les rois d'Arménie, mentionnés par les auteurs grecs ou latins, depuis la captivité d'Artavasde jusqu'au milieu du IIe siècle de notre ère, sont restés inconnus aux Arméniens. Ce peuple, comme les anciens écrivains orientaux l'ont fort bien remarqué, avait beaucoup moins d'éloignement pour les Parthes que pour les Romains ; et il est fort probable que la plupart des princes qui durent la couronne d'Arménie à la politique des Romains, ne furent jamais reconnus par les indigènes. Ceux-ci ne regardèrent comme leurs souverains légitimes que les princes établis par les Parthes, parents et alliés des Arsacides d'Arménie.

Les Arméniens, placés entre deux grands empires qu'ils craignaient et qu'ils haïssaient, ne purent, pendant longtemps, recouvrer aucune puissance. La constitution physique du pays et son organisation politique ne devaient pas peu contribuer à les retenir dans cet état de faiblesse : ce royaume était coupé dans tous les sens par de hautes montagnes, qui le rendaient d'un accès extrêmement difficile; entre ces diverses montagnes se trouvait une très-grande quantité de petites vallées ou cantons, possédés par des princes particuliers, qui, au milieu des troubles qui déchiraient leur patrie, devaient être à peu près indépendants. C'est là ce qui explique pourquoi, sur les médailles de quelques-uns de ces petits souverains, nous voyons leur effigie accompagnée du titre de roi. Ils étaient en fort grand nombre. Mesrob, historien arménien, qui vivait au milieu du xe siècle, nous a conservé les noms de plus de soixante et dix familles princières qui existaient au temps du patriarche Nersès Ier, c'est-à-dire vers l'an 350 de J. C. Il paraît qu'en outre on comptait simultanément plusieurs rois en Arménie; la politique des empereurs devait naturellement les porter à maintenir un tel état de choses dans un royaume fort étendu, qui autrefois tenait le premier rang dans l'Orient, et qui, même après sa décadence, avait fait beaucoup de mal aux Romains par suite de son alliance avec les Parthes. Si les diverses parties dont se composait ce royaume eussent été réunies sous un seul sceptre, les rois d'Arménie auraient pu être encore de dangereux ennemis pour les Romains, tant par les immenses ressources qui se trouvaient dispersées entre les mains de plusieurs petits souverains du pays, que par le courage et le nombre de leurs propres sujets, et par la quantité de troupes qu'ils pouvaient tirer des tribus belliqueuses des Curdes, des Cadusiens, des Ibériens, des Albaniens, des peuples du Caucase, et des nombreuses nations scythiques qui habitaient dans le voisinage de cette montagne et de la mer Caspienne.

Selon les historiens arméniens [1], après qu'Artavasde eut été emmené captif par Antoine, les troupes du pays se rassemblèrent, par l'ordre du roi des Parthes, et choisirent pour roi Ardcham ou Arscham, fils d'Ardaschès et frère du célèbre Tigrane, qui est nommé, par quelques Syriens, Manovaz, et qui fut le père d'Abgare. Nous voyons qu'il n'est pas question ici des princes qui occupèrent le trône de la grande Arménie, mais de ceux qui régnèrent à Édesse et à Nisibe. Ces derniers restèrent maîtres de la Mésopotamie, qui avait fait partie du royaume de Tigrane, ainsi que nous l'avons déjà dit; ils pouvaient bien être de la race arsacide, quoique nous ne les ayons pas regardés jusqu'à présent comme des rois d'Arménie.

[1] Voy. Moïse de Khoren, *Hist. armen.* II, XXIII.

Ces princes, assure Moïse de Khoren[1], régnèrent d'abord à Nisibe et ensuite à Édesse, d'où ils retournèrent à Nisibe. Ils seront pour nous l'occasion de donner quelques renseignements sur les anciens établissements des Arméniens dans la Mésopotamie, et sur les rois d'Édesse, dont on a beaucoup parlé sans les bien connaître. Dans nos Mémoires historiques et géographiques sur l'Arménie[2], nous avons réuni les divers noms de ce pays qui étaient usités chez les peuples orientaux ; il est difficile de ne pas remarquer la grande ressemblance d'un de ces noms avec celui d'Aram, que les Syriens donnaient à leur patrie, et qui s'appliquait aux pays situés sur les deux rives de l'Euphrate. L'appellation Aram était connue des étrangers, car on la trouve mentionnée dans Strabon[3]. Elle aura peut-être servi à désigner aussi les contrées montagneuses qui s'étendent depuis la Médie jusqu'aux montagnes de la Cilicie, et se sera propagée vers le nord et vers le sud, avec les peuples araméens, à mesure que leur puissance s'accroissait; car nous croyons avoir démontré, dans l'ouvrage cité, que, dès une haute antiquité, la nation arménienne s'était établie dans les cantons où se trouvent les sources du Tigre, vers le lac de Van, et qu'en s'étendant vers les bords de l'Euphrate, elle se mêla avec les peuples syriens

---

[1] *Hist. armen.* II, xxvi, xxxiii. — [2] Tom. I, p. 205-207, 259-278. — [3] *Geogr.* p. 42; XVI, p. 784 et 785.—Cf. Joseph. *Antiq. judaic.* I, vi, 4.

et avec les tribus arabes, comme le remarque fort bien Strabon : « Suivant Posidonius, dit-il[1], *Arméniens*, « *Syriens*, *Arabes*, tous, par leur dialecte, leur genre « de vie, leurs traits, et surtout leur proximité, pa- « raissent bien n'être que la même nation ; témoin la « Mésopotamie, où se rencontre un mélange des trois « peuples, et où la ressemblance est la plus frappante. « Si, d'après le climat, les habitants du nord de cette « province diffèrent assez sensiblement de ceux du sud, « comme ceux du centre diffèrent aussi des uns et des « autres, les traits communs dominent toujours. Pa- « reillement, les *Assyriens*, les *Ariens* et les *Araméens* « ont beaucoup de ressemblance, soit entre eux, soit « avec les autres peuples que nous venons de citer. « Posidonius pense que leurs diverses dénominations « ont aussi beaucoup d'affinité entre elles; car ceux « que nous appelons *Syriens* se donnent à eux-mêmes « le nom d'*Araméens*, auquel ressemblent les noms « d'*Arméniens*, d'*Arabes* et d'*Érembes*......»

Ce que Strabon avait observé existe encore de nos jours ; les peuples qui habitent la Mésopotamie sont extrêmement mélangés, et la plus grande partie de la population continue d'être formée d'Arméniens ; la ville d'Édesse surtout en contient un fort grand nombre, et ils y habitaient bien longtemps avant les nombreuses émigrations qui furent causées en Arménie par les invasions des Turcs seldjoukides.

[1] *Geogr.* I, p. 41 et 42. — Trad. franç. t. I, p. 91 et 92.

Les Arméniens donnent à toute la portion septentrionale de la Mésopotamie le nom de *Midchakedk'h-Haïats*, qui signifie Mésopotamie arménienne, parce qu'ils la considèrent comme une partie de l'Arménie. La ville de Tigranocerte, qui fut une des capitales de ce dernier royaume, et dont les traditions arméniennes placent la fondation plus de cinq siècles avant notre ère, était située, suivant Strabon, dans la Mésopotamie. Nous croyons avoir prouvé, dans l'ouvrage déjà cité [1], que cette antique Tigranocerte est aujourd'hui la ville d'Amid, si célèbre dans l'histoire du Bas-Empire; nous ajoutons maintenant que Procope [2], en parlant des différentes provinces dont se compose la Mésopotamie, dit que, quoiqu'elles soient toutes généralement appelées de ce dernier nom, celle qui s'étend jusqu'à Amid porte le nom d'Arménie. On voit, d'après ce que nous venons de rapporter, qu'il ne serait pas fort étonnant que des princes qui résidaient à Édesse, à Amid, ou à Nisibe, eussent pris le titre de roi des Arméniens, surtout lorsque l'on considère que le nom d'Aram ou d'Araméens, que portaient les Syriens dans leur langue, ne différait pas beaucoup de celui des Arméniens, s'il n'était pas réellement le même.

Nous avons dit que les écrivains arméniens placent dans le midi de l'Arménie, ou dans la Mésopotamie,

[1] *Mém. sur l'Arménie*, t. I, p. 170-174.
[2] *De bell. persic.* I, 17.

des rois d'Arménie différents de ceux que nous con
naissons, mais également issus de la race des Arsacides. Nous voyons, dans la vie de Lucullus [1] par
Plutarque, qu'un frère de Tigrane, nommé Gouras,
possédait une partie de la Mésopotamie, s'il ne la possédait pas tout entière. Quand Lucullus fut forcé par ses
soldats de lever le siége d'Artaxate, il engagea quelques
légions à le suivre dans la Mésopotamie, où il vint
attaquer Nisibe, qui était alors défendue par un Grec
appelé Callimaque. Celui-ci avait autrefois combattu
contre le général romain dans la ville d'Amisus, dont
Mithridate lui avait confié la garde, et qu'il avait mieux
aimé livrer aux flammes que de la laisser tomber au
pouvoir des Romains. Après les revers de Mithridate,
Callimaque était passé au service de Gouras, qui l'a-
vait fait gouverneur de Nisibe; il fallait donc que ce
prince eût une sorte de souveraineté dans ces contrées, pour prendre des généraux à son service et leur
donner des commandements. Nous avons déjà fait
remarquer que le premier des rois que les historiens
arméniens placent dans la Mésopotamie, fut Arschàm,
qui, selon eux, était fils d'Artaxès et frère de Tigrane,
et qui régna vingt-huit ans. Il est difficile d'admettre
ce récit sans le modifier; car, si cet Arscham était
réellement frère de Tigrane, il devait être extrêmement avancé en âge quand il se rendit maître d'une
partie des états qui avaient appartenu à son frère. Or

[1] § 32.

si vers l'an 36 avant J. C. comme nous avons lieu de le croire, Tigrane mourut fort vieux, ou âgé de quatre-vingt-cinq ans, selon Lucien[1], quel âge aurait eu Arscham, qui devait être né fort peu de temps après Tigrane, puisque leur père finit ses jours lorsque Tigrane était encore jeune? Il est plus probable que cet Arscham, dont les historiens arméniens nous ont conservé le souvenir, était fils du frère de Tigrane appelé Gouras, qui vient d'être mentionné, et qui, selon toute apparence, avait reçu en apanage les parties de l'Arménie où nous voyons ces historiens placer la résidence d'Arscham. Nous possédons quelques médailles qui portent le nom d'un roi Arsame, fort peu connu; on les attribue généralement à un prince de ce nom, qui, vers l'an 240 avant J. C., paraît avoir régné dans les parties méridionales de l'Arménie, ou dans les parties septentrionales de la Syrie, du côté de la Comagène, et qui donna du secours à Antiochus Hiérax, pendant les démêlés que ce prince séleucide eut avec ses parents. Cette attribution n'est pas inadmissible; cependant, il serait tout aussi probable que les médailles en question eussent appartenu à celui des princes arsacides dont nous parlons. C'est, sans doute, au plus ancien de ces princes qu'est due la fondation de la ville d'Arsamosate, dans l'Arménie, située entre le Tigre et l'Euphrate, et appelée en arménien *Arschamouschad*, ce qui signifie ville d'Arscham ou d'Arsam.

[1] In *Macrobiis*, § 15.

Les Arméniens lui donnent depuis longtemps ce nom d'Arschamouschad, et les Arabes, celui de *Schimschath*; ceux-ci l'ont, plus d'une fois, confondue avec Samosate. On peut facilement admettre que, lorsque Antoine fit la conquête de l'Arménie, après s'être emparé de la personne du roi Artavasde, quelques princes de la famille royale se maintinrent dans la Mésopotamie et dans le midi de l'Arménie, sous la protection des rois parthes; et nous sommes assez porté à supposer qu'ils étaient les descendants du prince qui possédait ces régions du temps même de Tigrane. Ce qui donne à cette conjecture un certain degré de probabilité, c'est que nous voyons, par le témoignage de Dion Cassius [1], qu'Antoine attaqua l'Arménie par le nord-ouest : il était à Nicopolis, ville de la petite Arménie, non loin du Lycus, lorsqu'il entra dans l'Arménie, et très-vraisemblablement il ne fit point la conquête totale de ce royaume. Sa domination y fut de courte durée; il dut penser qu'elle ne pouvait s'établir que dans les lieux où campaient ses soldats, ou bien dans ceux qui furent occupés par le roi des Mèdes, son allié. Dans son expédition, il n'est point question de la Mésopotamie, que les Parthes, à cette époque, défendaient vigoureusement; ils avaient bien remarqué que toutes les expéditions entreprises contre eux s'étaient faites par ce pays, et ils regardaient comme fort important d'y entretenir des forces considérables

[1] *Hist. roman.* XLIX, XXIX, XL.

pour contraindre les Romains à les attaquer, du côté du nord, par l'Arménie. Les difficultés que là présente le terrain donnaient de grands avantages aux Parthes. Les Romains ne pouvaient les atteindre qu'après s'être épuisés par de longues marches, et par les combats forcément livrés aux diverses nations belliqueuses qu'ils rencontraient sur leur passage. On voit effectivement, quelque temps avant la prise du roi d'Arménie, Antoine vouloir passer l'Euphrate pour combattre les Parthes, et n'oser le faire, quand il apprend que la rive opposée est bien fortifiée, et qu'elle est défendue par une puissante armée; il fut obligé de traverser l'Arménie, et son expédition n'eut aucun succès [1]. Il en fut de même dans la suite, tant que les princes de la Mésopotamie restèrent fidèles à l'alliance des Parthes : les Romains ne purent pénétrer dans l'intérieur de l'empire parthe; et cet état de choses ne changea qu'au temps de Trajan, où les Romains recommencèrent à attaquer les Parthes par la Mésopotamie, comme ils l'avaient fait à l'époque de l'expédition de Crassus.

Nous avons déjà eu plusieurs fois l'occasion de faire remarquer que la Mésopotamie avait appartenu aux rois arsacides de l'Arménie; la proximité où ce pays était de l'une de leurs capitales, Tigranocerte, ne permet presque pas de douter qu'il n'ait fait partie de leurs états dès le temps de la fondation du royaume

[1] Dion Cassius, *Hist. roman.* XLIX, xxv-xxxi.

d'Arménie. Ils n'eussent vraisemblablement pas placé leur résidence sur les frontières de leurs possessions; il en est, sans doute, de même de Nisibe, qui, selon Tacite[1], n'aurait été même qu'à trente-sept milles de Tigranocerte, et qui, pendant longtemps, fut le séjour des rois d'Arménie. Les princes arsacides de Perse, après leurs différends avec Tigrane, désiraient obtenir la possession de ce pays, et fixer aux rives de l'Euphrate les limites de leur empire du côté de l'Occident; mais les Romains s'y refusèrent, et laissèrent la Mésopotamie entre les mains des Arméniens. Strabon[2] nous atteste que, de son temps, ce pays était encore soumis à la même nation. Moïse de Khoren[3] dit positivement que, dès l'origine, la Mésopotamie avait fait partie du royaume arsacide d'Arménie. Valarsace, premier roi arsacide, résidait à Nisibe[4]. On a donc eu tort d'avancer que Tigrane avait usurpé cette ville sur le roi des Parthes. Strabon[5], qui indique assez exactement le nom des lieux que Tigrane avait enlevés aux Parthes, ne parle que de la ville de Ninive, de l'Adiabène et des provinces de l'Assyrie situées au delà du Tigre. Enfin, Dion Cassius[6] nous

---

[1] *Annal.* XV, v.
[2] *Geogr.* XVI, p. 747.
[3] *Hist. armen.* I, vii.
[4] *Ibid.* I, vii, viii.
[5] *Geogr.* XI, p. 532.
[6] *Hist. roman.* XXVII, v.

apprend que le pays réclamé par le roi des Parthes était, non la Mésopotamie, mais bien la Gordyène, habitée par le peuple que nous appelons à présent les Kurdes, et située au delà du Tigre. Longtemps après, Nisibe était encore possédée par les Arméniens; car Josèphe[1] raconte que le roi des Parthes Artaban, voulant reconnaître les services qu'il avait reçus d'Izate, roi de l'Adiabène, donna à ce prince la ville de Nisibe, qui avait été conquise sur les Arméniens.

Les premiers rois arsacides d'Arménie, en fixant leur résidence dans une ville aussi éloignée du centre de leurs états que l'était Nisibe, n'eurent, sans doute, pas d'autre motif que d'être plus à portée de surveiller par eux-mêmes, et, au besoin, de combattre les rois séleucides, qui tentaient encore, de temps à autre, de rétablir leur autorité au delà de l'Euphrate. Lorsque cette double raison ne subsista plus, que le royaume des Séleucides cessa d'exister, et que Tigrane fut devenu roi de Syrie, les princes arméniens résidèrent à Artaxate (*Ardaschad*)[2], ancienne capitale du pays. Si nous avons démontré que la Mésopotamie fut soumise à la puissance des Arsacides d'Arménie, et que Nisibe fut primitivement leur séjour, on est conduit à penser que les contrées environnantes leur étaient soumises aussi, et que, par conséquent, ils possédaient le pays nommé l'Osrhoëne ou le royaume d'Édesse. Il ne serait

---

[1] *Antiq. jud.* XX, III, 3.
[2] Mos. Choren. *Hist. armen.* II, XLVI; II, VIII.

PREMIÈRE PARTIE. 103

pas naturel de supposer qu'il y eût si près d'eux un petit royaume indépendant.

Selon la chronique d'Édesse[1], le royaume d'Osrhoëne fut fondé en l'an 180 de l'ère des Grecs, c'est-à-dire, l'an 131 ou 132 avant J. C. à peu près vers l'époque où Antiochus Sidétès, roi de Syrie, fut vaincu et fait prisonnier par les Parthes, ce qui concorde fort bien avec les événements qui ont déjà été racontés. Ce fut à cette époque que les Arsacides étendirent leur puissance jusqu'aux bords de l'Euphrate, et il ne serait pas étonnant qu'ils eussent alors établi dans Édesse des princes ou des gouverneurs dépendants de leur empire; le titre de roi, que nous leur donnons, n'emportait pas toujours avec lui, chez les Orientaux, toutes les idées que nous y attachons; il s'accordait même fort bien avec le titre de grand roi ou de roi des rois, qu'on décernait aux souverains plus puissants. Depuis l'établissement de l'islamisme, nous voyons, dans l'histoire des Arabes, que ce titre de ملك ou roi fut attribué à des princes qui ne possédaient souvent qu'une ville et son territoire; il n'indique qu'une autorité souveraine, et peut se donner également aux grands comme aux petits princes. On doit même présumer que les anciens princes de l'Orient le laissaient prendre facilement par les seigneurs qui étaient leurs vassaux : dans leur orgueil, ils aimaient à voir des princes revêtus de titres fastueux reconnaître leur puissance.

[1] Pag. 388.

Les Syriens donnent aux princes d'Édesse le titre de *malkà*, qui signifie roi; ces princes, sur leurs médailles, prennent ceux de βασιλεύς, roi, ou de μέγας βασιλεύς, grand roi. Il faut cependant reconnaître que les Romains ne leur accordèrent pas des titres si élevés : plusieurs de ces princes, dans les histoires écrites en grec, reçoivent simplement la qualification de τοπάρχης, *toparque*, prince d'une localité; et cette qualification se traduit fort exactement en arménien par les mots իշխան որշխարհի, prince d'un pays. Les princes d'Édesse sont souvent aussi appelés, dans les écrivains anciens, φυλάρχοι, chefs de tribu, parce qu'ils commandaient aux tribus arabes répandues dans le voisinage, et parce que les Romains les plaçaient habituellement sur la même ligne que les divers petits princes arabes qui occupaient quelques parties de la Syrie; ceux-ci n'étaient véritablement que des chefs de tribus. De tout temps les environs d'Édesse ont été habités par de nombreuses tribus arabes, et c'est ce qui nous explique comment Pline[1] s'est trouvé conduit à comprendre cette ville au nombre de celles que renfermait l'Arabie.

Selon le patriarche Denys de Tel-mahar[2], le premier roi qui régna à Édesse fut Ourrhoüi, fils de Khewia, qui monta sur le trône l'an 1880 depuis Abraham, c'est-à-dire, cent trente-six ans avant J. C. Il

---

[1] *Hist. natur.* XV, xxiv, 21.
[2] Ap. Bayer. *Histor. osrhoen.* p. 27 et 63.

régna cinq ans, et donna son nom à la ville. Procope parle du même personnage et l'appelle Osrhoès. « Édesse, dit-il [1], et les lieux qui l'environnent sont « appelés l'Osrhoëne, du nom d'Osrhoès, qui ancien-« nement y régnait lorsque les habitants de cette con-« trée étaient alliés des Perses. » On voit évidemment que, dans les deux écrivains, il est question des mêmes faits, et que ces faits, quelle que soit la vérité de la date mentionnée par Denys de Tel-mahar, se rapportent à la même époque, c'est-à-dire, à l'expulsion des Séleucides des contrées situées à l'orient de l'Euphrate. Nous pensons que Procope nous a conservé plus exactement que le patriarche syrien le nom du premier prince qui régna sur le petit royaume d'Osrhoène. Osrhoès doit être le nom persan *Khosrou*, que les Grecs ont plusieurs fois altéré sous la forme *Chosroës*. Le prince ainsi nommé, ayant régné sur un pays dont le nom ressemblait un peu au sien, on crut qu'il le lui avait donné. Cette opinion aura vraisemblablement porté Denys de Tel-mahar à changer Osrhoès en *Ourhoui*, parce qu'il connaissait bien mieux que les Grecs le véritable nom du pays d'Édesse, et qu'il croyait que ce nom venait de celui du premier roi de la contrée; il l'altéra en conséquence. La ville d'Édesse reçut son nom des Macédoniens établis en Asie; ils le lui donnèrent en souvenir de la ville d'Édesse qui était située dans leur patrie; elle avait été aussi appelée par eux

---

[1] *De bell. persic.* I, 17.

Antioche de Callirhoé, c'est-à-dire, Antioche de la belle source. Les Arméniens la nomment *Ourrha*, les Arabes, *Rouha*, et, selon leurs traditions historiques, sa fondation remonte aux époques les plus reculées de l'histoire de l'Asie. Cette ville donna son nom au pays qui l'environnait; et ce nom, pour une raison que l'on ignore, fut changé par les Grecs en celui d'Osrhoëne. Toutefois, on le trouve sous sa forme exacte dans quelques historiens qui l'écrivent *Orrhoëne*[1].

Il est probable, comme nous l'avons déjà dit, que les premiers rois d'Édesse ne furent que des gouverneurs nommés par les rois arsacides d'Arménie; leur proximité de la résidence royale ne permet pas de croire qu'ils aient joui d'une pleine indépendance; on voit d'ailleurs, par le passage de Procope qui a été rapporté plus haut, que le premier d'entre eux était allié des Perses. Or, à l'époque dont parle cet historien, les Perses ne sont pas autres que les Parthes, et on imagine bien quelle sorte d'alliés devaient être, pour la puissance arsacide, des princes tels que les rois d'Édesse. En examinant la liste des rois qui nous est donnée par Denys de Tel-mahar[2], on remarque que ces princes sont de races diverses, et, cependant, le droit d'hérédité était généralement reconnu dans toute l'Asie, pour les grandes comme pour les petites sou-

---

[1] Dion-Cassius, *Hist. roman.* XL, xx; ed. Xylandr.
[2] Ap. Bayer. *Hist. osrhoen.* p. 63-169.

PREMIÈRE PARTIE. 107

verainetés. Nous avons déjà dit que le premier roi d'Édesse fut Ourrhouï, fils de Khewia; il est remplacé, au bout de cinq ans, par Abdou, fils de Mazaour, qui, après un règne de sept ans, a pour successeur Faradascht, fils de Gabarou. Celui-ci règne cinq ans; son fils Bakrou lui succède, et n'occupe le trône que pendant trois ans. Le nom de ce dernier prince paraît être altéré dans le texte de Denys de Tel-mahar; nous le croyons identique avec le nom persan *Pakour*, dont il ne diffère que par une simple transposition de lettre. Nous ne pouvons nous ranger à l'avis de Bayer[1], pour qui Bakrou est le même que le nom arabe *Bekir* ou *Baker*. Ce dernier appartenait peut-être aux tribus des environs, et fut donné ensuite à la partie septentrionale de la Mésopotamie, que maintenant encore on appelle du nom de Diar-Bekir, ce qui signifie, en arabe, pays de Bekr ou de Bekir. Bakrou ou plutôt Bakour fut remplacé par son fils, qui portait le même nom et qui régna vingt ans. Il paraît que, vers la fin de son règne, un personnage nommé Maanou lui disputa la couronne, et le força de partager avec lui le pouvoir royal. Le nouveau prince ne jouit de cette usurpation que pendant quatre mois; il fut remplacé par Abgare Fika ou le Muet, qui, au bout de deux ans et quatre mois, assassina Bakrou et régna seul. Il eut pour successeur son fils Abgare, dont le règne fut de vingt-trois ans et cinq mois. Les noms de Maanou et d'Ab-

[1] *Hist. osrhoen.* p. 67 et 68.

gare sont ceux que prenaient ordinairement les princes d'Édesse, de même que les rois parthes portaient celui d'Arsace. Ces noms ont été changés par les Romains en ceux de Mannos ou Mannus, et d'Abgaros ou Avgaros. Le premier paraît être le même que celui de Monobaze, qui se lit dans Josèphe[1] et dans Tacite[2], et qu'on trouve dans Moïse de Khoren[3] sous la forme *Manovaz*. Quoique ce nom soit diversement écrit, selon qu'il était prononcé par des Grecs, par des Syriens, par des Arabes, par des Arméniens, ou par des Parthes, on y reconnaît toujours les mêmes éléments constitutifs. Nous possédons un grand nombre de médailles qui portent le nom de ΑΒΓΑΡΟΣ ou ΑΥΓΑΡΟΣ, et un plus petit nombre où se lit celui de ΜΑΝΝΟΣ.

Après la mort d'Abgare le Muet, son fils, qui est appelé du même nom, monta sur le trône, selon Denys de Tel-mahar[4], l'an 1944 d'Abraham, qui répond à l'an 72 avant J. C. D'après le même historien, il régna quinze ans; il mourut donc l'an 57 avant J. C. C'est pendant cet espace de temps que Lucullus et Pompée firent la guerre à Tigrane. Nous trouvons dans Plutarque[5] la mention d'un prince d'Édesse, qui doit être celui dont nous parlons : il servit Tigrane contre Lu-

---

[1] *Antiq. jud.* XX. II, IV; *De bell. jud.* II, XIX, 2.
[2] *Annal.* XV, I, XIV.
[3] *Hist. armen.* II, XXIII.
[4] Ap. Bayer. *Hist. osrhoen.* p. 77.
[5] In *Vit. Lucull.*

cullus, fut vaincu par ce dernier et contraint de s'abandonner à sa discrétion. Il paraît que plus tard, en l'an 65, il vint trouver Pompée, lorsque ce général était en Mésopotamie et combattait Tigrane. Après la mort de cet Abgare, il y eut un interrègne d'un an, ce qui nous donne lieu de supposer qu'à cette époque, des troubles, dont il nous est impossible de découvrir le motif, éclatèrent dans le royaume. Après cet interrègne, Maanou, surnommé le Dieu, régna pendant dix-huit ans et cinq mois ; nous ignorons s'il était fils du roi précédent; Denys de Tel-mahar ne le dit point. Cette circonstance, jointe à la supposition que des troubles précédèrent son avénement, nous porte à croire qu'il était d'une autre famille. Il devait régner lors de l'expédition de Crassus, puisqu'il monta sur le trône l'an 58 ou 59, et qu'il mourut en l'an 40 ou 41. Dion Cassius[1] parle, à cette époque, d'un Abgare (Αὔγαρος), qui, après avoir été l'allié de Pompée, trahit Crassus, et se rangea du côté des Parthes. Il paraît que l'historien confond ici, avec son successeur, le roi d'Édesse qui traita avec Pompée. Le nom d'Abgare, commun à tous les princes d'Édesse, est, sans doute, la seule cause d'une erreur que n'avaient pas commise tous les historiens, puisque Plutarque[2] donne au roi d'Édesse qui trahit Crassus le nom d'Ariamnès. Dans Sextus Rufus[3], on lit *Abgaras*, ou, selon quelques manuscrits,

[1] *Hist. roman.* XL, 20-22; ed. Sturz. — [2] In *Vit. M. Crass.* § 21. — [3] *Breviar.* cap. XVII.

Marochus, *Macorus*, et dans Florus[1], *Mazaras*; cependant, nous pensons que, dans ces deux derniers écrivains, il est question d'un autre prince syrien, qui trahit aussi Crassus. Tous ces princes sont appelés rois ou phylarques des Arabes [2]. Nous avons déjà vu qu'ils étaient issus de diverses familles, et qu'ils ne transmirent pas sans interruption le pouvoir royal, par droit d'hérédité. Parmi les noms que nous avons mentionnés, plusieurs appartiennent certainement à des Perses ou à des Arméniens; il est fort probable que ceux de Maanou et d'Abgare étaient originairement portés par des chefs de tribus qui habitaient le territoire d'Édesse et qui s'en rendirent les maîtres. La conformité de mœurs, de langue et de religion, aussi bien que le voisinage, a pu faire passer les noms des rois arméniens, syriens et arabes à des princes dont les uns et les autres appartenaient à ces diverses nations. Spartien [3] donne même le titre de roi de Perse à un autre Abgare, qui régnait à Édesse du temps de Sévère.

Mannus surnommé le Dieu eut pour successeur Pacour ou Pacorus, en syriaque *Fakoury*, qui occupa pendant cinq ans le trône d'Édesse [4]; il n'était proba-

---

[1] *Epitom.* III, xi.
[2] Voy. Tacite, *Annal.* XII, xii. — Appien, in *Parthic.* ap. Plutarch. in *Vit. Crass.* § 21. — Cf. Suid. sub voc. Φυλάρχης.
[3] In *Sever.* p. 71 A.
[4] Denys de Telmahar, apud Bayer, *Histor. osrhoen.* p. 87.

PREMIÈRE PARTIE. 111

blement pas de la race de son prédécesseur. De son temps, Pacorus, fils du roi des Parthes, et Parzap'hran entrèrent en Syrie. Pacorus, roi d'Édesse, paraît être identique avec un personnage du même nom, mentionné par Josèphe et par Moïse de Khoren, et qui, selon eux, ainsi que nous l'avons dit plus haut, avait accompagné le prince parthe et Parzap'hran. D'après ce que dit de lui l'historien arménien [1], on peut croire qu'il était de la famille d'un des princes ou gouverneurs arméniens d'Édesse qui avaient précédé Mannus le Dieu. Il eut pour successeur un Abgare, qui, après avoir régné trois ans [2], fut lui-même remplacé par un Abgare surnommé *Soumaka*, le Rouge [3]. Celui-ci ne resta que trois ans sur le trône. Le peu de durée des règnes de tous ces princes nous donne lieu de penser qu'ils n'étaient que des gouverneurs institués par les rois parthes ou arméniens, ou bien des usurpateurs arabes, qui se disputaient, l'épée à la main, le gouvernement ou la possession de l'Osrhoëne.

Après Abgare le Rouge, on trouve de nouveau un roi nommé Maanou; celui-ci, qui est surnommé *Tsaféloul*, régna vingt-huit ans et sept mois. Il ne paraît pas avoir appartenu à la famille des autres princes appelés Maanou; Denys de Tel-mahar [4] ne le désigne

---

[1] *Hist. armen.* II, XVIII.
[2] Ap. Bayer. *Hist. osrhoen.* p. 91.
[3] *Ibid.* p. 91 et 92.
[4] *Ibid.* p. 92.

pas autrement que par le surnom de *Saféloul* ou *Saphéloul*, dont nous ignorons la signification. Ce prince est très-probablement le même que le roi *Arscham* des Arméniens; et, en effet, Moïse de Khoren assure [1] qu'Arscham était appelé *Manovaz*, par quelques Syriens. Ce nom, nous le répétons, nous semble être identique avec le *Mannos* des Grecs, le Maanou des Syriens et le Monobaze de Josèphe. Cette dernière considération nous porterait aussi à croire que les princes d'Édesse, dont parlent les Arméniens et les Syriens, se confondent avec les rois de l'Adiabène mentionnés dans l'historien juif; et l'on aura occasion de voir, par ce qui sera dit plus loin, que, si ces rois de l'Adiabène et ceux qui nous occupent ne sont pas précisément les mêmes, ils appartenaient du moins à la même famille. Selon Denys de Tel-mahar[2], le roi Saféloul monta sur le trône l'an 1990 d'Abraham, c'est-à-dire, l'an 26 avant J. C. Bayer[3], en cherchant à établir la série chronologique des rois de l'Osrhoëne, place l'avénement de ce prince à l'an 28. Cette différence est fort légère; et, comme elle importe peu dans le sujet que nous traitons, nous ne nous y arrêterons pas. On voit, au surplus, que les deux dates concordent assez bien avec le récit des Arméniens.

Nous avons dit que la partie méridionale de l'Ar-

---

[1] *Hist. armen.* II, XXIII.
[2] Ap. Bayer. *Histor. osrhoen.* p. 92.
[3] *Ibid.*

ménie n'avait point été conquise par Antoine, et que, longtemps avant cette époque, elle était déjà au pouvoir d'un frère de Tigrane; les Arméniens font aussi descendre d'un frère de ce même prince les rois de cette partie de l'Arménie[1]; ces rois devaient posséder, de plus, la Mésopotamie arménienne, où étaient situées Nisibe et Édesse, l'Adiabène, et les contrées que Tigrane avait enlevées aux Parthes. Les faits que nous rapporterons, démontreront la vérité de ces assertions. Dans le premier siècle de l'ère chrétienne, la Mésopotamie était considérée, par les Grecs et par les Romains, comme soumise aux Parthes. Nous voyons, dans l'ouvrage géographique d'Isidore de Charax[2], que cette province était comptée au nombre des pays que possédaient les Parthes; car il commence sa description de leur empire sur la rive orientale de l'Euphrate, vis-à-vis de Zeugma, qui était en Syrie. Dans la vie d'Apollonius de Tyane, par Philostrate, il est parlé de l'ambassade d'un petit prince syrien, qui demandait au roi Bardane qu'on lui cédât, dans les environs de Zeugma, la posséssion de deux bourgs, qui, disait-il, avaient appartenu aux rois séleucides, et qui, en conséquence, devaient être remis aux Romains, mais qu'il désirait obtenir du grand roi, pour

---

[1] Voy. Moïse de Khoren, *Hist. armen.* II, xviii.

[2] *Mansion. Parthic.* p. 2, in *Geograph. Græc. minor.* tom. II, ed. Hudson.

[3] I, xxxviii.

en chasser les Arméniens et les Arabes. Ce fait, peu important par lui-même, prouve néanmoins qu'à cette époque, le roi des Parthes était considéré comme le seigneur suzerain de la Mésopotamie. Nous voyons aussi que tous les rois d'Édesse dont il est question dans les historiens romains, étaient vassaux des rois parthes. Josèphe[1] et quelques autres écrivains font souvent mention des rapports qu'avaient eus avec les Parthes Hérode, plusieurs princes de la famille d'Hérode, et un roi arabe appelé Arétas. Les Arméniens, à quelques circonstances près, parlent de ces événements dans les mêmes termes, et les attribuent aux princes arsacides de la Mésopotamie[2]. Ces princes n'étaient point de la branche aînée des Arsacides d'Arménie, et avaient succédé à des princes inférieurs, qui ne possédaient qu'une très-petite portion de l'Arménie; ils durent facilement se soumettre aux rois parthes, dont l'alliance leur était nécessaire pour se défendre contre les Romains. Il était d'ailleurs si généralement reconnu que la Mésopotamie faisait partie de l'empire des Parthes, que les personnages célèbres nés dans cette région sont souvent appelés Parthes.

Nous avons avancé que les princes d'Édesse, mentionnés par Denys de Tel-Mahar, les rois adiabéniens, dont parle Josèphe, et les princes arméniens de la famille d'Abgare, nommés dans Moïse de Khoren,

---

[1] *Antiq. jud.* XVIII, v.
[2] Mos. Choren. *Hist. armen.* II, XXIII-XXV, XXVIII.

sont les mêmes, et qu'ils étaient tous de la race arsacide. Nous allons le démontrer ici, en laissant de côté, pour le moment, quelques petites difficultés chronologiques que nous éclaircirons dans une autre partie de cet ouvrage.

La Mésopotamie était soumise à des princes arméniens, issus d'un frère de Tigrane; le premier se nommait Arscham et résidait à Nisibe. Il est fort probable que ce prince s'empara de la ville d'Édesse, dont les gouverneurs arabes ou arméniens avaient joui d'une sorte d'indépendance, tant qu'ils n'avaient été que les vassaux des grands rois d'Arménie, trop occupés ailleurs pour songer à eux. Dans la suite, ces grands rois ne purent même défendre Édesse contre les princes de Nisibe, qui avaient l'avantage d'être très-voisins de cette ville, et qui, d'ailleurs, étaient soutenus par les Parthes. Les fréquents changements de rois et le peu de durée de leur règne avant l'avénement de Maanou Saféloul prouvent qu'à cette époque il y eut de grands troubles à Édesse. Selon les écrivains syriens[1], ce prince, après un règne de vingt-huit ans et sept mois, laissa le trône à son fils, appelé, comme lui, Maanou. Celui-ci régna six ans, et fut remplacé par un Abgare, que les mêmes écrivains[2] surnomment *Ouchama* ou le Noir. Il paraît que ce nouvau roi n'était pas de la même race que son prédécesseur. Denys de Tel-Mahar ne nous

---

[1] Dionys. Telmar. ap. Bayer. *Hist. osrhoen.* p. 92 et 93.
[2] *Ibid.* p. 93-96.

dit point de qui il était fils ; il se contente de le désigner par le surnom de Noir [1]. A la même époque, selon les Arméniens [2], vivait un prince qui portait aussi le nom d'Abgare, et qui était fils du roi Arscham ; comme son père, il régnait à Nisibe. Le nom d'Abgare semble avoir originairement appartenu aux Arabes ; mais nous ne devons pas nous étonner de le voir porté par un prince arménien. Des alliances de famille avaient pu le lui faire donner. Abgare succéda à son père Arscham, qui avait régné vingt ans ; on peut croire qu'il monta sur le trône, à Nisibe, six ans au moins avant notre ère, puisque, selon le récit de Moïse de Khoren [3], il faut placer dans la seconde année du règne de ce prince le dénombrement qui fut fait dans tout l'empire romain, par l'ordre d'Auguste, et, conséquemment, la naissance du Sauveur. Faute d'avoir remarqué que ce dernier événement précéda réellement de quelques mois la date qui lui est généralement assignée, le P. Michel Tchamtchéan a placé quatre années trop tard le règne d'Abgare, et s'est vu forcé d'allonger celui d'Arscham, pour le faire concorder avec la conquête de l'Arménie par Antoine. Après avoir régné quelque temps à Nisibe, Abgare, vers l'époque du règne de Tibère, transporta sa résidence à Édesse, que, selon Moïse de Khoren [4], il décora de magnifiques monuments,

---

[1] Dionys. Telmar. ap. Bayer. *Hist. osrhoen.* p. 95. — [2] Mos. Choren. *Hist. armen.* II, xxv, xxvi. — [3] *Ibid.* II, xxv. — [4] *Ibid.* II, xxvi.

circonstance qui le fit passer pour le fondateur de cette ville, quoiqu'il ne l'eût pas réellement bâtie. En général, dans les écrivains anciens d'Arménie, il ne faut pas, quand il est question de la fondation d'une cité, prendre cette expression dans un sens trop absolu ; souvent l'époque de la restauration de la ville est confondue avec celle de sa fondation. Moïse de Khoren [1] ajoute qu'Abgare eut de fréquents rapports avec les princes juifs, et qu'il soutint contre eux le roi arabe Arétas, qui lui avait demandé des secours. Dans Josèphe [2], il est fait mention des démêlés qu'eut Hérode avec Arétas et de la guerre qui s'en suivit. Mais le nom d'Abgare ne s'y trouve pas mentionné, non plus que celui des Édesséniens ; et l'on voit seulement qu'après la défaite du prince juif, la mort de Tibère vint arrêter la marche d'une armée romaine qui devait attaquer les états d'Arétas. Les Arméniens nous représentent Abgare comme un prince rempli de sagesse et d'éminentes qualités ; ils prétendent qu'il fit un voyage pour apaiser les différends qui existaient entre les princes de la race royale des Arsacides, et qu'il parvint à rétablir la paix entre eux. Nous voyons effectivement que, du temps où il vivait, les Parthes avaient pour roi un prince nommé Artaban, qui, après avoir eu de grands démêlés avec les princes de sa race, fut chassé par eux et contraint de recourir à la force des armes pour se

[1] *Hist. armen.* II, xxviii.
[2] *Antiq. jud.* XVIII, v, 1-3.

remettre en possession de l'empire. Il ne serait pas étonnant qu'Abgare, parent des Arsacides, eût rempli le rôle de médiateur dans leurs différends, et rétabli sur le trône le prince nommé par les Arméniens Ardaschir, qui est le même qu'Artaban. Il n'y a rien que de fort vraisemblable dans le récit des historiens d'Arménie : un des successeurs d'Abgare, comme nous le verrons bientôt, d'après le témoignage de Josèphe, exerça une médiation à peu près semblable.

Abgare, avons-nous dit, abandonna le séjour de Nisibe pour celui d'Édesse, embellit beaucoup cette dernière ville, et passa pour en être le fondateur. On peut conjecturer que ce fut par suite d'une conquête qu'il s'y établit; les renseignements chronologiques tendent à le prouver, puisque nous voyons, par le témoignage de Denys de Tel-Mahar et de quelques autres écrivains [1], que ce prince n'était point de la famille de Maanou Safëloul, qui vivait du temps d'Arscham, père de notre Abgare, selon Moïse de Khoren [2].

Les écrivains ecclésiastiques rapportent que le roi d'Édesse, Abgare, attaqué d'une maladie regardée comme incurable, qui le tourmenta pendant longtemps, entendit parler des miracles opérés par le Sauveur du monde, et lui adressa un message par un de ses officiers nommé Ananias. Il obtint une réponse

[1] Ap. Bayer. *Hist. osrhoen.* p. 95-125.
[2] *Histor. armen.* II, vxv.

de Jésus-Christ, qui lui envoya un de ses apôtres, saint Thaddée, pour le guérir. Cet apôtre vint à Édesse, opéra la guérison du roi, prêcha la foi, convertit le prince, ainsi que la plupart des habitants, et sacra évêque de la ville un nouveau converti appelé Barsouma ou Khoharare, à qui il imposa le nom d'Atté, et qui souffrit le martyre sous le successeur d'Abgare.

Cette histoire est généralement regardée comme fabuleuse[1], quoiqu'elle ait été racontée dès une époque assez ancienne. Eusèbe de Césarée paraît être le premier auteur qui l'ait rapportée, à moins qu'on ne veuille supposer, d'après un passage de George le Syncelle[2], comme l'a fait Grabe[3], que Jules l'Africain pouvait avoir devancé sur ce point l'évêque de Césarée. Celui-ci[4] donne le texte entier de la lettre d'Abgare, et dit l'avoir traduite fidèlement sur le texte syriaque, qu'il avait vu, et qui, de son temps, se conservait dans les archives d'Édesse. Les autres écrivains ecclésiastiques font mention du même fait, et transcrivent la lettre dans les mêmes termes qu'Eusèbe, à de très-légers changements près. L'original même de la réponse de Jésus-Christ, assure-t-on, exista fort longtemps à Édesse, ainsi que l'image du Sauveur. Ils furent transportés de

---

[1] Voy. Fabric. *Cod. apocryph.* t. I, p. 316* sqq.
[2] Pag. 359.
[3] In not. ad t. I *Spicileg. Patrum*, p. 314 sqq.
[4] *Hist. eccles.* I, XIII.

cette ville à Constantinople, sous le règne de l'empereur Romain Lacapène[1]. On les y conservait encore au temps de Michel le Paphlagonien[2]; mais, à cette époque, ils disparurent. Moïse de Khoren[3] rapporte aussi la lettre d'Abgare; il y joint la réponse qu'il dit avoir été écrite, par l'apôtre Thomas, d'après l'ordre du Sauveur. La traduction arménienne qu'il donne de la première de ces deux pièces ne diffère pas essentiellement de la version grecque qui se trouve dans Eusèbe. On reconnaît sans peine que les deux auteurs ont traduit sur un original commun. Les circonstances du fait dont il s'agit sont, à peu de chose près, les mêmes dans tous les écrivains; le personnage qu'Abgare chargea de porter sa lettre à Jérusalem se nommait Ananias, selon Eusèbe, Socrate, Sozomène, Nicéphore Calliste, etc. Grégoire Abou'l-faradj, dans sa Chronique syriaque[4], l'appelle *Hanan;* Moïse de Khoren[5], qui le nomme également *Anan*, ajoute qu'il était de la race des Pagratides, c'est-à-dire d'origine juive, circonstance qui avait pu le faire préférer pour cette

[1] Constant. Porphyrog. *De Christ. imag. edessen.* ed. Combefis; ad calc. Leon. Allat. *De Symeonum scriptt.* p. 75 sqq.—Georg. Cedren. *Histor. compend.* t. I, p. 313-315; ed. Bonn. — Tillemont, *Mém. ecclésiast. Vie de S. Thomas*, p. 361 et suiv.

[2] Georg. Cedren. *Histor. compend.* t. II, p. 508, 5-15.

[3] *Hist. armen.* II, xxix. Cf. l'Hist. d'Armén. par Jean Catholicos, trad. franç. p. 27.

[4] *Chron. syriac.* t. I, p. 51; edd. Bruns et Kirsch.

[5] *Loc. cit.* Cf. Jean Catholicos, *loc. cit.*

mission; car, dans l'origine, le judaïsme et le christianisme ne devaient pas être deux religions beaucoup plus distinctes dans l'esprit des Orientaux qu'elles ne l'étaient dans celui des Romains, à l'époque dont nous parlons; et il est probable qu'en Orient, comme en Occident, le judaïsme, ou plutôt les établissements formés en divers lieux par les juifs dispersés, servirent à propager le christianisme. Il est certain que, lors de la venue de Jésus-Christ, les juifs habitaient en grand nombre dans la Chaldée et dans la Mésopotamie. On en comptait surtout beaucoup, au rapport de Josèphe [1], dans les villes de Nisibe et de Néerda, où ils avaient une école célèbre; leur nombre y était même si considérable, que, conduits par deux frères nommés Amilée et Asinès, ils se révoltèrent contre le roi des Parthes Artaban, qui eut beaucoup de peine à les soumettre. De plus, les Parthes, qui, dans leurs expéditions en Syrie, avaient eu de fréquents rapports avec les pontifes et les rois juifs, emmenèrent en captivité, au delà de l'Euphrate, plusieurs de ces princes et de leurs sujets. Tigrane eut occasion de les connaître; les Arméniens prétendent qu'il en envoya un grand nombre en Arménie, qu'il les plaça, soit dans les villes de Van et d'Artaxate, soit dans d'autres villes [2]; et qu'au milieu du IV⁰ siècle la postérité de ces juifs était fort considérable [3].

[1] *Antiq. jud.* XVIII, IX, 1.
[2] Voy. Moïse de Khoren, *Hist. armen.* II, XIX, XXV, XLVI, LXII.
[3] *Ibid.* III, XXXV.

122   HISTOIRE DES ARSACIDES.

Après ces divers témoignages, ne serait-il pas surprenant que les Arméniens et les Parthes n'eussent point connu les juifs, et, par conséquent, les princes chrétiens et Jésus-Christ lui-même? Si, comme nous ne pouvons en douter, un roi de Commagène et quelques princes arabes embrassèrent la religion juive, on ne voit pas pourquoi un prince d'Édesse n'aurait pas embrassé la religion chrétienne. La famille d'Abgare elle-même nous fournira d'autres exemples de conversions pareilles, et les faits que nous rapporterons bientôt justifieront cette assertion.

Dans l'Histoire ecclésiastique d'Eusèbe [1] et dans les autres histoires ecclésiastiques, on lit ces mots seulement: *Abgare, toparque d'Édessse;* dans Grégoire Abou'lfaradj [2] et dans Moïse de Khoren [3], on trouve ceux ci: *Abgare, fils d'Arscham, prince du pays.* Il y a donc quelque chose de plus ici que dans le grec, le nom du père d'Abgare. Quoique ce nom n'existe plus dans le texte d'Eusèbe, il paraît qu'il y était primitivement, puisque, dans l'antique version latine de Rufin, après le nom du roi Abgare, on lit ces mots : *Uchamæ filius,* ou, selon d'autres manuscrits, *Uchaniæ filius.* Quelle que soit la vraie forme de ce nom, on voit évidemment qu'autrefois le texte d'Eusèbe devait contenir quelque chose de plus que ce qu'on y lit actuellement. Abou'l-

---

[1] *Hist. eccles.* I, XIII.
[2] *Loc. cit.*
[3] *Hist. armen.* II, XXIX.

faradj, dans sa Chronique arabe[1], place en tête de la lettre du roi d'Édesse ces mots : الأسود ابجر, c'est-à-dire *Abdjar le Noir*. Bongars avait supposé, avec assez de vraisemblance, que le nom qui, dans la version latine du texte d'Eusèbe, se lit après celui d'Abgare, désigne le père de ce prince; Henri de Valois croyait que ce nom est celui de la mère d'Abgare. Bayer[2] pense que ces deux critiques commettent une erreur, aussi bien que le traducteur latin Rufin et Eusèbe lui-même, en transformant en un nom d'homme un mot qui n'est que le surnom d'Abgare; il conjecture que, dans le texte qui était sous les yeux d'Eusèbe, on devait lire le surnom d'*Oukoma*, ou bien celui d'*Ouchomo*, selon la prononciation syriaque. Ce surnom, dit Bayer, signifie, en syriaque, Noir; et l'on sait, ajoute-t-il, que les Syriens le donnaient à ce prince, à cause de la maladie dont il était affecté. Nous sommes loin de partager cette opinion; car, en admettant même qu'Abgare ait été surnommé le Noir, on sent bien qu'il ne pouvait pas prendre un pareil surnom en tête d'une lettre. Nous pensons, avec Eusèbe et ses interprètes, que, dans la lettre d'Abgare, on lisait, après le nom de ce prince, celui de son père, transcrit sous une forme quelconque. Il est probable, d'après ce que nous allons dire, que l'original de cette lettre était en arménien, ce qui expliquera plus facilement l'erreur des Syriens. Dans le texte arménien de Moïse de Khoren, on lit *Apger*

---

[1] Page 112; ed. Pocock. — [2] *Hist. osrhoen.* p. 95 et 96.

Arschamaï, c'est-à-dire Abgare d'Arscham, ou bien, Abgare, fils d'Arscham; on n'aurait pu, en syriaque, rendre ces mots que par ceux-ci : احى وا زمحما. Les Syriens, lisant donc *Arschamoïo* ou *Arschamaïa*, crurent que c'était tout simplement le surnom vulgaire d'Ouchama, qu'on donnait à ce roi, et qui avait été mal écrit. Les Arméniens, au temps d'Abgare, n'avaient point de caractères particuliers pour écrire leur langue; ils se servaient des caractères syriens, et c'est sans doute ce qui nous explique pourquoi on a dit que les lettres d'Abgare étaient écrites en langue syriaque.

De ce que nous venons de rapporter, il résulte que les rois d'Édesse, de la famille d'Abgare dit le Noir, étaient de la race arsacide, puisqu'ils descendaient d'Arscham, parent du prince dont la lettre à Jésus-Christ nous a conservé le souvenir.

Nous avons dit plus haut que les princes de la Mésopotamie, mentionnés par les Arméniens, étaient les mêmes que les rois de l'Adiabène, dont parle Josèphe; nous avons déjà remarqué que, selon Moïse de Khoren, le prince appelé, par les Arméniens, Arscham, était nommé Manovaz par quelques Syriens; nous voyons, dans Josèphe, que la plupart des princes adiabéniens portaient un même nom, d'où l'on peut conclure qu'il était le nom générique de ces princes, comme celui d'Arschag l'était chez les Parthes, et celui d'Abgare à Édesse, abstraction faite du nom particulier de chaque prince. L'appellation Manovaz était connue des Arméniens ; elle sert à désigner un des anciens personnages de leur histoire. Il transmit son nom à ses descendants, qui ont subsisté jusqu'au commencement du IVe siècle de notre ère sous le nom de Manovazéans ; ils habitaient dans les environs de la ville actuelle de Manazgerd ou Mandzgerd [1], qui autrefois s'appelait Manavazagerd, c'est-à-dire la ville de Manovaz.

L'Adiabène, dont l'étendue varie, d'après la manière de voir des géographes, paraît, dans les premiers siècles de l'ère chrétienne, avoir compris la plus grande partie de l'Assyrie. Elle s'étendait, selon Strabon [2], jusqu'à la Chazène ; selon Pline [3], le pays d'Arbèle en faisait partie ; elle devait renfermer la ville de Ninive, ainsi que toutes les contrées environnantes, et même s'étendre sur la rive droite du Tigre et comprendre des pays que l'on place ordinairement dans la Mésopotamie. Selon Ptolémée [4], la ville de Marde, qui est la même que Merdin, dans la Mésopotamie, appartenait, de son temps, à cette partie de l'Assyrie que les écrivains anciens nomment toujours l'Adiabène. D'après le témoignage d'Ammien Marcellin [5], les Grecs auraient très-anciennement appelé ainsi cette province, parce qu'elle est située entre deux fleuves navigables, l'Onas et le Tigre, qu'on ne

[1] En turc, *Melazkerd* ou *Melazdjerd*. — [2] *Geogr.* XVI, 1. — [3] *Hist. natur.* VI, XII, 16. — [4] *Geogr.* VI, 1. — [5] XXIII, VI.

peut traverser à gué, et parce que διαβαίνειν, dans la langue grecque, a la même signification que *transire* en latin. Mais l'historien romain a soin d'ajouter qu'il préfère rapporter l'étymologie du nom *Adiabena* aux deux fleuves, le *Diabas* et l'*Adiabas*, qu'il avait traversés, avec l'armée romaine, sur des ponts de bateaux. M. de Sainte-Croix, adoptant la première de ces deux étymologies, suppose, en conséquence, que le nom dont il s'agit fut imposé par les Macédoniens, qui, effectivement, changèrent la plupart des noms des villes qu'ils soumirent à leur empire, mais qui, néanmoins, changèrent rarement les noms des provinces conquises. Malgré la double autorité des écrivains grecs à qui fait allusion Ammien Marcellin et du savant académicien français, nous pensons que l'appellation Adiabène est la transcription grecque de l'antique dénomination orientale d'un canton de l'Assyrie qui s'est agrandi par la suite des temps. A ce sujet, nous ferons observer que le verbe διαβαίνειν ne suffit pas à expliquer le nom de l'Adiabène, puisque ce verbe précédé de l'*a* privatif ne tient pas compte de la lettre initiale du nom original de ce pays, qui s'écrit, en syrien, *Hadiab*, avec une aspiration forte, ce qui ne permet pas de la rejeter, et ce qui doit la faire regarder comme radicale. On sait, d'ailleurs, combien les Grecs aimaient à trouver dans leur langue l'origine des noms des pays les plus éloignés.

Il est probable que l'Adiabène, qui était située hors

de l'Arménie, fut du nombre des provinces envahies par Tigrane sur les rois Parthes, puisque les villes de Ninive et d'Arbèle, qui lui appartenaient, faisaient partie de cette province. Strabon[1] dit pourtant que les Adiabéniens n'avaient jamais été soumis au joug étranger, pas même à Tigrane, assertion qui paraît fort étrange, après ce qu'il rapporte lui-même au sujet de la conquête de Ninive et d'une partie de l'Assyrie; il aura voulu dire, sans doute, que l'Adiabène avait toujours conservé des souverains particuliers, ainsi qu'il y a tout lieu de le croire. Ce pays fut constamment le domaine de petits princes, presque toujours peu soumis à l'autorité de quelque grand roi du voisinage; plus tard, il tomba au pouvoir d'une multitude d'émirs à peu près indépendants, et il en est encore de même aujourd'hui. Ce n'est que dans ce sens qu'il faut entendre l'indépendance dont Strabon fait honneur aux Adiabéniens; car Plutarque, dans la vie de Lucullus[2], parle d'un petit roi de l'Adiabène, qui était allié ou sujet de Tigrane, et qui combattit contre le général romain. Quoi qu'il en soit, on voit, d'après les récits de Josèphe, que l'Adiabène, prise dans sa plus grande extension et s'étendant, sans doute, sur la rive droite du Tigre, était soumise à des princes appelés ordinairement Monobaze, et que ce nom fut porté, selon Moïse de Khoren, par le prince arménien Arscham, père d'Abgare. Par là, on est amené à

---

[1] *Geogr.* XVI, 1, 19. — [2] § 26, § 27.

croire que, comme nous l'avons déjà dit, les princes arméniens de Nisibe et d'Édesse, ainsi que les Adiabéniens de Josèphe, se rattachaient à la race arsacide et avaient une origine arménienne. Ils possédaient même une portion de l'Arménie ; car Josèphe[1], en parlant du roi Monobaze, dit que ce prince avait donné à son fils Izate le gouvernement de la province de Carrhes où, de son temps, on voyait encore, assure-t-il, des débris de l'arche de Noé. Cette province faisait indubitablement partie des portions du royaume d'Arménie qui étaient restées entre les mains de la postérité d'Arscham ; un passage de Josèphe, sur lequel nous aurons bientôt à revenir, tendrait même à faire croire que, si la langue arménienne ne se parlait pas habituellement dans l'Adiabène, elle y était du moins fort connue. Après la mort de Monobaze, raconte cet historien[2], sa veuve, en l'absence d'Izate, donna au frère de ce dernier, appelé Monobaze, la couronne, le sceau royal et l'objet que les Adiabéniens appelaient d'un nom qui nous a été transmis par les écrivains grecs sous la forme σαμψηρά. Plusieurs interprètes ont cru que ce mot servait à désigner un vêtement royal ; mais rien, dans les expressions de Josèphe, ne porte à lui attribuer ce sens. Nous pensons, avec les frères Whiston et avec Moïse de Khoren, qu'il s'agit ici d'une sorte de long dard ou javelot, qui était nommé

---

[1] *Antiq. judaic.* XX, II, 3.
[2] *Id. ibid.*

par les Arméniens Համշիր, et qui pouvait bien être un des insignes de la royauté chez les Adiabéniens. Suidas, dans son lexique[1], interprète le terme σαμψηρά par σπάθαι βαρβαρικαί, qui désignent évidemment une espèce d'arme en usage chez les peuples étrangers à la Grèce.

On a vu que la communauté de nom qui existait entre les rois de l'Adiabène et Arscham, prince de Nisibe, nous avait porté à croire que les princes de l'Adiabène se confondent avec ceux de Nisibe. Les dernières circonstances que nous avons à relater vont le démontrer. Elles prouveront que le roi Abgare est identique avec le roi Monobaze (Ier) de Josèphe, et que ce prince embrassa réellement la religion chrétienne. Josèphe[2] nous apprend, en effet, que le roi Monobaze, après avoir épousé sa sœur, qui se nommait Hélène, en eut deux fils, Monobaze et Izate. Les Arméniens parlent aussi de la reine Hélène : ils disent qu'elle était la femme du roi Abgare, et ils ajoutent qu'après la mort de son mari, cette princesse, qui avait également embrassé la religion chrétienne, ne pouvant habiter au milieu des idolâtres, se retira à Jérusalem[3]. On comprend facilement qu'une reine de l'Adiabène ou d'Édesse n'aurait pas pris un tel parti, si elle n'avait professé la religion chrétienne, ou au moins le judaïsme.

[1] *Sub voc.* Σαμψηρά.
[2] *Antiq. judaic.* XX, II, 1.
[3] Mos. Choren. *Hist. armen.* II, XXXII.

Josèphe[1] rapporte les mêmes faits, avec des particularités à peu près semblables; il dit que la reine Hélène s'était convertie à la religion juive, et, qu'après la mort de son mari, elle se retira à Jérusalem. Elle y fut reçue avec les plus grands honneurs, par les principaux de la nation, et y fit bâtir un magnifique palais, qui fut brûlé pendant que Titus assiégeait Jérusalem. Josèphe raconte aussi que, durant une très-grande famine, dont il est parlé dans les Actes des apôtres[2], et qui arriva en l'an 43 ou 44, Hélène fit venir de l'Égypte et de l'île de Cypre une grande quantité de blé et de provisions de bouche pour nourrir le peuple. De son côté, le roi de l'Adiabène envoya à Jérusalem de fortes sommes d'argent destinées à soulager le peuple pendant cette calamité. Il paraît, selon Josèphe[3], qu'après la mort du roi Izate, la reine Hélène retourna dans l'Adiabène, où bientôt elle mourut. Son fils, le roi Monobaze, fit transporter ses ossements à Jérusalem avec ceux d'Izate; ils furent déposés dans un magnifique mausolée qu'Hélène avait fait construire pendant qu'elle habitait Jérusalem[4]. Ce mausolée était situé à trois stades de la ville; Pausanias[5] en parle, et le cite avec celui qui avait été élevé en Carie, par les soins d'Artémise, comme les deux plus beaux monuments

---

[1] *Antiq. jud.* XX, II.
[2] XI, 28. — S. Hieron. *Epist.* XXVII.
[3] *Antiq. jud.* XX, IV. — [4] *Ibid.*
[5] VIII, XVI, 3.

de ce genre qu'il eût vus. Le premier subsistait encore du temps d'Eusèbe[1] et de saint Jérôme[2], qui en font mention. Si nous avons reconnu qu'une reine de l'Adiabène avait dû puiser dans son attachement à la religion chrétienne, ou à la religion juive, les motifs qui la décidèrent à fixer son séjour à Jérusalem, il est juste cependant de faire observer qu'à l'époque dont il s'agit, les juifs, répandus dans toute l'Asie, ne pouvaient avoir pour cette ville sacrée autant de vénération qu'elle en inspirait à une chrétienne, qui trouvait dans un séjour à Jérusalem le précieux avantage d'habiter les lieux témoins des anciens et des nouveaux miracles, et récemment sanctifiés par la naissance, la vie, la mort et la résurrection du Sauveur, comme aussi par le sang des premiers martyrs. Il est donc bien probable que le roi Abgare ou Monobaze et sa femme Hélène s'étaient convertis au christianisme plutôt qu'au judaïsme. Aussi Orose[3] ne balance-t-il pas à dire que cette princesse était chrétienne. Josèphe, qui parle de la conversion d'Hélène et de son séjour à Jérusalem, doit-il être accusé d'ignorance ou de mauvaise foi, lorsqu'il avance que la reine et sa famille s'étaient converties seulement à la religion juive? Nous ne trancherons pas la question ; mais, pour excuser cet historien de n'avoir point parlé des chrétiens, si ce n'est dans un seul

[1] *Hist. eccles.* II, 12.
[2] *Epist.* XXVII.
[3] *Adv. pagan. hist.* VII, 6.

passage, qui est même contesté, nous devons dire que, de son temps, on ne distinguait pas complétement encore les chrétiens des juifs, dans l'Orient surtout, et en particulier dans la Judée.

Le roi Abgare, selon Moïse de Khoren[1], régna trente-huit ans; il mourut peu après avoir été baptisé par l'apôtre Thaddée, que Jésus-Christ avait envoyé pour le guérir. Ainsi que nous l'avons déjà dit, le dénombrement ordonné dans toutes les parties de l'empire romain, et, par conséquent, la naissance de Jésus-Christ, se placent dans la deuxième année du règne d'Abgare: ce prince mourut donc en l'an 35 ou 36 de J. C. Cette date s'accorde avec celle de l'arrivée de saint Thaddée à Édesse. La Chronique syriaque de Denys de Tel-Mahar[2] attribue à Abgare Ouchoma un règne de trente-sept ans et un mois, ce qui revient à peu près à la durée qu'assigne à ce règne l'historien arménien; mais, selon Denys de Tel-Mahar, Abgare Ouchoma commença de régner l'an d'Abraham 2024, qui répond à l'an 7 ou 8 de J. C. et il mourut en l'an 2061 d'Abraham, 44 ou 45 de notre ère, c'est-à-dire environ neuf ans après l'époque que nous avons indiquée. Cette différence provient de ce que le patriarche syrien a cru qu'Abgare avait régné seulement à Édesse; il l'a, en conséquence, désigné comme le successeur immédiat

[1] *Hist. armen.* II, xxx.
[2] Asseman. *Biblioth. orient.* t. I, pag. 420. — Bayer. *Hist. osrhoen.* p. 95.

de Maanou, fils de Maanou Saféloul, tandis que, selon les Arméniens, Abgare avait d'abord régné à Nisibe, et n'avait été se fixer à Édesse que plusieurs années après son avénement au trône. Comme vraisemblablement il n'était pas de la race des autres princes d'Édesse, on peut croire que, dans l'intervalle, la descendance de ceux-ci vint à s'éteindre, ou qu'Abgare se rendit maître d'Édesse par la force des armes. Quoi qu'il en soit, on attribuait à ce prince un règne de trente-huit années comme roi d'Arménie et de l'Adiabène. Il faudrait donc diminuer de plusieurs années son règne à Édesse, et ne le faire commencer, d'après la Chronique de Denys de Tel-Mahar, qu'à l'an 7 ou 8 de J. C. pour mettre le récit des historiens arméniens parfaitement d'accord avec cette chronique.

Après la mort d'Abgare, selon ces derniers[1], son royaume fut partagé en deux; un de ses fils, que Moïse de Khoren[2] appelle Anani ou Ananoun, régna à Édesse, et son neveu Sanadroug eut pour sa part l'Arménie, en y comprenant sans doute l'Adiabène et les parties montagneuses de l'Arménie habitées par les Curdes. Abgare, selon le même Moïse de Khoren, avait plusieurs autres fils. Anani professa d'abord la religion chrétienne, mais il ne marcha pas longtemps sur les traces de son père; il persécuta les fidèles, et fit mettre à mort Atté, que saint Thaddée avait sacré évêque

[1] Mos. Choren. *Hist. armen.* II, xxxi.
[2] *Ibid.*

d'Édesse. Peu de temps après, le fils d'Abgare périt par la chute d'une colonne, au moment où Sanadroug se préparait à l'attaquer pour soumettre tous les états d'Abgare à ses lois. Les habitants d'Édesse envoyèrent alors des députés à Sanadroug pour offrir à ce prince de lui livrer les trésors royaux et la ville, à condition qu'il ne les gênerait pas dans l'exercice de la religion chrétienne. Il accepta ces conditions; mais, pour n'avoir rien à redouter de la postérité d'Abgare, il fit périr tous les mâles de la famille de ce prince; il n'épargna que les femmes et la reine Hélène, en mémoire des services que cette princesse lui avait rendus. Procope [1] nous assure, au contraire, qu'Abgare eut une nombreuse et puissante descendance; de son côté, Grégoire Abou'lfaradj, dans sa Chronique syriaque[2], lui donne pour successeur un fils qui, étant retombé dans l'idolâtrie, fut l'ennemi acharné des chrétiens, et fit massacrer l'évêque Atté. Selon Denys de Tel-Mahar[3], à Abgare succéda son fils Maanou, qui régna sept ans, et qui eut pour successeur son frère nommé aussi Maanou; ce dernier, ajoute le patriarche[4], occupa le trône quatorze ans. Il n'est point question ici du roi Izate, successeur de Monobaze, d'après Josèphe[5], ni de Sanadroug, qui succéda à Abgare selon

---

[1] *De bell. persic.* II, xii.
[2] Ap. Asseman. *Biblioth. orient.* t. II, p. 392.
[3] Ap. Bayer. *Hist. osrhoen.* p. 125 et 129.
[4] *Ibid.* p. 130. — [5] *Antiq. jud.* XX, 1, 3.

Moïse de Khoren[1]; il ne s'agit que des princes désignés sous les noms que portaient ordinairement les souverains d'Édesse. Pour faire concorder ces renseignements contradictoires, il faut d'abord admettre, avec les Arméniens, que le royaume d'Abgare fut partagé après sa mort; il nous restera à démontrer ensuite que le Sanadroug de Moïse de Khoren est le même que l'Izate de Josèphe. Le nom de Sanadroug a été porté par plusieurs princes arsacides; le plus ancien est un roi des Parthes, que Phlégon de Tralles[2] appelle *Sinatrucès*, et qui mourut dans la CLXXVII[e] olympiade; il paraît être le même que le *Sintricus* d'Appien[3]. Lucien[4] fait aussi mention d'un *Sinarthoclès*, qui mourut à l'âge de 92 ans et qui régna sur les Parthes; nous le croyons identique avec le roi mentionné par Phlégon et par Appien. Comme ce prince vivait plus d'un siècle avant le règne du Sanadroug des Arméniens, on ne peut admettre l'étymologie que Moïse de Khoren donne du nom de ce dernier. L'historien arménien dit[5] que Sanadroug avait eu pour nourrice une dame nommée Sanoda, fille de Piourad, de la race des Pagratides, qui, dans un voyage fait en Syrie, à travers les montagnes des Curdes, et durant les rigueurs de l'hiver,

---

[1] *Ubi supra.*
[2] Ap. Phot. *Biblioth.* cod. 97, p. 84.
[3] *De bell. Mithrid.* CIV.
[4] In *Macrobiis*, S 15.
[5] *Hist. armen.* II, XXXIII.

avait sauvé la vie à son nourrisson en le tenant sous la neige, pendant trois jours, contre son sein ; c'est de là, ajoute notre historien, que vint à ce prince le nom de Sanadroug, qui signifie don de Sanoda. Ce nom était fort célèbre et très-répandu chez les Parthes. Selon un passage attribué à Dion Cassius et conservé par Théodore Métochite[1], une partie du royaume d'Arménie, vers la fin du IIe siècle, fut donnée par Sévère à un prince nommé Vologèse, et qualifié fils de Sanatrucès, s'il n'y a pas erreur dans le texte. Il existait effectivement, à cette époque, en Arménie, un prince appelé Vagharsch ou Vologèse, mais il descendait de Sanadroug sans être son fils. Suidas fait aussi mention d'un Sanatrucès, roi des Arméniens, qui paraît être le même que celui dont la glorieuse mémoire s'est perpétuée de siècle en siècle chez ses compatriotes. « Ce « prince, dit-il[2], quoique de taille moyenne, avait une « âme propre à tout ce qu'il y a de grand ; il fut ex-« cellent guerrier, rigide observateur de la justice, et « frugal autant que qui que ce soit chez les Grecs et « chez les Romains. » Enfin, la Chronique de Malalas[3] mentionne un roi des Parthes, qui vivait du temps de Trajan et qui portait le nom de Sanatricès. Ce prince, est-il dit dans le même ouvrage, fut fait prisonnier en combattant contre les Romains, et rem-

---

[1] Dion. Cass. *Hist. roman.* LXXV, IX.
[2] *Sub voc.* Σανατρούκης.
[3] Pars I, lib. XI.

placé par Parthamaspate, que Trajan, plaça sur le trône.

Bien que le nombre des renseignements que nous possédons sur cette période de l'histoire d'Arménie soit très-restreint, et bien que ces renseignements présentent entre eux une incohérence apparente, on peut tenir pour certain qu'un prince illustre, nommé Sanadroug ou Sanatrucès, régna sur l'Arménie, ou du moins sur une partie de ce royaume. Selon les Arméniens, il succéda au roi Abgare, qui est le même que le roi Monobaze de Josèphe; il n'était donc pas roi de toute l'Arménie, mais seulement roi ou plutôt principal roi de la Mésopotamie, de l'Adiabène, du pays des Curdes, de toute la partie de l'Arménie qui est située vers les sources du Tigre et de l'Euphrate, et des contrées qui environnent le lac de Van. Sanadroug ou Sanatrucès régna environ depuis l'an 34 de J. C. jusqu'en l'année 55. Si Tacite et les autres écrivains du temps ne font aucune mention d'un prince de ce nom, c'est probablement parce qu'il n'était maître que d'une partie de l'ancien royaume de Tigrane : il ne possédait pas les rives de l'Araxe, où se trouvaient les principales villes du royaume, et dès lors les Romains ne le considéraient point comme roi d'Arménie. Il résidait à Nisibe, qui redevint alors la capitale d'une portion de ses états. Comme Abgare, il avait embrassé la religion chrétienne; mais, à cause des grands de son royaume, il n'osait professer publiquement cette religion. Il souffrit même que les chrétiens fussent persécutés dans ses états : l'apôtre Thaddée périt martyr dans le canton d'Ardaz, situé dans le Vasbouragan, entre le lac de Van et celui d'Ourmiah; saint Barthélemy fut martyrisé à Arevpanos, ville bâtie au milieu des montagnes des Curdes. Ces faits, qui sont rapportés par Moïse de Khoren[1], prouvent que Sanadroug régnait particulièrement dans ces régions, et non à Artaxate ou dans l'Arménie septentrionale. Si ces derniers lieux lui avaient été soumis, les deux apôtres que nous venons de nommer n'auraient pas manqué d'y prêcher la foi, plutôt que de parcourir les contrées montagneuses des Curdes. Les pays situés vers les sources de l'Euphrate étaient sous la domination de Sanadroug, puisque nous voyons, dans Faustus de Byzance[2], que ce prince fonda la ville de Medzourk'h dans les cantons montagneux et couverts de bois où se trouve la source de la partie méridionale de l'Euphrate actuellement nommée Mourad-tchaï. Nous avons dit plus haut que les rois de l'Adiabène possédaient Nisibe, qui autrefois avait fait partie de l'Arménie; nous avons ajouté que le roi Monobaze donna à Izate le gouvernement d'une contrée qui faisait partie du royaume d'Arménie, la province de Carrhes, où, du temps de Josèphe, on prétendait qu'il existait encore des débris de l'arche. Selon les historiens ar-

---

[1] *Hist. armen.* II, XXXI-XXXIII.
[2] *Piouzantazan badmouthioun*, IV, XIV, p. 180 et 181.

méniens, et Moïse de Khoren en particulier[1], le roi Sanadroug n'appartenait à la race des Arsacides que par sa mère; il n'était pas fils du roi Abgare, mais fils d'une des sœurs de ce prince nommée Oké ou Ogé. Cette dernière assertion ne s'accorde pas exactement avec le récit de Josèphe[2], où nous lisons que le roi des Adiabéniens, Izate, qui pour nous est le même que Sanadroug, était fils de Monobaze. Cependant, selon le même historien, il aurait aussi été le neveu du roi Monobaze, la reine Hélène étant femme et sœur de ce dernier, à qui elle donna deux fils, Monobaze et Izate. Monobaze avait eu beaucoup d'enfants de plusieurs autres femmes. Les enfants d'Hélène furent ceux qu'il affectionna le plus; mais il montra une prédilection particulière pour Izate, ce qui causa beaucoup de jalousie à ses autres enfants, surtout à son fils Monobaze. Pour empêcher qu'il n'y eût des troubles dans ses états, le roi envoya Izate chez Abennérigus, roi de Spasini-Charax. Izate vécut longtemps à la cour de ce prince; il épousa sa fille Samache, dont il eut cinq enfants[3]. Pendant son séjour à Spasini-Charax, il fit connaissance avec un juif nommé Ananias, qui le convertit au judaïsme[4]. On remarquera ici que le personnage qu'Abgare envoya à Jérusalem pour de-

---

[1] *Loc. cit.*
[2] *Antiq. jud.* XX, II, 1.
[3] *Ibid.* XX, II, 2.
[4] *Ibid.* XX, II, 4.

mander les secours de Jésus-Christ, portait le nom d'Anan[1].

Peu de temps avant sa mort, le roi Monobaze Ier rappela auprès de lui Izate. La reine Hélène, assure Josèphe[2], avait alors embrassé la religion juive, ce qui doit s'entendre de la conversion de cette princesse au christianisme, et ce qui s'accorde fort bien avec la conversion d'Abgare. C'est après le retour d'Izate que Monobaze, comme nous l'avons dit, lui confia le gouvernement d'une province de l'Arménie; et nous lisons, en effet, dans Moïse de Khoren[3], que saint Thaddée, après avoir baptisé Abgare, alla, muni des lettres de ce prince, trouver Sanadroug, qui avait le commandement des troupes et l'administration du pays.

Quoique Josèphe affirme que le successeur de Monobaze ou d'Abgare était à la fois son fils et son neveu, on peut douter qu'Izate fût fils de ce prince et de sa prétendue sœur la reine Hélène. S'il avait eu la double qualité que lui reconnaît l'historien juif, ses parents auraient pu, sans blesser les droits de leurs autres enfants, le déclarer héritier du trône, au lieu de l'éloigner de la cour. Il est beaucoup plus probable, comme l'assurent les historiens d'Arménie, qu'Izate était fils d'Oké ou Ogé, sœur du roi Monobaze, et que ce dernier prince et la reine Hélène eurent pour lui une af-

---

[1] Mos. Choren. *Hist. armen.* II, xix.
[2] *Ubi supra.*
[3] *Hist. armen.* II, xxx.

fection toute particulière, qui excita naturellement la jalousie de leurs propres enfants. Aussi avons-nous vu, dans Moïse de Khoren, que, lorsque Sanadroug, c'est-à-dire Izate, s'empara d'Édesse et fit périr les enfants d'Abgare, il épargna Hélène et les femmes de la famille royale, en considération des services que la reine lui avait rendus; il abandonna même à cette princesse la possession de la ville de Carrhes ou Harran, avec la plus grande partie de la Mésopotamie. Il paraît, quoique l'histoire ne le dise point, que, pour la même raison, Sanadroug ou Izate épargna aussi Monobaze, fils de la reine Hélène, puisqu'il choisit ensuite ce prince pour son successeur. L'ingratitude de Sanadroug envers son bienfaiteur et le désir qu'avait Hélène de pratiquer ouvertement la nouvelle religion qu'elle avait embrassée, inspirèrent à cette princesse, avons-nous dit, la résolution d'aller habiter Jérusalem; mais il est vraisemblable que le premier de ces deux motifs fut celui qui l'y détermina plus particulièrement, puisque, selon Josèphe, nous le répétons, elle retourna dans l'Adiabène après la mort d'Izate, et y fixa sa résidence auprès de son fils Monobaze II. On comprend que si le roi Izate eût été son fils, elle n'aurait pas eu de raison plausible pour s'exiler de son pays et y revenir après la mort de ce prince. Josèphe, trompé par l'affection que le roi Monobaze Ier et la reine Hélène avaient pour Izate, a cru qu'il était, non-seulement leur neveu, mais leur fils, et que Monobaze avait épousé sa sœur, suivant l'usage établi dans plusieurs cours de l'Orient. Un dernier fait, que nous allons rapporter, achèvera de montrer qu'Izate n'appartenait point à la postérité masculine des Arsacides. Plusieurs des grands de son royaume, mécontents de ce qu'il professait une autre religion que celle de l'état, se révoltèrent et se joignirent à un prince arabe appelé Abia. Les rebelles furent vaincus; Abia et ses partisans se réfugièrent dans la forteresse d'Arsam, où ils se donnèrent la mort. Cette forteresse est sans doute la ville d'Arsamosate; et, pour le dire en passant, nous pourrions en conclure, si nous ne l'avions déjà établi, que les rois de l'Adiabène possédaient une grande partie de l'Arménie. Les rebelles ne perdirent cependant pas courage; ils demandèrent du secours à Vologèse, roi des Parthes, et le prièrent de leur donner un prince qui fût de la race des Arsacides, ce qui prouve incontestablement qu'aux yeux de ses propres sujets Izate ne passait pas pour appartenir, par sa naissance, à cette race.

Nous n'avons point expliqué jusqu'à présent pourquoi le prince que Josèphe nomme Izate est appelé par les Arméniens Sanadroug. Nous devons dire que ce dernier nom est le véritable, et que nous regardons le premier comme un titre honorifique. On sait que, chez les Arsacides et dans la plupart des familles princières de l'Orient, il y avait des noms communs, qui appartenaient à tous les individus d'une même famille, et des noms qui étaient particuliers à chaque race; du nombre de ces derniers sont ceux de Maanou et d'Abgare que portaient les princes édesséniens, et qui, se présentant fréquemment dans l'histoire, contribuent à y jeter beaucoup d'obscurité. De plus, à l'exemple des successeurs d'Alexandre, les princes orientaux prenaient une grande quantité de titres honorifiques, qui se voient fréquemment sur leurs médailles. Outre le titre de grand roi ou de roi des rois, la qualification qu'ils s'attribuaient plus particulièrement était celle de dieu ou divin. L'histoire nous a conservé le souvenir de plusieurs princes qui, sans scrupule, avaient pris ce dernier surnom. Nous avons déjà parlé d'un roi d'Édesse appelé Maanou et surnommé Alaha ou Aloho, c'est-à-dire dieu. Il existe des médailles qui décernent le titre de dieu à Tigrane et à Phraate, roi des Parthes. Les monuments élevés par les rois sassanides, où se lisent des inscriptions grecques, nous apprennent que ces princes prenaient aussi ce titre, et qu'ils y joignaient celui de descendant des dieux. L'appellation Izate nous semble être un titre de cette nature, c'est-à-dire le nom même de dieu en persan, يزد *iezd*; on l'écrit avec un alif, qui disparaît dans la prononciation, mais que les Syriens ont conservé dans la transcription de ce nom. Denys de Tel-Mahar[1] écrit en syriaque le nom d'Izate ܐܝܙܬ *Aïazeth*. Le mot *iezd* se retrouve dans les langues zende et pehlvie, diversement orthographié,

[1] Ap. Bayer. *Hist. osrhoen.* p. 147 et 148.

et il entre dans la composition d'un grand nombre de noms persans, tels qu'Izdedjerd, Izdigoune, Izdibouzid, etc. On ne peut pas s'étonner de voir un prince de l'Adiabène porter un titre persan, car, à cette époque, la langue en usage dans ce pays devait être un idiome mélangé d'arabe et de persan. La langue des Kurdes, que l'on sait y être actuellement répandue, offre précisément ce mélange.

La coïncidence et la ressemblance frappante des faits attribués à Izate, roi des Adiabéniens, et à Sanadroug, roi d'Arménie, nous ont autorisé à dire que ces deux princes sont un seul et même personnage. Nous croyons pouvoir avancer aussi que ce personnage royal était très-proche parent d'Izate, roi d'Édesse, dont les Syriens ont conservé le souvenir; car la Chronique de Denys de Tel-Mahar[1] nous apprend qu'en l'an d'Abraham 2101, 85 ou 86 de J. C. un fils d'Izate (*Aïazeth*), nommé Abgare, monta sur le trône d'Édesse et l'occupa six ans et neuf mois; elle ajoute[2] qu'un autre fils d'Izate, appelé Maanou, fut roi d'Édesse l'an 2114 d'Abraham, 98 ou 99 de J. C. et qu'il régna seize ans et huit mois. Si ces faits ne démontrent pas qu'Izate appartenait à la même race que les rois d'Édesse, ils établissent du moins une très-forte présomption en faveur de l'opinion que nous soutenons; car il n'est presque pas permis de douter que ces der-

[1] *Ubi supra.*
[2] *Ibid.* p. 148 et 149.

niers rois ne fussent d'origine arménienne, comme nous l'avons déjà dit. Un passage de Dion, rapporté par Théodore Métochite et cité plus haut [1], nous prouve que les souverains de ce pays et de la Mésopotamie portaient des noms arméniens..........
....

Arbandès est certainement le même nom que celui d'un prince arménien appelé Érovant, dont nous allons bientôt parler. Le nom de Sborace, prince d'Anthémusia, est identique avec celui d'Asbouragès, que portait un patriarche arménien qui vivait vers la fin du IVe siècle.

Selon Josèphe, le roi Izate régna vingt-quatre ans, et, d'après Moïse de Khoren et les historiens qui l'ont suivi, le règne de Sanadroug fut de trente années. Le témoignage du premier de ces écrivains nous paraît mériter la préférence, d'abord parce qu'il est plus ancien, et ensuite parce qu'il s'accorde mieux avec la série générale des faits. Nous avons vu que le roi Abgare ou Monobaze avait cessé de régner trente-cinq ou trente-six ans après la naissance de J. C. En l'an 41, au commencement du règne de Claude, Izate régnait déjà sur les Adiabéniens, au rapport de Josèphe[2]. Le roi des Parthes, chassé par ses sujets révoltés, vint à cette époque lui demander un asile. Izate reçut avec les plus grands honneurs le prince fugitif, lui fournit

---

[1] Voy. ci-dessus, p. 136.
[2] Joseph. *Antiq. jud.* XX, II, 1-4.

des secours et le replaça sur son trône. En récompense de cet important service, Artaban donna à Izate le territoire de Nisibe, qu'il avait enlevé au roi d'Arménie, et lui permit de porter la tiare, comme les rois parthes, et de se coucher sur le lit ou trône d'or, honneur qui était exclusivement réservé aux grands rois[1]. Dans le cours de l'année 47, Bardane, fils d'Artaban, engagea Izate à faire avec lui la guerre aux Romains[2], et, sur son refus, voulut la porter dans ses états. Deux ans après, le prince adiabénien était l'allié de Gotarzès, frère de Bardane et adversaire de Méherdate, que les Romains désiraient placer sur le trône des Parthes. Izate, n'osant pas se montrer ouvertement l'ennemi des Romains, feignit d'abord d'être favorable aux prétentions de Méherdate, mais il le trahit bientôt pour passer dans le parti de Gotarzès. Il régnait encore du temps de Vologèse, qui monta sur le trône vers l'an 50, puisque ses sujets les Adiabéniens, s'étant révoltés contre lui, implorèrent l'assistance du prince parthe. Izate, si nous nous en rapportons à Josèphe[3], ne voulut pas que ses enfants montassent sur le trône après lui; il désigna pour son successeur le prince Monobaze, fils de la reine Hélène, et qui, selon cet écrivain, aurait été frère d'Izate, mais qui n'était réellement que son cousin. Nous trouvons, en effet, après le temps dont nous venons de parler, un roi des Adiabéniens appelé

---

[1] Joseph. *Antiq. jud.* XX, III, 1-3. — [2] *Ibid.* XX, III, 4. — [3] *Ibid.* XX, IV, 3.

Monobaze. La première fois qu'il est question de ce prince, c'est en l'an 61 de J. C. A cette époque, il engage le roi des Parthes à faire la guerre aux Romains, parce que leur tributaire Tigrane, roi d'Arménie, avait attaqué ses états. Monobaze, à la tête d'une armée parthe, vient assiéger Tigranocerte, mais ne peut la prendre. C'est donc entre les années 50 et 61 de notre ère qu'il faut placer la date de la mort du roi Izate. Si depuis l'an 35 ou 36, époque de la mort d'Abgare, nous comptons vingt-quatre années, nombre indiqué par Josèphe[1] pour la durée du règne d'Izate, nous trouvons que ce dernier prince aurait cessé de vivre en 59 ou en 60. Nous ne voyons aucune raison de rejeter cette date; elle s'accorde fort bien avec la série des faits.

Le roi Monobaze Ier ou Abgare possédait l'Adiabène et une portion de l'Arménie avec la Mésopotamie; il résidait à Édesse. Après sa mort, ses états furent partagés : Izate, son neveu et son fils adoptif, conserva l'Arménie, qui lui avait été donnée du vivant de son oncle, et il obtint, de plus, l'Adiabène; un fils d'Agbare fut maître d'Édesse. Denys de Tel-Mahar[2] l'appelle Maanou; les Arméniens, qui le nomment Anané ou Ananoun, ne nous disent pas combien de temps il régna à Édesse. Les Syriens assignent à son règne une durée de sept ans, ce qui n'est pas hors de vraisemblance. Il aurait ainsi cessé de régner vers l'an 42

[1] *Antiq. jud.* XX, IV, 3. — [2] Ap. Bayer. *Hist. osrhoen.* p. 125.

ou 43 de J. C. et non en l'an 55, comme le prétend Denys de Tel-Mahar[1], qui a trop prolongé la vie d'Abgare. Après la mort du fils de ce dernier, la ville d'Édesse, selon les Arméniens[2], tomba au pouvoir de Sanadroug; cependant, il ne paraît pas que ce prince y ait exercé une autorité immédiate; car nous voyons, par le témoignage de Tacite[3], qu'il y avait, en l'an 49, à Édesse, un prince nommé Abgare ou Acbare, qui, de concert avec Izate, trahit Méherdate. Selon Denys de Tel-Mahar[4], Maanou, fils d'Abgare, après un règne de sept ans, fut remplacé par son frère, qui portait le même nom et qui régna quatorze ans. La confusion des noms ne nous arrêtera pas, car nous savons qu'Abgare et Maanou étaient des appellations communes aux princes d'Édesse. Le Maanou des Syriens nous paraît être le même prince que le Monobaze de Josèphe, qui succéda à Izate. Nous voyons dans l'historien juif[5] que ce dernier, qui avait reçu du roi Monobaze Ier le gouvernement d'une partie de l'Arménie, ne se trouvait point dans la résidence royale au moment de la mort de son père par adoption. La reine Hélène rassembla les grands de l'état, confia provisoirement les rênes

[1] Ap. Bayer. *Hist. osrhoen.* p. 125.
[2] Mos. Choren. *Hist. armen.* II, xxxii.
[3] *Annal.* XII, xii, 14.
[4] Ap. Bayer. *Hist. osrhoen.* p. 129 et 130.
[5] *Antiq. jud.* XX, ii, 1-3.

du gouvernement à son fils Monobaze, et lui remit même tous les insignes de la royauté pour s'en servir jusqu'au retour d'Izate. Outre Monobaze, le feu roi avait laissé plusieurs fils, dont on craignait les prétentions et l'ambition. Pour se délivrer de toute crainte, les grands voulaient les faire périr, mais la reine ne permit pas qu'on le fît sans le consentement d'Izate. Ce fut pendant ce temps, sans doute, qu'un de ces jeunes princes s'empara du trône d'Édesse, ce qui nous porterait à croire que le roi Monobaze Ier ne mourut point dans cette ville. Son fils Monobaze, se conformant à sa volonté, remit la couronne à Izate, et le servit toujours avec fidélité. Nous pensons qu'après la mort de Maanou, Izate, pour récompenser le fils d'Hélène et reconnaître les services de cette princesse, le créa souverain d'Édesse sous sa suzeraineté; rien ne semble contrarier une telle supposition, surtout si l'on remarque que, plus tard, Izate institua Monobaze son héritier, au préjudice de ses propres enfants. Pendant qu'il était sur le trône, il éloigna de la cour la plupart de ses fils, et les envoya auprès de la reine Hélène, à Jérusalem, où ils se trouvaient encore lorsque Titus, en l'année 70, fit la conquête de cette ville. Le singulier usage que la plupart des rois de l'Orient avaient d'éloigner leurs enfants, venait sans doute de ce que la succession à la couronne n'était pas réglée par des lois, ou par des coutumes ayant force de loi. On sait, d'après le témoignage des auteurs anciens, que, dans les diverses souverainetés arsacides, les grands avaient beaucoup de pouvoir. Aussi, quels troubles ne devaient pas éclater dans l'état, lorsqu'à la mort du roi il s'agissait de choisir un autre souverain entre une foule d'enfants nés de diverses femmes, et tous ayant un droit égal à la couronne! Souvent même ces princes, par leur nombre et leur puissance, devenaient dangereux pour leur père, ou pour leurs frères; et l'on vit plusieurs fois les rois parthes envoyer leurs enfants ou leurs frères, soit à Rome, soit ailleurs, en apparence comme otages, mais réellement pour préserver leurs états des troubles qu'aurait rendus inévitables la seule présence de ces princes au milieu de populations extrêmement remuantes et toujours disposées à se laisser diriger par une multitude de seigneurs puissants et ambitieux. Lorsqu'en l'an 66 Tiridate, frère de Vologèse, roi des Parthes, vint à Rome recevoir de Néron la couronne d'Arménie, il amena avec lui ses enfants, et ceux de Vologèse, de Pacorus, roi des Mèdes, et de Monobaze II, roi des Adiabéniens [1].

Denys de Tel-Mahar [2] donne à notre Monobaze ou Maanou, frère de Maanou et fils d'Abgare, un règne de quatorze ans. Si nous comptons ce nombre d'années à partir de l'an 42 ou 43, date que nous avons assignée à la fin du règne de Maanou, nous trouverons

[1] Dion Cassius, *Hist. roman.* LXIII, 1.
[2] *Ubi supra.*

que le règne de Monobaze II dut se terminer en l'an 56 ou 57, ce qui ne s'accorde pas avec les renseignements historiques que nous possédons sur ce personnage; car ils nous ont déjà appris que Monobaze II succéda à Izate vers l'an 59 ou 60, au plus tard, et qu'en 61 il assiégeait Tigranocerte avec une armée parthe. Deux ans après, il accompagna le roi des Parthes Vologèse à une entrevue que ce prince eut avec Corbulon. Nous venons de voir enfin qu'en l'an 66 Tiridate, frère de Vologèse, amena à Rome les enfants de Monobaze; ajoutons que c'est la dernière fois qu'il est fait mention de Monobaze II dans l'histoire. Ainsi, c'est au moins jusqu'à cette époque qu'il faut prolonger son existence. Si nous partons de l'an 42 ou 43, époque de la mort de son frère Maanou, et si nous supposons qu'immédiatement après Izate l'ait créé prince d'Édesse, il y aura entre cette date et l'année 66 un espace de vingt-quatre ou vingt-trois ans, ce qui excède de dix ou de neuf ans la durée assignée par Denys de Tel-Mahar à la royauté de Monobaze. Nous avons déjà dit que, depuis la mort d'Abgare, Izate ou Sanadroug avait régné vingt-quatre ans. En donnant à Monobaze II, qui lui succéda incontestablement sur le trône de l'Adiabène, sept ans de règne au moins, et on ne peut pas faire autrement, car Tacite, Dion Cassius et Josèphe attestent son existence à cette époque, nous aurons un intervalle de trente et un ans. Si maintenant nous retranchons de ce nombre sept années pour le règne du premier Maanou à Édesse, il nous restera justement vingt-quatre ans pour la période de la vie de Monobaze qui comprend le temps où il vivait comme serviteur du roi Izate, et le temps que dura son règne dans l'Adiabène. Le récit de Denys de Tel-Mahar, en apparence contradictoire avec ce calcul, ne l'est cependant pas réellement; car nous savons déjà qu'il avait pris l'époque où le roi Abgare fixa sa résidence à Édesse pour celle du commencement de son règne, ce qui fait une différence de dix ou onze ans à retrancher de la durée du règne de son deuxième fils Monobaze. Or, selon Denys de Tel-Mahar lui-même, ce prince cessa de régner en l'an d'Abraham 2081, qui répond aux années 65 ou 66 de J. C. et c'est précisément l'époque que nous avons assignée à cet événement. On doit croire qu'après la mort de Monobaze II et de son fils Abgare, qui lui succéda, les enfants d'Izate, qui avaient été élevés à Jérusalem, revinrent dans la Mésopotamie ou l'Adiabène, puisque nous voyons figurer deux d'entre eux dans la liste des rois d'Édesse. Titus les prit à Jérusalem et les amena à Rome; il est probable que plus tard ils furent établis dans le royaume de leur père par la puissance des Romains.

Selon Moïse de Khoren[1], Sanadroug, qui pour nous est l'Izate de Josèphe, fut tué à la chasse par hasard; sa mort, dit l'historien arménien, fut suivie de très-grands troubles; un prince du nom d'Érovant, qui était issu

---

[1] *Hist. armen.* II, XXXIII, XXXIV.

de la race des Arsacides par les femmes, et qui tenait un rang distingué parmi les généraux de Sanadroug, s'empara du pouvoir; il se fit décerner la couronne par les grands de l'état, bien qu'aucun prince de la race des Pagratides, à qui appartenait le droit de couronner les rois, ne voulût lui mettre le diadème sur la tête. Pour n'avoir à redouter aucun prétendant, Érovant fit périr tous les enfants de Sanadroug. Un seul d'entre eux, appelé Ardaschès, fut sauvé par sa nourrice; elle s'enfuit avec lui dans le pays de Her, situé vers le lac d'Ourmiah, et s'y cacha chez des bergers; puis elle fit connaître son asile à Sempad, fils de Piourad, de la race des Pagratides, qui possédait la province de Sber, dans l'Arménie septentrionale, et qui avait été chargé, par le roi Sanadroug, du soin d'élever son fils. Sempad se mit aussitôt en devoir d'aller chercher l'enfant royal, et parvint à le conduire secrètement jusqu'à la cour du roi des Parthes. Ce monarque, qui est appelé, par Moïse de Khoren [1], Darèh ou Darius, reçut avec les plus grands honneurs le prince arménien et le fils de Sanadroug, leur donna deux provinces désignées sous les noms de *Pad* et d'*Oz*, et fit élever le jeune Ardaschès avec ses enfants. Érovant, dont l'affermissement sur le trône trouvait un grand obstacle dans les droits du fils de Sanadroug, écrivit au roi des Parthes pour l'engager à lui livrer ce jeune prince, alléguant que cet enfant

---

[1] *Hist. armen.* II, xxxiv.

avait pour père un Mède obscur, et que Sempad le faisait passer pour le fils de Sanadroug, afin de se ménager plus tard le moyen de s'emparer de la couronne. Cette demande n'eut pas un heureux succès : le roi des Parthes refusa de livrer le prince fugitif. Mécontent de ce refus, Érovant fit alliance avec les Romains, se reconnut leur tributaire, et leur céda la possession de la Mésopotamie. Après avoir régné vingt ans, il périt en combattant Ardaschès, qui, soutenu par les Parthes, se rendit maître de l'Arménie. Si l'on suppute les années du règne de ce prince et de ses successeurs, en remontant depuis l'époque de l'avénement de Chosroès Ier, qui eut lieu en l'année 198 de J. C. on trouve qu'Ardaschès dut commencer de régner l'an 88; et si l'on retranchait de ce nombre les vingt années du règne d'Érovant, on aurait, pour l'époque de l'avénement de cet usurpateur, l'an 68. Entre cette date et l'an 60 ou 59, époque de la mort de Sanadroug, il y a un intervalle de huit ou neuf ans qui se trouve rempli par le règne de Monobaze II, que les Arméniens ne connaissent point, et par les troubles qui, selon eux, suivirent la mort de Sanadroug. Faute d'avoir connu tous les faits, ou de les avoir examinés avec attention, les historiens arméniens ont donné à Sanadroug pour successeur immédiat, après les troubles, l'usurpateur Érovant, prolongeant ainsi de plusieurs années la vie du premier de ces deux princes.

Pour se débarrasser des craintes qu'en Orient les fils de roi inspiraient toujours à leur père, lorsqu'ils atteignaient l'âge viril, Izate, comme il a été dit plus haut, avait envoyé ses enfants mâles à Jérusalem. Ils étaient nés, avant son avénement au trône, de son mariage avec Samache, fille d'Abennérigus, roi de Spasini-Charax[1]. Pendant les trente années qui s'étaient écoulées depuis l'exil de ses fils, il avait eu de ses autres femmes plusieurs enfants, et nommément Ardaschès. Aucun d'eux, lorsqu'il mourut, n'était probablement en âge de prendre les rênes du gouvernement; et cette circonstance aura déterminé Izate à laisser la couronne à Monobaze, qui était devenu son frère depuis qu'Abgare l'avait adopté pour fils. Peut-être Izate réserva-t-il les droits des enfants dont nous venons de parler. Mais il paraît certain que ces divers arrangements ne plurent pas aux grands de l'état, qui même n'avaient pas besoin de ce prétexte pour se révolter, la mort d'un roi étant toujours suffisante en Orient pour amener de grands troubles. Nous pouvons présumer, en conséquence, qu'on ne voulut reconnaître ni l'autorité de Monobaze, ni les droits des enfants de Sanadroug; et cette conjecture nous explique pourquoi l'état resta en proie à des guerres civiles pendant les années qui s'écoulèrent entre la mort d'Izate ou Sanadroug et l'avénement d'Érovant. Celui-ci, profi-

---

[1] Joseph. *Antiq. jud.* XX, II, 1.

tant de cet état de choses, parvint à se faire déclarer roi.

Les historiens grecs ou romains ne parlent aucunement de ce prince; mais ce n'est pas une raison de révoquer en doute son existence; l'histoire de l'Orient et des Arsacides en particulier, depuis la mort de Néron, a été fort peu connue des écrivains occidentaux dont les ouvrages nous restent. Le nom d'Érovant était commun parmi les princes arsacides, et n'est pas resté inconnu à ces écrivains; car, selon Dion Cassius[1], le fils d'Abgare (Αὔγαρος), roi d'Édesse, qui vivait du temps de Trajan, s'appelait Arbandès, et ce nom ressemble, autant que le permet la différence des langues, à celui d'Érovant, qui est la forme arménienne. Il paraît qu'en usurpant la dignité royale, Érovant ne put se faire reconnaître souverain que de la portion de l'Arménie qui avait été soumise à Izate. L'Adiabène et la Mésopotamie restèrent entre les mains des descendants de Monobaze, et, depuis cette époque, continuèrent à être gouvernées par des princes particuliers. En l'an 66, un prince nommé Abgare, fils de Maanou ou Monobaze, monta sur le trône d'Édesse, et régna vingt ans, selon Denys de Tel-Mahar[2]. Il fut remplacé, en 86, par Abgare, fils d'Izate, qui régna six ans et neuf mois[3]. Celui-ci était,

[1] *Hist. roman.* LXVIII, XXI.
[2] Ap. Bayer. *Hist. osrhoen.* p. 130.
[3] *Ibid.* p. 147.

sans doute, du nombre des princes que leur père avait exilés à Jérusalem et qui furent ensuite conduits à Rome par Titus. Sa mort fut suivie de troubles qui durèrent deux années, et à la suite desquels un personnage nommé Parnataspate, dont l'origine nous est inconnue, devint roi en l'an 94[1]; il régna trois ans et dix mois, et fut remplacé, en 98, par un autre Parnataspate, surnommé le Jeune[2]. Ce nouvel usurpateur ne régna que dix mois; il eut pour successeur un fils d'Izate, appelé Maanou, qui régna seize ans et huit mois[3]. Ce dernier prince mourut donc en l'an 115 ou 116, sous le règne de l'empereur Trajan. Selon la chronique de Malalas[4] et les Actes du martyre de saint Ignace[5], Trajan se trouvait, au commencement de l'an 107, à Antioche, où il se préparait à combattre les Parthes. Dion Cassius[6], de son côté, dit que le roi d'Édesse, Abgare, père d'Arbandès, avait envoyé des présents à l'empereur avant que ce prince eût fait son entrée dans Édesse; il s'était toutefois abstenu d'aller le trouver en personne, car il redoutait également les Parthes et les Romains; et, ne sachant à qui serait la victoire, il cherchait à rester neutre sans mé-

[1] Ap. Bayer. *Hist. oshroen.* p. 148.
[2] *Ibid. ibid.*
[3] *Ibid. ibid.*
[4] *Chronogr.* XI, p. 272, lin. 21; ed. Bonn.
[5] *Acta SS.*, t. I, *Februar.* pag. 19, B, C, D; pag. 29, C.
[6] *Loc. cit.*

contenter trop l'empereur, qui pouvait, d'un moment à l'autre, faire une invasion sur son territoire. Trajan ayant séjourné longtemps dans l'Orient, le roi d'Édesse continua, de temps à autre, de lui donner des marques de sa soumission, et l'empereur témoigna à son fils Arbandès une amitié toute particulière. Cet Abgare est certainement le même que le Maanou ou Mannus qui régna depuis l'an 99 jusqu'à l'an 115, selon Denys de Tel-Mahar[1]. Après avoir soumis l'Arménie, Trajan vint à Édesse, où il traita fort amicalement le roi Abgare[2], qui, cette fois, persuadé par Arbandès, était allé à la rencontre de l'empereur, avec de riches présents en armes et en chevaux. Trajan ne voulut accepter que les cuirasses.

Il continua sa marche, pour aller attaquer l'empire des Parthes, et fut accompagné par Abgare. Nous voyons au moins que le roi d'Édesse se trouvait avec lui aux environs d'Anthémusia[3], ville de Mésopotamie située non loin de l'Euphrate, au sud-ouest d'Édesse. Il paraît que, dans cette expédition, Trajan, pour pénétrer dans l'intérieur de l'empire parthe, suivit les rives de l'Euphrate, comme Julien le fit après lui. Avec Le Nain de Tillemont[4], nous distinguons deux expéditions

---

[1] Ap. Bayer. *Hist. osrhoen.* p. 152 et 153.
[2] Dion Cassius, *Hist. roman.* LXVIII, xxi. — Suidas, *sub voc.* Ἔδεσσα.
[3] Suidas, *sub vocib.* Ἀνθεμοῦς, et Ὑφηγήσονται.
[4] *Hist. des emper.*, t. II, p. 198.

de Trajan dans l'Orient, et nous croyons que ce fut à la seconde seulement que cet empereur conquit l'Adiabène, après avoir attaqué le royaume des Parthes par la Mésopotamie. Il traversa cette dernière province, passa le Tigre vers Ninive, et suivit le cours du fleuve vers le midi jusqu'à Ctésiphon. La route de son armée, dans cette seconde entreprise, est assez bien tracée pour que nous puissions attribuer à la première expédition la prise d'Anthémusia, ville qui, par sa position, ne devait pas être attaquée dans le cours de la seconde. C'est presque uniquement par les extraits et les fragments qui nous restent de Dion Cassius, que nous connaissons la guerre de Trajan contre les Parthes. Ces documents nous ayant été conservés par différents auteurs, qui les ont plus ou moins abrégés, plus ou moins altérés, et qui surtout ont rarement pris le soin de les ranger selon l'ordre chronologique, il devient très-difficile de déterminer la place qu'occupait primitivement chacun de ces documents dans l'ouvrage de Dion Cassius. De là résulte une grande incertitude quant à la succession des faits, quelque soin qu'on puisse mettre à les recueillir et à les classer.

Il paraît que c'est en l'an 115 que Trajan commença sa seconde expédition dans l'Asie occidentale; il se dirigea vers le nord. Le premier royaume qu'il attaqua, après avoir traversé la Mésopotamie, fut l'Adiabène, nous l'avons déjà dit. Ce royaume était alors possédé par un prince appelé Mébarsape[1], issu, sans doute, de la même race que Monobaze, dont nous avons si longuement parlé. Lorsque le roi des Adiabéniens apprit que Trajan s'approchait de ses états, il fit semblant de reconnaître sa domination, et lui demanda un corps de troupes pour l'aider à combattre le roi des Parthes. L'empereur lui envoya quelques soldats commandés par un centurion nommé Sentius. Ils furent déclarés prisonniers et renfermés dans la forteresse d'Adénystres. Dion Cassius, en rapportant ce fait[2], dit aussi que Mannus, qu'il qualifie prince des frontières de l'Arabie, envoya des troupes au secours de Mébarsape[3], qui, sans doute, avait à redouter la vengeance de Trajan. Ce Mannus était probablement un prince édessénien, et nous paraît identique avec Maanou, fils du Maanou appelé Abgare ou Avgare par le même historien. Selon Denys de Tel-Mahar[4], ce dernier prince, dont il a déjà été question, monta sur le trône d'Édesse en l'an 115, et, après avoir régné vingt-trois ans, fut contraint de se réfugier chez les Romains. Un passage attribué par Suidas[5] à Arrien, mais qui semblerait plutôt avoir été extrait de Dion Cassius, fait mention d'un *Manum* ou Mannus. Malgré

---

[1] Dion Cassius, *Hist. roman.* LXVIII, XXII.
[2] *Ibid.*
[3] *Ibid.*
[4] Ap. Bayer. *Hist. osrhoen.* p. 152 et 153.
[5] *Sub vocib.* Ἀπεχώρησεν, Δεξιός, et Μάννου.

la brièveté et les variantes de ce court fragment, on serait tenté de supposer qu'il se rapportait à l'inauguration d'un roi d'Édesse placé sur le trône par Trajan, ce qui concorderait fort bien avec l'époque du passage de l'empereur à Édesse lors de son expédition contre les Parthes. Les Romains que le roi de l'Adiabène avait renfermés dans la forteresse d'Adénystres parvinrent à se délivrer, à se rendre maîtres de la place, et à y introduire les troupes de Trajan, qui s'étaient avancées[1]. Singara, qui appartenait au roi de l'Adiabène, fut prise sans coup férir, ainsi que quelques autres villes, par le général Lusius[2]. Édesse, Nisibe, Séleucie, après avoir été assiégées, tombèrent également au pouvoir des Romains[3]. On voit ainsi, comme nous l'avons déjà dit, que le royaume de l'Adiabène comprenait des pays situés sur les deux rives du Tigre et une partie de la Mésopotamie. Après ces conquêtes, Trajan passa le fleuve, et se dirigea vers la capitale de l'empire des Parthes, Ctésiphon, où il posa la tiare royale sur la tête de Parthamaspate[4]. Depuis ce temps, il n'est plus question des princes de l'Adiabène; mais on doit remarquer qu'à l'époque

---

[1] Dion Cassius, *loc. cit.*

[2] *Id. ibid.*

[3] *Id.* LXVIII, xxx.

[4] *Id. ibid.* — Le souvenir de ce fait s'est aussi perpétué jusqu'à nous par un grand bronze dont un exemplaire se conserve au cabinet des médailles de la Bibliothèque royale.

dont il vient d'être question ils avaient encore des rapports très-intimes avec les princes d'Édesse, et que leur puissance était assez considérable. Dans notre dissertation chronologique on trouvera tout ce qui concerne les derniers rois d'Édesse. Leur histoire ne présente aucune difficulté capitale.

Pendant que la Mésopotamie, l'Assyrie, le pays des Curdes et la partie méridionale de l'Arménie étaient gouvernés par des princes de la race arsacide descendant d'un frère de Tigrane, la partie septentrionale de la Grande Arménie, qui s'étendait depuis l'Euphrate jusqu'à la mer Caspienne, était possédée depuis la mort d'Artavazde, fils de Tigrane, par des rois arsacides ou étrangers, tributaires des Parthes ou des Romains, et rarement paisibles possesseurs de leurs états. Ils étaient toujours obligés de les défendre contre les attaques de compétiteurs qui, issus du même sang qu'eux, prétendaient avoir un droit égal au trône. Après environ un siècle de combats, de malheurs et de divisions intestines, dont on verra ailleurs les détails, Néron, en l'an 66, donna la couronne d'Arménie à Tiridate, frère de Vologèse, roi des Parthes. Ce prince vint en personne la recevoir à Rome, et il amena avec lui, nous le répétons ici, ses enfants, ceux de ses deux frères Vologèse, roi des Parthes, et Pacorus, roi des Mèdes, et les enfants aussi de Monobaze II, roi de l'Adiabène. Tiridate vivait encore en l'an 72. A cette époque, au rapport de Josèphe [1], les Alains firent une grande invasion en Arménie; Pacorus, roi des Mèdes, fut vaincu par eux; Tiridate se vit sur le point d'être pris; et c'est alors que Vologèse, son frère, demanda à Vespasien des secours pour résister à l'invasion, et un de ses fils pour commander les armées réunies. Cette négociation n'eut pas de suite, l'empereur n'ayant point voulu se mêler des affaires des Parthes [2]. Sur ces entrefaites, les Alains retournèrent dans leur pays. Le Tiridate qui nous occupe régna pendant neuf ans; il mourut donc en l'an 75 de J. C. Les auteurs anciens ne nous ont point appris le nom de son successeur, et, après lui, l'histoire d'Arménie se trouve enveloppée des plus épaisses ténèbres.

Le roi appelé Érovant par les Arméniens nous semble être le prince qui succéda à Tiridate, dont il était contemporain; les faits que nous allons rapporter, et les considérations que nous y ajouterons, justifieront notre hypothèse. Il paraît que Néron, en donnant à Tiridate l'investiture de l'Arménie, s'était particulièrement concilié l'affection des princes arsacides. Ces princes se montrèrent pendant longtemps les ennemis des empereurs qui lui succédèrent, et soutinrent avec toutes leurs forces les divers imposteurs que l'on sait avoir voulu, en divers temps, se faire passer pour

---

[1] *De Bell. jud.* VII, vii, 4.

[2] Dion Cassius, *Hist. roman.* LXVI, xv — Suétone, *Domitian.* c. 2.

Néron. En l'an 81, treize ans après la mort de cet empereur, sous le règne de Titus, un de ces imposteurs, nommé Térentius Maximus, causa de grands troubles dans les provinces d'Asie limitrophes de l'Euphrate. Il se réfugia ensuite chez le roi des Parthes, nommé Artaban, selon Zonaras [1], qui paraît avoir pris son récit dans les livres perdus de Dion Cassius, mais en changeant le nom du roi, lequel devait être Vologèse. Ce prince se prépara à soutenir par les armes le nouvel imposteur. Durant le temps qui s'était écoulé depuis la mort de Néron jusqu'à cette époque, les Parthes n'avaient pas cessé d'être en état de guerre avec les Romains; mais les historiens dont les ouvrages sont parvenus jusqu'à nous ne fournissent presque aucun renseignement sur les événements qui remplirent cette période. Les faits qu'ils nous permettent de recueillir se réduisent à un très-petit nombre. Ce fut en l'an 68, selon les Arméniens, qu'Érovant, pendant les troubles qui déchirèrent l'empire romain après la mort de Néron, se fit déclarer roi. Comme il n'était parvenu à la royauté qu'en usurpant une partie des possessions d'un prince allié du roi des Parthes, sa politique dut lui conseiller de rechercher l'amitié des empereurs successeurs de Néron; il fut, en conséquence, l'ennemi des Parthes, qui avaient donné asile au rejeton de la race légitime que nous avons vu conduit en Perse par un sujet fidèle. En l'an 70, une ambassade

[1] *Annal.* XI, xviii; t. I, p. 578; ed. du Cange.

PREMIÈRE PARTIE. 165

de Vologèse vint trouver Vespasien, qui était alors à Alexandrie ; on en ignore l'objet, mais il paraît qu'elle avait été précédée d'une guerre, et qu'elle ne mit pas fin aux démêlés qui existaient entre les deux empires; car, en l'an 72, Cæsennius Pætus, gouverneur de Syrie, attaque Antiochus, roi de la Commagène, accusé de s'être allié avec les Parthes. Ce prince est défait; dépouillé de ses états, il se réfugie en Cilicie. Ses deux fils, Épiphane et Callinicus, qui avaient combattu avec courage contre les Romains, vont chercher un asile auprès de Vologèse, qui les reçoit avec les plus grands honneurs et les traite en princes. La Commagène fut alors réduite en province romaine. Peu de temps après, Épiphane et Callinicus, par la médiation de Vologèse, obtinrent, ainsi que leur père, la permission d'habiter Rome [1].

En l'an 72, comme nous l'avons dit plus haut [2], les Alains firent une grande invasion au midi du mont Caucase, et mirent dans le plus grand embarras tous les princes de la race de Vologèse. Il paraît que le roi des Parthes, mécontent de n'avoir pu obtenir de Vespasien les secours qu'il lui avait demandés [3], eut, peu de temps après, une guerre avec les Romains.

---

[1] Voy. sur ces divers faits Josèphe, *De bell. jud.* VII, vii, 1-3; Dion Cassius, *Hist. roman.* LXII, xx, xxi ; Tacite, *Annal.* XV, i-xvii.

[2] Ci-dessus, p. 162 et 163.

[3] *Ibid.* p. 163.

C'est environ à la même époque qu'il faut placer la fin du règne de Tiridate en Arménie, et l'avénement d'Érovant. Nous avons vu que les prédécesseurs de ce dernier prince avaient résidé dans la Mésopotamie, et que tous les lieux mentionnés dans l'histoire comme leur appartenant étaient situés au midi de l'Arménie. Vers le milieu de son règne, Érovant[1] transporta sa résidence à Armavir, ancienne capitale du royaume, située sur les bords de l'Araxe, à l'occident d'Artaxate, et à une assez grande distance de cette dernière ville ; mais, peu content de ce séjour, il fit bâtir une autre ville sur la rive méridionale du même fleuve, beaucoup plus loin, vers l'Occident. Il l'appela de son nom Érovantaschad, c'est-à-dire habitation d'Érovant; il y fixa sa résidence, et y fit transporter toutes les statues et les plus beaux objets d'art qui décoraient Armavir et les autres villes de l'Arménie[2]. A une petite distance, de l'autre côté du fleuve, il fonda une seconde ville, appelée aussi de son nom Érovantagerd[3], qui n'était proprement qu'une dépendance de la première; puis, sur le même côté, à une petite distance, il en bâtit une troisième, qu'il nomma Pagaran, c'est-à-dire le lieu des statues ; il l'orna de temples, de divers autres monuments, et y établit son frère Érovaz comme grand prêtre des dieux de l'Ar-

---

[1] Moïse de Khoren, *Hist. armen.* II, xxxix.
[2] *Ibid.* II, xxxvii.
[3] *Ibid.* II, xxxix.

ménie[1]. Quand Ardaschès, fils de Sanadroug, et le prince Sempad, de la race des Pagratides, revinrent de Perse, avec une armée parthe, ils attaquèrent Érovant par la partie septentrionale de l'Arménie. On ne peut donc s'empêcher de croire que ce prince réunissait sous ses lois la totalité de la Grande Arménie; mais on ne doit placer l'établissement définitif de sa domination sur ce pays qu'après la mort de Tiridate, qui dut arriver en l'an 75. Un fait rapporté par Moïse de Khoren servira à montrer la vraisemblance et même la réalité de cette occupation. L'historien arménien dit[2] qu'Érovant céda aux Romains les royaumes d'Édesse et de Mésopotamie, qui depuis firent partie de l'empire romain. Or ce prince n'avait pu faire la cession de provinces qui n'étaient point en son pouvoir, que parce que, sans doute, il se considérait comme le légitime possesseur de ces provinces, et comme le successeur d'Izate et de Monobaze. Cette cession fut probablement le prix du consentement des Romains à l'occupation du trône d'Arménie par Érovant. On sait que, depuis Tiridate, cette dernière province était considérée comme une possession romaine. L'usurpation d'Érovant dut établir une intime alliance entre lui et les Romains, qui étaient, nous n'en pouvons douter, fort contents d'affaiblir ainsi la puissance de la famille de Vologèse. C'est indubitablement à cette époque qu'il faut rap-

[1] Moïse de Khoren, *Hist. armen.* II, xxxvii.
[2] *Ibid.* II, xxxv.

porter une lettre peu respectueuse du roi des Parthes, adressée à Vespasien et mentionnée par Dion Cassius [1]. Elle fut suivie d'une guerre, qui, selon Aurélius Victor [2], le seul écrivain de l'antiquité qui en parle, se termina à l'avantage des Romains. Enlever un trône à la famille d'un puissant adversaire, y placer un prince qui devait rester l'irréconciliable ennemi de cette famille, obtenir, sinon le droit de possession, au moins la haute souveraineté sur les provinces renfermées entre le Tigre et l'Euphrate, étaient, en effet, des résultats importants pour l'affermissement de la domination romaine dans l'Asie occidentale. Toutefois, les écrivains grecs et les écrivains latins ne font point mention de la réunion de la Mésopotamie à l'empire. Cette province conserva son indépendance plus de quarante ans encore après les événements dont il vient d'être question; elle se soumit à Trajan; mais cette situation ne devait être que temporaire, et ce fut beaucoup plus tard que la Mésopotamie se trouva définitivement réunie à l'empire romain. Il paraîtrait cependant, d'après le témoignage de Moïse de Khoren [3], que déjà Érovant avait cédé ce royaume à Vespasien, et renouvelé l'acte de cession entre les mains de Titus. On pourrait donc supposer que Trajan usait d'un droit acquis, lorsqu'il occupait militai-

---

[1] *Hist. roman.* LXVI, xi.
[2] *Vespasian.* § 9.
[3] *Hist. armen.* II, xxxv.

PREMIÈRE PARTIE. 169

rement la Mésopotamie, la déclarait province romaine, et léguait à ses successeurs le soin d'exiger la soumission des divers petits princes qui régnaient entre le Tigre et l'Euphrate, et qui se considéraient comme les sujets naturels des Parthes. Aussi voyons-nous, à dater de ce temps, les rois d'Édesse placer sur leurs médailles l'effigie des empereurs romains ou des impératrices, et y prendre le titre de Φιλορώμαιος, ami des Romains. La crainte d'irriter les Parthes fut probablement la seule considération qui porta les empereurs à ne point déposséder des princes qui appartenaient à la race des Arsacides, et à leur conserver une sorte de souveraineté pendant près de deux siècles encore.

Le nombre d'années que Moïse de Khoren assigne à la durée du règne de chacun des rois d'Arménie nous a déterminé, comme on l'a vu plus haut, à prendre l'an 88 pour la date de l'avénement d'Ardaschès au trône de son père. Le règne de ce prince dura quarante et un ans, et finit, par conséquent, en l'année 129, sous le règne de l'empereur Hadrien, ainsi que le dit l'historien arménien[1], d'après le témoignage d'Ariston de Pella, qui rapporte que la mort d'Ardaschès arriva lorsque les juifs se révoltèrent contre l'empereur romain..............

[1] *Hist. armen.* II, LVII.

DEUXIÈME PARTIE.

SECTION Iʳᵉ.

HISTOIRE DES ARSACIDES DE PERSE.

La destruction de l'empire des Perses par Alexandre le Grand changea la face du monde, et porta, jusqu'au delà de l'Indus, les mœurs, la religion, la langue et la domination des Grecs ; mais elle fut plutôt le résultat d'une incursion militaire que d'une véritable conquête. Les peuples vaincus restèrent saisis d'étonnement bien plus que subjugués. Alexandre vécut trop peu pour pouvoir établir, d'une manière durable, sa puissance sur les pays qu'il avait traversés. S'il avait envahi toutes les immenses possessions de Darius, il n'était réellement le maître que des contrées où campait quelque détachement de ses troupes, et des provinces qui, régies par des gouverneurs persans, avaient fait partie du domaine royal. Les princes feudataires ne lui furent soumis qu'en apparence ; plusieurs même d'entre eux se dispensèrent de lui rendre les devoirs de sujet dont ils s'acquittaient ponctuellement envers les anciens rois de Perse. Les Carduques ou Kurdes, les Arabes, les Mardes, les Cadusiens, les Hyrcaniens et les nombreuses tribus scythiques dispersées dans toutes les provinces de l'empire, ou cantonnées dans les montagnes, tous ces peuples reconnaissaient encore moins son autorité qu'ils n'avaient reconnu celle de ses prédécesseurs. Pendant la durée de sa domination en Asie, les rois de Carie, de Cilicie, de Bithynie, d'Héraclée, de Paphlagonie, de Cappadoce, de Pont, de l'Atropatène, de l'Élymaïde, les princes arméniens et beaucoup d'autres encore conservèrent leurs états héréditaires, et furent, par la suite, en état de résister avec succès aux attaques des généraux qui, sous le nom de gouverneurs, se partagèrent la succession du conquérant macédonien. Les démêlés, sans cesse renaissants, qui ne tardèrent pas à surgir entre ces guerriers ambitieux, favorisèrent les projets de tous ces petits princes, et leur permirent de se rendre entièrement indépendants dans leurs états respectifs.

Séleucus Nicator, après de longues guerres, resta maître de la portion la plus considérable de la succession d'Alexandre ; devenu souverain de presque toutes les provinces de l'Asie précédemment soumises au sceptre de Darius, il fut le fondateur de la dynastie des Séleucides, qui subsista pendant plus de deux siècles. Il fixa d'abord sa résidence dans l'antique Babylone, d'où bientôt il la transporta sur les bords du Tigre, dans une ville qu'il avait fait bâtir et que, de son nom, il appela Séleucie. Cette ville fut la capitale de l'empire des Grecs en Asie jusqu'au moment où elle se vit forcée de céder cet honneur à

Antioche, fondée en Syrie par le même prince. Elle conserva cependant sa splendeur; car, sous la domination des Parthes, elle jouit même d'une sorte d'indépendance, et longtemps elle compta parmi les principales villes grecques de l'Orient. Quoique Séleucus et ses successeurs fussent considérés comme les souverains de l'Asie occidentale, ils n'exercèrent jamais, dans toutes les parties de leurs états, les droits d'une puissance absolue. Les guerres continuelles qu'ils furent obligés de soutenir contre des rivaux ou des rebelles, les empêchèrent d'établir solidement leur domination, et de soumettre les divers rois qui avaient autrefois dépendu de la monarchie persane. Il se forma, au contraire, de nouveaux royaumes dans l'Asie Mineure, dans la Syrie, dans l'Arménie et dans la Perse, par suite de la révolte de quelques gouverneurs qui, profitant des divisions intestines des princes séleucides, se rendirent indépendants.

Phéréclès, que d'autres appellent Agathoclès, et qui gouvernait, au nom d'Antiochus II, les provinces situées à l'orient de l'Euphrate, avait, comme nous l'avons dit plus haut[1], rendu le joug des Séleucides insupportable aux habitants de ces contrées, sans en excepter même les Grecs qui s'y étaient établis. Nous répéterons aussi que Théodote ou Diodote, gouverneur de la Bactriane, se déclara indépendant, prit le titre de roi, et fonda un état qui, pendant plus d'un

[1] Pag. 38 et 39.

siècle, eut des princes grecs pour souverains. A són exemple, Arsace et son frère Tiridate se révoltèrent contre Phéréclès et le tuèrent ; devenus maîtres de la Parthyène et des contrées limitrophes, ils y fondèrent une monarchie qui prit son nom de l'un de ses fondateurs, Arsace. Nous verrons que, par la suite des temps, les Arsacides étendirent leur domination sur la plus grande partie de l'Asie occidentale, et parvinrent à mettre des bornes à la puissance et à l'ambition des Romains, dont ils furent souvent les vainqueurs et avec qui quelquefois ils semblèrent vouloir partager l'empire du monde.

Leur souveraineté s'établit successivement sur tous les pays compris entre l'Euphrate et l'Indus, la mer Caspienne et le golfe Persique. Du côté du nord, leurs frontières s'appuyaient aux montagnes de l'Ibérie, appelées Caucase par les anciens[1]. Les princes arsacides donnèrent aussi des lois aux pays limitrophes, tels que l'Arménie, la Bactriane, les provinces de l'Inde septentrionale, et les contrées qui, situées entre la mer Noire et la mer Caspienne, étaient habitées par les Alains, les Daæ, les Massagètes et d'autres nations scythiques. La réunion de tous ces pays sous le sceptre de souverains issus du même sang constituait une vaste monarchie féodale, qui, comme nous l'avons déjà dit,

---

[1] « Namque Persarum regna, quæ nunc Parthorum intelli-
« gimus, inter duo maria, Persicum et Hyrcanum, Caucasiis
« jugis attolluntur. » (Pline, *Hist. nat.* VI, xvi ; ed. Harduin.)

était divisée en quatre royaumes principaux, dont les trois derniers, c'est-à-dire ceux d'Arménie, de la Bactriane et de la Scythie, reconnaissaient la suprématie du royaume de Perse, échu en partage à la branche aînée de la race des Arsacides. Chacun de ces quatre états formait ensuite, de son côté, une autre monarchie féodale, dont faisaient partie un grand nombre de petits rois ou princes, qui devaient à leur souverain la même obéissance que devait celui-ci, pour la totalité de ses états, au roi de Perse, chef de tous les princes arsacides.

Lorsque les Parthes chassèrent les Séleucides de l'Orient, ils ne dépossédèrent point les petits princes qu'ils trouvèrent établis dans diverses provinces ; ils se contentèrent d'exercer sur eux un droit de haute souveraineté, et de les contraindre à leur rendre une sorte d'hommage. Mais il est fort probable même qu'ils abusèrent de leur puissance, et qu'ils se conduisirent envers tous ces petits princes avec beaucoup d'orgueil et de tyrannie ; car nous voyons dans Justin [1] que, lorsqu'Antiochus Sidétès passa le Tigre pour combattre les Parthes, plusieurs rois de l'Orient vinrent à sa rencontre, et lui offrirent de mettre à sa disposition leur personne et leurs états, tant était profonde la haine que leur inspirait l'insolence de leurs dominateurs. Quand

---

[1] « Advenienti Antiocho multi orientales reges occurrere, « tradentes se, regnaque sua, cum exsecratiòne superbiæ Par- « thicæ. » (*Hist. Philippic.* XXXVIII, x ; ed. Gronov.)

Pompée, vainqueur de Tigrane, roi d'Arménie, eut subjugué les barbares du Caucase, les rois des Élyméens et des Mèdes lui envoyèrent aussi des ambassadeurs pour faire alliance avec les Romains contre les Parthes, leurs communs ennemis [1].

Il paraît que presque toutes les provinces de la monarchie parthique formaient autant de petits royaumes, car Pline ne leur donne pas d'autre qualification que celle de *regna*. « Les royaumes des « Parthes, dit-il, sont au nombre de dix-huit en tout. « C'est ainsi qu'ils partagent les provinces qui sont, « comme nous l'avons dit, dans le voisinage des deux « mers, la mer Rouge au midi, et la mer d'Hyrcanie « au nord. Onze de ces royaumes portent le nom de « *supérieurs* ; ils commencent aux frontières de l'Ar- « ménie et aux rivages habités par les Caspiens ; ils s'é- « tendent du côté des Scythes, qui les habitent en « commun avec les Parthes. Les sept autres portent « le nom de royaumes *inférieurs* [2]. » Dans la Mésopotamie, dans l'Assyrie et dans la Babylonie, on comptait

---

[1] Plutarch. in *Vit. Pompeii*, § 36.

[2] « Regna Parthorum duodeviginti sunt omnia : ita enim di- « vidunt provincias, circa duo (ut diximus) maria, Rubrum a « meridie, Hyrcànum a septentrione. Ex iis undecim, quæ su- « periora dicuntur, incipiunt a confinio Armeniæ, Caspiisque « litoribus : pertinent ad Scythas, cum quibus ex æquo degunt. « Reliqua septem regna inferiora appellantur. » (Plin. *Hist. nat.* VI, xxix.)

plusieurs petits états soumis au roi des Parthes, tels que l'Osrhoëne, l'Anthémusiade, la ville d'Atra, l'Adiabène et la Characène, qui avaient pour chefs des princes arabes, ou des princes arsacides. Quelques villes de la Mésopotamie, fondées par les Macédoniens, étaient gouvernées par des chefs d'origine grecque. Séleucie avait une constitution républicaine; les Chaldéens, dans Babylone, jouissaient d'une sorte d'indépendance; enfin, les juifs eux-mêmes avaient quelques possessions dans les mêmes contrées. L'Atropatène, située du côté du nord, sur les frontières de l'Arménie, était soumise à des rois particuliers, dont la race subsista depuis le temps d'Alexandre le Grand jusqu'à l'an 30 avant J. C. A cette dernière époque, Phrahate IV chassa de l'Atropatène Artavasde, qui avait fait alliance avec Marc-Antoine. Il est probable cependant que, par la suite, quelques princes de la famille du roi détrôné furent remis en possession de ce royaume; car Strabon[1] assure que, de son temps, la postérité d'Atropatès y régnait encore. Il serait possible aussi que le roi des Parthes, en dépossédant Artavasde, eût donné en fief à un des parents de ce prince le royaume tout entier ou, au moins, quelques portions de l'Atropatène, et que le nouveau vassal eût transmis ce fief à ses enfants. S'il en fut ainsi, nous devons ajouter que la branche collatérale qui avait pu être placée sur le trône, ne s'y maintint pas longtemps après Strabon;

[1] Strab. *Geogr.* XI, p. 523.

car l'histoire fait mention de plusieurs princes arsacides qui, sous le règne des successeurs de Tibère, étaient rois de la Médie. Il n'est point question ici de la grande Médie, qui avait pour capitale Ecbatane, résidence d'été des rois parthes; sous la domination de ces rois, elle ne fut jamais gouvernée par des princes particuliers, et toujours elle fit partie du domaine royal. Lorsqu'on rencontre le nom de Médie dans les écrivains grecs ou dans les écrivains latins du temps, on doit l'appliquer seulement à l'Atropatène. Nous voyons effectivement, par le testament d'Auguste [1], que les souverains de ce pays prenaient le titre de rois des Mèdes. Il paraît que, dans la suite, la Médie devint l'apanage des princes arsacides, proches parents du roi régnant de Perse, et, à ce titre, héritiers présomptifs de la couronne. En l'an 14 de notre ère, lorsque les Parthes chassèrent Vononès Ier, fils de Phrahate IV, ils mirent sur le trône Artaban III, qui était alors roi de Médie [2]. D'après les expresions dont se sert Philostrate, dans la vie d'Apollonius de Tyane [3], on peut penser que Gotarzès, frère et rival de Bardane (Vartanès) [4], fils d'Artaban III, était aussi roi

---

[1] *Monum. d'Ancyre*, texte grec, 16e colonne; texte latin, 5e colonne. Voy. *Exam. critiq. des histor. anc. d'Auguste*, par M. Egger, p. 428 et 453.

[2] Josèphe, *Antiquit. judaic.* XVIII, II, 4.

[3] I, XXI, XXIII.

[4] Josèphe, *Antiq. jud.* XX; III, 4.

des Mèdes, comme le fut pareillement Vononès II, avant de succéder à Gotarzès, en l'an 50. Enfin, quand Vologèse Ier monta sur le trône en l'an 51, il donna la couronne de Médie à son frère Pacorus. Ce royaume fut même alors élevé au second rang dans la monarchie parthique, et l'Arménie obligée de se contenter du troisième [1].

Au midi de la mer Caspienne étaient les Hyrcaniens, qui, vers l'an 60, se révoltèrent contre le roi Vologèse Ier, envoyèrent des ambassadeurs aux Romains, et soutinrent une guerre fort longue avec les Parthes[2]. Dans la Susiane et dans les montagnes qui séparaient cette province de la Perse proprement dite et de l'Assyrie, on trouvait plusieurs peuples tels que les Uxiens, les Cosséens, les Élyméens et les Parætacéniens, qui, au rapport de Strabon [3], ne furent jamais entièrement soumis au roi des Parthes, et qui avaient conservé leur indépendance jusqu'au temps du géographe grec. Ces mêmes contrées sont maintenant habitées par un peuple appelé les *Loures*, de qui elles ont reçu le nom de *Louristan*, et qui a presque toujours joui de la liberté. Plus à l'Orient, était la Perse. Ce pays, après avoir été gouverné par des rois particuliers, vassaux des Macédoniens, se trouvait, à l'époque où écrivait Strabon, en la possession de leurs descen-

---

[1] Tacite, *Annal.* XV, 11.
[2] *Ibid.* XIV, xxv.
[3] *Geogr.* XI, p. 522 et 524; XV, p. 732.

dants, qui étaient sujets des rois parthes[1]. Il paraît que ce furent ces descendants, qui, au commencement du IIIe siècle de l'ère chrétienne, chassèrent les Arsacides de toute la Perse, et rétablirent l'ancienne monarchie persane. En discutant successivement chacun des faits relatifs à l'histoire des rois arsacides de Perse et d'Arménie, nous aurons occasion de parler plus amplement de tous ces royaumes secondaires.

C'est de la constitution politique des pays soumis à l'empire des Arsacides, que vient aux princes de cette famille le nom qui leur est généralement donné par les historiens arabes, comme par les historiens persans. Ce nom est celui de *Mouloak-al-théwaïf* (ملوك الطوايف), c'est-à-dire, rois des dynasties ou des tribus, qualification qui, ainsi que nous l'avons fait remarquer plus haut, exprime très-exactement l'idée qu'il faut avoir du genre de puissance de ces princes. Selon les mêmes historiens, Alexandre, après avoir fait la conquête de l'empire de Darius, confia le gouvernement des diverses provinces de la Perse à des généraux persans, arabes, ou nabathéens, qui étaient, pour la plupart, fils des anciens princes du pays, et qui restèrent les maîtres de la Perse après la mort du conquérant macédonien. Les écrivains orientaux ajoutent que les Aschkanians ou Arsacides étaient les plus

---

[1] Strabon, *Geogr.* XV, p. 728.

puissants de ces princes, et qu'ils exerçaient sur les autres un droit de suprématie [1].

Les rois arsacides de Perse prenaient, dans leurs lettres et sur leurs monnaies, le titre de roi des rois ou de grand roi, selon l'usage constant des souverains qui régnèrent sur la Perse ; ils se regardaient tous comme les uniques monarques de la terre. Hérodote [2] et plusieurs écrivains de l'antiquité nous attestent que le roi de Perse se qualifiait de *grand roi*, pour se distinguer des autres princes ; mais Eschyle [3], seul entre tous les Grecs qui ont écrit avant Alexandre, semble faire allusion au titre de roi des rois en parlant des satrapes persans soumis au grand roi :

Ταγοὶ Περσῶν,
Βασιλῆς βασιλέως ὕποχοι μεγάλου,
Σοῦνται.......

c'est-à-dire «......les généraux des Perses, les rois « soumis au grand roi, » expression qui rappelle les légendes Βασιλέως βασιλέων Ἀρσάκου, Βασιλέως με-

[1] Herbelot, *Biblioth. orient.* aux mots *Aschkanian* et *Molouk*. — Masoudy, *Moroudj-aldhahab* (*Les prairies d'or*), manuscrit arabe apporté de Constantinople, t. I, fol. 104 ; *Kitab-altanbih-oualischraf* (manuscrit arabe n° 337, fonds de Saint-Germain), fol. 60 vers. — Abou'lféda, *Chronique*, partie inédite (manuscrit arabe de la Bibliothèque royale, n° 615, A), fol. 34 vers.— *Notices et extraits des manuscrits*, t. VIII, p. 159.

[2] I, 188. — Cf. Dion. Cass. *Hist. roman.* XXXVII, v, vi, et *passim*.

[3] *Persœ*, v. 23-25 ; ed. Ahrens.

γάλου Ἀρσάκου, *du roi des rois Arsace, du grand roi Arsace*, que l'on voit sur le plus grand nombre des médailles grecques attribuées aux Arsacides. Il est fort probable que ces derniers ne prirent de tels titres qu'à l'imitation des anciens monarques persans, dont ils se regardaient comme les successeurs. D'après Strabon [1], Cyrus était qualifié roi des rois. Les princes sassanides, qui succédèrent aux Arsacides, s'intitulaient toujours *roi des rois de l'Iran et de l'Aniran*, c'est-à-dire de l'univers entier. On en voit des exemples sur leurs monuments [2] et dans les écrivains arméniens, Moïse de Khoren [3], Élisée [4] et Lazare de Pharbe [5]. Les historiens arméniens, comme les historiens grecs, nous attestent aussi que le titre de roi des rois était exclusivement réservé aux princes arsacides qui régnaient sur les Perses [6]; il en était de même du titre de grand roi, qui cependant fut quelquefois porté par des princes d'un rang inférieur, tels que les rois d'Arménie; mais, dans ce cas, il devenait, pour eux, plutôt un nom propre qu'une marque de dignité. Nous aurons occasion de démontrer cette assertion en parlant de l'origine des

---

[1] *Geogr.* XV, p. 730.

[2] Silvestre de Sacy, *Mémoire sur diverses antiquités de la Perse*, p. 59 et 60.

[3] *Hist. armen.* III, xxvi.

[4] *Hist. des Vartanians*, ch. 1, p. 9; édit. de Constantinople.

[5] *Hist. des Vartanians et des Vahanians*, p. 220; éd. de Venise.

[6] Mos. Chor. *Hist. armen.* II, x et xxx.

noms d'Artaxerxès et d'Ardeschir. Les titres de roi des rois et de grand roi sont, dans l'histoire ancienne de l'Orient, ce qu'était naguère, dans la diplomatie européenne, celui d'empereur : il était réservé à une seule personne qui, quelle que fût d'ailleurs sa puissance, se trouvait, par le seul fait de ce titre, supérieure à tous les autres potentats; nul roi ne pouvait se qualifier empereur qu'en usurpant les droits de la souveraine puissance et en violant tous les usages établis. Aucun monument de l'antiquité ne contredit notre opinion ; ceux mêmes qui, au premier abord, sembleraient l'infirmer, serviront, comme on le verra dans la suite de cet ouvrage, à la rendre incontestable. A l'exception des rois de Perse, jamais aucun prince de l'Orient ne prit le titre de roi des rois, ou celui de grand roi, que lorsque les forces militaires dont il pouvait disposer, ou des circonstances particulières, le mirent en situation d'aspirer à la suprématie. Jamais aussi on ne le vit conserver ces titres qu'autant que les grands rois légitimes furent hors d'état de faire valoir leur droit, soit parce que des guerres intestines les occupaient chez eux, soit parce que les princes qui osaient s'arroger les titres dont il s'agit, étaient sujets ou alliés des Romains, qu'il aurait fallu combattre et vaincre pour parvenir à abaisser l'orgueil des petits rois leurs tributaires. Nous aurons, plus loin, l'occasion d'expliquer pourquoi plusieurs rois d'Arménie et du Bosphore cimmérien usurpèrent le titre de roi des rois, et nous déterminerons l'époque où ils le prirent, ainsi que l'époque où ils cessèrent de le porter. Disons ici que l'on possède quelques médailles des rois de Commagène [1] et des tétrarques juifs, de la famille d'Hérode [2], sur lesquelles ces princes sont qualifiés de *grand roi;* ils étaient tous alliés des Romains et, par conséquent, ennemis des Parthes, double raison, pour eux, de s'arroger un titre que l'orgueil des Romains se complaisait, sans doute, à voir porté par des princes leurs sujets. Quand Marc Antoine fit la guerre aux Parthes et se fut emparé de l'Arménie, il disposa de tout l'Orient en faveur des enfants qu'il avait eus de Cléopatre; il donna à Alexandre, l'aîné d'entre eux, toutes les contrées de l'Asie dont il se proposait de faire la conquête, depuis l'Euphrate jusqu'à l'Inde; et, pour se conformer à l'usage des Asiatiques, il décora ce jeune prince du titre de roi des rois [3].

Quoique la plupart des savants qui se sont occupés de la classification des médailles parthes à légendes grecques, attribuent plusieurs d'entre elles aux cinq premiers rois de la dynastie des Arsacides, nous sommes porté à croire qu'aucune de celles où se lisent les qua-

[1] Masson, ap. Haym. *Tesor. britannic.* t. I, p. 113 e seg. — Sestini, *Descript. numor. veter.* p. 506. — Duane, *Coins of the Seleucidæ*, p. 153 et 154. — Visconti, *Iconogr. grecq.* t. II, p. 267, et t. III, p. 12-14.

[2] Josèphe, *Antiquit. judaic.* XX, v, 2. — Visconti, *Iconographie grecque*, t. III, p. 27-29.

[3] Plutarque, in *Vit. M. Anton.* § 54.

lifications de *grand roi* ou de *roi des rois*, ne remonte jusqu'au temps de ces cinq princes, et qu'elles sont toutes postérieures à Mithridate Ier, sixième roi des Parthes. Après la révolte du premier Arsace contre les Séleucides, les princes ses successeurs n'étendirent pas fort loin leurs conquêtes; ils furent, pendant longtemps, considérés plutôt comme des chefs de brigands que comme des princes [1], et il n'est guère probable que, dans cet état de choses, ils aient eu la témérité de se faire appeler grands rois ou rois des rois. En agissant ainsi, ils se seraient donné pour ennemis tous les autres princes ou chefs de l'Asie, révoltés aussi, comme eux, contre les rois de Syrie, et naturellement peu disposés à voir sans jalousie qu'un de leurs égaux osât prendre des titres qui l'auraient placé au-dessus d'eux. Environ un siècle après Arsace, tout changea de face sous le règne de Mithridate Ier : ce prince fit la conquête de la Bactriane, d'une partie de l'Inde, de toute la Médie et de l'Arménie, chassa pour jamais les Macédoniens de la haute Asie, et fixa sa résidence sur les bords du Tigre. Devenu maître d'une si grande partie de l'Orient, il put, avec raison, se regarder comme le successeur des anciens monarques de l'Asie, et prendre le titre de roi des rois, puisque tous les autres princes de ces mêmes régions étaient ses parents, ses sujets ou ses alliés, et qu'il

---

[1] « Hic (Arsaces) solitus latrociniis et rapto vivere.... » (Just. *Hist. Philippic.* XLI, IV.)

disposait à son gré de leurs forces militaires. On serait moins fondé, ce nous semble, à supposer qu'avant lui les Arsacides, encore faibles, maîtres seulement de la Parthyène et des contrées limitrophes, et obligés de défendre leur indépendance contre les attaques sans cesse renaissantes des Macédoniens, se fussent décorés d'un titre qui pouvait être revendiqué avec tout autant de raison par les rois grecs de la Bactriane, dont ils furent souvent contraints de rechercher l'alliance. D'ailleurs les rois séleucides, quoique affaiblis, avaient encore conservé une certaine puissance dans la haute Asie; la plus grande partie de la Perse était même soumise à leur domination, et régie par les gouverneurs qu'ils y envoyaient. Lorsqu'en l'an 247 avant J. C. Séleucus Callinicus vainquit Tiridate, roi des Parthes, il le força de chercher un asile chez les Scythes; rappelé ensuite dans ses états par d'autres occupations, il fit la paix avec le prince arsacide; mais il n'est guère probable qu'il lui ait permis de prendre le titre de roi des rois. En l'an 165, Antiochus Épiphane s'avança, avec une nombreuse armée, vers l'Orient pour y rétablir son autorité; il obligea Artaban Ier à se réfugier dans l'Hyrcanie, et le contraignit même, par un traité, de reconnaître sa suprématie, et de marcher avec lui pour combattre les princes grecs de la Bactriane. Peu après, il porta ses armes victorieuses jusque dans l'Inde. Or, on ne peut guère supposer que, dans de telles circonstances, les rois parthes aient osé s'arroger un titre qui aurait été en contradiction avec la sujétion réelle où ils se trouvaient envers les princes séleucides. Selon toute apparence, le traité imposé par Antiochus Épiphane à Artaban Ier ne fit que renouveler les stipulations contenues dans celui qui précédemment avait eu lieu entre Séleucus Callinicus et Tiridate. Dans l'un comme dans l'autre de ces deux traités, nous sommes fondé à le croire, la dépendance du roi parthe fut formellement exprimée; et, par conséquent, les titres de *roi des rois* et de *grand roi* durent lui être interdits, sinon explicitement, au moins implicitement et comme résultat de l'état des choses. On ne peut donc s'empêcher de placer à une date postérieure les médailles parthes sur lesquelles on lit ces titres, et qui jusqu'à présent ont été attribuées aux premiers princes arsacides. Aucune époque ne nous semble pouvoir leur être plus convenablement assignée que celle où Mithridate Ier, par ses victoires, éleva la puissance des Parthes au plus haut degré de splendeur. On objectera peut-être que quelques-unes des médailles dont nous parlons donnent aux princes qu'elles représentent le simple titre de roi, et que, par conséquent, elles semblent, au premier aperçu, contrarier le nouveau système de classification que nous proposons. Cette objection, assez forte en apparence, n'est cependant pas d'un assez grand poids à nos yeux pour nous faire changer d'opinion; car ces médailles portent des légendes en langue grecque, et nous sommes persuadé qu'avant Mithridate Ier les Arsacides ne se servirent jamais de cette langue dans leurs monuments. On n'a pas, jusqu'à présent, fait assez d'attention à cette considération, dans les travaux relatifs à la numismatique des Arsacides ; on a cru que les conquêtes d'Alexandre avaient rendu fort commun dans l'Orient l'usage de la langue grecque ; on a admis sans discussion ce qu'il fallait démontrer[1]. Il est cependant hors de vraisemblance que, dans l'espace de moins d'un siècle, des soldats en petit nombre, mais vainqueurs, il est vrai, soient parvenus à faire adopter leur langue et leurs usages par des nations nombreuses, antiques et mal soumises. Dans les conquêtes de ce genre, c'est toujours le grand nombre qui l'emporte sur le plus petit ; et il faut, pour changer la langue d'un peuple, une domination de plusieurs siècles, non interrompue et non contestée. On objectera peut-être ici que les légendes des médailles qui nous restent des rois de la Bactriane sont en langue grecque ; mais nous répondrons que ces princes avaient, pour employer cet idiome, une raison fort puissante : ils étaient Grecs d'origine ; tandis que les Arsacides avaient l'Orient pour patrie. Ceux-ci, affectant de se faire passer pour les descendants des anciens rois de Perse et les libéra-

---

[1] Tychsen, *Commentat. Societ. scient. Gotting. recentior.* (*Dissert. I de numis veter. Pers.*), t. I., p. 6. — Visconti, *Iconographie grecque*, t. III, p. 48.

teurs de leur pays, devaient dédaigner de se servir de la langue grecque, et montrer en tout le plus grand éloignement pour les usages de leurs oppresseurs.

Pellerin [1], et, depuis lui, M. Visconti [2] et plusieurs personnes qui s'occupent de la science numismatique ont fait remarquer, non sans beaucoup de justesse, que l'on pourrait classer avec exactitude toutes les médailles arsacides que nous possédons, en ayant égard seulement à la perfection et au genre du travail ; ils ont aussi fait remarquer que les plus anciennes sont généralement d'un assez bon style, et qu'elles vont toujours en se détériorant, d'une manière assez sensible, jusqu'à l'époque de la destruction de la race royale, ce qui est d'ailleurs confirmé par les dates qui se lisent sur un grand nombre d'entre elles. Il semblerait résulter de cette ingénieuse observation, un nouveau motif de faire remonter plusieurs de ces médailles jusqu'aux premiers rois arsacides. Mais nous objecterons que celles dont il s'agit ne sont point d'un style ni d'une exécution irréprochables, et qu'il n'en est aucune qui égale en perfection les médaillons des premiers rois de Syrie, ni même celle des rois grecs de la Bactriane. Nous dirons enfin, pour expliquer la sorte de perfection qui les distingue des autres médailles parthes, qu'en l'an 150 avant J. C. époque où elles durent être frappées, et plus récem-

[1] *Recueil de médailles de rois*, p. 136.
[2] *Iconographie grecque*, t. III, p. 45.

ment encore, l'art n'était pas entièrement déchu chez les Grecs d'Asie. Nous pensons que toutes les médailles des rois arsacides qui nous offrent des légendes en langue grecque, ont été frappées, non par l'ordre de ces princes, mais par les villes et les républiques grecques qui se trouvaient en grand nombre dans leurs états, sur les bords du Tigre et de l'Euphrate. Nous n'en excepterons qu'un très-petit nombre, qui pourrait même appuyer notre opinion, s'il en était besoin. On possède une drachme sur laquelle on lit ces mots, ΒΑΣΙΛΕΥΣ ΟΝΩΝΗΣ ΝΕΙΚΗΣΑΣ ΑΡΤΑΒΑΝΟΝ [1] ; il est certain que cette drachme était une véritable médaille, destinée à conserver le souvenir d'une victoire de Vononès sur Artaban ; et sans doute elle fut frappée, par l'ordre de Vononès Ier, à l'imitation des Grecs et des Romains, qui aimaient à perpétuer, d'une manière analogue, la mémoire de leurs triomphes. Nous savons, par le témoignage de Tacite[2], que le prince victorieux dont il est question s'était rendu odieux à ses sujets, en montrant une préférence trop exclusive pour les usages des étrangers ; ce fut même la cause de son expulsion du royaume. Il n'est donc pas étonnant qu'il ait fait frapper des monnaies et des médailles avec des légendes grecques. Malgré ce que nous venons de dire, nous sommes loin de prétendre que les rois parthes

---

[1] Visconti, *Iconographie grecque*, t. III, p. 98.
[2] *Annal.* lib. II, § 2.

ne se soient jamais servis de la langue grecque ; nous pensons seulement que toutes leurs médailles à légendes grecques n'ont point été frappées par leur ordre ; qu'elles sont postérieures à l'an 150 avant J. C. et que, si jamais les princes arsacides ont fait usage de la langue grecque, ce fut dans quelques cérémonies d'apparat, ou sur de grands monuments destinés à perpétuer le souvenir de leurs exploits. Ils l'employèrent alors, concurremment avec l'idiome national, par pure ostentation et pour apprendre à un plus grand nombre d'hommes quelles victoires ils avaient remportées sur leurs ennemis. Tacite[1] parle de monuments élevés à l'extrémité orientale de la Perse, sur le bord du fleuve Gindès, par Gotarzès, après ses victoires sur son frère Bardane (*Vartanès*) ; il est probable qu'ils étaient de ce genre, comme ceux que le même roi fit ériger dans la Médie, et dont Ambroise Bembo vit les ruines en 1673 ou 1674. Ce voyageur vénitien y releva deux inscriptions, l'une, fort mutilée, en langue grecque[2], l'autre en caractères cunéiformes. Strabon[3], d'après l'autorité d'Onésicrite, rapporte qu'on lisait sur le tombeau de

---

[1] *Annal.* lib. XI, § 10.

[2] Morelli, *Dissert. intorn. ad alc. viaggiat. erud. Venez.* p. 65 e 66. — Silvestre de Sacy, *Mém. sur les monum. et les inscr. de Kirmanschah et de Bi-sutoun*, dans les Mémoires de l'Institut, classe d'histoire et de littérature, t. II, p. 162-242.

[3] *Geogr.* lib. XV, p. 730.

192 HISTOIRE DES ARSACIDES.

Cyrus une épitaphe en langue grecque, qui était accompagnée d'une traduction persane; il rapporte aussi que, selon Aristus de Salamine, on avait gravé des inscriptions grecques et persanes sur le mausolée de Darius, fils d'Hystaspe [1].

En se révoltant contre les rois de Syrie, les Arsacides, comme nous l'avons déjà dit, affectèrent de se faire passer pour les descendants des anciens rois et pour les libérateurs de la Perse; dans cet état de chose, quelle raison aurait pu les porter à faire frapper des monnaies en langue grecque, lorsqu'on remarque surtout qu'il n'y avait pas de villes grecques dans les provinces qui furent, pendant un siècle, leur unique domaine? Quelle raison encore aurait pu leur faire prendre le titre de φιλέλληνες, qui se lit sur le plus grand nombre des médailles dont il est question ici? Ce titre n'était-il pas destiné à marquer leur bienveillance pour les Grecs soumis à l'empire parthe, et ne semble-t-il pas être aussi un témoignage de la sujétion et de la reconnaissance de ces derniers? L'état de guerre dans lequel étaient les rois arsacides contre les Grecs, pendant les premiers temps de la domination parthe, ne nous permet pas de penser avec M. Tychsen [2] que les Arsacides aient adopté la qualification

---

[1] *Geogr.* lib. XV, p. 730.

[2] « Græcis titulis quod usi sunt Parthi, non mirandum, quum
« et Græcis valde faverent : ut quorum ope primum regni potiti
« essent, unde factum ut in numis φιλέλληνες subinde adpel-

de φιλέλληνες par reconnaissance pour les Grecs, qui les auraient aidés à fonder leur indépendance. S'ils reçurent dans l'origine quelques faibles secours des rois grecs de la Bactriane, il ne paraît pas que leur amitié avec ces princes ait été de longue durée. Le titre de *philhellène* semble, par lui-même, plutôt indiquer une sorte de protectorat, qu'être une marque d'attachement et de reconnaissance; car certainement, depuis les victoires de Mithridate Ier, les Arsacides n'eurent aucun besoin des Grecs, et ne durent pas garder beaucoup de ménagements envers eux. A notre avis, il n'en est pas de ce titre comme de celui de φιλορώμαιος, ou *ami des Romains*, qui se lit sur plusieurs médailles des rois de la Cappadoce et de l'Osrhoëne [1], et qui n'était qu'une marque de la sujétion dans laquelle les Romains tenaient ces princes. Nous sommes fort porté à croire que toutes les médailles arsacides sur lesquelles on voit ou la qualification de *philhellène*, ou une ère identique avec celle des Séleucides, doivent avoir été frappées dans la ville de Séleucie, qui, sous l'empire des Parthes, conservait une sorte d'indépendance en se régissant par ses propres lois, et

« lentur. » Tychsen, *Comment. Societ. Gotting. recent.* (*Dissert. I, De numis veter. Pers.*), t. I, p. 7.

[1] Spanheim, *De præstant. et usu numism.* t. I, p. 475. — Belley, *Mém. de l'Acad. des inscript. et belles-lettres*, t. XXIII, p. 191 et suiv. — Visconti, *Iconogr. grec.* t. II, p. 232, 233 et 236. — Bayer, *Hist. osrhoena*, lib. III, p. 158 et 159.

en choisissant elle-même ses magistrats. Sans adopter cette hypothèse dans toute son étendue, Eckhel et, depuis lui, MM. Tychsen et Visconti, en ont déjà admis une partie, puisqu'ils n'ont attribué à aucun des rois antérieurs à Mithridate Ier les médailles arsacides où se lit l'épithète de *philhellène*.

Quand, vers le milieu du IIe siècle avant notre ère, Mithridate Ier eut étendu sa puissance jusqu'aux rives de l'Euphrate, tout changea de face, nous le répétons; les rois parthes, qui jusqu'alors n'avaient pas eu de sujets grecs, furent les maîtres de toutes les villes fondées ou peuplées par les Macédoniens dans la Mésopotamie et l'Assyrie, et habitées encore par leurs descendants. Ceux-ci, sous la domination de ces nouveaux souverains, conservèrent l'usage de leur langue maternelle, et durent continuer de frapper des monnaies à légendes grecques, comme ils l'avaient fait sous les rois de Syrie, et comme, depuis, les Syriens et les autres peuples asiatiques qui avaient adopté la langue grecque, continuèrent de se servir de cet idiome sous la domination romaine.

Tout en convenant avec nous que la plupart des médailles arsacides qui offrent des légendes grecques ont été frappées dans les villes grecques situées dans le bassin du Tigre et de l'Euphrate; tout en reconnaissant que celles sur lesquelles on voit le titre de *philhellène* et une date qui paraît se rapporter à l'ère des Séleucides, furent en particulier frappées à Séleucie, et que, par conséquent, elles sont toutes postérieures à l'an 150 avant J. C. on pourra nous faire une objection qu'il nous est facile de prévoir : on nous dira que quelques-unes de ces médailles, en petit nombre, il est vrai, portent des légendes grecques, et donnent cependant aux princes qu'elles représentent le simple titre de roi, et non celui de roi des rois ou de grand roi. On en voudra conclure qu'il faudrait, malgré ce que nous venons de dire, les attribuer à quelques-uns des premiers Arsacides qui régnèrent dans la haute Asie, et qu'elles ont dû être frappées par l'ordre de ces princes, ou du moins par quelques villes grecques qui leur étaient soumises. Cette objection, toute spécieuse qu'elle semble être au premier abord, est facile à repousser; car les médailles dont on entend parler peuvent appartenir aux princes arsacides, qui, vers le commencement du 1er siècle avant J. C. portèrent simplement le titre de roi, après que celui de roi des rois eut été usurpé par Tigrane, roi d'Arménie; ou bien elles auront été frappées en Syrie, pendant le cours des conquêtes que firent les Parthes dans cette contrée; et, en ce cas, les monétaires auront suivi l'usage des Grecs, qui ne donnaient à leurs souverains que le simple titre de roi. Enfin, on peut aussi rapporter ces médailles aux premiers temps de la domination des Arsacides sur les villes de l'Assyrie et de la Mésopotamie, à une époque où l'usage ne s'était pas encore établi d'exprimer en grec les titres des princes parthes; et il est permis de penser que leurs nouveaux sujets auront continué de placer sur les monnaies les titres qu'ils donnaient à leurs légitimes souverains.

Selon Eckhel [1] et Tychsen [2], toutes les médailles grecques des Parthes que nous possédons se rangent en deux classes : les drachmes frappées par l'ordre des rois parthes, et les tétradrachmes qui, par leurs légendes grecques, par leurs dates exprimées à l'aide des mois macédoniens, nous révèlent leur origine, et furent sans doute frappées dans les villes grecques soumises aux rois arsacides. Nous sommes persuadé qu'en effet il faut attribuer à la ville de Séleucie toutes les médailles sur lesquelles on voit, d'un côté, une tête de roi, et, au revers, un prince assis, avec une victoire debout, qui lui présente une couronne; ou bien un prince assis et un prince debout, tenant un arc à la main. Une légende grecque, divisée en quatre ou six lignes, qui encadrent de quatre côtés le sujet du revers, contient ordinairement ces mots: ΒΑΣΙΛΕΩΣ ΒΑΣΙΛΕΩΝ ΑΡΣΑΚΟΥ ΜΕΓΑΛΟΥ, ΕΥΕΡΓΕΤΟΥ, ΔΙΚΑΙΟΥ, ΕΠΙΦΑΝΟΥΣ, ΦΙΛΕΛΛΗΝΟΣ; de plus, le revers porte une date qui offre la mention d'un mois macédonien, et qui paraît se rattacher à l'ère des Séleucides ou d'Alexandre, dont le commencement est fixé à l'an 311

---

[1] *Doctrina numor. veter.* T. III, p. 549.

[2] *Commentat. Societ. scient. Gotting. recent.* (*Dissert. I de numis veter. Pers.*) t. I. p. 7.

avant J. C. Mais rien ne nous démontre que les autres médailles que l'on connaît, et qui sont un peu différentes de celles dont nous venons de parler, aient été frappées par l'ordre des rois parthes; il est beaucoup plus probable qu'elles le furent dans les autres villes grecques de la Mésopotamie et de l'Assyrie. Comme on a remarqué quelque ressemblance entre les revers de plusieurs médailles parthes et ceux de quelques médailles des rois de Syrie [1], on a cru que les Arsacides avaient voulu imiter la monnaie des successeurs d'Alexandre, et on a conjecturé que les médailles de ces princes où l'on observe cette ressemblance auraient été frappées par leurs ordres. Mais il nous semble bien plus naturel de penser que les Grecs de la Mésopotamie et de l'Assyrie placèrent, sur les médailles qu'ils frappèrent en l'honneur de leurs nouveaux maîtres, les mêmes revers que portaient les monnaies de leurs anciens souverains. L'extrême barbarie du travail des médailles arsacides, les nombreuses fautes d'orthographe des légendes, et les formes inusitées ou grossières des lettres dont se composent ces légendes, ont aussi engagé les savants qui se sont occupés de l'explication des médailles en question, à les attribuer plutôt aux rois parthes qu'aux Grecs de la haute Asie.

Ces raisons sont loin d'être convaincantes; car les

---

[1] Pellerin, *Mélanges de médailles*, t. I, p. 147 et suiv. — Visconti, *Iconographie grecque*, t. III, p. 463.

Grecs, très-éloignés du pays de leurs aïeux, soumis à des rois barbares, environnés d'étrangers, avec lesquels ils étaient confondus, et avec lesquels ils devaient contracter de fréquentes alliances, ne purent sans doute conserver leur langue dans toute sa pureté ; il est probable, au contraire, qu'ils l'altérèrent considérablement, et qu'ils finirent par l'oublier. Nous avons même lieu de croire que, moins de deux siècles après leur établissement dans la haute Asie, ils commencèrent à la mélanger avec celle des barbares : car Polybe nous dit que, de son temps, les magistrats de la république grecque de Séleucie prenaient le titre d'*adiganes*, ἀδει-γάνες [1]. Tous les manuscrits de cet historien portent ἀδειγάνας, selon la remarque de son éditeur Schweighæuser, au lieu de δειγάνας, qu'on lit dans quelques éditions. Un savant cité par ce même éditeur faisait venir δειγάνας de l'arabe دان, *dana*, qui signifie juge, d'où est dérivé ديان, *dayyan*, juge, administrateur; tandis que Reiske le rapportait au chaldéen דין, *dayan*, qui signifie aussi juge. Schweighæuser n'adopte aucune de ces interprétations, et ne rend pas raison de l'ἀ initial d'ἀδειγάνας, que Reiske regarde, sans fondement, comme un article [2]. Ce mot, dont aucun des éditeurs ou commentateurs de Polybe n'a pu donner une explication satisfaisante, appartient à la langue persane. Dans cet idiome, دهقان, *dihkan*, signifie syndic, maire,

---
[1] Polyb. lib. V, 54, t. II, p. 329 ; ed. Schweigh.
[2] Schweigh. *Adnot. ad Polyb.* l. V, § 54, t. VI, p. 221.

chef d'une ville ou d'un bourg. En arménien, Գևհկան, *tehgan*, signifie gouverneur. La différence que l'on remarque entre le *dihkan* des Persans et les *adiganes* de Polybe est fort légère : les Persans ajoutent à un grand nombre de mots de leur langue la lettre *a*; ce qui autrefois se faisait particulièrement dans le dialecte le plus pur, qu'on appelait *déri*. Répétons, au reste, que, dans plusieurs éditions de Polybe, on lit δειγάνας, leçon qui, malgré l'opinion contraire du savant Schweighæuser, pourrait bien être fondée sur l'autorité de quelque ancien manuscrit; mais que, dans tous les cas, nous regardons comme fort peu importante quant à l'objet qui nous occupe.

Sans dire positivement que toutes les médailles arsacides qu'on possède n'ont point été frappées par l'ordre des rois parthes, Fréret [1] les regarde, au moins pour la plupart, comme appartenant aux villes grecques situées dans leur empire. M. de Sainte-Croix [2] a été beaucoup plus loin, car il paraît croire qu'elles appartiennent toutes à ces villes. Malgré les diverses raisons qui concourent à faire adopter cette dernière opinion, MM. Tychsen et Visconti, guidés par Eckhel,

[1] *Mém. de l'Académie des inscriptions* (*Mémoire sur l'année arménienne*), t. XIX, p. 106.

[2] « Les Parthes ayant une langue particulière, leur orgueil ne « les aurait-il pas empêchés de se servir de celle des Grecs dans « leurs propres monuments ? » *Mémoires de l'Académie des inscriptions* (*Mémoire sur le gouvernement des Parthes*), tom. L, pag. 65, note *l*.

sont restés attachés au système contraire, qui remonte jusqu'à Vaillant.

Les Parthes avaient une langue particulière, qui était, à ce que dit Justin[1], un mélange de scythe et de mède; il est probable que, lorsqu'ils furent maîtres de toute la Perse, ils adoptèrent l'usage de la langue persane, qui était parlée par la plus grande partie de leurs sujets, à l'exception des indigènes de l'Assyrie et de la Babylonie. Ceux-ci, sans doute, parlaient le syriaque, ou un idiome qui devait lui ressembler beaucoup. Comment supposer, après cela, que les Arsacides aient adopté, pour les légendes de leurs monnaies, une langue qui n'était pas comprise par la grande majorité de leurs sujets? Les dates de la plupart de ces médailles qui se rapportent à l'ère des Séleucides, les mois macédoniens qu'on y voit aussi, le surnom de Philhellène que prennent les princes qu'elles représentent, sont, selon nous, des raisons péremptoires pour conclure que toutes les médailles arsacides à légendes grecques, n'ont point été frappées par l'ordre des rois parthes, mais bien par l'ordre des magistrats des villes grecques situées au milieu de leur empire.

Outre les médailles dont nous venons de parler, et sur lesquelles on lit des légendes grecques, plus ou moins longues, il existe encore un très-grand nombre de monnaies de cuivre ou de bronze, que l'on regarde

---

[1] « Sermo his inter Scythicum Medicumque medius, et ex « utrisque mixtus. » (Justin, XLI, II.)

plus particulièrement comme frappées par les rois arsacides. Elles nous montrent, d'un côté, la tête d'un prince, tournée vers la gauche, selon l'usage constant des rois parthes, et, au revers, une femme assise, la tête surmontée de tours, ou bien seulement une tête de femme également couronnée de tours : on y voit aussi ordinairement, de l'un ou de l'autre côté, une date qui paraît empruntée à l'ère des Séleucides. Plusieurs antiquaires, nommément Pellerin [1] et Eckhel [2], ont rapporté ces médailles aux princes qui gouvernaient la Perse sous l'empire des Parthes ; d'autres, comme Tychsen [3], les attribuent aux Parthes eux-mêmes. Les dates qu'elles portent sont en caractères grecs ; l'usage de couronner de tours l'image d'une ville ou d'une province était grec ; le travail de ces médailles est grec aussi : ces diverses considérations nous donnent lieu de penser que, comme celles dont il a été question plus haut, elles ont été frappées dans les villes grecques de la Mésopotamie soumises à l'empire des Parthes. Si aucune des médailles qui nous offrent des légendes grecques, ou des dates prises de l'ère des Séleucides, n'appartient aux rois arsacides, on comprend qu'à plus forte raison, nous ne pouvons en attribuer aucune

[1] IIIᵉ *supplément aux médailles de rois et de villes*, p. 23 ; 24, 25 et suiv.

[2] *Doctrina numor. veter.* t. III, p. 550.

[3] *Comment. Societ. scient. Gotting. recent.* (*Dissertatio I de numis veter. Pers.*) t. I, p. 13.

aux princes qui gouvernaient un pays aussi éloigné que la Perse proprement dite, où il n'existait pas une seule colonie grecque.

Les médailles ou monnaies frappées par l'ordre des rois arsacides ont dû porter des légendes écrites dans les langues qui étaient en usage dans l'empire parthe et avec les lettres des alphabets dont se servaient les indigènes. Aussi, n'hésitons-nous pas à considérer comme des monnaies vraiment arsacides un petit nombre de pièces qui, jusqu'à présent, ont trop peu attiré l'attention des savants, et sur lesquelles on remarque des légendes qui n'ont point encore été expliquées. Quelques-unes de ces pièces offrent, au droit, la tête d'un prince, tournée vers la gauche, et, au revers, un autel grossièrement figuré et une légende en caractères inconnus. Sur quelques autres, on voit la tête d'un prince dirigée vers la droite, contre l'usage constant des médailles arsacides à légendes grecques; au revers, on retrouve des légendes jusqu'à présent inexpliquées, et, quelquefois, on y remarque une autre tête de prince. Nous pensons que ces dernières monnaies appartiennent aux petits princes ou dynastes qui étaient vassaux des rois parthes. Il existe quelques autres pièces, plus rares et généralement d'un module plus grand; elles ont été plus négligées encore par les numismates; et, à notre connaissance, il n'en a été publié qu'une seule jusqu'à ce jour; elle est figurée dans l'ouvrage de

DEUXIÈME PARTIE. 203

Vaillant[1]. Ces monnaies sont absolument semblables, aux légendes près, à la plus grande partie de celles qui furent frappées par les villes grecques pour les rois arsacides; d'un côté, est gravée la tête du roi, tournée vers la gauche; de l'autre, on voit ce même prince assis sur son trône, et tenant un arc dans la main, selon l'usage constant des Arsacides[2]. Il est entouré de légendes disposées comme celles que nous offrent les médailles grecques, mais écrites avec des caractères différents de ceux que l'on trouve sur les autres monnaies arsacides dont nous venons de parler, et inconnus comme ceux-ci.

En général, les savants qui se sont occupés de l'étude des médailles antiques, ont trop négligé, en travaillant sur celles qui présentent quelques difficultés, de déterminer précisément le lieu où elles furent frappées et le peuple à qui elles appartenaient; ils ont négligé aussi de rechercher avec soin les lieux où elles ont été recueillies pour la première fois. Cette dernière notion, nous en convenons, n'est pas toujours d'une grande utilité pour l'explication des médailles d'or ou d'argent, car leur valeur intrinsèque et des spéculations commerciales ont pu les faire transporter à de très-grandes distances des lieux où elles avaient cours

---

[1] *Imper. Arsacid.* t. I, p. 396 et 397.

[2] Ἐπί τε χρυσοῦ δίφρου καθήμενος (Φραάτης), καὶ τὴν νευρὰν τοῦ τόξου ψάλλων. (Dio Cass. XLIX, 27; t. II, p. 730, ed. Sturz).

originairement; il n'en est pas de même pour les médailles de cuivre, de bronze, ou d'argent à un très-bas titre, comme le sont la plupart des médailles arsacides grecques. Les monnaies de ce dernier genre se conservent en bien plus grand nombre ; on n'a presque aucun intérêt à les dénaturer, et rarement elles sortent des pays où elles furent mises, pour la première fois, en circulation. Toutes les médailles arsacides, à légendes grecques, que nous possédons, nous viennent du nord de la Syrie, par Halep, où on les apporte, soit de Baghdad, ville qui a succédé en quelque sorte à Séleucie; soit d'Édesse, soit des parties de la Mésopotamie où étaient situées les villes qui les firent frapper. Il n'est donc pas fort étonnant que les monnaies dont nous parlons proviennent toutes de ces contrées, et que, par conséquent, on les attribue plutôt aux villes grecques qui s'y trouvaient, qu'aux rois parthes eux-mêmes. La domination que les Parthes exercèrent, à diverses époques, sur plusieurs parties de la Syrie et même sur la presque totalité du pays, comme aussi le voisinage des Grecs de la Mésopotamie, qui étaient soumis à leur empire, nous expliquent également pourquoi on trouve dans le nord de la Syrie tant de monnaies arsacides : on conçoit sans peine que, pour le commerce et pour les diverses relations qui avaient lieu entre les habitants de ces contrées, les monnaies arsacides à légendes grecques devaient, dans les provinces de l'empire romain où on se servait de la langue grecque, être préférées aux monnaies qui portaient des légendes écrites, soit en langue syriaque, soit en langue persane, soit avec des caractères parthes ou autres. Il est fort probable que les Parthes, naturellement peu amis des Grecs, n'auront permis à ceux qui étaient placés sous leur domination, de frapper tant de monnaies à légendes grecques, que pour faciliter les moyens d'échange entre leurs sujets et ceux des Romains, et pour multiplier les rapports que le commerce établissait entre les deux empires. Toutes les monnaies des princes orientaux, dont les légendes sont composées dans les langues propres à leurs états, étant d'un usage fort borné, ont dû, conséquemment, rester dans le pays où elles furent frappées, et ce n'est, pour ainsi dire, que le hasard, qui a pu les en faire sortir. On ne doit donc pas s'étonner non plus de posséder un très-petit nombre de monnaies vraiment arsacides, surtout si nous ajoutons que les pays où elles avaient cours ont été peu visités par les Européens. Les médailles des rois de la Bactriane, bien qu'elles portent des légendes grecques, sont aussi d'une extrême rareté, mais c'est, sans doute, à cause du grand éloignement du pays où elles furent fabriquées. L'Arménie, quoique bien plus rapprochée de nous, et quoiqu'elle ait eu des rapports très-fréquents avec l'empire romain, ne fournit également que fort peu de monuments numismatiques. Nous ne possédons que quelques médailles de ses rois, encore sont-elles presque toutes à l'effigie de Tigrane; et, comme leurs légendes sont écrites en langue grecque, il est fort probable qu'elles furent frappées en Syrie, à l'époque où Tigrane régnait sur ce pays. Les princes arméniens ayant aussi, pendant quelque temps, été maîtres de la Mésopotamie, on peut croire, de plus, que les médailles des autres rois qui nous offrent des légendes grecques, tirent leur origine de cette dernière région. Nous ne sommes donc pas surpris de voir un si petit nombre de monnaies des rois d'Arménie dans nos cabinets : les pays qui formaient leurs états ont aussi été peu visités; et si les voyageurs européens n'ont pu recueillir aucune médaille de ces princes à légendes écrites en langue arménienne et avec des caractères arméniens, d'autre part, on comprend que des monnaies de cette espèce ne se soient pas répandues chez les peuples voisins. On comprend aussi que, comme dans l'Arménie il n'y avait point de villes grecques, les Arméniens n'eurent pas besoin de se servir d'une langue étrangère, et durent exclusivement employer, pour leurs monuments épigraphiques, leur idiome national.

Plusieurs des médailles dont nous venons de parler, et en particulier celles que nous regardons comme appartenant à la ville de Séleucie, portent, à leur revers, des lettres numériques qui, jusqu'à présent, ont donné lieu à beaucoup de discussions sur la question de savoir si les dates que représentent ces lettres se rapportent à l'ère des Séleucides, qui était en usage dans la plus grande partie de l'Orient, ou si elles ne procèdent pas plutôt d'une ère qui daterait de la fondation de l'empire des Parthes. Des savants distingués ont soutenu l'une et l'autre de ces deux opinions ; mais on est généralement d'accord maintenant sur ce point, et l'on regarde les dates qui se trouvent sur les médailles arsacides à légendes grecques, comme procédant de l'ère des Séleucides. On comprend, après ce que nous avons dit précédemment au sujet de ces médailles, que nous adoptons sans difficulté ce dernier système. Car si, comme nous croyons l'avoir démontré, elles ont été frappées dans les villes grecques de l'empire des Parthes, on a dû les dater avec les années de l'ère qui était en usage sous les rois de Syrie, et dont ces villes ne cessèrent pas de se servir après qu'elles furent devenues sujettes des Arsacides. La domination des rois séleucides avait répandu l'usage de cette ère dans toutes les parties de leur empire; les Syriens chrétiens qui habitaient la Perse continuèrent de l'employer longtemps après l'établissement de la dynastie des Sassanides; les juifs, tant ceux de Judée que ceux qui s'étaient établis dans la Chaldée, l'adoptèrent aussi, et la conservèrent, pendant une longue série de siècles, sous le nom d'*ère des contrats;* enfin, la plupart des chrétiens de l'Orient s'en servent encore actuellement. Cette considération est, à nos yeux, une raison de plus de croire que c'est aux Grecs seuls qu'il faut attribuer les médailles arsacides qui nous offrent des légendes grecques; car quel motif aurait pu porter les rois parthes à adopter une ère établie par une race ennemie, une ère qui ne pouvait que rappeler l'époque de la servitude de l'Orient, dont ils se disaient les libérateurs? On pourrait même penser que, dans les premiers temps de leur domination, ces princes ne permirent pas aux Grecs, leurs sujets, de se servir de cette ère; car toutes les médailles arsacides qui paraissent les plus anciennes sont sans date; et l'époque la plus reculée que l'on trouve sur les autres est l'an 276 de cette ère, qui répond aux années 35 ou 34 avant J. C. temps où Phraate IV régnait sur les Parthes. Dans la supposition que toutes nos médailles arsacides auraient été des pièces frappées par l'ordre des rois parthes, on pourait demander pourquoi ces princes, ayant adopté la langue grecque, auraient fait si tard usage de l'ère des Grecs; ou bien, en admettant l'opinion des savants qui pensent que les dates des monnaies arsacides appartiennent à une ère datée de la fondation de la dynastie, on demanderait pourquoi les Parthes, ayant une ère particulière, n'auraient songé à s'en servir que deux cent soixante et seize ans après l'établissement de leur monarchie. Les dates que l'on a trouvées sur les médailles qui portent l'effigie et le nom d'un roi parthe appelé Vologèse ou Bologase, ont été d'un grand secours pour appuyer cette dernière opinion, parce qu'elles se rapportent toutes à des années de l'ère des Séleucides pendant lesquelles régnèrent des princes du nom de Vologèse. Les travaux successifs de Fréret, de Barthélemy, de Pellerin, d'Eckhel, de MM. Visconti et Tychsen, ont donné toute certitude au système dont il s'agit, et nous dispensent de nous arrêter davantage à le justifier. Nous déterminerons tout à l'heure l'année dans laquelle a commencé l'ère des Séleucides, afin qu'il ne reste plus aucune incertitude dans la classification chronologique des médailles arsacides qui portent des dates. Nous allons, en quelques mots, montrer combien peu est fondé le système de ceux qui pensent que les médailles arsacides, à légendes grecques, sont datées d'une ère remontant à la fondation de la dynastie des Parthes ; ce que nous dirons à ce sujet servira, en même temps, à nous donner le moyen de déterminer ultérieurement la durée exacte de cette dynastie.

Presque tous les savants sont d'accord sur l'époque de la destruction de la puissance des Arsacides ; ils la fixent, d'après le témoignage d'Hérodien[1], de Dion Cassius[2] et d'Agathias[3], à la quatrième année d'Alexandre Sévère, l'an 226 de J. C. Il n'en est pas de même quant à l'époque de la fondation de cette dynastie ; les érudits sont divisés sur ce point. Toutefois, la date qui est généralement admise aujourd'hui est celle de l'année 256 avant J. C. Elle avait d'abord été pro-

---

[1] Lib. VI, cap. III.
[2] Lib. LXXX, § 3 ; t. IV, p. 850, ed. Sturz.
[3] Lib. II, p. 122, edit. Bonn.

posée par l'abbé Longuerue[1]; elle fut ensuite adoptée par Vaillant[2], et défendue par le père Frölich[3] contre Corsini; enfin, elle a été suivie par MM. Richter[4], Visconti[5] et Tychsen[6]. Déjà le père Pétau[7], Ussérius[8] et plusieurs autres avaient fixé à l'an 250 avant J. C. le même événement. Fréret[9] le place en l'an 251; Corsini[10], par des raisons particulières, l'a rapproché jusqu'à l'an 229; puis il l'a reporté à l'an 245[11]. Sans nous arrêter, pour le moment, à justifier notre propre opinion, nous nous contenterons de dire ici que nous fixons à l'an 250 avant J. C. l'établissement de la dynastie arsacide, et son extinction à l'an 227 de l'ère chrétienne, ce qui lui donne une durée de quatre cent soixante et dix-sept ans, ou quatre cent soixante et

---

[1] *Annal. Arsac.* p. 2.

[2] *Arsac. imper.* t. I, p. 4.

[3] *Annal. reg. et rer. Syriæ*, p. 27. — *Dubia de Minnisari aliorumque Armeniæ regum nummis*, p. 22 et 23.

[4] Richter (Carl. Friedr.), *Histor. kritisch. Versuch ueber die Arsacid. und Sassanid. Dynastie*, p. 21-29, 93-98.

[5] *Iconographie grecque*, t. III, p. 45, note 2.

[6] *Comment. Societ. scient. Gotting. recent.* (Dissert. IV de *num. veter. Persar.*) t. III, p. 56.

[7] *De Doct. tempor.* t. II, p. 619. Paris, 1627.

[8] *Annal. Veteris et Novi Testamenti*, p. 259. Genève, 1722.

[9] *Mémoires de l'Académie des inscriptions* (*Mémoire sur l'année arménienne*), t. XIX, p. 104.

[10] *De Minnisari aliorumque Armeniæ regum numm.* p. 26 et 27.

[11] *Dissert. in quâ Dubia adv. Minnisari regis nummum diluuntur*, p. 20 *sqq.* Romæ, 1757.

seize ans accomplis. Selon l'abbé Longuerue, qui prolonge le plus la durée des Arsacides, elle aurait subsisté quatre cent quatre-vingt-deux ans. Les savants qui ont supposé qu'il existait une ère qui datait de la révolte du premier Arsace contre les rois séleucides, ont été fort embarrassés pour faire concorder, avec la durée de l'existence de la dynastie des Arsacides, les dates qui se voient sur les médailles; car on y lit la date de 530, nombre qui excède de quarante-huit ans la durée la plus longue que l'on puisse assigner aux Arsacides de Perse. Dans le système de Corsini, on trouve la différence énorme de soixante et quinze ans. Pour admettre l'existence d'une ère des Arsacides, on a été obligé de supposer que les dernières médailles arsacides furent frappées dans des villes de la Perse qui n'étaient point encore soumises à la domination des Sassanides, ou bien qu'Ardeschir, le premier de ces princes, et son fils Schahpour, continuèrent de faire frapper des médailles au type de leurs prédécesseurs et de leurs ennemis [1]. Ces deux suppositions sont également inadmissibles, parce que, six ans, au plus tard, après la mort d'Artaban V, c'est-à-dire, en l'an 233, la Perse entière était soumise aux lois des Sassanides; les petits princes arsacides qui existaient encore avaient reconnu la souveraineté de ceux-ci, et ne se seraient sans doute pas arrogé

[1] Vaillant, *Arsac. imper.* t. I, p. 389-395. — Frölich, *Dubia de Minnisari aliorumque Armeniæ regum nummis,* p. 75-89.

le droit de frapper des monnaies avec des légendes écrites dans une langue étrangère, et avec des types que toutes les raisons réunies devaient faire proscrire. Il est également impossible d'admettre que les Sassanides vainqueurs, qui se donnaient pour les libérateurs de la Perse, eussent adopté pour leurs monnaies, pendant un temps quelconque, les usages de leurs prédécesseurs. Toutes les médailles que nous possédons, et qui leur appartiennent incontestablement, nous offrent des têtes de princes tournées vers la droite, contrairement à l'usage constant des Arsacides ; autour de ces têtes est gravée une légende en caractères alphabétiques, contrairement aussi à ce qui se voit sur les médailles arsacides, où l'on ne trouve rien de pareil du côté de la face, le nom du prince et ses titres étant toujours placés au revers. Les lettres employées sur les médailles sassanides, dont M. Silvestre de Sacy a savamment expliqué les légendes, sont assez différentes de celles qui se trouvent sur les médailles vraiment arsacides, pour qu'on ne puisse les confondre. Nous pensons que les Sassanides arrachèrent aux villes grecques de Mésopotamie et d'Assyrie la liberté dont elles avaient joui sous leurs prédécesseurs, et que, constamment en guerre avec les Romains, ils empêchèrent ces villes de se servir d'une langue qui leur était commune avec les ennemis des Perses. On peut donc croire qu'elles cessèrent alors de frapper des monnaies à légendes grecques, et c'est pourquoi, sans doute, on ne connaît aucune médaille sassanide qui porte une légende de cette espèce. Quelle raison d'ailleurs pourrions-nous avoir de supposer que ces villes, cinquante ans environ après la destruction de l'empire des Parthes, eussent continué de fabriquer des monnaies avec le nom et les attributs de ces princes? N'observe-t-on pas d'ailleurs, sur les médailles sassanides, des objets ou des attributs qui n'ont point encore été trouvés sur celles des Arsacides, et qui appartiennent à la religion de Zoroastre, dont les nouveaux princes se regardaient comme les restaurateurs? Nous citerons particulièrement l'autel que l'on voit au revers de l'effigie du roi, et sur lequel est placé le feu sacré. Cet autel est quelquefois, isolé; d'autres fois il est accompagné de deux personnages armés de lances et placés l'un à la droite, l'autre à la gauche de l'autel.

Quelques savants, tels que Longuerue[1] et Corsini[2], ont voulu attribuer aux derniers rois d'Arménie de la race des Arsacides les médailles grecques sur lesquelles se trouvent des lettres exprimant des nombres, bien que ces lettres numérales, rapportées à la prétendue ère des Arsacides, excèdent de beaucoup la durée réelle de leur dynastie en Perse. Cette opinion, qui,

[1] *Annal. Arsacid.* p. 54.
[2] *De Minnisari aliorumque Armeniæ regum numm.* p. 30, 31 *sqq.*

au premier aperçu, semble offrir quelque apparence de probabilité, n'est cependant pas admissible ; car, à l'exception de quelques médailles frappées dans la Syrie et la Mésopotamie pour Tigrane et sa famille, il ne paraît pas que les rois d'Arménie, qui n'avaient point de villes grecques dans leurs états, aient jamais fait frapper des médailles à légendes grecques ; du moins, on n'en possède aucune. La destruction de la monarchie arsacide en Perse ne pouvait d'ailleurs donner aux Arsacides d'Arménie le droit de se considérer comme les successeurs des Parthes, parce qu'il existait encore, à cette époque, une très-grande quantité de princes de la famille royale de Perse, soit de la ligne directe, soit des branches collatérales. Enfin, quand il serait vrai que le roi d'Arménie prétendît être le légitime successeur d'Artaban V, il est fort douteux qu'il eût osé prendre sur ses monnaies le titre de roi des rois et le nom indéterminé d'Arsace. Aucun témoignage historique ne nous porte à le croire ; et l'on sait que, l'an 233 environ, peu après la destruction de la dynastie des Arsacides en Perse, le roi d'Arménie ayant été assassiné, l'héritier du royaume fut emmené dans l'empire romain. On sait aussi que les Perses, sous le règne d'Ardeschir et sous celui de son fils Schahpour, dominèrent pendant vingt-sept ans en Arménie, justement pendant les années qui, d'après les médailles en question, devraient être attribuées à des princes arsacides d'Arménie.

DEUXIÈME PARTIE.

Nous avons déjà dit que la durée de l'empire des Parthes en Perse avait dû être de quatre cent soixante et seize ans, et que cette opinion serait mise hors de doute dans la suite de notre travail. A l'exception des historiens arméniens, avec qui nous sommes d'accord sur ce point, tous les écrivains grecs ou orientaux qui ont parlé de la dynastie des Arsacides adoptent des calculs dont les résultats s'écartent beaucoup de celui auquel nous sommes parvenu. Le temps que la plupart des auteurs arabes ou persans assignent à la durée totale de cette dynastie est diminué de deux siècles, selon le plus grand nombre d'entre eux, et d'un siècle seulement, selon quelques autres. Firdousi, dans son Schâh-namèh, donne aux Aschkanians, nom persan des Arsacides, une durée de deux cents ans; mais Mirkhond la porte à environ trois cent quinze ans, et le Boun-Déhesch à deux cent quatre-vingts, en quoi il diffère fort peu de la plupart des ouvrages modernes. Ajoutons que, généralement, les écrivains orientaux font des Arsacides les successeurs immédiats d'Alexandre, et que, par là, ils raccourcissent au moins de moitié l'espace de temps qui s'est écoulé entre la mort de ce conquérant et l'établissement de la dynastie des Sassanides. Toutefois, on trouve parmi eux des historiens plus instruits, qui assignent à la durée de la dynastie des Arsacides un nombre d'années qui approche beaucoup plus de la réalité; l'auteur du Modjmel-al-téwarikh, excellent ouvrage, écrit en persan au commencement du xiiᵉ siècle, attribue, par exemple, à la puissance des Moulouk-al-théwaïf ou Arsacides une durée de quatre cent onze ans, sur l'autorité d'un mobed persan de la ville de Schahpour, nommé Bahram, qui avait écrit avant lui une histoire de Perse. Les Orientaux ont conservé peu de souvenirs historiques sur les rois séleucides; ils ont tous regardé les Moulouk-al-théwaïf comme les successeurs d'Alexandre, et ils ont fort bien su reconnaître que la durée la plus longue que l'on puisse assigner à ces derniers, ne remplit pas l'espace de temps qui s'écoula entre la mort du conquérant macédonien et l'avénement d'Ardeschir au trône de Perse; en conséquence, ils ont augmenté arbitrairement le nombre total des années de la puissance des Parthes. Dans son Moroudj-al-dheheb, Masoudy porte ce nombre à cinq cent dix-sept ans; mais on n'en trouve que deux cent quatre-vingt-sept lorsqu'on additionne les années que, peu après, il attribue au règne de chacun de ces princes; il remarque lui-même cette différence, et il dit que leur histoire présente encore beaucoup d'autres difficultés. Abou'lféda donne aux Moulouk-al-théwaïf une durée de cinq cent douze ans; il écrivait au commencement du xivᵉ siècle, et il suit ordinairement, pour l'histoire ancienne, l'opinion d'Ibn-Alathir, qui vivait plus d'un siècle avant lui, et qui avait puisé ses renseignements à des sources beaucoup plus anciennes et bien choisies. Il s'est écoulé réellement, entre la mort d'Alexandre et l'époque de la destruction de l'empire des Arsacides par Ardeschir, fils de Babek, un espace de cinq cent cinquante ans. Ainsi les écrivains orientaux, qui prolongent le plus la durée de la puissance des Arsacides, assignent à cette durée un nombre d'années inférieur à celui qui est nécessaire pour remplir l'intervalle compris entre les deux événements dont il s'agit. Outre quelques erreurs de calcul, on peut encore reprocher à tous les historiens modernes de l'Orient d'avoir confondu l'époque de la mort d'Alexandre avec le commencement du règne de Séleucus Nicator à Babylone, qui a donné naissance à l'ère des Séleucides, qu'ils appellent ordinairement l'ère d'Alexandre. Depuis cette dernière époque jusqu'au moment où Ardeschir, fils de Babek, monta sur le trône de Perse, il s'écoula seulement cinq cent trente-huit ans; et la disproportion qui se fait remarquer, chez les Orientaux, entre la durée qu'ils attribuent à la dynastie des Arsacides et les deux époques que nous avons mentionnées, se trouve, par conséquent, diminuée de douze ans.

Les diverses manières de compter dont se servent les auteurs orientaux pour établir la chronologie des Arsacides, sont toutes, à l'exception cependant des supputations employées par les historiens arméniens, plutôt hypothétiques que réelles. On remarque dans leurs calculs, comme dans ceux de Masoudy, une très-grande différence entre la somme totale des an-

nées qu'ils donnent à la durée de la dynastie, et celle qui résulte de l'addition du nombre des années de chaque règne en particulier. Nous avons vu que le Boun-Déhesch ne fait durer l'empire des Arsacides que deux cent quatre-vingts ans : c'est là le nombre d'années qui, à de très-petites différences près, en plus ou en moins, est généralement adopté par tous les écrivains orientaux. Cette supputation, quoique évidemment erronée, est, depuis fort longtemps, admise chez les Persans, et sans doute elle avait cours bien avant l'établissement de l'islamisme, puisque nous voyons Agathias, dès le milieu du vi° siècle, donner à la puissance des Parthes une durée de deux cent soixante et dix ans. « La domination des Macédoniens, dit-il, ne
« dura guère moins que celle des Mèdes, car il s'en fal-
« lut de sept ans seulement, selon Polyhistor, qu'elles
« ne fussent égales. Après que les Macédoniens eurent
« régné cet espace de temps, les Parthes, nation
« qui leur était soumise et qui avait été peu connue
« jusqu'alors, renversèrent leur empire et le pos-
« sédèrent en totalité, à l'exception de l'Égypte. Ar-
« sace fut le premier auteur de la révolte, et c'est
« de lui que ses descendants ont été appelés Arsacides.
« Mithridate, peu après, éleva le nom des Parthes à
« un très-haut degré de gloire. On compte deux cent
« soixante et dix ans depuis le premier Arsace jusqu'à
« Artaban, qui fut leur dernier roi, et qui régna au
« temps où Alexandre, fils de Mammée, gouvernait les

« Romains ¹. » Georges le Syncelle ², Suidas, dans son Lexique ³, et Nicéphore Calliste, dans son Histoire ecclésiastique ⁴, rapportent la même chose; et comme ils se servent à peu près des mêmes expressions qu'Agathias, nous sommes fondé à croire qu'ils ont puisé dans cet historien ce qu'ils rapportent de la durée de la puissance arsacide. Corsini ⁵ et, après lui, M. de Sainte-Croix ⁶

---

¹ Τοιγάρτοι ἄρξαντες οὐ λίαν ἐλάττονα χρόνον τῶν Μήδων, ὅτι μὴ ἑπτὰ ἔτεσι δέοντα, (πεισ7έον γὰρ κἀνταῦθα τῷ Πολυΐσ7ορι,) ἐς τοσοῦτον δὴ οὖν κρατήσαντες, Παρθυαῖοί γε αὐτοὺς, ἔθνος κατήκοον καὶ ἥκισ7α ἐν τῷ πρὸ τοῦ ὀνομασ7ότατον, παρέλυσαν τῆς ἀρχῆς τοὺς Μακεδόνας. Καὶ εἶτα ἐκεῖνοι τῶν ὅλων πλὴν Αἰγύπτου ἡγοῦντο, Ἀρσάκου μὲν πρότερον τῆς ἀποσ7άσεως ἀρξαμένου, ὡς καὶ Ἀρσακίδας τοὺς μετ' αὐτὸν ὀνομάζεσθαι, Μιθριδάτου δὲ οὐ πολλῷ ὑσ7ερον ἐς μέγα τι κλέος τὸ Παρθυαίων ὄνομα ἐξενεγκόντος. Ἑβδομήκοντα δὲ ἐτῶν ἤδη ἐπὶ διακοσίοις παρῳχηκότων ἀπὸ Ἀρσάκου τοῦ προτέρου ἐς Ἀρτάβανον τὸν ἔσχατον βασιλέα, ἡνίκα τὰ Ῥωμαίων πράγματα ὑπὸ Ἀλεξάνδρῳ τῷ Μαμαίας παιδὶ ἐτετάχατο. Agath. l. II, p. 121, edit. Bonn.

² Ἐβασίλευσαν δὲ Παρθυαῖοι ἀπὸ Ἀρσάκου ἀρξάμενοι μέχρις Ἀρταβάνου ἔτη σδ. (Chron. t. I, p. 677, edit. Bonn.)

³ Ἀρσάκης ὁ Παρθυαῖος, τοὺς Μακεδόνας κρατήσαντας τῆς Περσῶν ἀρχῆς ἔτη διακόσια ἐννενήκοντα τρία, ἐκβαλὼν, Πάρθοις τὴν βασιλείαν παραδέδωκεν. (Sub voce Ἀρσάκης, tom. I, p. 337, ed. Kuster.)

⁴ Οἱ (Ἀρσακίδαι) μέντοι ἀπὸ Ἀρσάκου ἀρξάμενοι, ἄχρι δὴ καὶ ἐς Ἀρτάβανον ἧκον· ἔτη ἑβδομήκοντά τε καὶ διακόσια παραμείναντες τῇ ἀρχῇ. (Lib. I, cap. VI, t. I, p. 55.)

⁵ De Minnisari aliorumque Armen. regum numm., p. 23.

⁶ Mémoires de l'Académie des inscriptions. (Mémoire sur le gouvernement des Parthes), t. L, p. 77; note y.

et M. Visconti[1] ont pensé que le texte d'Agathias était corrompu, et qu'au lieu de deux cent soixante et dix ans, il fallait y lire quatre cent soixante et dix; ce qui serait à peu près le nombre d'années nécessaire pour égaler la véritable durée de la dynastie des Arsacides. Cette conjecture, toute vraisemblable qu'elle peut paraître, est cependant inadmissible, parce qu'il ne suffit pas de supposer que le texte d'Agathias est altéré; il faut supposer aussi que les textes du Syncelle, de Suidas et de Nicéphore Calliste le sont également, ou que l'altération de celui d'Agathias est fort ancienne. Nous verrons bientôt qu'on n'a besoin de recourir à aucun de ces expédients, et qu'on doit laisser le passage d'Agathias dans l'état où il se trouve.

Sans alléguer l'altération du texte de ce passage, Frölich[2] propose une autre conjecture, qui ne nous paraît pas plus heureuse : il pense qu'Agathias, en donnant deux cent soixante et dix ans de durée à la puissance des Arsacides, n'a voulu parler que du temps qui s'était écoulé entre l'extinction des Séleucides et l'avénement des Sassanides. Une telle interprétation ne peut s'accorder avec les paroles mêmes de l'auteur byzantin, qui dit bien clairement que lorsque Alexandre eut donné l'empire de Perse aux Macédoniens, ceux-ci le gardèrent sept ans de moins que

[1] *Iconographie grecque*, t. III, p. 47.
[2] *Dubia de Minnisari aliorumque Armeniæ regum numm.* p. 47, 48.

DEUXIÈME PARTIE. 221

les Mèdes, c'est-à-dire deux cent quatre-vingt-treize ans, comme le Syncelle le dit aussi, jusqu'à ce qu'ils furent chassés par le premier Arsace.

Il est certain, ainsi que Frölich lui-même l'avait déjà fait remarquer [1], que, par les deux cent quatre-vingt-treize années de l'empire des Macédoniens, Agathias a entendu parler du temps qui s'écoula entre la mort d'Alexandre et la bataille d'Actium, époque de la destruction complète de l'empire des Grecs dans l'Orient : cet intervalle contient exactement le même nombre d'années. Les Grecs, qui ont adopté l'opinion d'Agathias, avaient si peu de doute à ce sujet, que Nicéphore Calliste n'a pas craint de dire qu'Alexandre, en mourant, après un règne de douze ans, laissa son empire aux Ptolémées, ses enfants, qui, pendant deux cent quatre-vingt-treize années, régnèrent sur la Perse, où ils comptent treize rois ; il ajoute qu'Arsace se révolta contre le dernier de ces princes, appelé Ptolémée Dionysus, père de Cléopâtre, sous le règne de laquelle l'empire des Macédoniens, c'est-à-dire des Lagides, cessa d'exister [2]. Il y avait, à cette époque, plus

---

[1] *Dubia de Minn.* etc. p. 40.
[2] Ὅς (Ἀλέξανδρος) εἰς μοναρχίαν τὸ κράτος περιελάσας, μετὰ δωδέκατον ἔτος τελευτῶν, τοῖς παισὶν αὑτοῦ Μακεδόσι τὴν ἀρχὴν κατελίμπανεν, οἵ Πτολεμαῖοι κατωνομάζοντο· ἐκ δὲ διαδοχῆς τρεῖς καὶ δέκα γενόμενοι, τῆς Περσικῆς ἀρχῆς ἔτη ἐκράτησαν σϟ' πρὸς τρισίν. Ἀρσάκης τοίνυν ὁ Πάρθος, τῷ ὑστάτῳ Πτολεμαίῳ ἐπαναστάς, ὃς καὶ Διονύσιος ἐπεκέκλητο, οὗ θυγάτηρ ἦν Κλεοπάτρα, εἰς ἣν ὑστάτην ἡ τῶν Μακεδόνων κατέληξε δυνα-

de deux siècles que la dynastie des Arsacides subsistait, et Agathias aura commis une grave erreur en voulant rapprocher des données chronologiques qui lui venaient de sources différentes : elles l'ont entraîné à faire durer outre mesure la domination des Macédoniens, qui, selon lui, l'auraient conservée pendant deux cent quatre-vingt-treize ans, après la mort d'Alexandre, jusqu'à ce qu'elle leur fut enlevée par le premier Arsace. Or, ce prince se révolta contre les Séleucides environ soixante et quatorze ans après Alexandre. Agathias et ses copistes auront eu le tort d'indiquer comme successives des dynasties qui étaient contemporaines; car il ne faut pas supposer, avec Corsini[1], que la destruction de l'empire des Macédoniens et l'élévation de celui des Parthes soient arrivées l'an 293 d'une prétendue ère qui daterait de la prise de Babylone par Cyrus. Le P. Frölich a déjà réfuté sur ce point l'antiquaire italien [2].

En recherchant avec soin dans quelles sources Agathias a puisé les renseignements chronologiques qui l'ont conduit à diminuer de plus de deux siècles la durée réelle de l'empire des Arsacides, nous découvrirons, sans doute, la cause de son erreur, et nous

σ7εία, Πάρθοις τὴν Περσῶν βασιλείαν παρέδωκεν. (Nicéphore Calliste, *Hist. eccles.* lib. I, cap. 6, t. I, p. 54, 55.)

[1] *De Minnisari aliorumque Armeniæ regum numm.* p. 23.

[2] *Dubia de Minnisari aliorumque Armeniæ regum numm.* p. 41-46.

trouverons le moyen de prouver que son texte ne présente aucune altération, et qu'il faut le laisser dans l'état où il est.

C'est d'après Polyhistor qu'Agathias[1] donne à l'empire des Macédoniens deux cent quatre-vingt-treize ans de durée. Si le premier de ces deux écrivains est Cornélius Alexandre, surnommé Polyhistor, qui écrivait du temps de Sylla[2], et qui est très souvent cité par les anciens, il devient fort difficile d'admettre qu'il ait pu parler, dans ses ouvrages, de la fin de l'empire des Macédoniens en Orient; car il est question, sous cette dénomination, de l'empire des Ptolémées en Égypte : ce furent les seuls qui portèrent particulièrement le nom de Macédoniens, et il ne paraît pas que Polyhistor ait pu vivre jusqu'à la fin de leur règne. Il est probable qu'Agathias, selon l'usage de son siècle, ne cite cet historien que d'après le témoignage de quelque compilateur plus récent, qui en aura fait usage pour certaines parties de l'histoire des Macédoniens, sans indiquer le temps où se terminait la narration de Polyhistor. Agathias aura adopté toute la chronologie du compilateur comme venant d'un seul historien. Mais, quelle que soit la source de son erreur, on ne peut avoir aucun doute sur l'exactitude avec laquelle l'écrivain byzantin nous a transmis la donnée dont il s'agit. C'était une chose généralement admise

---

[1] Lib. II, p.120, edit. Bonn.
[2] Suidas, sub voce Ἀλέξανδρος ὁ Μιλήσιος.

dans l'antiquité, que l'empire des Grecs en Asie, ou plutôt en Égypte, avait duré environ deux cent quatre-vingt-treize ans. Si l'on consulte le canon chronologique de Ptolémée, qui nous a été conservé par Théon, dans son Commentaire sur l'Almageste[1], on verra que ce savant astronome comptait deux cent quatre-vingt-quatorze ans depuis la mort d'Alexandre jusqu'à celle de Cléopâtre; ce qui forme toute la durée de la puissance des Macédoniens.

Tous les détails qui se trouvent dans Agathias, sur l'histoire des Sassanides, lui avaient été fournis par un interprète du roi de Perse, qui se nommait Sergius et qui était Syrien de nation[2]. Cet homme remplissait, en Perse, les fonctions de gardien des archives royales, et traduisit du persan en grec, pour satisfaire à une demande d'Agathias, tous les renseignements que celui-ci a insérés dans son histoire. C'est indubitablement de cette source que viennent les deux cent soixante et dix ans d'existence donnés à la dynastie des Arsacides. Embarrassé de faire concorder ce calcul avec la durée réelle du règne de cette dynastie, durée qui devait être connue par d'autres écrivains, et ne pouvant suspecter l'autorité de Sergius, qu'il regardait comme un homme fort instruit, et qui, d'ailleurs, avait puisé ses documents à des sources authentiques, Agathias aura pris le parti, sans trop examiner la ques-

[1] Pag. 139; ed. Halma.
[2] Agath. l. IV, p. 271-275.

tion et pour trancher la difficulté, de placer, à la suite l'un de l'autre, le nombre d'années assigné par les Grecs à la domination des successeurs d'Alexandre, et celui que les Orientaux attribuaient à la durée de la dynastie des Arsacides. Nous ne pouvons croire, en effet, nous le répétons, que le texte d'Agathias ne soit pas correct, et que cet écrivain ait fait autre chose que de nous transmettre une opinion qui, de son temps, avait cours chez les Perses. Ce que nous allons rapporter achèvera, nous l'espérons, de mettre cette assertion hors de doute.

Nous avons déjà vu que la durée de la puissance des Arsacides, qui est fixée à deux cent soixante et dix ans par Agathias, d'après des renseignements qui lui étaient venus de Perse, est portée à deux cent quatre-vingts ans par le Boun-Déhesch, ouvrage ancien, et composé sur des mémoires qui paraissent remonter jusqu'au temps des Sassanides. Masoudy, historien arabe, qui vivait dans le xe siècle, et qui était très-versé dans la connaissance des anciennes traditions historiques de l'Orient et même de celles des Grecs, dit, dans son Kîtab-altenbih, que la dynastie des Moulouk-al-théwaïf ou Arsacides a subsisté pendant deux cent soixante-huit ans, ce qui s'accorde de tout point avec le dire d'Agathias, qui a exprimé en nombre rond le calcul chronologique des Perses. Masoudy était trop instruit pour ne pas savoir qu'il s'était écoulé plus de cinq siècles entre Alexandre et l'établissement de la dynastie des

Sassanides ; il fixe la durée de cet intervalle à cinq cent treize ans, fait sur lequel nous reviendrons à la fin de notre travail. Étonné de ne trouver, pour les rois Arsacides, qu'un nombre d'années qui remplissait à peine la moitié de cet intervalle, il fit à ce sujet, pour s'assurer de la vérité, de grandes recherches, dont nous allons présenter le résultat. Son récit servira à expliquer, d'une manière très-satisfaisante, l'extrême différence qui se remarque entre la réalité et le système adopté par quelques écrivains, soit chez les Grecs, soit chez les Orientaux. Nous nous servirons de la traduction de M. Silvestre de Sacy, qui, dans les Notices et extraits des manuscrits[1], a fait connaître cet important passage.

« Il y a, entre l'opinion des Perses et celle des au-
« tres peuples, remarque Masoudy[2], une grande diffé-
« rence par rapport à l'époque d'Alexandre ; ce que
« beaucoup de personnes n'ont point observé. C'est là
« un des mystères de la religion et de la politique royale
« des Perses, qui n'est connu que des hommes les plus
« instruits parmi les Mobeds et les Herbeds, comme
« nous l'avons vu par nous-même dans la province de
« Fars, le Kirman, et autres contrées de la domination
« des Perses : il ne se trouve dans aucun des livres
« composés sur l'histoire de Perse, ni dans aucune
« autre chronique ou annale. Voici en quoi il consiste :

[1] T. VIII, 1ʳᵉ partie, p. 132-199.
[2] Ibid. p. 161, 162.

DEUXIÈME PARTIE. 227

« Zoroastre, fils de Poroschasp, fils d'Asinman, dans
« l'*Abesta*, qui est le livre qui lui a été révélé, annonce
« que, dans trois cents ans, l'empire des Perses éprou-
« vera une grande révolution, sans que la religion soit
« détruite; mais, qu'au bout de mille ans, l'empire et la
« religion périront en même temps. Or, entre Zoroastre
« et Alexandre, il y a environ trois cents ans; car Zo-
« roastre a paru du temps de *Ghischtasp* (son nom est
« écrit *Caïbistasp*, ici et ailleurs), fils de *Caïlohrasp*,
« comme nous l'avons dit ci-devant. Ardeschir, fils
« de Babek, s'empara de l'empire et de toutes les pro-
« vinces qui en dépendaient, cinq cents ans environ
« après Alexandre. Nous voyons donc qu'il ne restait
« plus que deux cents ans, à peu près, pour compléter
« les mille de la prophétie. Ardeschir voulut augmen-
« ter de deux cents ans cet espace de temps, parce
« qu'il craignait que, quand cent ans se seraient écoulés
« après lui, les hommes ne refusassent de prêter se-
« cours au roi, et de repousser ses ennemis, par la con-
« viction qu'ils avaient de la vérité de la tradition, qui
« avait cours parmi eux, relativement à la ruine future
« de l'empire. Pour obvier à cela, il retrancha environ
« la moitié du temps qui s'était écoulé entre Alexandre
« et lui. Il ne fit donc mention que d'un certain nombre
« d'entre les *Moulouc-Thawaif* qui remplissaient cet
« intervalle de temps, et il supprima le surplus; puis
« il eut soin de faire répandre dans son empire, qu'il
« avait commencé à paraître et à s'emparer du gouver-

« nement deux cent soixante ans après Alexandre ; en
« conséquence, cette époque fut admise et se répandit
« parmi les hommes. C'est pour cela qu'il y a une diver-
« gence entre les Perses et les autres nations (par rap-
« port à l'ère d'Alexandre), et c'est aussi la cause qui
« a introduit quelque confusion dans les annales des
« *Moulouc-Thawaïf*[1]. »

Ce passage est décisif; le texte d'Agathias doit être considéré comme très-correct, malgré l'erreur chronologique qui s'y trouve; il est certain, nous le répétons, qu'elle provient des sources où l'auteur avait puisé. On voit que l'altération qui s'est introduite dans la chronologie des Arsacides est le résultat d'une mesure politique, nécessitée par une prétendue prophétie de Zoroastre. Celle-ci n'était peut-être, elle-même, qu'une suite de l'opinion qui plaçait de grands changements dans le monde après chaque espace de mille ans, opinion dont on trouve des traces dans plusieurs anciens livres des Perses.

S'il existe beaucoup de systèmes différents sur la durée de la puissance des Arsacides en Perse et sur l'époque de la fondation de cette dynastie, il y en a un bien plus grand nombre encore sur la succession de ses rois, sur leur nombre et sur la durée particulière de leurs règnes. Une infinité de causes contri-

[1] وبين الفرس وغيرهم من الامم وتاريخ الاسكندر تفاوت
عظيم وقد اعقل ذلك كثير من الناس

buent à jeter de l'obscurité sur cette matière. Tous les grands ouvrages que les Grecs et les Romains avaient composés sur les Parthes, sont perdus; il nous reste de quelques-uns de ces ouvrages un petit nombre de fragments épars et informes, dont souvent il est même fort difficile de faire usage. Les fréquentes révolutions dont l'empire des Parthes fut le théâtre, sont aussi une source féconde de confusion et d'incertitude. Il n'y avait pas un ordre de succession au trône bien établi, et l'empire était constamment agité, soit par l'ambition des princes vassaux ou collatéraux qui prétendaient à l'empire, soit par les armes et la politique des Romains, qui se déclaraient toujours les alliés des prétendants au trône, et qui cherchaient, par tous les moyens, à affaiblir ou, au moins, à occuper une nation dont la puissance rivalisait avec la leur, et dont la valeur et le caractère turbulent leur causaient de perpétuelles craintes. A chaque changement de règne, éclataient des guerres civiles. On voit très-souvent plusieurs princes prendre concurremment le titre de roi, et, avant que la victoire en ait décidé, on est fort embarrassé de déterminer quel est le souverain légitime. Ajoutons que, parfois, les princes dépossédés, ou d'autres mécontents, se retiraient chez les Romains, qui leur accordaient un asile, et qui, à la première guerre contre les Parthes, rendaient à un de ces prétendants le titre de roi, et le renvoyaient dans sa patrie à la tête d'une armée, pour qu'il pût y faire reconnaître son autorité les armes à la main. Si l'on considère ensuite qu'outre le nom d'Arsace, que ces princes portaient tous comme nom de famille et quelquefois comme nom propre, ils en avaient encore d'autres, qui leur étaient personnels à chacun, et qui furent souvent portés simultanément par plusieurs d'entre eux; si, enfin, à toutes ces causes de confusion, on ajoute cette circonstance, que les écrivains négligent fréquemment de faire connaître le nom propre du prince dont ils parlent, se contentant de lui donner celui d'Arsace, qui était commun à tous les rois parthes, on n'aura encore qu'une faible idée des nombreuses difficultés qu'offre l'histoire des Arsacides. Nous espérons cependant, à quelques-unes près, les avoir surmontées.

Aucun écrivain grec ou latin ne nous a laissé une liste des rois arsacides. Les listes que les savants modernes ont composées sont le résultat des travaux entrepris, par eux, pour éclaircir et coordonner les divers fragments arrivés jusqu'à nous des ouvrages qui traitaient de leur histoire. Ils s'en sont tirés plus ou moins heureusement, sans avoir toutefois fixé avec précision le plus grand nombre des points de la chronologie, et sans avoir pu même déterminer la succession des rois. Les médailles grecques, dont nous avons déjà parlé et dont beaucoup d'antiquaires ont cherché à faire usage, ne peuvent pas être d'un grand secours pour cet objet, parce que, à peu de chose près, elles sont toutes semblables, et que les princes qu'elles représentent portent, presque tous, le nom générique d'Arsace. Quelques-unes seulement, sur lesquelles on lit le nom de Vologèse ou plutôt Bolagasès, ont contribué à jeter quelque jour sur la chronologie des Arsacides. On en connaît d'autres, qui offrent l'effigie et le nom de Sanatræcès, de Gononès, de Gotarzès, ou enfin de Pacorus. Quoique Vaillant, Pellerin, Eckhel, Fréret, Barthélemy et, plus heureusement qu'eux tous, MM. Visconti et Tychsen se soient servis de celles de ces médailles qui portent des dates incontestablement tirées de l'ère des Séleucides, elles ne leur ont été que d'un médiocre secours, malgré la sagacité qu'ils ont apportée dans leurs investigations. Tous les efforts de ces savants n'ont abouti qu'à des conjectures ingénieuses, qui ne nous offrent pour résultat, jusqu'à présent, que des dates assez probables, mais non suffisamment déterminées. Les numismates connaissent le travail barbare des médailles arsacides, et savent qu'on a peine à discerner la forme des lettres, ainsi que les traits qui pourraient faire distinguer les uns des autres les princes que représentent ces médailles, lorsqu'ils portent le même nom; les numismates ne seront donc pas surpris de ce que nous avançons. Fût-il possible de déchiffrer ces monnaies, on sent que ce moyen serait encore fort insuffisant pour fixer la succession des rois parthes, malgré même le secours des dates; car on comprend facilement quel faible degré d'importance il est permis d'attacher à des signes aussi fugitifs que les ressemblances qu'on croirait reconnaître entre des têtes représentées avec si peu de soin. Chez nous, où l'art monétaire est porté à un très-haut degré de perfection, on pourrait, sans inconvénient, se servir d'un pareil moyen de critique. Mais ici ce n'est pas le cas; les mêmes noms et, à peu près, les mêmes titres se voient presque constamment sur les médailles arsacides, et il est impossible d'en tirer parti; car, pour qu'on pût, d'après la série des dates, attribuer à tel ou tel prince une médaille quelconque, il faudrait avoir ce qui nous manque, c'est-à-dire posséder une liste exacte des rois dont on cherche à fixer la chronologie par le secours de ces mêmes médailles. Avec ce secours, il nous serait encore fort difficile d'affirmer qu'une pièce appartient au prince qui régnait à la date qu'elle porte. Toutes les médailles arsacides à légendes grecques, ayant, comme nous l'avons déjà fait observer, été frappées dans les villes de la Mésopotamie et de l'Assyrie, quelques-unes d'entre elles peuvent nous offrir, bien ou mal, non les traits d'un roi de la dynastie des Arsacides, mais l'image de quelque prince rebelle, de quelque usurpateur connu ou inconnu, qui régnait dans ces régions et qu'il nous est impossible de distinguer du prince légitime, parce que le nom d'Arsace, de même que les titres dont il est accompagné, appartenant exclusivement à la souveraine puissance, les usurpateurs ou les rebelles se les attribuaient tout aussi bien que le vrai roi qui avait droit de le faire.

On comprend non moins facilement, par ce qui a été dit de l'altération qu'ont introduite dans la chronologie des Arsacides les craintes politiques des premiers princes sassanides, combien serait peu fondé l'espoir de tirer de grands secours des listes de rois que fournissent les écrivains persans ou arabes. Elles sont composées de noms controuvés ou altérés pour la plupart, et on y a joint des durées de règne qui paraissent purement arbitraires. Nous ferons observer cependant que, dans la Chronique d'Abou'lféda, on trouve une liste de princes qui, malgré l'erreur radicale dont cette partie de la chronologie est entachée dans les historiens orientaux, paraît mériter quelque attention et avoir été composée sur des renseignements assez exacts. Cette liste, tronquée il est vrai, a été tirée par Abou'lféda de l'Histoire universelle d'Ibn-Alathir, ouvrage justement estimé des Orientaux. Ce dernier écrivain avait puisé lui-même ce qu'il dit des Moulouk-al-théwaïf ou Arsacides, dans l'ouvrage d'un astronome arabe appelé Abou-Isa-Ahmed, fils d'Ali, qui s'était servi d'ouvrages traduits du grec ou du syriaque sous les premiers khalifes Abbassides. Comme nous ne possédons pas le livre d'Abou-Isa, ni les parties de l'Histoire universelle d'Ibn-Alathir où devait se trouver l'histoire particulière des Arsacides, nous ne pouvons juger si Abou'lféda nous a transmis avec exactitude l'opinion de ces deux écrivains; nous en doutons, car on remarque dans son récit plusieurs contradictions. Quoi qu'il en soit, cet historien nous donne la date de l'avénement au trône de tous les princes dont il fait mention sous un nom visiblement altéré; et ces dates, prises de l'ère d'Alexandre ou des Séleucides, répondent exactement à des époques où nous verrons qu'il y eut, en effet, un changement de règne dans la succession des rois parthes.

Les Arméniens, qui, deux siècles après l'expulsion des Arsacides de la Perse, étaient encore gouvernés par des rois de la même famille, nous. ont conservé une liste de princes sur laquelle nous allons faire quelques observations. Cette liste nous indique la durée exacte de la puissance des Arsacides en Perse; mais elle ne paraît pas, au premier coup d'œil, mériter, pour ce qui concerne chacun des règnes en particulier, une très-grande confiance; cependant, les considérations qui vont suivre et la suite de nos recherches démontreront qu'elle est de la plus grande exactitude. C'est l'historien Moïse de Khoren qui nous a transmis tout ce que les Arméniens savent de l'histoire des Arsacides de Perse; nous aurons, par conséquent, de fréquentes occasions d'invoquer son témoignage dans la suite de notre travail sur cette branche des Arsacides, comme dans celui qui traitera des Arsacides d'Arménie, et l'on nous pardonnera, sans doute, les détails dans lesquels nous allons entrer sur sa personne et son ouvrage, pour faire mieux apprécier le degré de confiance qu'on doit lui accorder.

DEUXIÈME PARTIE. 235

Moïse de Khoren est un des écrivains les plus distingués de l'Arménie. Il naquit à Khoren, dans le pays de Daron, vers la fin du IV⁰ siècle de notre ère; il était un des plus illustres disciples du patriarche Sahag Ier, issu de la race des Arsacides, et du savant Mesrob, son ami, lequel, après avoir, en 405, inventé un alphabet qui fut particulier aux Arméniens, en donna, peu après, un aux Ibériens et un autre aux Albaniens. Moïse savait la langue grecque; il avait été envoyé, par Sahag et Mesrob, dans l'empire romain, pour étudier cette langue et rechercher d'anciens manuscrits. Il avait habité Édesse, Antioche, Alexandrie, Constantinople, Athènes, Rome même, et, par conséquent, il avait pu acquérir de grandes connaissances; aussi, dans son ouvrage, cite-t-il fréquemment les écrivains grecs. Il passe pour le plus éloquent des historiens arméniens; la pureté de son style lui a même fait donner le surnom de քերդող, *Kertog*, c'est-à-dire le Grammairien. Il a toujours joui d'une grande réputation parmi ses compatriotes, et on ne peut douter que son éloquence n'ait beaucoup contribué à faire accorder plus de confiance à ses narrations qu'à celles de plusieurs autres historiens arméniens moins soignés dans leur style, mais plus exacts et moins concis. Sans parler des temps anciens, sur lesquels nous ne savons que ce qui en est dit dans Moïse de Khoren, nous ferons remarquer que, pour l'histoire des derniers temps du royaume d'Arménie, il existe une très-grande différence entre les récits de notre écrivain et ceux de Faustus de Byzance, qui vivait avant lui et qui était contemporain des événements qu'il raconte. Moïse de Khoren se contente de rapporter quelques faits; il les décrit avec une extrême concision et de mémoire, sans s'astreindre à suivre scrupuleusement l'ordre des temps, et en confondant fort souvent les noms des souverains étrangers à l'Arménie. Faustus, qui était grec de naissance et qui, dans le IVe siècle, s'établit en Arménie, où il devint évêque du pays des Saharouniens, raconte, au contraire, de la manière la plus minutieuse, tous les événements arrivés de son temps. On reconnaît dans ses écrits le récit d'un témoin oculaire qui craint d'oublier un seul fait, et pour qui tout a de l'importance. Malgré cet avantage, son ouvrage n'a point fait autorité, aucun historien arménien ne l'a suivi; il est tombé dans un discrédit universel, à cause de son style lâche, dur, barbare et entièrement dépourvu des agréments que l'on trouve dans le livre de Moïse de Khoren et dans les écrits de plusieurs de ses contemporains. L'histoire composée par Faustus de Byzance était divisée en six livres; nous ne possédons que les quatre derniers; ils finissent à l'an 385. Nous devons beaucoup regretter les deux premiers, qui contenaient l'histoire ancienne de l'Arménie avant l'introduction du christianisme.

Moïse de Khorén paraît avoir écrit son ouvrage vers l'an 450, peu après la mort de son maître Mesrob,

arrivée en 441; il l'a dédié à Sahag, prince des Pagratides, qui jouissait dès lors d'une très-grande considération en Arménie, et qui, dans la suite, y fut créé
marzban ou commandant, par Vahan, prince des
Mamigonéans, et par ses compatriotes révoltés contre
le roi de Perse. Sahag mourut, l'an 481, en combattant contre les Perses pour la religion chrétienne,
ce qui le fit considérer comme un martyr de la foi.
L'Histoire de Moïse de Khoren est divisée en trois
livres. Le premier traite de l'histoire des Arméniens depuis Haïg, premier prince de leur nation, jusqu'à la
conquête de la Perse par Alexandre. L'auteur a tiré la
plus grande partie des faits qu'il rapporte, d'une histoire composée, plus d'un siècle avant notre ère, par
un Syrien nommé Mar Ibas Cadina ou Marapas de
Kadina, qui vécut à la cour de Valarsace ou Vagharschag, premier roi arsacide d'Arménie, et à celle de
son fils Arsace Ier. Ce Syrien s'était servi d'un grand
nombre de mémoires historiques qui, de son temps,
existaient à Ninive et à Babylone. Moïse de Khoren
nous en a conservé plusieurs fragments fort curieux,
qui portent tous les caractères d'une haute antiquité.
Il a mis à profit aussi les récits de Bérose, d'Aby-
dène, de Céphaléon, de Diodore de Sicile et de plusieurs autres écrivains grecs, mais peut-être d'après la
Chronique d'Eusèbe, dont on a heureusement retrouvé, depuis peu, à Venise, un exemplaire qui nous
fait connaître l'antique version arménienne de cette

chronique. On remarque encore dans l'Histoire d'Arménie composée par Moïse de Khoren, divers fragments d'un ouvrage d'Olympiodore de Thèbes en Égypte, qui semble être celui dont la Bibliothèque de Photius[1] renferme quelques extraits. L'auteur avait dédié son livre à l'empereur Théodose II. Enfin, Moïse de Khoren a fait, pour la composition de cette première partie de son Histoire, quelques emprunts à d'anciens chants populaires, qui célèbrent les hauts faits des antiques héros de l'Arménie, et qui s'étaient conservés dans la province de Koghthen, sur les bords de l'Araxe, où, de son temps, il y avait encore beaucoup d'idolâtres.

Le second livre contient l'histoire de l'Arménie depuis Alexandre et l'établissement des Arsacides jusqu'à la mort de Tiridate, premier roi chrétien. Pour cette partie de son ouvrage, Moïse de Khoren paraît avoir consulté un très-grand nombre d'auteurs. Il cite, en particulier, plusieurs écrivains grecs qui nous sont presque entièrement inconnus, tels que Polycrite, Évagore, Phlégon de Tralles, Ariston de Pella, et quelques autres. Ces derniers appartenaient sans doute à cette classe nombreuse d'auteurs obscurs que l'on sait avoir principalement vécu à Antioche, et dont la Chronique de Malalas cite un très-grand nombre, aussi peu connus que ceux qui sont mentionnés par Moïse de Khoren. Nous pensons, d'après ce qui nous

[1] Cod. 80, p. 56-63; ed. Bekker.

reste de leurs ouvrages, que ce sont eux qui ont contribué à altérer l'histoire ancienne, telle qu'elle est racontée dans la Chronique de Malalas, dans celle d'Alexandrie, dans Cédrène, dans le Syncelle, et à répandre chez les Orientaux toutes les fables et tous les anachronismes que l'on remarque dans leurs récits, lorsqu'ils parlent des Grecs. Les principales sources où Moïse de Khoren a puisé son deuxième livre, sont, de plus, les matériaux de l'Histoire de Mar Ibas de Cadina, les Antiquités judaïques de Josèphe, l'Histoire de Jules l'Africain; celle du martyr Hippolyte, que nous ne possédons plus; une Histoire composée dans le II° siècle par le fameux et savant hérétique syrien, Bardésane d'Édesse; l'Histoire ecclésiastique d'Eusèbe; une autre, écrite, vers la fin du III° siècle, par un évêque de Cappadoce nommé Firmilianus. Moïse de Khoren compila aussi quelques poëmes composés, par d'antiques bardes arméniens, en l'honneur des premiers rois d'Arménie; les archives conservées dans la ville d'Édesse; les Mémoires de Léroupna, fils d'Aphschator d'Édesse, qui avait écrit l'histoire des rois Abgare et Sanadroug; un autre ouvrage, écrit par un prêtre idolâtre de la ville d'Ani, nommé Olib, et, enfin, le livre d'Agathangélus, secrétaire du roi Tiridate, livre que nous possédons encore. Pour retracer, en particulier, l'histoire de Perse et l'origine de la race des Sassanides, Moïse de Khoren a consulté les ouvrages d'un certain

240 HISTOIRE DES ARSACIDES.

Khorhohpoud, qui avait été secrétaire du roi de Perse Schahpour II, et qui, fait prisonnier durant l'expédition de Julien l'Apostat, fut amené dans l'empire romain, où il embrassa la religion chrétienne, et reçut avec le baptême le nom d'Éléazar. Ce Khorhohpoud écrivit l'histoire des guerres de Julien et de Schahpour; puis, avec l'aide d'un autre captif, qui était, sans doute, Syrien et qui se nommait Barsouma, il traduisit en grec un antique livre appelé par les Perses *Rhosd-Sohoun*, lequel traitait de l'origine des Sassanides. Le titre de cet ouvrage, dont les frères Whitson, traducteurs de Moïse de Khoren, ont ignoré la signification, s'exprimerait maintenant en persan par les mots راست سخن, *Rast-Sakhoun*, qui signifient *Histoire véritable;* c'était un des monuments les plus anciens de l'histoire de l'Asie.

Le troisième livre de Moïse de Khoren ne contient que l'histoire de son temps et du siècle qui l'a précédé, c'est-à-dire l'intervalle qui s'est écoulé entre la mort du roi Tiridate et la destruction de la monarchie arsacide en Arménie. Cette partie est généralement faite avec moins de soin que les précédentes; l'auteur n'y cite aucune autorité, et l'on voit qu'il s'est trop fié à sa mémoire pour raconter des événements dont le souvenir était encore récent; aussi y remarque-t-on un grand nombre d'erreurs manifestes, de contradictions, et beaucoup de confusion dans les noms des empereurs romains et des rois de Perse. Nous croyons que, pour cette époque, on doit lui préférer le récit de Faustus de Byzance.

La durée totale du règne des Arsacides en Perse, d'après les listes qui se trouvent dans Moïse de Khoren et dans Samuel d'Ani, chronographe du xiie siècle, est de 476 ans. Si l'on s'en rapportait aux éditions que nous avons de Moïse de Khoren, elle ne serait que de 456 ans; mais nous verrons, en parlant du règne de Mithridate II, roi des Parthes, qu'il s'est introduit dans l'ouvrage de cet écrivain une erreur de vingt années; sans cela, il se trouverait en contradiction avec lui-même. Il ne compte que quatorze rois, ce qui paraît bien peu pour un aussi long espace de temps; car il en résulterait que chacun de ces princes aurait régné, terme moyen, trente-quatre ans, nombre qui s'accorde bien plus avec le calcul des générations qu'avec celui des règnes des rois. Les noms de ces princes sont aussi, presque tous, différents de ceux qui se trouvent mentionnés dans les historiens grecs ou romains. Enfin, on ne voit figurer dans les récits de Moïse de Khoren aucun de ces rebelles ou prétendants qui ne firent que passer sur le trône, ou qui ne parvinrent pas même à s'y asseoir. Cet écrivain, né dans un pays soumis à des rois arsacides, ne devait pas compter parmi les maîtres de la Perse, ni considérer comme souverains légitimes des princes qui n'eurent jamais d'autre droit à la couronne que leur ambition, qui n'occupèrent le trône que quelques instants, ou bien qui, appuyés par des alliés, ne furent jamais reconnus par la totalité de l'empire parthe, et ne régnèrent que sur quelques cantons, ou dans le camp des étrangers qui les avaient amenés. On ne doit donc point s'étonner de voir le nombre des rois arsacides de Perse considérablement diminué par les historiens arméniens, puisque ceux-ci ne font mention que des princes qui, vainqueurs de leurs rivaux, parvinrent à se maintenir sur le trône pendant un certain nombre d'années. Quelques considérations sur l'ordre de succession en usage chez les Parthes montreront, ce nous semble, que le système de Moïse de Khoren repose sur une base vraie.

Quoique le droit d'aînesse paraisse avoir été établi chez les Parthes [1], il ne semble pas qu'on l'ait pris toujours pour règle invariable de la succession à la couronne ; les rois laissèrent souvent leur héritage à celui de leurs fils qu'ils aimaient le plus. Cette manière de transmettre l'empire ne pouvait manquer d'être une source de guerres civiles sans cesse renaissantes ; aussi, presqu'à chaque vacance du trône, l'empire devenait un vaste champ de bataille ; tous les fils du roi et souvent beaucoup d'autres prétendants, issus de branches collatérales, s'attribuaient concurremment le titre de roi ; les grands de l'état et les nobles,

---

[1] « (Arsaces) decessit, relictis duobus filiis, Mithridate et »Phrahate ; quorum major Phrahates, more gentis, heres regni, Mardos, validam gentem, domuit..... » (Justin, XLI, v.)

qui étaient très-puissants, prenaient parti selon leurs affections et leurs intérêts; il en résultait de longues guerres, jusqu'à ce qu'enfin la souveraine puissance restât à celui de tous ces princes qui était vainqueur de ses rivaux. La vieillesse des rois était, chez les Parthes, une cause non moins fréquente de dissensions que les vacances du trône, et cela par suite du grand nombre de princes que comptait la famille royale et du défaut de lois fixes sur la succession à la couronne. Ces troubles étaient poussés à un tel point, que les princes dont le roi avait le plus à redouter les entreprises, étaient ordinairement ses enfants. Lorsqu'un roi vieillissait sur le trône, ses états étaient déchirés par les sanglants démêlés de ses fils, qui se faisaient la guerre entre eux, et qui quelquefois la faisaient à leur propre père. Pour se délivrer des craintes perpétuelles que leur causaient des enfants ambitieux, les rois parthes les faisaient périr, lorsque ces jeunes princes avaient atteint l'âge viril; ou bien, s'ils étaient plus humains, ils les envoyaient à la cour d'un prince voisin, qui les gardait à peu près comme prisonniers. Nous verrons ainsi Phraate IV envoyer ses fils à Rome, auprès d'Auguste; Izate, roi des Adiabéniens, faire élever les siens à Jérusalem; Vologèse Ier, Pacorus, roi des Mèdes, Monobaze, roi de l'Adiabène, envoyer les leurs auprès de Néron. Beaucoup d'autres princes suivirent cet exemple, ne gardant auprès d'eux que celui de leurs enfants qu'ils désignaient pour leur successeur, et qui était alors considéré comme associé à la couronne. Souvent même ils lui accordaient, pendant leur vie, le titre de roi, pour prévenir les dissensions qui auraient pu troubler la fin de leur règne, ou suivre l'instant de leur mort. C'est ainsi que Sanatræcès Ier associa au trône Phraate III; Orode Ier agit de même, d'abord pour son fils Pacorus, qui mourut avant lui, puis pour Phraate IV, qui désigna aussi comme son successeur, le plus jeune de ses enfants, appelé Phraatacès. Les rois arsacides d'Arménie, afin d'éviter les maux qui pouvaient résulter d'un trop grand nombre de princes du sang royal, réglèrent que jamais aucun Arsacide n'habiterait dans la résidence royale, ni dans le pays d'Ararat, la principale des quinze provinces de l'Arménie, et celle où se trouvait ordinairement la capitale. Le roi et son fils aîné, comme héritier présomptif de la couronne, avaient, seuls de la famille, le droit d'y résider. «Comme «Valarsace, dit Moïse de Khoren, avait beaucoup «d'enfants, il pensa qu'il ne convenait pas qu'ils habi-«tassent tous Nisibe; il les envoya, en conséquence, «dans la province d'Haschdéan, et dans celle de Dsor, «qui est dans le voisinage de celle-ci. Au delà du pays «de Daron il leur abandonna la possession de toutes «les constructions qui s'y trouvaient, et il accorda en «outre, à chacun d'eux, une pension assignée sur le «trésor royal. Il ne garda auprès de lui que l'aîné de «ses fils, qui était destiné à l'empire et qui se nom-

DEUXIÈME PARTIE. 245

« mait Arsace, avec son fils, appelé Ardaschès, qu'il
« aimait beaucoup. C'était un jeune enfant d'une beauté
« remarquable, d'une très-grande force de corps, et qui
« annonçait déjà les belles qualités qu'il montra dans
« la suite. On établit en loi, parmi les Arsacides, que
« le seul enfant qui aurait le droit d'habiter auprès du
« roi, serait le successeur désigné, et que les autres,
« fils ou filles, iraient habiter leurs possessions héré-
« ditaires dans le pays d'Haschdéan [1]. » Sous le règne
d'Artavasde, fils du célèbre Tigrane, le nombre des Arsacides dans ces provinces se trouva si considérable, que
le prince ne put y placer ses frères et leur postérité;
il fut obligé de leur donner le canton d'Aghiovid, situé
vers les sources de l'Euphrate, et celui d'Arhpérani,
sur les bords du lac de Van. Ces cantons leur furent
cédés en toute propriété, et leurs descendants élevés

[1] Եւ քաղէ (Վազարշակ) բազում ունէր ուստերս, պատշաճ վարկաւ, ոչ ամենեցուն կալ 'ի Մծբին, վս որոյ առաքէ զևս 'ի գաւառն Հաշտենից, և 'ի Ձորն որ է նորին սահմանական, որ է արտաւելոյ Տարօնոյ, 'ի նս թովլով զէնս ամ, հանգեմ յասելուացով մոլից առանչեն, և ոռճկաց կարգելոց յարքու նուստ: Եւ միայն զառաջին որդւոց իւրոց, որ կոչէր Արշակ, պահէ առ իւր 'ի համար Թագաւրութէ, և նորուն ուսար զոր անուանեաց Արտաշէր, զոր յայծ սերեաց. Քանզի էր արդաբէ տողայն կայտառ, և Հզոր մարմնով, ոպ զի կարծիս տող 'ի Հայեցողաց որ 'ի նմայն ածելոցն էին արուխիք: Եւ եզև այդ յայնմ Հետև, և ան յապաս օրէնք 'կ մէջ Արշակունեաց, միոյ որդւոյ քսակել ընդ արքայի, փոխանորդ լինել Թագաւորու թեն, այլոց ուստերաց, և դստերաց զնալ 'ի կողմանդ Հաշտենից, յաշգին ծառանգութի. (Hist. armen. l. II, c. VII, p. 99.)

au-dessus des autres Arsacides. « Artavasde, fils de Ti-
« grane, dit Moïse de Khoren, régna ensuite sur les
« Arméniens. Il donna des possessions à ses frères et
« à ses sœurs dans les provinces d'Aghiovid et d'Arh-
« pérani, leur céda tous les bâtiments royaux qui se
« trouvaient dans ces pays, et y joignit un revenu par-
« ticulier, en sus de celui qu'avaient déjà leurs parents
« du pays d'Haschdéan, pour qu'ils fussent plus distin-
« gués et plus près de la dignité royale que les autres
« Arsacides; leur défendant seulement, par une loi
« expresse, de venir dans le pays d'Ararat, résidence
« royale [1]. » Au milieu du 1er siècle de notre ère, quand
Sanadroug détruisit la famille du roi Abgare, il envoya dans cette même province d'Haschdéan celles des
femmes et des filles de prince qu'il épargna [2]. Plus d'un
siècle après, sous le règne de Diran Ier, la postérité
des Arsacides d'Haschdéan s'étant encore beaucoup
augmentée, ils demandèrent au roi la cession de
nouveaux territoires, mais il ne voulut pas les leur
accorder. Il se contenta de permettre à quelques-uns

---

[1] Հայոց թագաւորէ Արտաւ չէ՝ Տիգրանյ ։ սա ձառանդէ֊
ցոյ ցանէ զեղբարս իւր, և զքորս 'ի գաւառին Աղւոյովիտ, և
Առբերանւոյ, թողով 'ի նոսա զնման արքունի՝ որ 'ի չէոսն
այնց դաստառց, Հանդերձ առանձին մահս՝, և ուձկար, բաս
օրէնակի ազգական՝ որ 'ի կողմանս Հաչտենից ։ ոգ՛ դէ լինէլ
նդ պատուականադոյն, և առաւել թագաւորածն՝ քան դայլնս
Արչակունիս, միայն օրէնադրէ, ոչ կեալյ Այրարատ, 'ի քեա
կութիս արքայի. (Hist. armen. lib. II, cap. XXI, p. 119 et 120.)

[2] Ibid. lib. II, cap. XXXII, p. 144.

d'entre eux d'aller s'établir dans les provinces d'Aghiovid et d'Arhpérani, parmi les descendants des frères d'Artavasde Ier; puis il partagea le pays d'Haschdéan, par portions égales, entre tous les Arsacides qui s'y fixèrent[1]. L'usage de tenir éloignés de la capitale et de la province d'Ararat les princes issus du sang royal subsista jusqu'à la fin de la domination des Arsacides en Arménie; on voit dans Moïse de Khoren[2] que cette coutume était encore en vigueur sous le règne d'Arsace II, un des derniers princes de cette dynastie.

La conduite politique que les rois Parthes étaient obligés de tenir à l'égard de leurs enfants et des princes de leur race, avait toujours de graves inconvénients: leur habitude était d'éloigner tous leurs fils puînés, avant même qu'ils eussent atteint l'âge viril; souvent ils ne gardaient pas même auprès d'eux l'aîné, qui leur inspirait plus de crainte que les autres, par cela seul qu'il était l'aîné. Sur la fin de leur vie, séduits par les suggestions d'une nouvelle épouse, ils oubliaient les enfants qu'ils avaient eus d'une autre femme; ils leur préféraient ceux qui étaient nés de cette nouvelle épouse, et ordinairement ces derniers se trouvaient encore en bas âge lorsque leur père mourait. Fréquemment, les rois périssaient victimes de la perfidie de la femme qu'ils chérissaient le plus, mais qui craignait de leur part un retour de tendresse pour les

---

[1] *Hist. armen.* lib. II, cap. LIX, p. 178.
[2] *Ibid.* lib. III, cap. XXII, p. 254.

enfants d'un premier lit; ou bien ils tombaient sous les coups mêmes de leurs fils, poussés à commettre ce crime par la jalousie qu'ils nourrissaient contre leurs frères; et, pour me servir d'une expression de Justin[1], le trône restait au plus scélérat. Nous verrons ainsi Phraate III, Orode Ier et Phraate IV périr, par le poison ou par le poignard, de la main de leurs criminels enfants. Si, à la mort du roi, la couronne tombait sur la tête d'un enfant hors d'état de gouverner, les princes collatéraux et les nobles se révoltaient; les légitimes héritiers, souvent divisés entre eux, faisaient même appuyer leurs prétentions par des armées étrangères. On avait plusieurs rois à la fois, jusqu'à ce que l'empire se trouvât réuni sous le sceptre du plus heureux, du plus vaillant, ou plutôt du plus perfide. Si quelquefois les princes légitimes, après avoir longtemps habité parmi les étrangers, parvenaient à monter sur le trône avec leur secours, ils étaient bientôt chassés ou massacrés par les Parthes eux-mêmes, qui ne les connaissaient que fort peu, et qui ne pouvaient s'accoutumer à leurs mœurs nouvelles. Les anciens compétiteurs reparaissaient sur la scène, et se disputaient la possession de la couronne, qui, enfin, restait aux mains de l'un d'entre eux. C'est ainsi que Vononès Ier, Phraate VI, Tiridate III et Mithridate IV ou Mèherdate, reconnus d'abord rois par les Parthes,

---

[1] *Sceleratissimus omnium*, dit Justin, en parlant de l'avénement de Phraate (lib. XLII, cap. IV).

DEUXIÈME PARTIE. 249

furent ensuite chassés par eux. Il paraît que les Arméniens, dans la liste qu'ils nous ont conservée des princes arsacides de Perse, n'ont pas tenu compte de tous les rois éphémères dont la victoire n'avait point légitimé les droits; ils y ont seulement placé les noms de ceux qui s'étaient maintenus sur le trône pendant un long espace de temps; et, selon toute probabilité, ils ont compté les années de leur règne à partir du moment où ces princes prirent, pour la première fois, le titre de roi. Il est permis de croire que ceux-ci supputaient eux-mêmes de cette façon la durée de leur domination, lorsqu'ils se trouvaient sans contestation maîtres de l'empire; c'est, à notre avis, le seul moyen d'expliquer la différence qui se fait remarquer entre la série des rois parthes établie par Moïse de Khoren, et celle que présente le récit des écrivains grecs ou romains.

Cette explication fort naturelle une fois admise, on n'est plus étonné de voir, dans les historiens arméniens, que quatorze règnes seulement remplissent la durée de quatre cent soixante et seize ans attribuée à la dynastie arsacide de Perse. Ces règnes, par conséquent, sont tous fort longs; le plus court est de dix-neuf ans, et encore n'y en a-t-il qu'un seul qui n'ait pas duré davantage. Quand, par la suite, nous nous occuperons des divers princes parthes mentionnés dans les auteurs anciens occidentaux, nous trouverons pareillement que quatorze rois arsacides ont régné sur la Perse pendant un long espace de temps; ce sont précisément les seuls dont les Arméniens aient conservé le souvenir. Moïse de Khoren a entièrement négligé le règne des princes qui ne firent que paraître; ou bien, les années durant lesquelles ils gouvernèrent l'empire, il les a comprises dans le règne de leurs vainqueurs. Examinée sous le même point de vue, l'histoire de plusieurs dynasties modernes de l'Orient nous offrirait un procédé analogue.

A différentes époques, après le long règne d'un roi parthe, son trône fut occupé par un prince légitime, qui mourut au bout de très-peu de temps. C'est ce qui eut lieu lorsqu'à la mort de Phraate IV, son fils Phraate V ou Phraatacès lui succéda, ou quand Artaban III cessa de régner, et que ses fils Vardanès et Gotarzès se disputèrent pendant plusieurs années la couronne, qui passa après eux entre les mains de Vononès II, mais pour quelques mois seulement. Les Arméniens n'ont pas fait mention de ces événements; cependant, il n'est pas résulté de leur silence la confusion qui, à ce qu'il semble, aurait dû se mettre dans la chronologie. On verra, au contraire, que l'époque assignée par Moïse de Khoren pour le commencement du règne de chaque roi dont il parle, se rapporte exactement à un temps où, comme l'examen des faits nous le démontrera, les historiens grecs ou romains placent la mort d'un roi parthe, suivie de plusieurs années de troubles, pendant lesquelles un grand nombre de compétiteurs se disputent l'empire, jusqu'à ce que l'un d'eux reste seul maître de la couronne. A tort ou à raison, Moïse de Khoren a considéré le vainqueur comme régnant depuis la mort du prince dont la succession avait causé ces troubles.

La liste des rois parthes conservée par les écrivains arméniens offre encore une autre singularité: les noms, avons-nous dit, y sont en très-petit nombre et entièrement différents de ceux que nous trouvons dans les auteurs grecs ou romains. Il est fort probable que les historiens d'Arménie nous donnent, au lieu des noms propres des souverains de la race des Arsacides de Perse, les titres honorifiques ou les surnoms que prenaient ces princes pour marquer l'élévation de leur rang, ou que leurs sujets leur donnaient dans le même but. On conçoit facilement que les Arméniens, dépendant, en quelque sorte, de la monarchie parthe, durent conserver de préférence ces dénominations, pour ainsi dire, diplomatiques; c'était une marque de leur respect et de leur soumission pour la branche aînée de la famille des Arsacides.

Quatre des princes mentionnés par les historiens arméniens portent le nom d'Arsace, qui était, comme nous le savons d'ailleurs, commun à tous les rois parthes, mais qui ne fut porté, comme nom propre, que par le premier d'entre eux. A trois autres, ces historiens donnent les noms d'*Arschagan*, d'*Arschès* et d'*Arschavir*, qui semblent indiquer, par leur composition, qu'ils sont dérivés du nom même de la race royale, et qui signifient probablement *Arsacide*. Plusieurs écrivains grecs ou romains offrent des exemples de cette coutume; on les voit désigner les rois des Parthes sous le simple nom d'Arsacides. Le nom d'Arschagan, en particulier, signifie bien certainement Arsacide ou d'Arsace. C'était un usage fort répandu chez les Perses, de former ainsi les génitifs et les noms patronymiques; on en trouve un grand nombre d'exemples dans les historiens arabes et dans les historiens persans. Ils ont conservé le nom d'Arschagan parmi ceux qu'ils donnent aux princes de la race des Mouloukal-théwaïf : ils en appellent un *Aschkan*, corruption d'Arschagan, comme *Aschek* est l'altération d'Arschag ou d'Arsace. Cette dernière manière d'altérer le nom d'Arsace a sans doute une origine fort ancienne; car nous rencontrons, dans l'ouvrage géographique qu'Isidore de Charax composa sur l'empire des Parthes, une ville bâtie par le fondateur de la monarchie et appelée *Asaac*[1]. Le nom d'Arschavir, dont nous ignorons la signification précise, mais que nous pensons devoir aussi s'interpréter par Arsacide, d'après la manière dont se forment certains adjectifs possessifs, dans la langue arménienne et dans la langue persane, ce nom fut porté en Arménie par les Ar-

---

[1] Πόλις δὲ Ἀσαάκ, ἐν ᾗ Ἀρσάκης πρῶτος βασιλεὺς ἀπεδείχθη· καὶ φυλάττεται ἐνταῦθα πῦρ ἀθάνατον (Isid. Chara. *Stathm. Parthic.* p. 7, *Geogr. græc. minor.* t. II, ed. H. Hudson).

sacides fugitifs qui s'y établirent; il passa ensuite avec eux dans l'empire de Constantinople. Un autre des rois parthes cités par les Arméniens porte le nom de Darius, en arménien *Tarèh*. Nous ne connaissons, par les historiens grecs ou les historiens romains, aucun roi arsacide de ce nom : ils parlent seulement d'un fils d'Artaban III, qui s'appelait ainsi, et qui fut envoyé en ôtage à Rome, auprès de Caligula, par son père[1]. Nous ferons voir, dans la suite de notre travail, que le Darius des Arméniens est le même que Vologèse Ier. Un de ses successeurs est appelé Péroze, en arménien *Béroz*, c'est-à-dire vainqueur : ce prince nous est également inconnu. Au rapport de Moïse de Khoren[2], il s'appela d'abord Vologèse, et il prit ce nom à cause des victoires qu'il remporta sur les Romains. En persan, بيروز, *pyrouz*, ou فيروز, *firouz*, signifie effectivement vainqueur. Un autre de ces princes est appelé Vagharsch, nom qui répond à celui de Vologèse, qu'on lit dans les historiens, et à celui de Bolagase, que l'on voit sur les médailles. Les Arméniens ne le donnent qu'à un seul prince, tandis que nous verrons qu'il fut porté par plusieurs autres. Ce nom est le même que celui de *Vagharschag* ou *Valarsace*, primitivement en usage chez les Arméniens. Altéré dans la suite des temps,

[1] Sueton. *Vita Caii*, cap. XIX. — Dio Cass. lib. LIX, cap. 27, t. III, p. 710.
[2] *Hist. armen.* lib. II, cap. LXI, p. 181.

il s'est écrit *Vagharsch* ou *Valarsch* chez les Perses, et même chez les Arméniens; puis, chez le premier de ces peuples, *Balasch* ou *Palasch*. Dans les écrivains byzantins[1], on le trouve sous la forme de *Blase* et d'*Obolar*. Fréret[2] pensait que l'on doit chercher dans la langue turque l'origine de ce nom : il le fait dériver de deux mots qui, dans cet idiome, pourraient signifier conquérant. Nous ne nous arrêterons pas à faire ressortir l'invraisemblance de cette étymologie. La forme primitive du nom de Vologèse, qui est Vagarschag ou Valarsace, nous indique assez qu'il a un rapport quelconque avec le nom même d'Arsace; mais la disette de renseignements sur les langues anciennes de la Perse ne nous permet pas d'en déterminer la signification précise. Le dernier prince des Arsacides de Perse est appelé par les Arméniens *Ardavan*; c'est le seul de tous ces rois sur le nom duquel il n'y ait point de discussion possible, les Grecs et les Romains le nommant *Artaban*, les Persans modernes, *Ardèwan*. Il est le seul aussi, de tous les rois parthes, qui soit connu des Arméniens sous cette dénomination, quoique l'histoire fasse mention de quatre autres de ces princes qui portèrent le même nom.

Nous venons de désigner onze des quatorze rois parthes de Perse que connaissent les historiens armé-

[1] Procop. *De bello persic.* I, 5, t. I, p. 25, edit. Bonn.
[2] *Mém. de l'Académie des inscriptions* (*Mémoire sur l'année arménienne*), t. XIX, p. 112, note *k*.

niens ; il nous reste à parler des trois derniers, qu'ils appellent *Ardaschès* ou *Artaxès*. Ce nom nous paraît être le même que celui d'Artaxerxès, sur l'origine duquel nous allons entrer dans quelques détails étymologiques, qui serviront à éclaircir divers points de notre travail et de l'histoire ancienne de l'Orient.

Le nom d'Ardaschès ou Artaxès, que les Arméniens donnent à plusieurs des rois arsacides de Perse, quoique nous sachions d'ailleurs qu'aucun d'eux ne l'a porté, était fort en usage chez cette nation. Il était prononcé *Artaxias* ou *Artaxès* par les Grecs et par les Romains, qui l'attribuent à des rois d'Arménie. Les Arméniens avaient une telle prédilection pour ce nom, que presque tous leurs princes le prenaient pour se concilier l'affection du peuple. Tacite[1] rapporte que lorsque Zénon, fils de Polémon, roi de Pont, eut été nommé roi d'Arménie par Germanicus et vint prendre possession du trône, on changea son nom en celui d'Artaxias. Dans l'origine, Artaxias devait être plutôt un titre qu'un nom propre, et vraisemblablement il ne devint d'un usage commun que dans la suite des temps, peut-être même que bien après l'époque dont nous parlons. L'altération des langues dans lesquelles on pouvait trouver son origine étymologique fit oublier sa signification, et il fut porté sans conséquence par des particuliers. De ces diverses considérations, il résulte que, dans les temps anciens, les princes désignés

[1] *Annal.* lib. II, c. LVI, t. I, p. 222 ; ed. Burnouf.

sous ce nom, différemment prononcé selon les pays où il était en usage, avaient un nom particulier, qui quelquefois s'est perdu, mais qui, quelquefois aussi, a été conservé par les historiens, et apporte beaucoup de confusion dans leurs récits. Là où on se croirait fondé à penser qu'il a existé deux princes différents, il n'y en a eu réellement qu'un seul, mais il était connu sous deux dénominations.

Le nom d'Artaxias, Artaxès ou Ardaschès, chez les Arméniens, est incontestablement identique avec celui d'Ardeschir, qui était en usage chez les Perses; nous verrons, par la suite, que ce dernier a la même origine. Le dernier roi d'Arménie de la race des Arsacides s'appelait Ardaschès; en montant sur le trône, il prit le nom d'Ardaschir, sans doute pour plaire aux Perses, qui l'avaient placé sur le trône[1]. Le savant Reland[2], et, depuis lui, M. Langlès[3] ont voulu trouver dans le nom d'Ardeschir la signification de grand lion. Ils le font dériver d'un antique mot persan, qui n'existe plus dans le dialecte actuel, mais qui, selon eux, signifiait grand, et du mot شیر, schir, lion, qui s'est conservé dans le persan moderne. Quelque probable que puisse paraître cette étymologie, nous ne la re-

---

[1] Mos. Khor. *Hist. armen.* III, LVIII, p. 308.

[2] *Dissert. miscellan.* (*De reliquiis veteris linguæ Persiæ Dissert. VIII*), p. 139, 140.

[3] Dans son édition du Voyage de Paris à Ispahan, de Chardin, t. II, p. 178, note 2.

gardons pas moins comme fausse ; on partagera certainement notre opinion après les détails dans lesquels nous allons entrer. Le nom d'Ardeschir, que l'on rencontre dans les auteurs grecs sous la forme plus connue d'*Artoxerxès* ou *Artaxerxès*, est écrit *Artahschetr* ou *Artahschèter* dans les anciens monuments épigraphiques de la Perse, expliqués avec tant de succès par M. Silvestre de Sacy[1]. Ce nom, altéré en *Artaxer* chez les Perses[2], *Artaxias*, *Artaxès* et *Ardaschès* chez les Arméniens, et *Artchil* chez les Géorgiens, signifie grand roi, comme il est facile de le prouver. Nous savons, en effet, par le témoignage d'Hésychius[3] et d'Étienne de Byzance[4], que le mot *arta* signifiait grand, et qu'il servait en outre à désigner les anciens héros de la Perse. Il n'existe plus sous cette forme dans le persan moderne; mais on le retrouve sous celle de اردای, *ardaï*, dans certains livres religieux des sectateurs de Zoroastre, où il paraît signifier, comme dans l'ancien persan, grand et illustre. Il est ordinairement placé devant le nom d'un personnage célèbre dans l'histoire religieuse des Perses, *Ardaï-Viraf;* et il entre dans la composition d'un très-grand nombre d'autres noms propres,

[1] Inscription de Nakschi-Rustam, dans les Mémoires sur diverses antiquités de la Perse, p. 100 et 101.

[2] Agathias, lib. IV, pag. 263; edit. Bonn.

[3] Hésychius; *sub voce* Ἀρταῖοι.

[4] Ἀρταίους δὲ Πέρσαι, ὥσπερ οἱ Ἕλληνες τοὺς παλαιοὺς ἀνθρώπους, ἥρωας καλοῦσι. (Steph. Byzant. *sub voce* Ἀρταῖα, p. 57 ; ed. Westermann.)

tels qu'*Artaban*, *Artabaze*, *Artapherne*, etc. qui nous sont connus par les auteurs anciens. La deuxième partie du nom d'Artaxerxès, c'est-à-dire le mot Xerxès, qui seul a formé aussi un nom de prince, nous paraît, ainsi qu'à M. Silvestre de Sacy [1], dérivé du mot zend *khschethro*, qui signifie roi. Ce mot, qui appartient à l'une des plus anciennes langues de l'Asie, s'est perpétué jusqu'à nos jours dans tous les idiomes de la Perse, mais avec de nombreuses altérations. Nous ne pouvons douter que le nom de Xerxès, prononcé ainsi par les Grecs, quel que soit d'ailleurs son rapport avec sa prononciation originale, qui est *khschethro*, 𐬑𐬱𐬀𐬚𐬭𐬋, n'ait signifié roi, et nous devons croire que les Grecs connaissaient parfaitement cette signification. Nous en trouvons la preuve dans un vers d'Aristophane, tiré de sa comédie des Acharnes, où il introduit un Perse qui se sert de sa propre langue et qui prononce ces mots : *iartaman exarxan apissonasatra* [2], qu'un autre interlocuteur traduit immédiatement par ceux-ci : *il dit que le roi nous enverra de l'or* [3]. Sans nous occuper de rechercher ces mots dans l'ancienne langue persane, ni d'examiner s'ils sont traduits avec exactitude, nous pouvons affirmer que celui qui signifie roi s'y trouve ; et ce mot est *exarxan*, dont le sens se rapproche

---

[1] *Mémoires sur diverses antiquités de la Perse*, p. 100.

[2] Ἰαρταμὰν ἐξαρξὰν ἀπισσοναϲάτρα. (*Acharn.* act. I, scen. 3, vers. 100; ed. Kust.)

[3] Πέμψειν βασιλέα φησὶν ἡμῖν χρυσίον. (*Ibid.* vers. 102.)

le plus du zend *khschethro* et du nom de *Xerxès*. La seule différence essentielle qui existe entre *exarxan* et *khschethro*, provient de la lettre ε placée au commencement du mot transcrit dans le passage d'Aristophane, et du *kh*, ݭ, qui est initial dans le mot zend. M. Silvestre de Sacy[1] a déjà fait observer que, plus d'une fois, les Grecs ont remplacé par le son d'une voyelle l'aspiration forte qui était dans un mot zend; il en cite pour exemple le titre fort connu de satrape, que les Grecs exprimaient ordinairement par le mot σατράπης, et que Théopompe[2], en particulier, écrit ἐξατράπης. Comme la première partie de ce dernier mot a la même origine et la même signification que celui qui nous occupe, c'est une preuve de plus en faveur de notre opinion. Le *th*, ݭ, qui se trouve au milieu du mot zend, et dont le grec ne rend pas raison, a disparu par une règle de permutation particulière à l'ancienne langue persane; nous aurons bientôt occasion d'en parler. La terminaison *an*, qui se fait remarquer dans le passage d'Aristophane, est probablement celle de l'accusatif; ce cas, en zend, s'exprimait par les syllabes *em* ou *anm*. La prononciation du *kh*, ݭ, qui a disparu dans les diverses altéra-

---

[1] *Mémoires de l'Institut, Classe d'histoire et de littérature ancienne* (*Mémoire sur les monuments de Kirmanschah*, etc.), t. II, p. 235, 236 et 237. — *Mém. d'hist. et de littér. orient.* Paris, 1818, in-4°, fig. pag. 231 et suiv.

[2] Apud Phot. *Biblioth.* cod. 176, p. 202; ed. Hœschel.

tions modernes de *khschethro*, a été conservée, plus ou moins exactement, dans les transcriptions grecques; le son du *th* s'est entièrement perdu, et on en concevra la raison quand on saura que, comme le θ grec, le *th* zend avait un son ambigu, qui se confondait avec celui d'autres lettres ; celle-ci souvent se changeait en un simple *t*, quelquefois en *f* et, le plus souvent, en une aspiration douce, comme la langue persane en offre une multitude d'exemples [1]. Nous avons déjà fait observer que les inscriptions sassanides expliquées par M. de Sacy nous montrent le nom d'Artaxerxès remplacé, dans certains dialectes de la Perse, par celui d'*Artahschèter*, et que le *kh* primitif est alors exprimé par l'aspiration ordinaire, laquelle ne tarda pas longtemps elle-même à disparaître; car elle n'existait plus dans la langue zende, où nous voyons *schetrao*, ڡڶٮسڡ, et *schethro*, ڶڡڶسڡ, substitués à *khschethro*, dont ils ne sont qu'une altération. De ces mots, d'après la règle de permutation du *th* en *t* et en *h*, se sont formés les mots *schèter* et *schèher*, qui ne sont plus usités avec le sens de roi dans le persan moderne. Mais le dernier entre dans la composition de plusieurs noms de villes modernes, et a été confondu avec شهر, *schèher*; celui-ci signifie ville; il vient du zend *schoethrio*, ڶڡڶسڡ, que M. de Sacy [2]

---

[1] M. Silvestre de Sacy, *Mémoires sur diverses antiquités de la Perse*, p. 85 et 86.

[2] *Mémoires de l'Institut, Classe d'histoire et de littérature ancienne*, t. II, p. 236 et 237.

regarde, avec beaucoup de vraisemblance, comme dérivé de *khschethro*. Il est indubitable que شهراباد, *Schèhérabad*, et شهرستان, *Schèhérestan*, signifient résidence royale, pays royal; tout autre sens serait forcé; car, à l'exemple d'Abou'lféda [1], dont M. Langlès, sans un motif fondé, paraît avoir adopté le sentiment, on ne peut traduire le dernier de ces noms par ville d'un pays ou pays de ville. Nous avons beaucoup de raisons de croire que la langue persane, dérivée de l'ancienne langue zende, s'est divisée en un grand nombre de dialectes contemporains ou successifs; les diverses orthographes, les diverses prononciations que nous offrent des mots dont l'origine est évidemment la même, en sont une preuve palpable. Le mot شاه, *schâh*, qui signifie roi dans le persan moderne, est aussi dérivé du zend; il doit être ancien sous cette forme, puisqu'il existait dès le IV° siècle, chez les Arméniens. Ceux-ci donnaient alors à la ville de Tauriz ou Kendsag, dans l'Atropatène, le surnom de շահաստան, *schahasdan*, royale, qui répond à celui de *schèhérestan* dans la langue persane. Le mot *schâh*, chez les Arméniens, s'adoucissait sans doute, comme chez les Persans, en شه, *schèh*; les pre-

---

[1] « L'explication de ce mot (*Schèhérestan*), dit Abou'lféda, « est ville du pays en langue persane, parce que *schèher* signifie « ville, et *estan*, pays. » ومعنى هذه الكلمة مدينة الناحية (Abu'lfed. بالعجمى لان شهر اسم المدينة واستان اسم الناحية Annal. muslem. t. III, p. 536).

miers l'altéraient aussi par une terminaison qu'on emploie dans la langue zende pour les génitifs et les adjectifs possessifs, c'est-à-dire par le son du *s* ou du *sch*, qui s'est introduit dans beaucoup de noms propres, où il a remplacé le *r*, comme nous aurons encore occasion de le faire observer. C'est ainsi que, au lieu d'Artaxerxès, les Arméniens disaient *Artaxias*, *Artaxès* et *Ardaschès*. A l'époque où le nom d'Ardaschès était usité en Arménie, on voit que, chez les Perses, le mot zend *khschethro*, dénaturé d'une autre façon, conservait toutefois des traces de son origine. On le reconnaît sans peine dans le nom d'*Artaxarès*, donné par Agathias au fondateur de la dynastie des Sassanides, et dans celui d'*Ardeschir* ou *Ardaschir*, qui est employé par les Persans modernes, et dont on se servait dès le temps des Sassanides. Nous avons déjà fait remarquer que le dernier roi arsacide d'Arménie, qui s'appelait Ardaschès, changea son nom en celui d'Ardaschir, lorsqu'il monta sur le trône. Ces deux sortes d'altérations sont également anciennes, et proviennent bien certainement de la diversité des dialectes qui partageaient la langue persane; car Ctésias[1] parle d'un Hyrcanien appelé *Artasyras*, et d'un autre général du même nom[2], ainsi que d'un eunuque paphlagonien, qui se nommait Ar-

[1] Apud Phot. *Biblioth.* cod. 72, pag. 37, lin. 30; p. 38, lin. 24; ed. Bekker.
[2] *Ibid.* p. 42, lin. 18.

DEUXIÈME PARTIE. 263

toxarès[1]. On pourrait croire que la dernière syllabe de ces deux noms est une simple altération des mots zends et persans que nous avons cités, et qu'isolée elle n'eut jamais un sens sous l'une ou sous l'autre forme ; mais nous avons des autorités qui prouvent que les deux noms dont il s'agit furent, l'un et l'autre, en usage dans quelque partie de la Perse. Nous pensons que l'altération *schar* était, en particulier, usitée dans le Khorassan et dans la Transoxane ; car Ibn-Haukal donne le nom de *Scharestan*, شارستان, à plusieurs lieux de ces contrées, qui se seraient indubitablement appelés *Schèhérestan*, شهرستان, dans l'Irak et dans le Farsistan. Ces mots signifiaient, dans tous ces pays, résidence royale, pays royal ou ville royale ; nous l'avons déjà démontré pour le dernier ; il ne reste plus qu'à le prouver pour le premier. Or, nous ne pouvons avoir à cet égard aucune espèce de doute, puisqu'au commencement du xie siècle, les princes d'un petit pays appelé *Gardjestan*, situé à l'extrémité du Khorassan, vers les frontières de l'Inde et du Thokharistan, portaient tous encore le nom de *Schar*[2], شار, dont les Persans avaient oublié l'origine, mais qui certainement était identique avec celui dont nous nous occupons ; car on a toujours parlé, dans ces

---

[1] Apud Phot. *Biblioth.* cod. 72, p. 41.

[2] Voyez les auteurs cités dans la dissertation de M. Silvestre de Sacy intitulée : *Mémoire sur deux provinces de la Perse orientale, le Gardjestan et le Djauzdjan*, et insérée dans les Mines de

264   HISTOIRE DES ARSACIDES.

régions, un dialecte persan. Abou'lféda et Hamzah Isfahany vont nous montrer que *schir*, dans la langue persane ancienne ou dans le pehlvi, a également signifié roi. Un des nombreux canaux qui joignaient le Tigre et l'Euphrate, et qui conduisaient de Babylone à Ctésiphon et à Séleucie, appelées depuis Madaïn, est nommé, par Ptolémée [1] et par Strabon [2], βασίλειος ποταμός, c'est-à-dire fleuve royal. Isidore de Charax [3] l'appelle *narmachan*, et Ammien Marcellin [4], *naarmalcha*, ce qui, dit-il, signifie *amnis regum*, fleuve royal. En effet, les mots ܒܘܙܐ ܡܠܟܐ, *nahra-malka*, ont ce sens dans la langue syriaque. Les Arabes le nomment *nahar-melik*, نهر ملك, mot qui se traduit aussi par fleuve du roi. Abou'lféda, décrivant la marche de Saad, fils de Wakas, et vainqueur du dernier roi sassanide, rapporte qu'après la bataille de Kadésiah, et avant d'attaquer Madaïn, Saad vint camper sur la rive occidentale du Tigre, à *Nahar-Schir*, qui dépendait de la capitale [5]. Hamzah Isfahany nous apprend

l'Orient, t. I, p. 321-344, et dans les Ann. des voyages, t. XX, p. 145 à 185.

[1] *Geogr.* lib. V, cap. xviii, cap. xx. — Polybe (V, li, 6) l'appelle βασιλικὴ διῶρυξ.

[2] *Geogr.* XVI, p. 747.

[3] *Stathm. Parthic.* p. 5, in *Geogr. græc. minor.* t. II; ed. Huds.

[4] XXIV, ii, vi, p. 393, 406; ed. Vales.

[5] ثم ارتحل سعد ونزل غربي دجلة على نهر شير قبالة مدائن كسرى وايوانه المشهور (Abou'lféda, *Annal. muslem.* t. I, p. 232, ed. Reisk.).

que Nahar-Schir était une ville où se trouvait la résidence royale de Iezdedjerd[1]. Pour aller de Kadésiah, qui est au sud-ouest de Madaïn, jusqu'à cette ville, il fallait traverser le canal nommé *nahar-melik*, c'est-à-dire fleuve du roi; la ville de Nahar-Schir dut, en conséquence, être appelée ainsi de sa position sur les bords de ce canal, dont le nom s'est conservé sous une forme empruntée à un autre idiome. On a déjà pu remarquer qu'il a toujours été traduit dans la langue des écrivains qui ont parlé du canal qu'il sert à désigner, ou dans celle des peuples qui ont habité sur ses bords. On doit donc conclure de là que le mot *schir*, employé par Aboul'-féda, est un mot persan, qui avait cours sous cette forme dans le pays, et qu'il remplace l'arabe *melik;* sa réunion avec *nahar*, qui est aussi une expression arabe, nous prouve enfin qu'il était usité isolément dans le dialecte chaldaïque, et qu'il n'est point une simple altération, comme on pourrait le croire si nous ne le connaissions que par le nom d'Ardeschir. Le nom du roi *Schirouiah*, شيرويه, ou *Schirway*, شيروى, successeur de Khosrou Parwiz, qui fut altéré par les Grecs en *Siroès*, nous paraît dériver du même mot et avoir, selon les règles de composition du persan, le sens de royal : il n'était, en effet, qu'un surnom, puisque le prince qui le portait s'appelait Kobad.

On voit, par cette discussion, que les noms de

[1] Apud Reisk. *Adntat. histor. ad Abu'lfedæ Annal.* t. I, not. 94, p. 45, 46, 47.

Xerxès et d'Artaxerxès, diversement altérés, sont, en réalité, des titres qui, par la suite des temps, ont pu devenir des noms propres ; nous ignorons donc le véritable nom des anciens princes auxquels nous sommes accoutumés à les appliquer. Déjà Hérodote avait cherché à expliquer les noms de Xerxès et d'Artaxerxès : selon lui, le premier signifiait guerrier, et le second, grand guerrier[1]. Cette explication, comme nous allons le voir, bien loin de détruire notre étymologie, la confirme, au contraire. L'historien grec se sera contenté de faire connaître une seule des significations du mot *kschethro*, tandis que ce mot signifiait à la fois roi et guerrier ; on peut s'en convaincre en recourant à la langue sanscrite, où le mot *kschatria*, qui a la même origine que le zend *khschethro*, s'interprète également par roi, prince du sang royal et guerrier. Enfin, de nos jours, le mot *kschatria* sert encore à désigner tous les individus de la seconde des quatre castes indiennes, c'est-à-dire, celle qui est vouée à la guerre et dans laquelle, autrefois, on choisissait ordinairement les rois. Quelque longue qu'ait été cette digression, elle n'est pas étrangère à notre sujet ; nous aurons plusieurs fois besoin d'y renvoyer le lecteur, et nous espérons qu'elle servira à jeter du jour sur plusieurs points de l'histoire des princes orientaux.

[1] Ξέρξης, ἀρήιος· Ἀρτοξέρξης, μέγας ἀρήιος. (Hérodote, VI, 98.)

DEUXIÈME PARTIE.

Nous avons déjà vu qu'Ussérius[1], le P. Pétau[2], Fréret[3] et M. de Sainte-Croix[4] avaient fixé à l'an 250 avant J. C. la fondation de l'empire des Arsacides ; nous avons dit que Frölich[5] l'avait placée en l'an 248 ; Corsini, d'abord en l'an 229[6], puis en l'an 245[7] ; qu'enfin on était assez généralement d'accord pour dater cet événement de l'an 256 ; et que telle était du moins l'opinion du P. Longuerue[8], de Vaillant[9], d'Eckhel[10], de Richter[11], de M. Visconti[12] et de M. Tychsen[13]. Malgré l'autorité de tant de savants distingués, nous nous sommes cependant décidé à adopter le calcul d'Ussérius et de Fréret, c'est-à-dire à fixer à l'an 250 avant J. C. l'époque où les Parthes jetèrent les fondements

---

[1] *Annales Veter. et Nov. Testam.* p. 259 ; ed. Gen. 1722.

[2] *De doctr. tempor.* ubi supra.

[3] *Mémoires de l'Académie des inscriptions* (*Mémoire sur l'année arménienne*), t. XIX, p. 104.

[4] *Mémoires de l'Académie des inscriptions* (*Mémoire sur le gouvernement des Parthes*), t. L, p. 49, et note c.

[5] *Annal. reg. et rerum Syriæ*, p. 27.

[6] *De Minnisari aliorumque Armeniæ regum numm.* p. 27.

[7] *Dissert. in qua Dubia adv. Minnisari regis nummum diluuntur*, p. 20 sqq.

[8] *Annal. Arsac.* p. 2.

[9] *Imper. Arsacid.* t. I, p. 4.

[10] *Doctrin. nummor. veter.* t. III, p. 523.

[11] Richter (Carl Friedr.), ouvrage cité, p. 25.

[12] *Iconographie grecque*, t. III, p. 45 et 47.

[13] *Comment. Societ. scient. Gotting. recent.* (*Dissert. IV de nummis veter. Pers.*), t. III, p. 56.

de leur empire. Les témoignages comparés de Justin et de Moïse de Khoren nous semblent mettre ce fait hors de doute. L'écrivain latin rapporte que les Parthes se révoltèrent contre le roi de Syrie pendant la durée de la première guerre punique, sous le consulat de L. Manlius Vulso et de Marcus Attilius Régulus [1]. D'autre part, la liste des consuls que Riccioli a insérée dans sa Chronologie réformée, comprend deux personnages appelés Manlius Vulso et Attilius Régulus, qui auraient été deux fois consuls ensemble, à un intervalle de six années, l'an 256 avant J. C. et l'an 250 [2]. Mais une différence essentielle se fait remarquer lorsque l'on compare cette liste et le texte de Justin : dans l'historien latin, le consul Attilius Régulus porte le prénom de Marcus, tandis que, selon la table de Riccioli, le personnage qui fut consul en 256 et en 250 avait le prénom de Caïus. Vaillant [3] et Frölich [4] n'ont point tenu compte des raisons que Riccioli avait eues pour placer en l'année 256 avant J. C. et en l'année 250 un consul appelé Caïus Attilius Régulus. Afin de pouvoir faire

[1] «Post hunc a Nicatore Seleuco, ac mox ab Antiocho «et successoribus ejus possessi (Parthi) : a cujus pronepote «Seleuco primum defecere, primo Punico bello, L. Manlio «Vulsone, M. Attilio Regulo consulibus.» (Justin. XLI, iv.)

[2] Riccioli, *Chronologia reform.* t. I, p. 174.

[3] *Annales regum et rerum Syriæ*, p. 26.

[4] *Arsacidarum imperium, sive Regum Parthorum Historia*, t. I, p. 2.

commencer en 256 la monarchie parthe, contrairement à l'opinion d'Ussérius et de Pétau, ils ont prétendu qu'il y avait eu, en 256, un consul du même nom que celui de l'an 250; qu'ils étaient frères, mais que le second, au lieu d'avoir le prénom de Caïus, portait celui de Marcus. La liste des magistrats romains publiée par Pighi, d'après les fragments des Fastes Capitolins qui avaient été découverts de son temps, nous montre[1] qu'en l'année 256 avant J. C. Marcus Attilius Régulus fut subrogé à Q. Cædicius, mort pendant qu'il partageait les honneurs du consulat avec A. Manlius Vulso, surnommé Longus. Le célèbre Marcus Attilius Régulus avait été consul, pour la deuxième fois, en 267, avec L. Julius Libo. Son parent, et non son frère, Caïus Attilius Régulus, surnommé Serranus, et consul en 257 avec C. Cornélius Blasio, fut appelé, une seconde fois, au consulat, en 250; on lui donna pour collègue L. Manlius Vulso. Il y a donc erreur tout à la fois dans le passage cité de Justin, dans la table de Riccioli et dans les assertions de Vaillant et de Frölich. Polybe, auteur très-versé dans la connaissance de l'histoire romaine, ne confond pas ensemble Marcus Attilius Régulus et Caïus Attilius Régulus Serranus : il distingue nettement celui-ci du premier, en lui donnant le prénom de Caïus [2];

---

[1] Pighi, *Fasti magistratuum romanorum*, apud Græv. *Thes. antiquit. rom.* t. XI, p. 198.

[2] *Histor.* lib. I, § 25, t. I, p. 62 ; ed. Schweigh.

et il nous apprend, de plus, que ce personnage, consul en 257, était le même que celui de l'an 504 de Rome[1], c'est-à-dire de l'an 250 avant J. C. Rien dans Justin ne s'appliquant explicitement plutôt à l'année 256 qu'à l'année 250, il est évident que, si l'on s'en tenait au texte de ce dernier écrivain, il serait impossible de fixer, à six ans près, la date du commencement de la dynastie des Arsacides. Mais nous savons que, chez les Romains, les noms des consuls servaient à désigner les années ; or, si, dans Justin ou dans Trogue Pompée, son original, il s'était agi de l'an 256 avant J. C. ces historiens auraient nominativement indiqué les deux consuls qui donnèrent leur nom à cette année 256, savoir, A. Manlius Vulso Longus et Q. Cædicius. Ils n'auraient ni substitué L. Manlius Vulso au premier, ni fait mention du consul subrogé au second, en passant sous silence le nom de celui-ci. Nous pensons que l'erreur commise par Justin consiste dans la seule substitution du prénom de Marcus à celui de Caïus, que portait réellement le collègue de L. Manlius Vulso, en l'année 250. Dès lors, il devient presque certain à nos yeux que l'historien latin avait entendu attribuer à la révolte des Parthes contre le roi de Syrie la date de l'an 504 de Rome, répondant à l'année 250 avant J. C. Nous n'insisterons pas davantage sur ce point ; il nous semble que n'eussions-nous aucune autre raison de

---

[1] Polyb. *Histor.* lib. I, § 39, t. I, p. 101.

fixer à l'an 250 avant J. C. le commencement de l'empire des Parthes, nous serions déjà suffisamment fondé à regarder cette opinion comme fort probable.

Toutefois, Justin, dans le passage cité, nous donne lieu de relever une seconde erreur : il dit que la révolte des Parthes contre les rois Séleucides arriva sous le règne de Séleucus II, surnommé Callinicus. Cette assertion ne peut s'accorder avec les dates qu'il indique d'après les consuls romains, que ce soient ceux de l'an 256, ou ceux de l'an 250. Antiochus II, surnommé le Dieu, régnait alors en Syrie, et son fils Séleucus Callinicus ne monta sur le trône qu'en 247, trois ans environ après l'époque que nous avons adoptée pour le commencement de la dynastie des Arsacides. Nous verrons bientôt qu'en effet ce grand événement arriva sous le règne d'Antiochus le Dieu. Photius rapporte, dans sa Bibliothèque, un fragment d'Arrien, qui nous apprend que le savant historien d'Alexandre plaçait à cette époque le même fait [1]. Cependant le Syn-

---

[1] Ἀρσάκης καὶ Τηριδάτης ἤστην ἀδελφὼ Ἀρσακίδαι, τοῦ υἱοῦ Ἀρσάκου τοῦ Φριαπίτου ἀπόγονοι. Οὗτοι Φερεκλέα τὸν ὑπὸ Ἀντιόχου τοῦ βασιλέως (Θεὸν αὐτὸν ἐπίκλην ὠνόμαζον), ἀλλ' οἵ γε Ἀρσακίδαι τὸν ὑπὸ Ἀντιόχου σατράπην αὐτῶν τῆς χώρας κατασ]άντα Φερεκλέα, ἐπεὶ τὸν ἕτερον τῶν ἀδελφῶν αἰσχρῶς ἐπείρασε βιασάμενος, οὐκ ἐνεγκόντες τὴν ὕβριν ἀνεῖλόν τε τὸν ὑβρίσαντα, καὶ ἑτέροις πέντε τὴν πρᾶξιν ἀνακοινωσάμενοι καὶ τὸ ἔθνος Μακεδόνων ἀπέσ]ησαν, καὶ καθ' ἑαυτοὺς ἦρξαν, καὶ ἐπὶ μέγα δυνάμεως ἤλασαν. (Arrianus, apud Phot. *Biblioth.* cod. LVIII, p. 17, ed. Bekker.)

celle, qui avait entre les mains l'ouvrage de cet écrivain, et qui en cite même un passage, assigne à ce fait la date du règne de Séleucus Callinicus. « Le « quatrième roi de Syrie et d'Asie, dit-il, fut Antio-« chus, fils d'Antiochus le Dieu, surnommé Callini-« cus; on l'appelait aussi Séleucus; il régna vingt et « un ans. Sous cet Antiochus, les Perses soumis à « l'empire des Macédoniens et des Antiochus depuis « Alexandre secouèrent le joug [1]. »

Nous pensons avec Frölich [2] que le Syncelle, et peut-être d'autres chronologistes avant lui, ne sachant comment faire accorder l'opinion qui plaçait la révolte des Parthes sous le règne d'Antiochus le Dieu, et celle qui la rapportait au règne de Séleucus Callinicus, auront supposé, pour trancher la difficulté, que le dernier de ces princes portait aussi le nom d'Antiochus, ce qui est pourtant contraire au témoignage de tous les autres écrivains de l'antiquité. Appien, comme le Syncelle, place le même événement sous Séleucus Callinicus. Il eut lieu, dit-il, lorsque Ptolémée Évergète, fils de Philadelphe, entra en Syrie pour venger le meurtre de sa sœur Bérénice, fit périr

---

[1] Συρίας καὶ Ἀσίας δ' ἐβασίλευσεν Ἀντίοχος ὁ υἱὸς αὐτοῦ (τοῦ Θεοῦ), ὁ ἐπικληθεὶς Καλλίνικος, ὁ αὐτὸς καὶ Σέλευκος, ἔτη κα'......Ἐν τούτου τοῦ Ἀντιόχου Πέρσαι τῆς Μακεδόνων καὶ Ἀντιόχων ἀρχῆς ἀπέστησαν, ὑπ' αὐτοὺς τελοῦντες ἀπὸ Ἀλεξάνδρου τοῦ κτίστου. (Syncell. *Chron.* t. I, p. 539; edit. Bonn.)

[2] *Dubia de Minnisari aliorumque Armeniæ regum numm.* p. 32, 33, 35.

Laodice, mère de Séleucus Callinicus, et pénétra jusqu'à Babylone; les Parthes, ajoute-t-il, voyant l'empire des Séleucides troublé, secouèrent le joug [1]. Comme Ptolémée Évergète se rendit maître de la Syrie en l'an 246 avant J. C. Corsini[2] a cru pouvoir faire commencer l'empire des Arsacides l'année suivante, c'est-à-dire 245 ans avant J. C. Ammien Marcellin[3] partageait sans doute la même opinion; mais, trompé par l'identité des noms, il a reporté jusqu'au règne de Séleucus Nicator la révolte des Parthes. C'est de ce passage unique et très-évidemment erroné, que M. l'abbé Sestini, voulant soutenir le système qui admet que les Arsacides avaient une ère particulière, s'est servi pour placer la fondation de leur empire vers l'an 300 avant J. C. sous le règne de Séleucus Nicator. Cette date rendrait complétement raison de toutes celles qui résultent des lettres numérales que

---

[1] Καὶ Πτολεμαῖος ὁ τοῦ Φιλαδέλφου, ταῦτα τιννύμενος, Λαοδίκην τε ἔκτεινε, καὶ ἐς Συρίαν ἐνέβαλε, καὶ ἐς Βαβυλῶνα ἤλασε. Καὶ Παρθυαῖοι τῆς ἀποστάσεως τότε ἦρξαν, ὡς τεταραγμένης τῆς τῶν Σελευκιδῶν ἀρχῆς. (Appien, *De rebus Syriac.* cap. LXV, t. I, p. 635, ed. Schweigh.)

[2] Corsini, *loc. cit.*

[3] « Qui (Arsaces) post multa gloriose et fortiter gesta, supe-
« rato Nicatore Seleuco, ejusdem Alexandri successore, cui vic-
« toriarum crebritas hoc indiderat cognomentum, præsidiisque
« Macedonum pulsis ipse tranquillius agens, temperator obe-
« dientium fuit et arbiter lenis. » (Amm. Marcell. lib. XXIII, cap. VI.)

l'on trouve sur les médailles grecques des Arsacides, si un pareil système pouvait être défendu avec quelque avantage. Quoique Justin dise que ce fut sous le règne de Séleucus Callinicus que les Parthes se révoltèrent pour la première fois contre les Séleucides, il n'en est pas moins certain que la date qu'il entend indiquer, quelle qu'elle soit, tombe sous le règne d'Antiochus le Dieu. Ce dernier système était celui d'Eusèbe; car nous voyons, dans la version latine de saint Jérôme [1], que ce fut en la première année de la cxxxiii⁰ olympiade, la quatorzième d'Antiochus le Dieu [2], que les Parthes se rendirent indépendants, date qui répond à l'an 248 avant J. C. Un autre chronologiste grec, anonyme, qui a été publié par Scaliger, et qui avait sans doute puisé dans la Chronique d'Eusèbe, assigne la même époque à l'événement dont il s'agit [3]. Sur le témoignage de ces deux écrivains, Frölich a pensé qu'il fallait placer en l'année 248 avant J. C. cette révolution, qui eut une si grande influence sur les affaires de l'Orient [4]. Zosime la place aussi sous le règne d'Antiochus, et s'exprime en ces termes : « Après

---

[1] *Lettere e dissertazioni numismatiche* (*Dell' era dei re Arsacidi*, p. 60 et 61), t. II. Livourne, in-4°, 1789.

[2] Eusèbe, *Chron.* p. 141; ed. Scalig.

[3] Ὀλ. ρλγ. α'. Πάρθοι κατά τινας Μακεδόνων ἀπέστησαν, καὶ πρῶτος ἐβασίλευσεν Ἀρσάκης, ὅθεν Ἀρσακίδαι. (Scalig. *Thes. temp.* pag. 332.)

[4] *Annal. rer. et regum Syriæ*, p. 26.

DEUXIÈME PARTIE. 275

« Alexandre, fils de Philippe, et ses successeurs dans
« l'empire macédonien, pendant qu'Antiochus régnait
« sur les satrapies supérieures, le parthe Arsace, irrité
« d'une injure que l'on avait faite à son frère Tiridate,
« entreprit la guerre contre le satrape d'Antiochus, et
« fut ainsi cause que les Parthes chassèrent les Macé-
« doniens et se rendirent indépendants [1]. » De même
qu'une identité de nom entre Séleucus Callinicus et
Séleucus Nicator a causé l'erreur d'Ammien Marcellin,
dont nous avons déjà parlé, une cause semblable a
trompé Tacite, qui fait arriver l'événement en question sous le règne d'Antiochus Épiphane [2], c'est-à-dire
environ quatre-vingts ans après sa date réelle, confondant ainsi la guerre qu'Antiochus IV, persécuteur des

---

[1] Μετὰ γὰρ τὸν Ἀλέξανδρον τὸν Φιλίππου, καὶ τοὺς διαδε-
ξαμένους τὴν Μακεδόνων ἀρχὴν, Ἀντιόχου τῶν ἄνω σατραπειῶν
ἄρχοντος, Ἀρσάκης ὁ Παρθυαῖος διὰ τὴν εἰς τὸν ἀδελφὸν Τηρι-
δάτην ὕβριν ἀγανακτήσας, πόλεμον πρὸς τὸν Ἀντιόχου σατράπην ἀράμενος, αἰτίαν δέδωκε Παρθυαίοις ἐκβαλοῦσι Μακεδόνας
εἰς ἑαυτοὺς τὴν ἀρχὴν περισ7ῆσαι. (Zosim. *Hist.* lib. I, cap. XVIII,
p. 26; ed. Reitemeier.)

[2] « Dum Assyrios penes, Medosque et Persas Oriens fuit,
« despectissima pars servientium (erant Judæi) : postquam Ma-
« cedones præpotuere, rex Antiochus, demere superstitionem
« et mores Græcorum dare adnixus, quo minus teterrimam
« gentem in melius mutaret, Parthorum bello prohibitus est.
« Nam ea tempestate Arsaces desciverat. Tum Judæi, Macedo-
« nibus invalidis, Parthis nondum adultis (et Romani procul
« erant) sibi ipsi reges imposuere. » (Tacit. *Histor.* lib. V,
cap. VIII.)

juifs, entreprit contre les Parthes, avec celle qu'Antiochus II leur avait faite, pour les punir de leur révolte.

Nous avons déjà vu que la date qui nous a été fournie par Justin[1], d'après la liste des consuls romains, assigne à la fondation de l'empire des Parthes l'époque du règne d'Antiochus II, surnommé le Dieu, bien que cet écrivain ait substitué à ce prince, dans son récit, Séleucus Callinicus. Il nous laisse bien peu d'incertitude sur la question de savoir si c'est à l'an 256 avant J. C. ou à l'an 250, que se rapporte cet important événement. Répétons néanmoins ici que, dans tous les cas, il y a de très-fortes présomptions en faveur de l'année 250. Le témoignage de Moïse de Khoren va peut-être même donner à cette dernière date une certitude absolue. L'auteur arménien, d'accord avec Arrien et les historiens les plus instruits de l'antiquité, place la révolte des Parthes sous le règne d'Antiochus le Dieu, et précisément dans la onzième année de ce règne, qui répond à l'an 250 avant J. C. « Séleucus Nicator, dit-il, après avoir régné trente « et un ans, laissa l'empire à son fils Antiochus Soter; « celui-ci régna dix-neuf ans, et eut pour successeur « Antiochus Théus, qui occupa le trône quinze ans. « Dans la onzième année de son règne, les Parthes « s'affranchirent du joug des Macédoniens[2]. » Un peu

---

[1] Voyez ci-dessus, p. 268-272.

[2] Սորա (Սելեկկոս Նիկանովրը) Թազևորեալ ամս երե֊
սուն և մի, Բողեշ խանուն Բիւնն որդւոյ իւրոյ Անտիոքայ

DEUXIÈME PARTIE. 277

plus bas, le même historien rapporte que le premier Arsace commença à régner après que soixante ans se furent écoulés depuis la mort d'Alexandre[1], ce qui revient absolument au même, en admettant que, comme la plupart des Orientaux, Moïse de Khoren a fait commencer l'ère des Séleucides à l'époque supposée de la mort d'Alexandre. Dans cette hypothèse, la soixante et unième année des Séleucides répondrait aux années 251 et 250 avant J. C. et Moïse de Khoren serait parfaitement d'accord avec Justin, si l'ère des Séleucides a commencé, selon le calcul actuel des Syriens, au mois d'octobre de l'an 311 avant J. C. et non pas au mois d'octobre de l'année précédente, selon le système généralement adopté.

Nous ne nous arrêterons pas à examiner si l'époque de la mort d'Alexandre a été déterminée exactement par les savants qui se sont occupés de ce point de chronologie ; nous n'examinerons pas non plus s'il existe concurremment, dans l'Orient, deux manières de déterminer la date de l'ère des Séleucides, que nos chronologistes font ordinairement partir du mois d'oc-

անուանելոյն Սոփրէ ամն ՅԹ զսա՛ յաշորդէ Անտիոքոս ապցեայն Թէոսն ամն ՅԵ, և ՚ի մետասաներորդին ապտամքին Պարթէք ՚ի թաաայոյթենէ Մակեդովնացյոյն. (Mos. Khor. *Hist. armen.* lib. II, cap. i, p. 83.)

[1] *Որպէս ասացաք, յետ վաթսոյն ամի մահուան Աղեքսանդրի, թագաւորէ ՚ի վր Պարթևոց Արշակ քաջ·* (Mos. Khor. *Ibid.* cap. ii, p. 84.)

tobre 312 avant J. C. tandis qu'il nous semble qu'elle n'a commencé qu'au mois d'octobre de l'année suivante. Si cette ère date de l'empire des rois Séleucides, il est possible qu'il existe une différence d'une année entière entre la manière de supputer qui était en usage dans la partie occidentale de leurs états, et la méthode qu'on suivait dans la partie orientale. La Syrie fut effectivement soumise aux Séleucides avant la Babylonie et la Perse. Nous savons, par le témoignage de Diodore de Sicile, que Séleucus Nicator se rendit maître de Babylone dans la première année de la CXVII[e] olympiade[1], c'est-à-dire dans l'espace de temps qui s'écoula entre le mois de juillet 312 avant J. C. et le mois de juillet de l'année suivante. Il n'est guère probable que cette conquête soit arrivée au commencement de l'année olympique; au contraire, il y a lieu de croire, par la suite des événements que raconte Diodore, que cette année était fort avancée quand Séleucus entra dans Babylone; il faut donc placer en l'an 311 avant J. C. la prise de cette ville. Ainsi, on conçoit facilement que, dans la Syrie, l'ère des Séleucides ait pu dater de l'an 312, tandis que, dans la Babylonie et dans les autres provinces de l'Asie occidentale, elle datait de l'automne de l'an 311, sans qu'il y ait eu erreur d'un côté ni de l'autre. Fréret[2]

---

[1] Diod. Sicul. lib. XIX, t. VIII, p. 399, ed. Wesseling.
[2] *Défense de la Chronol.* p. 235 et suiv. — *Mém. de l'Acad. des Inscr.* t. XLVII, p. 348 et suiv.

nous paraît avoir assez bien démontré que les Chaldéens se servaient d'une année luni-solaire, qui se renouvelait à la première lune après l'équinoxe d'automne, c'est-à-dire dans le mois d'octobre; ils durent donc dater l'ère des Séleucides de la première de ces années qui suivit la prise de Babylone par Séleucus, en négligeant de tenir compte des mois qui s'étaient écoulés entre ces deux époques. Il est certain que, jusqu'à nos jours, les Syriens ont donné le nom d'ère d'Alexandre à une ère dont le commencement est fixé au mois d'octobre de l'an 311 avant J. C. Il n'est pas moins certain, par deux observations de Mercure et une de Saturne, citées dans l'Almageste de Ptolémée, que cette ère était en usage, depuis fort longtemps, à Babylone, et même qu'elle n'a jamais éprouvé ni altération, ni correction, comme quelques savants l'ont pensé, puisque ces observations remontent aux premiers temps où l'on s'en servit. Ptolémée l'appelle l'ère des Chaldéens : l'époque de son commencement, facile à déduire des diverses dates qu'il rapporte, comparées à l'ère de Nabonassar, coïncide exactement avec celle que nous avons fixée pour l'ère d'Alexandre ou des Séleucides. Les observations astronomiques dont il est question sont datées, la première, d'une observation de Mercure faite en l'an 67 des Chaldéens, le 5 du mois macédonien *apellæus*, c'est-à-dire, le 20 novembre de l'an 245 avant J. C. La deuxième, qui est aussi une observation de Mercure, est datée de l'an 75 des Chaldéens, le 14 *dius*, ce qui répond au 30 octobre de l'an 237 avant J. C. Enfin, la dernière observation, qui concerne Saturne, fut faite en l'an 82 des Chaldéens, laquelle tombe dans les années 230 et 229 avant J. C. On ne peut en fixer plus exactement la date sans recourir à des calculs astronomiques que nous sommes hors d'état de faire à cause des fautes qui se sont glissées dans le texte de Ptolémée.

Nous avons déjà dit qu'en abandonnant les systèmes qui attribuaient à une ère particulière les dates d'un grand nombre de médailles frappées dans les villes grecques de l'Asie, en l'honneur des rois arsacides, on avait pensé, avec beaucoup de raison, que ces dates se rapportaient à l'ère des Séleucides; mais l'incertitude où l'on était sur la véritable époque où commença cette ère, fut cause que les savants se trouvèrent partagés d'avis lorsqu'il s'agit de classer chronologiquement ces médailles. Le P. Hardouin[1] proposa, le premier, de les rapporter toutes à l'ère qui partait de l'an 312 avant J. C. Un grand nombre d'autres antiquaires adoptèrent cette opinion. Fréret[2], Pellerin[3] et l'abbé Barthélemy[4] préférèrent, sans

---

[1] *Num. urb. illust.* art. Παρθία, p. 131.

[2] *Mém. de l'Acad. des Inscr.* t. XIX, p. 110.

[3] *Mélang.* t. I, p. 147; *Méd. des Rois*, p. 131 et suivantes; 3ᵉ Suppl. p. 4.

[4] *Mém. de l'Acad. des Inscr.* t. XXXII, p. 671 et suiv.

DEUXIÈME PARTIE. 281

en donner une raison bien plausible, l'ère de l'an 311. Après eux, le savant Eckhel[1] se prononça en faveur du système d'Hardouin, que, depuis, M. Visconti, dans son Iconographie grecque[2], s'est efforcé d'appuyer sur de nouvelles preuves. Il s'est surtout servi du fragment de Dion Cassius, retrouvé à Venise en 1740, pour déterminer, concurremment avec les médailles, la fin du règne de Phraate IV. Nous aurons occasion, dans la suite de notre travail, de faire voir que ce nouveau morceau de Dion Cassius ne nous donne pourtant pas le moyen de fixer la date de la fin du règne de Phraate IV, et que, par conséquent, on ne peut en invoquer le témoignage pour faire remonter à l'an 312 l'ère des médailles arsacides. Depuis M. Visconti, un savant allemand, M. Tychsen[3], a cherché tout récemment, en envisageant le passage de Dion Cassius sous un nouveau point de vue, à maintenir ce même système, qui ne nous paraît pas admissible.

Nous ne sommes pas entièrement convaincu qu'il ait existé à la fois deux ères des Séleucides; mais, sans examiner ici ce point de chronologie, qui présente de grandes difficultés, nous dirons que les monnaies des Arsacides à légendes grecques, ayant toutes

---

[1] *Doctr. num.* t. III, p. 546.
[2] Tom. II, p. 276; tom. III, p. 87, 134, 135.
[3] *Commentat. Societ. reg. scient. Gotting. recent.* (*Dissert.* IV *de nummis veter. Persar.*), tom. III, p. 51-55.

été frappées, soit dans la ville de Séleucie, qui succéda, pour ainsi dire, à Babylone, soit dans les villes voisines, il est naturel de supposer que les Grecs durent, pour les dater, avoir recours à l'ère qui était en usage dans ces contrées. Nous savons qu'on s'y servait de l'ère qui avait commencé au mois d'octobre de l'an 311 avant J. C. et qui s'est conservée parmi les chrétiens. Nous voyons, par le témoignage irrécusable de Ptolémée, qu'elle avait déjà cours au milieu du IIIe siècle qui précéda la naissance du Christ; et il n'est guère probable qu'à une époque aussi rapprochée de son origine, elle eût déjà été réformée. Comment supposer, après cela, que les Grecs des bords du Tigre n'aient point daté leurs monnaies d'une ère qui était incontestablement en usage chez eux? S'il est vrai qu'à Antioche et dans la Syrie on compta autrement l'ère des Séleucides, la différence de domination dut contribuer puissamment à perpétuer la différence de supputation chez les Grecs de Séleucie et de la haute Asie. Dans la suite de notre travail, nous rapporterons donc à l'ère des Séleucides commençant au mois d'octobre 311 avant J. C. toutes les médailles frappées par des Grecs soumis à l'empire des Parthes, et sur lesquelles on voit des dates.

Selon Moïse de Khoren, comme nous l'avons déjà dit, l'empire des Parthes avait été fondé la onzième année du règne d'Antiochus II, surnommé le Dieu, soixante ans révolus après la fondation de l'ère des

DEUXIÈME PARTIE. 283

Grecs et du royaume des Séleucides, c'est-à-dire en l'an 61 de cette ère. Nous allons démontrer que cette date est tirée de l'ère qui commença au mois d'octobre 311 avant J. C. et que l'an 61 répond aux années 251 et 250 avant J. C. c'est précisément l'une des dates indiquées par Justin pour ce mémorable événement. Les historiens ont sans doute compté les années du règne de Séleucus Ier, surnommé Nicator, de la fondation de l'ère dont nous parlons, quoiqu'il eût réellement commencé à régner quelque temps auparavant. Cela explique pourquoi Eusèbe [1], Porphyre [2] et Sulpice Sévère [3] attribuent à son règne une durée de trente-deux années, en prenant les fractions pour une année entière, tandis que Moïse de Khoren réduit cette durée à trente et un ans. Nous pouvons conclure de là qu'il cessa de régner dans la trente-deuxième année de l'ère des Grecs, qui répond aux années 280 et 279 avant J. C. Dans ses Annales des rois de Syrie, Frölich assigne à la mort de Séleucus Ier la date de l'année 281 [4], en s'appuyant sur le témoignage de Polybe et sur celui d'Eusèbe. Selon le premier de ces deux écrivains, cet événement arriva dans la CXXIV^e olympiade [5], et, selon le second, dans

---

[1] *Chronic. interprete Hieronymo,* p. 139, 140, ed. Scalig.
[2] Apud Euseb. *Chron.* p. 62; ed. Scalig.
[3] *Sacra hist.* lib. II, c. XXVIII, p. 320; ed. Elzev.
[4] *Annales regum et rerum Syriæ,* p. 20 et 21.
[5] Polyb. *Histor.* lib. II, cap. XLI, 71, t. I, p. 318 et 383.

la 4ᵉ année de la même olympiade¹, qui correspond aux années 281 et 280 avant J. C. En supposant qu'il eut lieu vers la fin de cette année olympique, nous trouverons également pour résultat l'an 280; et le règne d'Antiochus Iᵉʳ, surnommé Soter, sera rapproché de nous d'une année. Ce règne dura dix-neuf ans, selon Eusèbe², qui, sur ce point, est d'accord avec Moïse de Khoren. Par conséquent, Antiochus Soter dut mourir vers l'an 50 de l'ère des Séleucides, qui répond aux années 262 et 261 avant J. C. Frölich³ prétend qu'il cessa de régner en 262; mais, conformément au système que nous avons adopté pour son père, nous placerons sa mort en 261, laissant ainsi dix-neuf années entières entre son avénement et sa mort. Il eut pour successeur son fils Antiochus II, surnommé le Dieu, qui régna quinze ans. Celui-ci monta sur le trône, d'après ce que nous venons de voir, l'an 261 avant J. C. Cette date est conforme à la supputation d'Eusèbe⁴, puisqu'il place la première année du règne d'Antiochus le Dieu à la 4ᵉ année de la cxxixᵉ olympiade, qui répond aux années 261 et 260 avant J. C. Conséquemment, la onzième année de ce règne correspond à l'an 61 des Séleucides, comme l'atteste Moïse de Khoren. L'an-

---

[1] *Chron. interprete Hieronymo*, p. 140.
[2] *Ibid.* p. 140 et 141.
[3] *Annales regum et rerum Syriæ*, p. 26.
[4] *Chronic. interprete Hieronymo*, p. 141.

née 61 de l'ère des Séleucides répondant aux années 250 et 249 avant J. C. on a aussi exactement que possible l'époque de la fondation de l'empire des Parthes; et l'on est ramené à la date qu'indique le passage de Justin, rectifié comme nous nous sommes trouvé autorisé à le faire ci-dessus.

Ce qui a fait placer l'époque de la révolte des Arsacides tantôt sous le règne d'Antiochus le Dieu, tantôt sous celui de son fils Séleucus Callinicus, c'est que la plupart des anciens écrivains ont confondu Arsace, fondateur de la dynastie parthe, avec son frère Tiridate, qui lui succéda, et qui prit son nom pour le transmettre à ses descendants. Justin assigne une fort longue durée au règne du fondateur de la monarchie arsacide, tandis que nous savons, par le Syncelle, qui tenait sans doute ce fait d'Arrien, qu'Arsace mourut après un règne de deux ans [1]. Ce prince ne fit que passer sur le trône; ou plutôt il n'eut pas le temps de prendre le titre de roi. Son frère Tiridate se révolta en même temps que lui contre les Grecs, l'aida sans doute dans tous ses travaux, lui succéda, et, par reconnaissance, prit son nom : dès lors, il n'est point étonnant qu'on n'ait pas tenu compte du premier, et qu'on ait regardé le second comme le véritable fondateur de l'empire. Les Arméniens ont, de même que

---

[1] Καὶ βασιλεύει Περσῶν Ἀρσάκης, ἀφ' οὗ οἱ Περσῶν βασιλεῖς Ἀρσακίδαι ἐχρημάτισαν, ἔτη β', καὶ ἀναιρεῖται. (Georg. Syncell. *Chron.* p. 540; edit. Bonn.)

beaucoup d'écrivains anciens, oublié le premier prince des Parthes ; car ils attribuent un règne de trente et un ans au premier des Arsacides [1], ce qui ne peut s'appliquer qu'à Tiridate. Arsace, fondateur de l'empire des Parthes, fut tué, suivant Suidas [2], d'un coup de lance qu'il reçut dans une bataille. Sa mort mit sans doute fin à la révolte, et fit rentrer la Parthyène sous la domination des Séleucides. Ce ne fut probablement que sous le règne de Séleucus Callinicus que Tiridate, profitant des guerres civiles qui agitaient l'empire des Grecs, put reprendre les projets de son frère Arsace, et fonder enfin l'indépendance de la nation parthe. Il est même à croire qu'il fut le premier de sa race qui prit le titre de roi, et qu'il ne le porta qu'à cette époque. On conçoit facilement alors pourquoi l'affranchissement des Parthes est placé tantôt sous le règne d'Antiochus le Dieu, tantôt sous celui de Séleucus Callinicus. Les princes arsacides n'acquirent pas une grande puissance dès le moment même de leur première révolte ; ils furent, durant plusieurs années, plutôt des chefs de brigands que des souverains : tous leurs exploits se bornèrent à des courses dans les provinces soumises aux rois de Syrie ; et ces courses ne furent même pas toujours heureuses, puisque le premier d'entre eux périt dans une expédition de ce genre. Ils ne devinrent réellement redoutables que pendant

---

[1] Mos. Khor. *Hist. armen.* II, 11.
[2] Sub voce Ἀρσάκης, t. I, p. 337 ; ed. Kust.

le règne de Séleucus Callinicus : c'est donc sous ce règne seulement que l'on peut placer la fondation de leur empire. Aussi Justin remarque-t-il que les Parthes regardaient le jour où ils vainquirent complétement ce roi de Syrie comme l'époque de leur liberté, et qu'ils en consacrèrent le souvenir par une fête solennelle [1].

Un historien persan moderne, appelé Mirkhond, qui vivait dans le xve siècle, et dont on croirait ne pouvoir tirer aucune utilité pour des temps aussi éloignés que ceux qui nous occupent, sur lesquels les écrivains orientaux ne nous présentent ordinairement qu'un amas de fables ou de notions confuses et altérées, Mirkhond, cependant, sert à confirmer le point de chronologie que nous venons de déterminer par le témoignage réuni de deux historiens de nation et d'âge fort différents, l'un latin et abréviateur d'un ouvrage écrit du temps d'Auguste, l'autre arménien et vivant au milieu du ve siècle de notre ère. L'écrivain persan rapporte, en effet, dans son Histoire universelle, intitulée *Rouzat-essafa*, ou Jardin de pureté, qu'Aschek, premier prince des Molouk-al-théwaïf ou Parthes, régna dans la Perse soixante et douze ans révolus après la mort d'Alexandre. Nous avons déjà vu que, selon Moïse de Khoren, Arsace, le même qu'Aschek, fonda l'empire des Parthes lorsque soixante années

[1] « Quem diem Parthi exinde solennem, velut initium libertatis, observant. » (Justin. lib. XLI, cap. IV.)

entières s'étaient écoulées depuis l'ère des Séleucides, appelée vulgairement l'ère d'Alexandre. D'autre part, le témoignage d'Eusèbe [1], que tous les chronologistes prennent pour base de leur travail, nous apprend que l'on comptait douze ans entre la mort d'Alexandre et l'ère des Séleucides, quelle que soit l'époque du commencement de cette ère. Quoique les Orientaux confondent presque toujours les deux ères, et que celle de la mort d'Alexandre soit tombée, parmi eux, en désuétude, on peut voir dans Albatany [2], Alfergany [3], Abou'lfaradj [4] et Ouloug-bey [5], qu'en Orient, les écrivains instruits savent qu'il existe réellement entre elles une différence de douze années. En ajoutant ces douze années aux soixante et un ans de l'ère des Séleucides qui s'étaient écoulés lorsque les Parthes se révoltèrent, nous trouvons que l'avénement d'Arsace ou Aschek dut avoir lieu l'an 73 de l'ère d'Alexandre, qui répond aux années 251 et 250 avant J. C. Ce résultat est parfaitement conforme aux calculs que nous avons déjà présentés. L'autorité de Mirkhond, dont nous pouvions nous passer, servira à prouver que les ouvrages des Orientaux, quoique remplis de fables et de confusion pour ce qui concerne l'antiquité, ne

---

[1] *Chron.* p. 138, 139.
[2] Traduct. latine, p. 107.
[3] *Notes de Golius,* p. 56 et 57.
[4] *Hist. dynast.* traduct. lat. p. 63.
[5] *Epoch. celebr.* p. 18; ed. Greavio.

méritent cependant pas qu'on les rejette sans examen. Si nous en possédions un plus grand nombre, et si surtout nous avions les plus anciens, on pourrait même, en les comparant entre eux et avec les écrits des Grecs et des Latins, en tirer, à notre avis, beaucoup plus de secours qu'on ne le croit généralement.

Il paraît, d'après le témoignage d'Arrien, cité par le Syncelle [1], qu'Arsace et son frère Tiridate gouvernèrent d'abord la Bactriane ou au moins quelques cantons de ce pays. On voit, dans Strabon, que lorsque Diodote se révolta dans cette province contre les Séleucides, Arsace ne voulut pas se soumettre au rebelle, et qu'il alla chercher, pour se soustraire à sa domination, un asile dans la Parthyène, qu'il souleva bientôt après [2]. Le gouverneur de ce pays, appelé Phéréclès par Arrien [3], et Agathoclès par le Syncelle [4], qui paraît avoir tiré ce fait du même auteur, devint épris de Tiridate, et voulut violer, à son égard, les droits de l'hospitalité. Les deux frères, irrités de cet outrage, tuèrent Phéréclès avec l'aide de cinq autres

[1] Ἀρσάκης τις καὶ Τηριδάτης ἀδελφοί........ἐσατράπευον Βακτρίων ἐπὶ Ἀγαθοκλέους Μακεδόνος ἐπάρχου τῆς Περσικῆς. (Georg. Syncell. *Chron.* p. 539.)

[2] Οἱ δὲ Βακτριανὸν λέγουσιν αὐτόν· φεύγοντα δὲ τὴν αὔξησιν τῶν περὶ Διόδοτον, ἀποστῆσαι τὴν Παρθυαίαν. (Strab. *Geogr.* l. XI, t. II p. 784, edit. Amst.)

[3] Arrian. apud Phot. cod. LVIII, t. I, p. 17; ed. Bekker.

[4] Ἀγαθοκλῆς ἐρασθεὶς Τηριδάτου, ὡς Ἀρριανός φησιν, ἑνὸς τῶν ἀδελφῶν, καὶ τὸν νεανίσκον σπουδάζων ἐπιβουλεῦσαι, διαμαρ-

290 HISTOIRE DES ARSACIDES.

personnes[1], et firent révolter la Parthyène contre Antiochus II, surnommé le Dieu[2]. Le gouverneur de cette province se nommait sans doute Phéréclès, comme l'appelle Arrien, cité par Photius, dans sa Bibliothèque ; mais en copiant et en abrégeant la citation, le Syncelle, après avoir dit qu'Arsace avait administré la Bactriane sous l'autorité d'Agathoclès, gouverneur de toute la Perse pour le roi de Syrie, aura confondu Agathoclès avec Phéréclès, gouverneur particulier de la Parthyène, près de qui Arsace s'était réfugié. Pendant la courte durée de sa rébellion, ce dernier fut obligé de combattre sans relâche les Grecs pour conserver son indépendance ; enfin, comme nous l'avons dit plus haut, il fut tué dans une bataille, d'un coup de lance, selon Suidas[3], qui nous semble avoir tiré ce fait des Parthiques d'Arrien ; suivant le Syncelle[4], son règne ne fut que de deux ans. Il paraît qu'après sa mort les affaires des rebelles se trouvèrent dans un état désespéré, que la Parthyène retomba sous la domination d'Antiochus II, et que Tiridate fut obligé, pour y rentrer, d'en faire de nouveau la con-

τήσας ἀνῃρέθη παρ᾽ αὐτοῦ καὶ Ἀρσάκου τοῦ ἀδελφοῦ αὐτοῦ. (Georg. Syncell. *Chron*. p. 539.)

[1] Arrian. apud Phot. *Biblioth*. cod. LVIII, p. 17 ; ed. Bekker.

[2] Zosime, *Hist*. lib. I, cap. XVIII, p. 26.

[3] Ἀρσάκης, Πάρθων βασιλεύς· ὃς δόρατι πληγεὶς ἐν τῇ μάχῃ κατὰ τὴν πλευράν, ἀποθνήσκει. (Suidas, sub voce Ἀρσάκης, t. I, p. 337, ed. Kuster.)

[4] Georg. Syncell. *Chron*. p. 540.

DEUXIÈME PARTIE.

quête, en chassant le gouverneur établi par Séleucus Callinicus[1]. Arsace, selon Suidas[2], ou plutôt selon Arrien, était un prince doué de toutes les qualités qui conviennent à un roi ; doux pour ceux qui se soumettaient à sa puissance ; ne donnant aucun relâche à ceux qui lui résistaient ; fort heureux à la guerre, et joignant enfin à toutes ces perfections une haute taille et une grande beauté : aussi, ajoute Moïse, il était fort aimé des Parthes.

Arsace et les princes de sa famille, dans le but de se concilier l'affection des peuples de l'Orient et de légitimer leur droit à l'empire, cherchèrent à rattacher leur origine à celle des anciens rois de Perse ; le Syncelle n'hésite même pas à avancer qu'ils descendaient d'Artaxerxès[3]. Outre les motifs politiques qui devaient les porter à s'attribuer cette origine, il leur était facile de donner à leur prétention une apparence de vérité, puisque le prince dont ils se disaient les descendants, Artaxerxès Mnémon, avait, selon Ctésias[4], porté, avant de monter sur le trône, le nom

---

[1] Justin. lib. XLI, cap. IV.

[2] Ἀνὴρ (Ἀρσάκης) γενόμενος τό, τε σῶμα κάλλιστος καὶ περιβλεπτότατος, καὶ τὴν ψυχὴν βασιλικώτατος, καὶ τοῖς ἐς πόλεμον ἔργοις δαημονέστατος, καὶ ἐς μὲν τὸ ὑπήκοον πᾶν πραότατος, εἰς καθαίρεσιν δὲ τοῦ ἀνθισταμένου ἐρρωμενέστατος, καὶ τοῦτον Παρθυαῖοί τε ἐς τὰ μάλιστα ἐπόθησαν. (Suidas, *ubi supra*.)

[3] Τὸ γένος ἕλκοντες ἀπὸ τοῦ Περσῶν Ἀρταξέρξου. (Georg. Syncell. *Chron.* p. 539.)

[4] Apud Phot. *Bibl.* cod. LXXII, t. I, p. 42 ; ed. Bekker.

d'Arsace, qui était assez commun chez les Perses[1]. Les écrivains orientaux ont conservé le souvenir de cette tradition; car ils font tous descendre Aschek, premier prince des Moulouk-al-théwaïf, d'Ardeschir Bahman, qui est le même qu'Artaxerxès Mnémon. Mais Arrien[2] donne, aux deux Arsacides fondateurs de la dynastie parthe, la qualité de descendants d'un autre Arsace, fils d'un certain Phriapite. Quoi qu'il en soit de la véritable origine des Arsacides, on doit présumer que ces princes qui, dans les commencements de leur puissance, voulurent rattacher leur famille à celle des anciens rois de Perse, pour se rendre favorables les dispositions des peuples, négligèrent de recourir à ce moyen quand ils furent les maîtres de l'empire. Les Perses les regardèrent toujours comme des étrangers. On savait qu'ils appartenaient aux nations scythiques répandues alors dans la Perse; mais l'origine particulière de leur famille était incertaine, comme nous l'atteste Justin[3].

Le nom d'Arsace, chef de la dynastie des Arsacides, acquit tant de célébrité, qu'il devint le nom générique de tous les princes de sa famille qui montèrent après lui sur le trône de Perse. C'est le seul que les historiens occi-

[1] Q. Curt. lib. II, cap. v, p. 28; lib. VIII, c. III, p. 584; ed. Snakenb.
[2] Apud Phot. *Bibl.* cod. LVIII, t. I, p. 17.
[3] « Arsaces, vir, sicut incertæ originis, ita virtutis expertæ. » (Lib. XLI, cap. IV.)

dentaux donnent à ses successeurs[1], soit que les peuples eussent voulu, par reconnaissance, l'attribuer aux descendants d'Arsace, soit que seulement ils eussent entendu par là faire honneur au premier de cette race[2]. « Tous les rois parthes, dit Strabon, s'appellent Arsace; « mais l'un porte en particulier le nom d'Orode, l'autre, « celui de Phraate, ou tel autre nom[3]. » Cet usage se conserva jusqu'aux derniers temps de la monarchie arsacide, et l'on voit que, même après sa destruction, les Grecs et les Romains continuèrent de donner le nom d'Arsace aux princes qui gouvernèrent la Perse.

Puisque c'est en l'année 250 avant J. C. qu'il faut placer la fondation de l'empire des Arsacides, et puisque leur premier prince régna deux ans seulement, nous fixerons à l'an 248 l'époque de sa mort et l'avénement de son frère Tiridate. Ce dernier ne dut pas cependant régner immédiatement après lui, si, comme il y a tout lieu de le croire, la Parthyène rentra alors sous la domination des rois de Syrie. Toutefois, Tiri-

---

[1] Polyb. *Reliq.* lib. X, cap. xxviii, t. III, p. 251; ed. Schweigh.— Diod. Sicul. *Excerpt.* ex lib. XXXII, t. X, p. 91, edit. Bipontin.—Justin. lib. XLI, capp. iv, v.—Strab. *Geogr.* lib. XV, p. 702.

[2] « Cujus memoriæ hunc honorem Parthi tribuerunt, ut « omnes exinde reges suos Arsacis nomine nuncupent. » (Justin. lib. XLI, cap. v.)

[3] Τοιοῦτον δὲ καί τὸ παρὰ τοῖς Παρθυαίοις· Ἀρσάκαι γὰρ καλοῦνται πάντες (οἱ βασιλεῖς)· ἰδίᾳ δὲ ὁ μὲν Ὀρώδης, ὁ δὲ Φραάτης, ὁ δ'ἄλλο τι. (Strab. *ubi supra.*)

date, quoique chassé du trône, dut toujours se considérer comme roi; et il est à peu près certain qu'il compta les années de son règne, non pas seulement de la mort de son frère, mais du temps où il se révolta avec lui, pour la première fois, contre les Macédoniens. C'est aussi en l'an 248, époque où réellement Tiridate commença de régner, qu'Eusèbe[1], comme nous l'avons déjà fait remarquer, place la fondation de l'empire parthe.

Il paraît qu'après la mort d'Arsace, son frère Tiridate, forcé d'abandonner la Parthyène, chercha un asile chez les tribus de Scythes nomades qui habitaient alors la Perse orientale, et qui portaient presque toutes le nom de *Dahi* ou *Dahæ*. Nous savons, en effet, par le témoignage de Strabon, que ce fut avec le secours de ces peuples qu'il reconquit la Parthyène. « Le Scythe Arsace (Tiridate), dit ce géographe, com« mandait à quelques-uns des *Dahæ* nomades qu'on ap« pelle Parni et qui habitent sur les bords de l'Ochus; « il fondit sur la Parthie et s'en rendit le maître[2]. » Pour fixer d'une manière précise la date de cet événement, il faut jeter un coup d'œil sur les révolutions du royaume de Syrie, dont les dissensions favorisèrent beaucoup les conquêtes des Parthes.

[1] *Chronic. interpr. Hieron.* p. 141; ed. Scalig.
[2] Ἀρσάκης, ἀνὴρ Σκύθης, τῶν Δαῶν τινὰς ἔχων, τοὺς Πάρνους καλουμένους Νομάδας, παροικοῦντας τὸν Ὦχον, ἐπῆλθεν ἐπὶ τὴν Παρθυαίαν, καὶ ἐκράτησεν αὐτῆς. (*Geogr.* lib. XI, p. 515.)

DEUXIÈME PARTIE. 295

Antiochus II, surnommé le Dieu, qui, nous l'avons dit, était monté sur le trône l'an 261 avant J. C. régna quinze ans, et mourut environ deux ans après la mort d'Arsace, dans la deuxième année de la CXXXIII[e] olympiade, selon Eusèbe[1], c'est-à-dire l'an 246 avant J. C. Il périt empoisonné par sa femme Laodice, qui fit aussitôt couronner son fils Séleucus II, surnommé dans la suite Callinicus. Non contente d'avoir commis ce crime, et redoutant les droits et les prétentions de Bérénice, sœur de Ptolémée Évergète, roi d'Égypte, qu'Antiochus II avait répudiée, après en avoir eu un enfant, Laodice les fit périr tous deux.

Le roi d'Égypte accourut pour venger le meurtre de sa sœur, s'empara de la Syrie, fit mettre à mort Laodice, et se rendit ensuite maître d'une grande partie de l'Asie; sans une révolte qui le força de retourner dans son royaume, il aurait pu conquérir tout l'empire des Séleucides[2]. En rentrant dans ses états, Ptolémée garda pour lui la Cœlésyrie; il confia à un nommé Xanthippe le gouvernement des pays conquis au delà de l'Euphrate, et donna la Cilicie à Antiochus, frère de Séleucus, qui, plus tard, fut surnommé Hiérax, à cause de son ambition et de

---

[1] *Chron. interpr. Hieron.* p. 141, 142.
[2] Justin. lib. XXVII, capp. I, II. — Appian. *Syriac.* cap. LXV, t. 1, p. 635; ed. Schweigh. — Polyæn. *Strateg.* lib. VIII. cap. L. — Val. Max. lib. IX, cap. X. — S. Hieron. *Comment. in Dan.* t. III, col. 1123; ed. 1704.

son avidité[1]. La retraite du prince égyptien permit à Séleucus de respirer; la plupart des villes de Syrie qui l'avaient abandonné rentrèrent dans son parti, et il se trouva en état de se mesurer avec son ennemi. Le sort des armes lui fut cependant contraire : forcé de se réfugier dans Antioche, il envoya demander du secours à son frère Antiochus, promettant de lui abandonner la souveraineté de toute la partie de l'Asie Mineure située au nord et à l'ouest du mont Taurus. Antiochus, qui n'avait que quatorze ans et qui déjà était dévoré d'ambition, saisit avec empressement cette occasion d'augmenter sa puissance; il prit à sa solde un corps nombreux de Gaulois, et alla se joindre à son frère. Ptolémée, ne voulant pas avoir à combattre ces deux princes réunis, fit une paix de dix ans avec Séleucus. Délivré du roi d'Égypte, ce dernier eut bientôt à soutenir la guerre contre son frère Antiochus, qui se servit des Gaulois pour le détrôner. Séleucus fut vaincu et encore une fois contraint de s'enfuir dans Antioche[2]; on crut même qu'il avait péri dans la bataille; et les Gaulois, qui désiraient piller et ravager sans obstacle, tournèrent alors leurs armes contre Antiochus[3]. La défaite de Séleucus eut lieu, selon

---

[1] S. Hieron. *Comment. in Dan.* ubi supra.
[2] Polyæn. *Strateg.* lib. IV, cap. 17.
[3] « In eo prælio virtute Gallorum victor quidem Antiochus
« fuit : sed Galli, arbitrantes Seleucum in prælio cecidisse, in
« ipsum Antiochum arma vertere : liberiùs depopulaturi Asiam,

Frölich, en l'année 243 avant J. C. et il nous semble qu'il n'y a aucune raison de rejeter son calcul.

C'est à cette époque que Justin place la conquête du pays des Parthes par Tiridate. On sait par Appien que la puissance des Arsacides date des troubles qui suivirent la mort d'Antiochus II; mais Justin est beaucoup plus précis ; il présente cet événement comme une des conséquences de la défaite de Séleucus par les Gaulois : « Arsace, dit-il, accoutumé à vivre de vol « et de brigandage, ayant appris que Séleucus avait été « vaincu par les Gaulois dans l'Asie, et n'ayant plus « rien à craindre de la part de ce prince, fondit avec « une troupe de brigands sur le pays des Parthes, vain- « quit le gouverneur Andragoras, le tua, et s'empara « du pouvoir chez cette nation [1]. » Il est évident que les brigands à la tête desquels Tiridate fit la conquête de la Parthyène, étaient les *Dahi Parni* de Strabon. On ne peut confondre cet événement avec la première rébellion d'Arsace : dans le premier cas, on voit un homme outragé, qui cherche à repousser la tyrannie par la révolte ; dans le second, c'est une invasion.

« si omnem stirpem regiam exstinxissent. » (Justin. lib. XXVII, cap. II.)

[1] « Hic (Arsaces) solitus latrociniis et rapto vivere, accepta « opinione Seleucum a Gallis in Asia victum, solutus regis « metu, cum prædonum manu Parthos ingressus, præfectum « eorum Andragoram oppressit; sublatoque eo, imperium gen- « tis invasit. » (Justin. lib. XLI, cap. IV.)

Répétons ici que le gouverneur de la Parthyène tué par Arsace se nommait Phéréclès ou Agathoclès, tandis que celui qui tomba sous les coups de Tiridate s'appelait, comme nous venons de le voir, Andragoras. Les Dahi, qui accompagnèrent Tiridate dans son invasion, furent donc les véritables fondateurs de l'empire des Parthes; il fallait que leur nombre fût alors bien considérable, ou qu'ils eussent été rejoints, peu après, par une foule de leurs concitoyens, puisque, nous l'avons déjà démontré, ils donnèrent leur nom à la nation persane tout entière.

La conquête de la Parthyène fut bientôt suivie de celle de l'Hyrcanie[1], province dont la première n'était, pour ainsi dire, qu'une dépendance. La Parthyène était trop peu considérable pour former un gouvernement particulier; aussi, sous l'empire des Perses et, plus tard, sous celui des Macédoniens, fut-elle, ainsi que nous l'atteste Strabon[2], toujours réunie à l'Hyrcanie pour la perception des impôts. Maître de ces deux pays, Tiridate s'occupa de lever une puissante armée qui le mit en état de résister à Séleucus Callinicus et à Théodote, roi de la Bactriane[3]. La mort le délivra

---

[1] « Non magno deinde post tempore, Hyrcanorum quoque « regnum occupavit. » (Justin. lib. XLI, cap. IV.)

[2] Ἡ δὲ Παρθυαία, πολλὴ μὲν οὐκ ἐσʈι· συνετέλειγοῦν μετὰ τῶν Ὑρκανῶν (κατὰ) τὰ Περσικὰ, καὶ μετὰ ταῦτα τῶν Μακεδόνων κρατούντων, ἐπὶ χρόνον πολύν. (Strab. Geogr. lib. XI, p. 514.)

[3] « Atque ita duarum civitatum imperio præditus, grandem

bientôt des craintes que devait lui inspirer ce dernier prince. Il fit, peu après, la paix et un traité d'alliance avec son fils, qui portait le même nom, Théodote[1]; mais il avait toujours à redouter le roi de Syrie : celui-ci pouvait vouloir se venger des Parthes, quand il serait délivré des Gaulois et de son frère Antiochus Hiérax. Au rapport de Justin[2], il ne tarda pas effectivement à venir pour punir les rebelles. Tiridate le vainquit, et l'époque de sa victoire fut regardée depuis, par les Parthes, comme celle de leur indépendance. Il ne paraît pas cependant qu'au commencement de la guerre le sort des armes ait été favorable à Tiridate; il faut au moins admettre que ce prince ne s'était pas cru capable de résister avec ses seules forces au roi de Syrie; car nous voyons dans Strabon[3] que le roi des Parthes, fuyant devant Séleucus Callinicus, alla chercher un asile chez les Scythes Apasiaces ou Aspasiatres, qui habitaient sur les bords de l'Oxus, vers son embouchure dans le lac d'Aral. Ce fut, sans doute, le secours qu'il

« exercitum parat, metu Seleuci et Theodoti, Bactrianorum re-
« gis. » (Justin. lib. XLI, cap. IV.)

[1] « Sed cito, morte Theodoti, metu liberatus, cum filio ejus
« et ipso Theodoto fœdus ac pacem fecit. » (Id. l. XLI, c. IV.)

[2] « Nec multo post, cum Seleuco rege, ad defectores perse-
« quendos veniente, congressus, victor fuit : quem diem Parthi
« exinde solennem, velut initium libertatis, observant. » (Id.
lib. XLI, cap. IV.)

[3] Ἀρσάκης, τὸν Καλλίνικον φεύγων, εἰς τοὺς Ἀπασιάκας ἐχώ-
ρησε. (Geogr. lib. XI, p. 513; ed. Tzschucke.)

reçut de ces peuples qui le rendit assez puissant pour rentrer dans la Parthyène, où il combattit et vainquit Séleucus.

C'est, avons-nous dit, en l'année 243 avant J. C. que le roi de Syrie avait été défait par les Gaulois, et que Tiridate avait profité de cette circonstance pour s'emparer de la Parthyène et de l'Hyrcanie. Séleucus Callinicus fut, pendant plusieurs années, occupé à combattre son frère Antiochus Hiérax, jusqu'à ce que ce dernier, vaincu dans plusieurs batailles, fût contraint de se réfugier d'abord chez Ariarathe, roi de Cappadoce, et, enfin, auprès de Ptolémée Évergète, qui le retint prisonnier. La Chronique d'Alexandrie[1] place la défaite d'Antiochus et la fondation de Callinicopolis dans la Mésopotamie, en mémoire de cette défaite, à la quatrième année de la CXXXIV^e olympiade, qui répond aux années 240 et 239 avant J. C. En conséquence, Frölich[2], dont nous adoptons le calcul, assigne la date de l'an 239 aux premiers préparatifs de guerre que Séleucus Callinicus, délivré de tout embarras, put faire contre les Parthes. C'est à la même époque qu'il faut rapporter l'alliance de Tiridate avec le roi de la Bactriane dont parle Justin, et la levée de troupes que fit le premier pour résister à Séleucus. Nous placerons, comme Frölich, en l'année 238 l'expédition du roi de Syrie, la retraite du roi des

[1] *Chron. Alexand.* p. 409; ed. Rader.
[2] *Annales regum et rerum Syriæ*, p. 30.

Parthes chez les Scythes, et la défaite du prince séleucide.

Quoique Séleucus Callinicus eût été vaincu par Tiridate, il n'avait pas, sans doute, perdu tout espoir de dompter les rebelles quand, rappelé dans ses états par de nouveaux troubles, dit Justin [1], il donna quelque relâche aux Parthes. Frölich [2] pense que ces troubles furent causés par les entreprises d'Attale, roi de Pergame, qui attaquait l'empire des Séleucides du côté de l'Occident; il place le retour du roi de Syrie en l'an 238 avant J. C. Comme les ouvrages ou les fragments qui nous restent des auteurs anciens ne nous font pas connaître les événements qui se passaient à cette époque en Orient, il nous est impossible de contredire ou de confirmer l'opinion du savant Allemand; nous nous contenterons d'admettre avec lui que la retraite de Séleucus s'effectua en 238.

A peine délivré du roi de Syrie, Tiridate, ainsi que nous l'atteste Justin [3], profita de la tranquillité dont il commençait à jouir pour régler la constitution intérieure de son royaume, lever des armées, construire des forteresses et mettre les villes en état de défense. Il fonda sur le mont Zapaortène, au rapport

---

[1] « Revocato deinde Seleuco novis motibus in Asiam, dato « laxamento, regnum Parthicum format, militem legit, castella « munit, civitates firmat, etc. » (Justin. lib. XLI, cap. v.)

[2] *Annales regum et rerum Syriæ*, p. 30.

[3] *Loco supra laudato.*

du même écrivain, une ville appelée Dara : elle était située dans un lieu fort agréable, au milieu d'une enceinte de rochers abruptes, qui la rendaient très-facile à défendre[1]. Cette ville paraît répondre au lieu que Pline appelle *Dareium*, lequel, dit-il, se trouve dans l'Apavortène, pays d'une extrême fertilité et situé à l'orient de celui des Caspiens[2]. Isidore de Charax[3] parle de cette même contrée, qu'il nomme *Apavarcticène* et qu'il place dans la partie septentrionale de la Parthyène. Ce nom se trouve aussi dans la Géographie de Ptolémée[4]; diversement altéré dans les manuscrits et dans les éditions grecques ou latines de cet ouvrage, il y est néanmoins toujours reconnaissable. Nous pensons que c'est Pline seul qui nous l'a conservé sous sa forme primitive; les diverses orthographes de ce nom dans les autres auteurs pa-

[1] « Urbem quoque, nomine Daram, in monte Zapaortenon « condit: cujus loci ea conditio est, ut neque munitius quic- « quam esse, neque amœnius possit. Ita enim et præruptis ru- « pibus undique cingitur, ut tutela loci nullis defensoribus « egeat: et soli circumjacentis tanta ubertas est, ut propriis « opibus expleatur. Jam fontium ac sylvarum ea copia est, ut « et aquarum abundantia irrigetur, et venationum voluptatibus « exornetur. » (Justin. lib. XLI, cap. v.)

[2] « A Caspiis ad orientem versus regio est, Apavortene dicta, « et in ea fertilitatis inclytæ locus Dareium. » (Plin. *Hist. natur.* VI, xviii.)

[3] In *Geogr. græc. min.* t. II, p. 2.

[4] Lib. VI, cap. v.

DEUXIÈME PARTIE. 303

raissent appartenir aux dialectes de l'ancienne langue persane. La contrée qu'il sert à désigner semble répondre au pays connu actuellement sous le nom d'*Abiourd* ou *Bawerd*[1]. Il forme la partie nord-ouest du Khorassan, et renferme une ville du même nom et située au milieu des montagnes, qui pourrait bien être l'antique Dara. Celle-ci, sans doute, fut fondée par Tiridate, en mémoire de Darius, dernier roi de Perse, et en haine des Grecs; il voulait se concilier l'affection des peuples qu'il avait soumis. Plusieurs écrivains parlent d'une ville élevée sur le lieu même où fut tué Darius; mais, trompés par la conformité du nom, ils ont cru que cette ville était celle de Dara en Mésopotamie, tandis que nous savons par Plutarque[2], Arrien[3] et Quinte-Curce[4], que Darius, après avoir été vaincu à Arbelles, se retira dans la Médie, traversa les Portes caspiennes, et fut assassiné dans le pays des Parthes, à peu près vers les lieux où s'éleva ensuite la ville de Dara. Justin nous dit même très-explicitement que Darius mourut dans la Parthyène; car il fait observer qu'il semblait que les dieux eussent fait à dessein périr le dernier roi de Perse dans le pays de ceux qui devaient un jour hériter de son empire[5]. De plus,

---

[1] Voy. Ptolémée, *loc. cit.*
[2] In *Vita Alexandri*, cap. LXXVII, LXXVIII.
[3] *De expedit. Alexandri*, lib. III, cap. XIX; ed. Gronov.
[4] Lib. V, cap. I sqq.
[5] « Credo, ita diis immortalibus judicantibus, ut in terra eo-

il raconte que Darius fut chargé de fers dans un bourg de cette province nommé *Thara*[1]. Or, ce bourg pourrait bien être la ville de Dara ; mais, comme elle n'était pas encore bâtie lors de l'assassinat du roi, notre supposition ne serait admissible qu'en imputant à Justin un de ces anachronismes dont les historiens se sont plus d'une fois rendus coupables.

Le P. Longuerue [2], Vaillant [3] et Frölich [4] ont pensé que Séleucus Callinicus, après avoir été vaincu par les Parthes, fit contre eux une seconde expédition, plus malheureuse encore que la première, puisqu'il tomba entre les mains de ses ennemis, qui le gardèrent longtemps captif. M. Visconti [5] est d'un avis tout contraire. La source de l'opinion qui attribue au roi Séleucus une seconde expédition contre les Parthes, se trouve dans un passage des Histoires diverses de Posidonius d'Apamée, qui nous a été conservé par Athénée, et dans lequel il est question de la captivité de Séleucus. Voici comment s'exprime Athénée : « Dans « son XVI° livre, en parlant du roi Séleucus, il (Posi-

« rum, qui successuri imperio erant, Persarum regnum fini-« retur. » (Lib. XI, cap. xv.)

[1] « Interea Darius in gratiam victoris a cognatis suis aureis « compedibus catenisque in vico Parthorum Thara vincitur. » (*Ibid.*)

[2] *Annal. Arsacid.* p. 4.

[3] *Imper. Arsacid.* t. 1, p. 13, 14.

[4] *Annal. reg. et rer. Syriæ*, p. 30, 31.

[5] *Iconographie grecque,* t. II, p. 298 et 299.

« donius) raconte comment ce prince, étant venu dans
« la Médie et combattant contre Arsace, fut fait pri-
« sonnier par ce barbare, auprès duquel il resta long-
« temps et qui le traita en roi [1]. » M. Visconti [2] croit
qu'Athénée ou Posidonius se sont trompés sur le nom
du roi de Syrie, et qu'ils ont attribué à Séleucus Callinicus ce qui, environ un siècle plus tard, arriva à
Démétrius II, surnommé Nicator. Il nous paraît difficile d'admettre que Posidonius ait commis une pareille
erreur; nous pouvons voir, par divers autres fragments de son ouvrage qui se trouvent dans Athénée,
qu'il y avait souvent parlé des Parthes et qu'il connaissait fort bien leur histoire. Si l'on conteste l'exactitude du passage que nous venons de citer et l'opinion
qui en est la conséquence, il n'est pas aisé de remplir, d'une manière satisfaisante, l'espace de temps qui
s'écoula depuis la retraite du roi de Syrie, en l'an 238
avant J. C. jusqu'à sa mort, arrivée en l'an 226 ; on n'y
parvient qu'en supposant, avec M. Visconti, que Séleucus régna tranquillement pendant ces huit années.
Mais peut-on croire que ce prince belliqueux, une

---

[1] Ἐν δὲ τῇ ἑκκαιδεκάτῃ, περὶ Σελεύκου διηγούμενος (Ποσει-
δώνιος) τοῦ βασιλέως, ὡς εἰς Μηδίαν ἀνελθὼν καὶ πολεμῶν
Ἀρσάκει ἠχμαλωτίσθη ὑπὸ τοῦ βαρβάρου, καὶ ὡς πολὺν χρόνον
παρὰ τῷ Ἀρσάκει διέτριψεν, ἀγόμενος βασιλικῶς, γράφει καὶ
ταῦτα. (Athen. lib. IV, cap. XXXVIII, t. II, pag. 96, 97; ed.
Schweigh.)

[2] *Iconographie grecque*, t. II, p. 298, note 1.

fois délivré des craintes que lui inspirait son frère Antiochus Hiérax, n'ait pas cherché à tirer vengeance des Parthes, bien que Posidonius nous atteste qu'il fut traité avec beaucoup de distinction par ses vainqueurs? N'est-il pas probable d'ailleurs qu'il fut toujours, malgré sa captivité, considéré par ses sujets comme roi de Syrie? et la vie de Démétrius II ne nous offre-t-elle pas, plus tard, un second exemple de la même particularité? Pendant l'absence de Séleucus Callinicus, ses états furent peut-être gouvernés par ses fils Séleucus et Antiochus, qui n'osèrent rien entreprendre contre les Parthes, sans doute parce que la captivité de leur père était, en quelque sorte, le gage de leur tranquillité. Si, dans le siècle suivant, le roi des Parthes rendit la liberté à Démétrius II, ce fut pour qu'il s'opposât aux entreprises de son frère Antiochus VII, surnommé Sidétès, qui aurait été pour les Parthes un adversaire fort redoutable, le jour où il serait devenu seul maître de l'empire des Séleucides. On peut croire que Tiridate se conduisit de même à l'égard de Séleucus Callinicus, quand il apprit que son frère Antiochus Hiérax, dont l'ambition était connue, s'était échappé de prison avec l'aide d'une de ses concubines. C'est alors que, selon Justin, le roi de Syrie mourut d'une chute de cheval. Antiochus n'eut pas le temps d'atteindre le royaume de Syrie; il fut tué en route, par une troupe de brigands, à peu près vers le temps où son frère cessa de vivre.

Quoique Justin ne dise pas que Séleucus ait entrepris deux expéditions chez les Parthes, et que, dans la dernière, il ait été fait prisonnier, les expressions dont il se sert en parlant de la mort de ce prince ne peuvent guère s'appliquer qu'à sa captivité [1]. Si le roi de Syrie eût alors été paisiblement assis sur son trône, l'historien latin n'eût certainement pas dit qu'il mourut après avoir perdu son royaume, *amisso regno;* car on peut difficilement admettre, avec M. Visconti, que Justin n'entendait parler que de la perte de plusieurs provinces de l'empire de Séleucus. Une pareille supposition serait même en contradiction avec la tranquillité dont le savant antiquaire suppose que ce prince jouit à la fin de son règne. S'il en eût été ainsi, Justin, en racontant les malheurs causés par les guerres de Séleucus et d'Antiochus, n'aurait pas écrit qu'ils moururent tous deux dans l'exil, *exsules ambo,* ce qui confirme de nouveau le système que nous avons adopté, et nous porte même à croire que Séleucus, quand il mourut, était encore captif chez les Parthes, ou qu'il périt en revenant dans ses états, comme le pensent

---

[1] « Antiochus opera cujusdam meretricis adjutus, quam « familiarius noverat, deceptis custodibus, elabitur, fugiensque « a latronibus interficitur. Seleucus quoque iisdem ferme die- « bus, amisso regno, equo præcipitatus, finitur. Sic fratres, « quasi et germanis casibus, exsules ambo, post regna, scele- « rum suorum pœnas luerunt. » (Lib. XXVII, cap. III.)

Vaillant[1] et Frölich[2]. Ce dernier place en l'an 236 avant J. C. la deuxième expédition et la captivité de Séleucus. Comme ce prince mourut en l'an 226, après un régne de vingt ans, il resta donc prisonnier chez les Parthes pendant environ neuf années.

C'est sans doute à l'époque de la captivité de Séleucus chez les Parthes, que Tiridate prit le titre de roi, qui lui fut peut-être accordé par le prince séleucide lui-même ; et nous pensons que l'on doit compter de ce temps l'ère de l'indépendance des Parthes. Il paraît que, content des concessions qu'il obtint du roi de Syrie, le prince arsacide ne chercha pas à étendre ses conquêtes : vraisemblablement, il se considéra comme soumis à Séleucus, dont on ne voit point qu'il ait attaqué les possessions pendant sa longue captivité. Nous savons même, par le témoignage de Posidonius allégué plus haut, qu'il traita son prisonnier avec tous les égards dus à un roi. La conduite que tint Tiridate, dans cette circonstance, lui fut probablement dictée par sa situation politique. Les pays qu'il possédait ne pouvaient lui fournir les moyens de faire de nouvelles conquêtes dans les états des Séleucides. Il était maître alors de la Parthyène, de l'Hyrcanie et de quelques contrées limitrophes, ce qui répond aux provinces actuellement connues sous les noms de Tabaristan,

---
[1] *Seleucidarum Imperium*, p. 61. — *Arsacidarum Imperium*, t. 1, p. 14.

[2] *Annales reg. et rer. Syriæ*, p. 30, 31.

DEUXIÈME PARTIE.

de Koumes ou Comis, de Djordjan, de Dahistan, et à une petite partie du Khorassan, du Mazendéran et de l'Irak-Adjémi. La Parthyène s'était alors accrue, au rapport de Strabon [1], de quelques portions détachées de la Médie, telles que la Comisène et la Chorène ou Choarène, qui étaient situées en deçà des Portes caspiennes; néanmoins, la monarchie arsacide était encore fort peu considérable. La Parthyène, qui, sous les Perses et les Macédoniens, avait été réunie à l'Hyrcanie, parce qu'elle était trop petite pour former un gouvernement particulier, était en outre fort pauvre. C'était un pays très-montueux, en grande partie couvert de forêts, et qui devait, par conséquent, être très-peu populeux. Les objets nécessaires à la vie y étaient si rares, à ce que nous atteste le même Strabon [2], que jamais les rois ne la visitaient, parce qu'elle n'aurait pu fournir longtemps à leur entretien et à celui de leur suite. Ajoutons que les Arsacides étaient fort resserrés, du côté de l'Orient, par les rois de la Bactriane, qui ne les voyaient s'élever auprès d'eux qu'avec une extrême jalousie; car, Grecs d'origine,

[1] Ἀλλὰ νῦν (Παρθυαία) ηὔξηται. Μέρη δ'ἐσ7ὶ τῆς Παρθυηνῆς, ἥ τε Κωμισηνὴ, καὶ ἡ Χωαρηνή· σχεδὸν δέ τι καὶ τὰ μέχρι Πυλῶν Κασπίων, καὶ Ῥαγῶν καὶ Ταπύρων, ὄντα τῆς Μηδίας πρότερον. (*Geogr.* XI, p. 514.)

[2] Πρὸς δὲ τῇ σμικρότητι δασεῖα καὶ ὀρεινή (ἡ Παρθυαία) ἐσ7ὶ, καὶ ἄπορος· ὥστε διὰ τοῦτο δρόμῳ διεξίασι τὴν ἑαυτῶν οἱ βασιλεῖς, ὄχλον οὐ δυναμένης τρέφειν τῆς χώρας οὐδ' ἐπὶ μικρόν. (*Ibid.*)

comme les Séleucides, ils devaient se douter que ces conquérants asiatiques les confondaient dans une même haine, et prévoir qu'une fois vainqueurs des rois de Syrie, ils ne tarderaient pas à les attaquer.

Dans un tel état de choses, on se demande comment les Arsacides, maîtres d'un pays qui ne leur offrait aucune ressource, purent, non-seulement réunir des forces suffisantes pour la conquête de la Parthyène et des provinces environnantes, mais maintenir leur indépendance, malgré la jalousie des rois de la Bactriane, contre toutes les attaques des rois de Syrie, qui disposaient de la plus grande partie des forces de l'Orient. On se demande comment ils parvinrent à chasser les Séleucides de toute la Perse et à jeter les fondements d'un des plus puissants empires qui aient jamais existé. Nous avons déjà dit que ce fut avec le secours d'un peuple scythe nommé *Dahi*, que Tiridate fit la conquête de la Parthyène. Nous avons dit aussi que ce fut chez une autre nation scythe, qui habitait dans les mêmes régions, sur les bords de l'Oxus, que le même prince se retira quand le sort des armes lui fut un instant contraire; et l'on a vu que les divers peuples scythes, dont plusieurs tribus étaient depuis longtemps établies en Perse, y entrèrent alors en si grand nombre qu'ils finirent par donner leur nom à quelques parties de ce pays. Il faut supposer que, dès l'origine, les Arsacides exercèrent, d'une manière quelconque, une très-grande influence sur toutes

DEUXIÈME PARTIE. 311

les tribus barbares qui erraient depuis les rives du Tanaïs jusqu'aux montagnes où se trouvent les sources de l'Oxus et du Jaxarte. Nous montrerons plus tard qu'ils étaient les alliés de tous les peuples scythiques qui environnaient la Bactriane et qui finirent par l'envahir; on verra, alors, que ces mêmes peuples marchèrent sous les étendards des Arsacides jusqu'aux bords de l'Euphrate et les aidèrent à chasser pour jamais les Séleucides de la haute Asie. On verra aussi que, toutes les fois que des discordes civiles forcèrent quelque prince arsacide à abandonner la Perse, il trouva chez les Scythes un asile et des secours.

Quoique les Scythes et les Dahi, en particulier, fussent établis dans la Perse depuis fort longtemps, ce ne furent pas eux cependant qui se révoltèrent contre les Grecs. Arsace fit, il est vrai, soulever les Parthes, mais leur rébellion n'eut pas de suite; la révolution vint du dehors. Ce fut avec les troupes nombreuses qu'ils tirèrent de la Scythie indépendante, que les Arsacides se rendirent successivement les maîtres de l'Orient. Nous croyons même qu'Arsace et son frère Tiridate étaient issus de quelqu'une des familles nobles qui régnaient dans ces régions. Tous les peuples scythes qui habitaient la Perse avaient perdu leur nom générique pour ne garder que leur nom particulier, tandis que ces deux frères sont souvent appelés Scythes, dénomination qui s'appliquait alors aux nations nomades et indépendantes des régions situées au nord du mont Caucase, de la mer Caspienne et de la Perse. Nous savons par les témoignages réunis de Tacite, d'Agathangélus, de Faustus de Byzance et de quelques autres écrivains, que des princes de la race des Arsacides commandaient aux divers peuples qui, soumis à une seule domination, portèrent successivement, depuis le IIIe siècle avant J. C. jusqu'au IVe de notre ère, les noms de Scythes, de Tauroscythes, d'Ases, de Massagètes et d'Alains. Ces peuples eurent, pendant tout cet espace de temps, des souverains de la même race. Nous pouvons déterminer à quelle époque commencèrent les branches arsacides de Bactriane et d'Arménie, mais nous ne pouvons le faire pour celle de Scythie. Agathangélus nous atteste qu'elle ne tenait que le quatrième rang dans la monarchie arsacide. En général, dans les races royales, quand les branches collatérales vieillissent, elles deviennent presque étrangères à la branche aînée, et il n'y a bientôt plus que l'histoire qui conserve le souvenir de leur origine commune. De même, dans la famille des Arsacides, nous verrons les branches collatérales perdre leur rang à mesure qu'elles s'éloignent de leur souche. Les Arsacides de Scythie, nous croyons devoir le répéter ici, tenaient le quatrième rang, ceux de Bactriane le troisième, et ceux d'Arménie, plus rapprochés de la branche aînée, le second; mais, sous le règne de Vologèse Ier, ils furent obligés de céder le second rang à Pacorus, roi de

Médie, frère de Vologèse, et de se contenter du troisième.

Si, dès son origine, la race des Arsacides, soit par les armes, soit par la politique, parvint à acquérir une vaste domination ou une grande influence dans la Scythie; ou bien plutôt, si, comme nous avons lieu de le croire, avant de s'établir dans la Perse, elle commandait déjà à plusieurs tribus de ces régions, on conçoit facilement qu'elle put trouver les moyens de s'emparer de tout l'Orient. Quand ils eurent vaincu plusieurs fois les Séleucides, les Arsacides de Perse abandonnèrent probablement les anciennes possessions de leur maison à une branche collatérale, celle des Arsacides de Scythie, qui subsista pendant près de six siècles. Ce ne serait pas la seule fois que l'Orient tout entier aurait été soumis à des princes qui auraient d'abord habité les pays situés au nord de la mer Caspienne : au XI° siècle, les Turcs seldjoukides sortirent de ces régions avec un grand nombre de tribus barbares, et, après avoir passé l'Oxus, étendirent leur domination depuis les montagnes de l'Inde jusqu'au Bosphore de Thrace et à Jérusalem; les Kharizmiens, partis des mêmes contrées à la fin du siècle suivant, réduisirent aussi la Perse sous leur autorité.

Il résulte de toutes les considérations qui précèdent, que les Arsacides, avant de régner dans la Perse, ont dû commander à plusieurs nations scythiques, qui les aidèrent à vaincre et à chasser les Grecs des contrées situées au delà du Tigre; que la branche des Arsacides de Scythie était la plus ancienne des trois branches collatérales, et que son origine remonte aux premiers temps de l'existence de cette race. Nous ne voyons pas de raison pour ne point placer le commencement de cette branche sous le règne de Tiridate Ier; ou au moins sous celui de son fils Artaban Ier, dont le premier Arsacide de Scythie était peut-être le frère.

Nous ignorons tous les événements qui se passèrent dans l'empire des Parthes depuis la mort de Séleucus Callinicus jusqu'à la fin du règne de Tiridate Ier. Reinérus Reineccius[1] et Jérôme Henning[2], qui, les premiers parmi les modernes, travaillèrent à débrouiller le chaos de l'histoire des Arsacides, ont avancé que ce prince, qu'ils confondent avec son frère Arsace, périt en combattant contre Ariarathe III, roi de Cappadoce. Il est difficile de croire, d'après ce que nous venons de dire, que les Arsacides, qui alors avaient à peine franchi les montagnes de la Médie, aient pu entreprendre une expédition dans l'Asie Mineure. Ce fait, qui ne peut s'appliquer qu'au temps où ils avaient acquis toute leur puissance, est perdu de vue depuis longtemps : Longuerue, Vaillant, ni aucun de ceux qui se sont occupés des Arsacides, n'en ont fait mention. Il est tiré d'un passage des Dialogues des

[1] *Histor. Julia* t. III, p. 214.
[2] *Theatr. genealog.* t. 1, p. 181.

morts de Lucien[1], que nous examinerons ultérieurement.

Après la mort de Séleucus Callinicus, arrivée en l'an 226, Tiridate paraît avoir vécu en paix avec les fils de ce prince, Séleucus Céraunus et Antiochus le Grand; nous ignorons l'époque précise à laquelle il mourut. Le seul fait historique qui puisse aider à la déterminer, est la guerre que les Parthes eurent à soutenir contre Antiochus le Grand, sous le successeur de Tiridate. Cette guerre commença en l'année 214 avant J. C. après la défaite et la mort d'Achæus, qui s'était révolté dans l'Asie Mineure contre le roi de Syrie. Tiridate Ier n'existait donc plus à cette époque. Selon le Syncelle[2], il régna trente-sept ans. Comme il monta sur le trône en 248, il a dû mourir vers l'an 211. On l'a souvent confondu avec son frère, qui se révolta en même temps que lui contre les Séleucides. Peut-être a-t-on compté les années de son règne depuis le premier soulèvement des Parthes, en y comprenant les deux années que régna son frère. De ce calcul, il résulterait que Tiridate serait mort 213 ans avant J. C. vers le temps même de l'expédition d'Antiochus le Grand. On peut cependant douter que Tiridate ait prolongé sa vie jusqu'alors; car il ne paraît pas qu'Antiochus ait, à cette époque, tourné ses armes contre l'empire parthe pour profiter d'un changement

---

[1] *Dialog. mort.* (*Dial.* 27) t. I, p. 114-116; ed. Dindorf.
[2] *Chronogr.* p. 540; edit. Bonn.

de règne et rétablir son autorité dans les pays qui avaient été enlevés à ses pères; nous voyons au contraire, par le témoignage de Polybe[1], que ce fut beaucoup plus tard que ce prince se mit en marche pour chasser les Parthes de la Médie, dont ils s'étaient rendus maîtres. En 223, Antiochus avait donné le gouvernement de cette province à Molon, et celui de la Perse à Alexandre, frère de ce dernier. L'année suivante, les deux frères se révoltèrent contre leur souverain[2], et défirent plusieurs généraux envoyés contre eux pour les soumettre; ils ne succombèrent qu'en 220, après une guerre de trois ans. Vaincus sur les bords du Tigre, ils se donnèrent la mort; la Perse et la Médie rentrèrent alors sous la domination du roi de Syrie. Le récit circonstancié que Polybe[3] nous a laissé de cette guerre ne fait aucune mention des Parthes; ainsi, c'est dans l'espace de temps qui s'écoula entre les années 220 et 214, qu'il faut placer leur invasion en Médie; ils étaient déjà maîtres de ce royaume en 214, puisque, l'année suivante, la première opération d'Antiochus[4] fut la reprise d'Ecbatane, qui était tombée en leur pouvoir. Ce fut dans l'intervalle qu'A-

---

[1] *Reliquiæ*, lib. X, § 28, t. III, p. 251.
[2] Polyb. lib. V, §§ 40-54, t. II, p. 295-329.
[3] Lib. V, §§ 58-71, t. II, p. 337-369, §§ 79-87, p. 384-403.
[4] Lib. V, § 57, t. II, p. 335, 336; § 67, p. 356; §§ 72-78, p. 369-384; § 107, p. 442. — *Reliq.* lib. VII, §§ 15-18, p. 615-623. — *Ibid.* lib. VIII, §§ 17-23, t. III, p. 42-59.

chæus, l'un des généraux les plus illustres du roi de Syrie, se révolta dans l'Asie Mineure et prit le titre de roi. Antiochus, très-occupé d'une guerre malheureuse qu'il soutenait contre Ptolémée Philopator, ne put châtier promptement le rebelle Achæus, qui mit fort en péril la puissance des Séleucides. Ces circonstances durent paraître trop favorables aux Parthes, pour qu'ils n'entreprissent pas immédiatement une invasion dans l'empire syrien : ils y firent des progrès rapides, et on les voit s'avancer très-loin, puisque, comme nous venons de le dire, ils se rendirent maîtres d'Ecbatane, capitale de la Médie, située à l'extrémité sud-ouest de cette province. La révolte d'Achæus avait commencé en 220, elle se termina, en 215, par la défaite et le supplice du rebelle; c'est donc avant cette dernière année que dut avoir lieu l'envahissement de la Médie, peut-être en 217 ou 216. Vaillant[1] place en 216 l'avénement d'Artaban Ier, fils et successeur de Tiridate, ce qui réduirait à trente-quatre les trente-sept années assignées par le Syncelle au règne de ce prince. Cette supputation serait plus vraisemblable; cependant, nous verrons bientôt que ce fut vers 219 que finit le règne de Tiridate Ier. Par conséquent, nous placerons en 216 l'invasion de la Médie par son successeur Artaban Ier, ainsi que les hostilités entre les deux empires; et, en effet, Polybe nous atteste qu'au printemps de la troisième année de la CXL^e olympiade,

[1] *Arsac. imper.* t. I, p. 21, 22.

c'est-à-dire l'an 217 avant J. C. Antiochus, lorsqu'il fut vaincu à la bataille de Raphia par le roi d'Égypte, avait, pour auxiliaires, dans son armée, des Dahæ [1], ce qui nous porte à croire que le roi de Syrie était alors en paix avec les Parthes.

Selon Moïse de Khoren, le premier prince de la dynastie arsacide, qu'il appelle Arschag ou Arsace le Vaillant, et qui n'est autre que Tiridate Ier, confondu par lui, comme par beaucoup d'autres, avec le premier Arsace, mourut après un règne de trente et un ans [2]; c'est six ans de moins que ne le fait régner le Syncelle, dont le texte a peut-être été altéré, et qui, d'ailleurs, est postérieur de quatre siècles à l'historien arménien. Le témoignage de ce dernier est confirmé par Samuel d'Ani [3], autre historien de la même nation, qui vivait au xiie siècle. Si, comme nous avons lieu de le croire, il faut compter les années du règne de ce prince depuis la première révolte des Parthes, le nombre d'années qu'assignent à sa durée les historiens arméniens s'accorde beaucoup mieux avec le système que nous avons adopté, que la supputation du Syncelle. Nous avons vu qu'Antiochus, ayant vaincu Achæus en 215, marcha ensuite contre le roi des

---

[1] Polyb. *Hist.* lib. V, § 79; t. II, p. 384.

[2] Mos. Khor. *Hist. armen.* lib. II, cap. ii, p. 85; cap. lxv, p. 188.

[3] Samuel d'Ani, *Chronogr. univers.*; mss. armén. de la Biblioth. roy. n° 96, fol. 11 verso.

Parthes, qui s'était emparé de la Médie. C'est par supposition seulement que Vaillant[1] fixe à l'an 212 cette expédition; il est fort douteux que trois années se soient écoulées entre les deux événements. Nous apprenons de Polybe[2] qu'Antiochus, l'année qui suivit la mort d'Achæus, était occupé dans l'Arménie; il convient donc de placer, en 213, comme l'a fait Frölich[3], l'expédition de Médie. Pour admettre le système de Vaillant, il faudrait, à son exemple, faire commencer la dynastie des Arsacides en l'année 256 avant J. C. celui que nous avons adopté ne s'accorde pas fort bien, comme on le voit, avec les trente-sept années que le Syncelle assigne à la durée du règne de Tiridate, qui, en conséquence, aurait fini environ une année avant la guerre de Médie. Il ne serait certainement pas étonnant que le nouveau roi des Parthes eût voulu signaler le commencement de son règne par quelque grande conquête; mais, dans cette supposition, il n'aurait pas choisi une occasion très-favorable, puisqu'alors la révolte d'Achæus était éteinte et que le royaume de Syrie se trouvait en paix avec l'Égypte. D'ailleurs lorsqu'Antiochus marcha contre les Parthes, en l'an 213, la Médie était déjà conquise par eux, et le roi de Syrie n'y entra que pour les en chasser. On

---

[1] *Annal. reg. et rerum Syriæ*, p. 36. — *Arsac. imp.* t. I, p. 22, 23.

[2] *Reliq.* lib, VIII, § 25; t. III, p. 61, 62.

[3] *Annal. reg. et rer. Syriæ*, p. 36.

a donc toute raison de croire que Tiridate mourut pendant la révolte d'Achæus, et que si son successeur profita de ce dernier événement pour faire des conquêtes, ce ne fut pas avant 217, puisqu'en cette année nous voyons un grand nombre de Dahæ au service d'Antiochus. Ainsi, on ne peut, comme nous l'avons déjà fait observer, placer l'entrée des Parthes dans la Médie qu'en l'année suivante, 216. Comme tous les changements de règne amenaient ordinairement de grands troubles chez les Parthes, on conçoit qu'il dut s'écouler au moins deux ans avant que le successeur de Tiridate fût devenu le paisible possesseur du trône, et se trouvât en mesure de faire des conquêtes au loin. Toutes ces considérations réunies nous portent à dater de l'an 219 la mort de Tiridate et l'avénement de son successeur. Si, avec Moïse de Khoren, nous comptons trente et une années depuis la première révolte d'Arsace, en 250, nous verrons qu'effectivement cet événement dut arriver à l'époque que nous lui avons assignée.

Justin nous apprend que Tiridate ou Arsace eut pour successeur son fils, dont il ne nous fait pas connaître le véritable nom; il se contente de l'appeler Arsace[1]. Un fragment des Prologues de Trogue Pompée le nomme Artaban[2]. M. Visconti[3] a déjà relevé

---

[1] « Hujus filius et successor regni, Arsaces et ipse nomine. » (Justin. lib. XLI, cap. v.)

[2] *Prolog.* lib. XLI, ad calc. Justin. edit. varior. p. 535.

[3] *Iconogr. grecq.* t. III, p. 50, note 1.

l'erreur du P. Brotier, qui, dans ses Notes sur Tacite[1], retranche ce prince de la liste des rois parthes, parce que son nom ne se trouve pas dans Justin. Nous dirons, avec M. Visconti, que, non-seulement Artaban est mentionné par Trogue Pompée, mais que, tout en ne le nommant pas, Justin indique fort bien que l'Arsacide qui combattit contre Antiochus le Grand, était différent du fondateur de la dynastie. Tous les savants qui se sont occupés de l'histoire des Parthes ont admis ce prince sous le nom d'Artaban Ier, dans les listes qu'ils ont dressées.

Artaban succéda à son père, l'an 219 avant J. C. et, en 216, au plus tard, profitant des troubles qui déchiraient la Syrie, il pénétra dans la Médie, dont il se rendit maître. Plus pressé de se débarrasser d'un rebelle qui avait pris le titre de roi et qui aspirait à lui ravir la couronne, que de repousser un ennemi étranger qui convoitait seulement quelques-unes de ses provinces, Antiochus ne s'opposa pas d'abord aux progrès des Parthes. Ce ne fut qu'après la mort d'Achæus, que, songeant à les chasser de ses états, il entra dans le Médie, en 213, avec une armée formidable. M. Visconti[2], à l'exemple de Schweighæuser, place cette expédition en l'année 209 avant J. C. Rien, dans les fragments qui nous restent du X° livre de Polybe[3]

---

[1] In *Annal.* lib. II, c. 1, t. I, p. 362-365.
[2] *Iconogr. grecq.* t. III, p. 50, note 1.
[3] *Reliq.* lib. X, §§ 27-31; t. III, p. 248-261.

et qui traitent de la guerre d'Antiochus contre les Parthes, ne nous autorise à croire qu'elle eut lieu à cette époque plutôt qu'en 213. Le seul motif qui ait pu porter le savant Schweighæuser à adopter l'opinion contraire, est la date des événements rapportés par l'historien grec dans les livres précédents; mais, quand on a étudié Polybe, on ne peut méconnaître que, pour ne pas trop morceler le récit des faits qu'il raconte, il ne s'astreint pas à un ordre chronologique bien sévère. Il serait d'ailleurs fort étonnant qu'un prince aussi belliqueux qu'Antiochus, débarrassé de toute crainte dans ses états et en paix avec ses voisins, eût attendu six ans après la mort d'Achæus pour combattre les Parthes. Nous nous rangeons donc à l'opinion de Frölich[1], et nous plaçons, avec lui, en l'an 213 avant J. C. l'arrivée d'Antiochus dans la Médie.

Quoique le roi des Parthes, au rapport de Justin[2], fût entré en campagne avec une armée de cent mille hommes d'infanterie et de vingt mille cavaliers, nous apprenons de Polybe[3] qu'il ne se crut pas assez fort pour résister au roi de Syrie; mais il espérait qu'An-

---

[1] *Annal. reg. et rer. Syriæ*, p. 36.

[2] « (Arsaces) adversus Antiochum, Seleuci filium, centum « millibus peditum, et viginti millibus equitum instructum, « mira virtute pugnavit : ad postremum in societatem ejus « adsumtus est. » (Justin. lib. XLI, cap. v.)

[3] Ἕως μὲν οὖν τούτων τῶν τόπων (Ἐκβατάνων) ἤλπισεν αὐτὸν

tiochus ne s'avancerait pas au delà d'Ecbatane, et qu'il n'oserait pas le poursuivre au delà du désert de Médie, à cause du manque d'eau et du grand nombre de troupes que conduisait le prince séleucide. Aussitôt que le roi des Parthes vit qu'Antiochus se préparait à franchir le désert, il ordonna de détruire tous les puits ou de les empoisonner; mais ceux qu'il en chargea ne purent achever leur opération, Nicomède, un des généraux du roi de Syrie, les ayant attaqués avec un corps de mille cavaliers et contraints à une prompte retraite. Dès ce moment, Antiochus n'éprouva plus aucune difficulté pour traverser le désert; il entra dans le royaume des Parthes, et pénétra jusqu'à Hécatompylos, leur capitale [1]. Après s'être rendu si facilement maître de la résidence royale d'Arsace, il pensa que si ce prince avait été en état de lui résister, il n'aurait pas ainsi laissé son royaume en proie à l'ennemi, ni abandonné ses frontières sans défense, mais qu'il lui aurait indubitablement livré bataille dans les environs d'Hécatompylos, aucun lieu ne pouvant offrir aux Parthes une position militaire plus favorable pour combattre avec avantage [2]. Le roi de Syrie résolut donc, après

ἥξειν Ἀρσάκης· τὴν δ'ἔρημον, τὴν τούτοις πρόσχωρον, οὐ τολμήσειν ἔτι δυνάμει τηλικαύτῃ διεκβαλεῖν, καὶ μάλισ7α διὰ τὴν ἀνυδρίαν. (Polyb. Reliq. lib. X, § 28; t. III, p. 251, 252.)

[1] Polyb. Reliq. lib. X, § 28; t. III, p. 252, 253.

[2] Πλὴν αὐτοῦ διαναπαύσας τὴν δύναμιν, καὶ λογισάμενος, ὡς, εἰ μὲν οἷος ἦν Ἀρσάκης διὰ μάχης κρίνεσθαι πρὸς σφᾶς, οὔτ

quelques jours de repos, de pénétrer dans l'intérieur du royaume. Il dirigea sa marche vers l'Hyrcanie, se porta sur Tagæ, et franchit les monts Labutes, qui séparent cette province de la Parthyène. On peut voir, dans Polybe[1], le détail de toutes les difficultés qu'il eut à vaincre pour achever cette entreprise, et le récit des combats qu'il soutint contre les habitants de ces montagnes, qui tentèrent de lui fermer l'accès de leur pays. Après avoir surmonté ces obstacles, Antiochus, vainqueur, entra dans l'Hyrcanie, et se rendit maître des deux villes capitales, Tambracé et Syringis[2], non toutefois sans avoir éprouvé devant la dernière une vigoureuse résistance.

Nous ignorons la suite de la guerre d'Antiochus contre les Parthes, parce que nous avons perdu la partie de l'histoire de Polybe où il en était question; nous savons seulement, par Justin[3], qu'Artaban se défendit avec le plus grand courage, et que le roi de Syrie finit par faire avec lui un traité de paix et d'alliance. Suivant toute probabilité, Antiochus, après la conquête de l'Hyrcanie, n'eut pas autant de succès que dans le commencement de son expédition; il rencontra

ἂν ἐξεχώρει, λιπὼν τὴν αὑτοῦ χώραν, οὔτ' ἂν ἐπιτηδειοτέρους τόπους ἐζήτει πρὸς ἀγῶνα ταῖς σφετέραις δυνάμεσι τῶν περὶ τὴν Ἑκατόμπυλον. (Polyb. *Reliq.* lib. X, § 29, p. 253-255.)

[1] *Reliq.* lib. X, §§ 29, 30 et 31, t. III, p. 254-259.
[2] *Ibid.* § 31, t. III, p. 259-261.
[3] Lib. XLI, cap. v.

sans doute trop de difficultés pour vaincre les Parthes ; et, désespérant de les soumettre entièrement, il aima mieux leur accorder la paix que de s'exposer plus longtemps aux chances d'une guerre dont il ne pouvait prévoir toutes les conséquences. Nous croyons même que ce furent les nombreux secours que les Parthes reçurent de la Scythie, qui forcèrent Antiochus à faire la paix. Il nous reste un assez long fragment du Xe livre de Polybe[1], où il est parlé des Scythes Apasiaces, grande tribu nomade, qui habitait entre le Jaxarte et l'Oxus, et qui de là faisait de fréquentes incursions jusque dans l'Hyrcanie. Nous avons déjà dit, d'après Strabon, que ce fut chez cette nation que Tiridate, fuyant devant Séleucus Callinicus, alla chercher un asile. On peut conjecturer, avec assez de vraisemblance, que les Apasiaces donnèrent au fils l'assistance qu'ils avaient accordée au père, et que, attirés dans l'Hyrcanie par ses sollicitations, ils vinrent y attaquer le roi de Syrie.

Un savant éditeur de Polybe, M. Schweighæuser, a classé ce fragment parmi ceux qui sont relatifs à la guerre de la Bactriane, quoiqu'il n'ait aucun rapport à cet événement, et bien qu'il se place naturellement après les fragments qui traitent de la guerre des Parthes. Pendant l'expédition contre le roi de la Bactriane, Antiochus ne put rien avoir à démêler avec les tribus scythiques qui habitaient la partie inférieure de l'Oxus,

[1] *Reliq.* lib. X, § 48, t. III, p. 304, 305.

du côté de l'Hyrcanie; il ne dut avoir de rapports avec elles que lorsqu'il se trouva dans ce dernier pays; et l'on voit que Polybe, dans le fragment dont nous avons parlé, cherche seulement à expliquer la facilité avec laquelle ces tribus pouvaient y faire des incursions. Il y a tout lieu de croire que ce fut une de leurs invasions, entreprise à la demande d'Artaban, qui décida Antiochus à lui accorder la paix. Le roi de Syrie, qui redoutait la valeur des Scythes, sur lesquels les rois de Perse et Alexandre le Grand n'avaient obtenu que de légers avantages, ne voulut sans doute pas donner au roi des Parthes un prétexte pour les introduire dans le centre de l'Asie. Ce fut une raison de la même nature qui le porta, peu après, à accorder la paix au roi de la Bactriane, dont les états servaient de barrière aux siens contre les incursions des Scythes[1]. Par son alliance avec Artaban, Antiochus reconnut l'indépendance du prince arsacide, et lui abandonna, sans doute, les provinces reconquises par Tiridate sur les Séleucides, c'est-à-dire, l'Hyrcanie, la Comisène, la Chorène et la Parthyène, qui formaient la totalité de ses possessions. Antiochus le Grand ne fit probablement que renouveler un traité qui avait pu être conclu entre Tiridate et Séleucus Callinicus pendant la captivité de ce dernier, et qui aurait été observé jusqu'au temps de l'invasion de Médie; car il ne paraît pas que, dans l'intervalle, aucune guerre ait éclaté entre les deux états.

[1] *Reliq.* lib. XI, § 34; t. III, p. 380.

Frölich, dont nous adoptons le calcul, a placé la guerre de Médie en l'année 213 avant la naissance de J. C. la prise d'Hécatompylos en 212, l'invasion de l'Hyrcanie en 211, et la paix entre Artaban et Antiochus en 210.

Après avoir fait la paix avec le roi des Parthes, Antiochus tourna ses armes contre Euthydème, roi des Grecs de la Bactriane, qu'il considérait aussi comme un rebelle. Nous pouvons conclure des expressions de Justin[1], qu'Artaban fut l'auxiliaire d'Antiochus dans cette expédition ; car Polybe nous apprend que la guerre contre les Bactriens commença vers les frontières des Parthes, sur les bords du fleuve *Arius*, qui paraît répondre à celui que l'on nomme actuellement *Héry-roud*, c'est-à-dire, *rivière de Hérat*. Cette rivière, qui traverse le Khorassan, formait alors la limite occidentale de la Bactriane. Lorsque les hostilités s'engagèrent entre les deux princes, Euthydème était campé à Tapouria, avec dix mille cavaliers, pour défendre le passage de l'Arius contre Antiochus, qui était à trois journées de marche. Les Bactriens furent vaincus, et Antiochus, victorieux, pénétra dans l'intérieur du royaume[2]. Frölich met la défaite d'Euthydème en l'année 208 avant la naissance de J. C.[3]. Il avait déjà placé en 210 la

---

[1] « Ad postremum in societatem ejus adsumtus est. » (Lib. XLI, cap. v.)

[2] *Polyb. Reliq.* lib. X, § 49, t. III, p. 305-308.

[3] *Annal. reg. et rer. Syr.* p. 36.

conclusion de la paix entre Antiochus et Artaban. Comme la guerre de la Bactriane commença immédiatement après celle des Parthes, et qu'il paraît qu'Antiochus, en sortant du territoire de ces derniers, entra sur celui des Bactriens, nous pensons qu'il n'y eut point, entre ces deux événements, un si long intervalle, et nous assignerons, en conséquence, à la défaite d'Euthydème la date de l'année 209. Nous ne nous étendrons pas davantage ici sur l'expédition du roi de Syrie dans la Bactriane; nous en traiterons avec plus de détails dans la quatrième partie de notre travail. Cette guerre, comme celle des Parthes, et pour des motifs à peu près semblables, fut terminée par un traité de paix. Antiochus, après avoir conclu ce traité, pénétra dans l'Inde, où il renouvela amitié avec un roi appelé *Sophagasène*, qui lui fournit une grande quantité d'éléphants; il revint ensuite dans l'intérieur de ses états, en traversant l'Arachosie, la Drangiane et la Carmanie [1].

Depuis la paix signée entre Artaban et Antiochus, l'histoire ne fait plus mention du premier. Il paraît que, content d'avoir été reconnu roi par le prince séleucide, il resta tranquille dans ses états, et qu'il n'attaqua jamais le royaume d'Antiochus. Celui-ci, après un règne de trente-six ans, mourut en la première année de la CXLVIII° olympiade[2], qui répond aux

[1] Polyb. *Reliq.* lib. XI, § 34, t. III, p. 379-382.
[2] Euseb. *Chron. interpr. Hieron.* p. 144; ed. Scalig.

années 188 et 187 avant J. C. Nous ignorons l'époque de la mort d'Artaban Ier, et par conséquent, la durée de son règne. Jérôme Henning [1], Onuphre Panvini [2], et Jean Élichman, dans ses Notes sur Justin, l'ont fixée, par supposition, à vingt ans. Les anciens ne nous ayant laissé aucun témoignage positif sur ce point, Vaillant [3], faute de mieux, a adopté l'opinion d'Élichman. Nous préférons à l'autorité d'un moderne, fondée seulement sur des conjectures, le témoignage de Moïse de Khoren. Cet historien donne pour successeur à Arsace le Vaillant, que nous avons déjà démontré être le même que Tiridate Ier, un prince qui était son fils et qu'il appelle Ardaschès. Celui-ci serait alors le même qu'Artaban Ier. On sait que le nom d'Ardaschès signifiait *grand roi*; Artaban prit peut-être ce nom après ses victoires sur les Grecs et la conquête de la Médie. Les Arsacides, nous l'avons déjà dit, cherchèrent toujours à se faire considérer comme les successeurs des anciens rois de Perse; et il ne serait pas étonnant que, dans un moment de prospérité, ils se fussent arrogé un titre qu'ils s'attribuèrent sans contestation après que la victoire les eut placés au niveau de leurs anciens souverains. Il est donc fort probable qu'Artaban prit le titre de *grand roi* dans le commencement de son règne; mais on ne peut pas

---

[1] *Theatr. geneal.* t. I, p. 181.
[2] *Lib. reip. rom. comment.* III, p. 266.
[3] *Arsac. imper.* t. I, p. 30.

croire qu'il l'ait conservé après la paix qu'il fit avec Antiochus le Grand. Cette considération n'empêche cependant pas d'admettre que les Arméniens aient pu continuer de le lui donner, à l'imitation des Parthes eux-mêmes, qui le lui auraient rendu par la suite, en mémoire de leurs premiers exploits. Moïse de Khoren assigne au règne de ce prince une durée de vingt-six ans [1]. Nous avons déjà fixé à l'an 219 avant J. C. la fin du règne de Tiridate Ier. En partant de cette époque, on voit que c'est en 193 qu'il faut placer la mort d'Artaban Ier, qui ainsi eut lieu cinq ou six ans avant celle d'Antiochus le Grand. Rien ne s'oppose à ce que nous adoptions cette date, qui se trouvera d'ailleurs confirmée par celle de la mort de Mithridate Ier.

Artaban Ier, au rapport de Justin [2], eut pour successeur Priapatius ou, selon un ancien manuscrit, Pampatius, qui s'appelait aussi Arsace. Cet historien le désigne comme le troisième roi des Parthes, parce qu'il confond Arsace avec son frère Tiridate, dont il ne fait qu'un seul et même personnage. Aucun autre écrivain ne parle de ce prince. Il paraît qu'il ne fit rien de remarquable pendant tout le temps qu'il fut sur le trône. Il mourut après un règne de quinze ans, laissant, ajoute Justin [3], deux fils, Mithridate et Phraate. Le dernier,

[1] *Hist. armen.* lib. II, cap. II, p. 85; cap. LXV, p. 188.

[2] « Tertius Parthis rex Priapatius fuit, sed et ipse Arsaces « dictus. » (Lib. XLI, cap. v.)

[3] « Hic actis in regno quindecim annis decessit, relictis duo-

qui était l'aîné, lui succéda par droit de naissance. Il est certain que Priapatius eut d'autres enfants, puisque Justin[1] lui-même fait mention d'Artaban II, successeur de Phraate II; fils de Mithridate Ier, dont il était l'oncle paternel, et par conséquent frère de Mithridate. On peut croire que Priapatius vécut en paix avec les rois de Syrie, et qu'il ne rompit jamais le traité d'alliance que son père avait conclu avec Antiochus le Grand. Appien[2] parle de cavaliers *dahæ*, qui étaient dans l'armée du roi de Syrie lorsqu'il fut vaincu par les Romains à Magnésie, près du mont Sipyle, en l'an 190; ces cavaliers n'étaient sans doute à son service que par suite de la paix qui régnait entre lui et le roi des Parthes. Jérôme Henning[3], d'après les anciennes éditions de Justin, ne donne à Pampatius ou Priapatius que douze ans de règne; nous lui en donnons, comme nous l'avons dit, quinze, d'après le texte corrigé de l'historien latin. Puisque le roi Artaban Ier cessa de régner l'an 193 avant J. C. son successeur a dû mourir dans l'année 178.

Phraate Ier, fils aîné de Priapatius, lui succéda donc en cette dernière année 178. Il ne régna que fort peu de temps. Après avoir vaincu, selon Justin[4], la vail-

« bus filiis, Mithridate et Phrahate : quorum major Phrahates,
« more gentis, heres regni. » (Lib. XLI, c. v.)

[1] Lib. XLII, cap. II.
[2] *Syriac.* cap. 32 t. I, p. 584.
[3] *Theatr. geneal.* t. I, p. 181.
[4] « (Phrahates) Mardos, validam gentem, bello domuit; nec

lante nation des Mardes, il laissa le trône à son frère Mithridate, lui donnant la préférence sur ses nombreux enfants, à cause de ses belles qualités, et mettant ainsi l'intérêt de l'état avant celui de son propre sang. Les Mardes, que Phraate soumit à son empire, étaient une de ces nations d'origine scythique, qui étaient répandues dans toutes les parties de la Perse. Ils étaient errants, et on en rencontrait dans toutes les provinces. Hérodote[1] en place dans la Perse proprement dite et dans l'Arménie; Arrien[2] et Quinte-Curce[3] en indiquent dans les montagnes qui séparaient la Médie de la Susiane. Selon Pline[4], il s'en trouvait dans la Bactriane; mais les plus puissants et les plus connus de tous étaient ceux qui habitaient dans les montagnes septentrionales de la Médie, dans le voisinage de l'Hyrcanie et du pays des Tapyri, le Tabaristan des modernes. Ce furent sans doute ces derniers que Phraate parvint à dompter. Selon Strabon, qui plusieurs fois fait mention d'eux dans son ouvrage, ils s'appelaient ordinairement Amardes[5]. Ce nom ne signifie pas *Grands Mardes*,

« multo post decessit, multis filiis relictis : quibus præteritis, fra-
« tri potissimum Mithridati, insignis virtutis viro, reliquit impe-
« rium, plus regio, quam patrio deberi nomini ratus; potiusque
« patriæ, quam liberis consulendum. » (Lib. XLI, cap. v.)

[1] Lib. I, § 125, p. 299; ed. Frider. Creuzer.
[2] Arrien, *Hist. indic.* cap. xl; ed. Gronov.
[3] Lib. V, cap. vi.
[4] Pline, *Hist. nat.* lib. VI, cap. 18.
[5] Strab. *Geogr.* lib. XI, p. 773-795.—Dionys. Perieg. v. 732,

comme le pensait Anquetil du Perron; c'est toujours la même dénomination, mais dans un autre dialecte de la langue persane, dont nous avons déjà parlé, et qui plaçait un *a* devant beaucoup de mots. Après avoir vaincu les Mardes, Phraate, au rapport d'Isidore de Charax, en transporta un grand nombre dans la Parthyène, et les établit dans une ville appelée Charax[1], près des portes Caspiennes. C'est là le seul événement du règne de Phraate Ier dont l'histoire nous ait conservé le souvenir. Les expressions de Justin ne permettent pas de croire qu'il ait longtemps occupé le trône. Jérôme Henning[2] lui donne arbitrairement un règne de huit ans, et son opinion a été adoptée par Vaillant[3], quoique rien ne la justifie. Nous sommes fort porté à croire qu'il régna encore moins de temps. Il paraît qu'il entreprit la guerre contre les Mardes au commencement de son règne. Les préparatifs de la guerre et l'expédition elle-même ne durent pas coûter beaucoup de temps, puisque ce peuple habitait sur les frontières de ses états. Comme Phraate eut affaire à une nation vaillante et dont le pays était

p. 129, in *Geogr. græc. min.* t. IV. — Pompon. Mel. lib. III, cap. II. — Steph. Byzant. sub voce Ἀμαρδοί, p. 37; ed. Westermann.

[1] Εἰς δὲ τὴν Χάρακα πρῶτος βασιλεὺς Φραάτης τοὺς Μάρδους ᾤκισεν. (Isidor. *Stathm. Parth.* p. 6, in *Geogr. græc. minor.* t. II; ed. H. Hudson.)

[2] *Theatr. geneal.* t. I, p. 181.

[3] *Arsac. imper.* t. I, p. 37.

334   HISTOIRE DES ARSACIDES.

très-difficile, il est possible qu'il ne l'ait pas soumise de prime-abord ; mais tout ce qu'on peut raisonnablement accorder, c'est que la guerre ait continué deux ou trois années. Justin[1] nous atteste que Phraate mourut peu après l'avoir terminée. Ainsi, en fixant à cinq années la durée entière de son règne, on ne s'écartera pas beaucoup de la vérité; et nous n'avons d'ailleurs aucun moyen d'arriver à une certitude absolue sur ce point. Nous ne voyons pas quelles autorités, ni même quelles conjectures ont pu porter M. Visconti[2] à donner à ce prince un règne bien plus long. Il le fait monter sur le trône environ 190 ans avant J. C. et prolonge son existence jusque vers l'année 165. Richter[3], et, après lui, M. Tychsen[4], ont pensé que Phraate Ier n'avait régné que depuis l'an 181 avant J. C. jusqu'en 174. A une année près, ils s'accordent avec nous sur ce dernier point; et ils n'en diffèrent, quant au premier, que parce qu'ils ont fait commencer en l'an 256 avant J. C. la dynastie des Arsacides, dont l'origine, selon nous, ne remonte qu'à l'année 250. Ainsi, la mort de Priapatius ayant eu lieu 178 ans avant J. C. nous placerons en l'an 173 celle de Phraate Ier. Quoique ce prince eût plusieurs

---

[1] Lib. XLI, cap. v.

[2] *Iconograph. grecq.* t. III, p. 50 et 51.

[3] Richter (Carl Frieder.), ouvrage cité, p. 42-44.

[4] *Comment. Societ. reg. scien. Gotting. recent.* (*Commentat. IV de nummis veterum Pers. et Parth.*) t. III, p. 6.

enfants, il choisit pour son successeur, comme nous l'avons dit plus haut, son frère Mithridate, à cause de ses brillantes qualités. Peut-être ses fils étaient-ils trop jeunes pour régner, et aima-t-il mieux laisser de bon gré l'empire à son frère, qui n'aurait pas manqué de s'en emparer après lui. En ce cas, on devrait croire que, par cette résolution, il cherchait à éviter les troubles qui, dans l'Orient, accompagnent ordinairement les changements de règnes.

Orose désigne Mithridate Ier, frère de Phraate Ier, comme le sixième des rois arsacides [1], et confirme par là le système que nous avons adopté pour le nombre et la succession des premiers princes de cette famille. Il avait probablement puisé ce renseignement dans Trogue Pompée; car si, dans cette occasion, comme il l'a fait dans beaucoup d'autres, il avait pris pour guide l'abréviateur de l'historien romain, il n'aurait appelé Mithridate Ier que le cinquième des rois arsacides, parce que Justin, ainsi que nous l'avons déjà fait remarquer, a confondu le premier et le second des rois parthes. Ce prince doit être considéré comme le véritable fondateur de la puissance des Arsacides. Ses prédécesseurs n'avaient joui que d'une souveraineté fort précaire, leurs états ayant été envahis par les armées des Séleucides, dont ils avaient été obligés de reconnaître la suprématie. Mithridate secoua tout à fait le

[1] « Mithridates, rex Parthorum, sextus ab Arsace. » (Oros. lib. V, cap. IV.)

joug, étendit considérablement les limites de l'empire parthe, porta ses conquêtes jusque dans l'Inde, soumit la Médie, la Perse, la Susiane et l'Arménie, chassa entièrement les Séleucides de la haute Asie, leur prit Séleucie, et les repoussa jusqu'aux rives de l'Euphrate supérieur. C'est sans doute lui qui, le premier de sa race, prit le titre de roi des rois. Sa puissance et la grandeur de ses exploits l'ont fait appeler par les Arméniens Arsace le Grand. Les anciens historiens n'en parlent pas avec moins d'éloges. Justin dit qu'il mourut dans une glorieuse vieillesse, après avoir égalé son aïeul Arsace [1]. Un passage de Diodore de Sicile, qui nous a été conservé par l'empereur Constantin Porphyrogénète, dans son recueil intitulé *Des vertus et des vices*, nous montre que Mithridate voulut joindre à la gloire de conquérant celle de législateur : il forma un code de toutes les lois qu'il trouva chez les diverses nations soumises à son empire, et il se distingua non moins par ses belles qualités que par son courage. « Le roi Arsace, dit Diodore, préférait à
« tout la clémence et la bonté ; il eut aussi partout de
« très-grands succès, et il étendit fort loin les limites
« de son empire. Il s'avança, dans l'Inde, jusqu'aux
« pays où Porus avait régné, et subjugua tout sans
« obstacles. Arrivé à un tel degré de puissance, il ne
« s'abandonna pas au luxe et à l'insolence, comme

[1] « Non minor Arsace proavo, gloriosa senectute decedit. » (Justin. lib. XLI, cap. vi.)

DEUXIÈME PARTIE. 337

« le font beaucoup de princes; il montra de l'huma-
« nité pour ses sujets et du courage contre ses enne-
« mis. Comme il avait soumis à sa puissance un grand
« nombre de peuples, il choisit les meilleures de leurs
« lois et les donna aux Parthes[1]. » Son frère Arsace ou
Vaghaschag, qu'il établit roi en Arménie, imita entièrement sa conduite; car nous savons, par Moïse de
Khoren, qu'à peine sa puissance affermie, il s'occupa
de remettre en vigueur les anciennes lois du pays,
et d'en promulguer de nouvelles pour suppléer à l'imperfection de celles-là[2]. Malgré la grandeur des exploits de Mithridate Ier et l'étendue de son empire,
ses hauts faits nous sont restés presque inconnus;
et c'est à l'aide seulement de quelques conjectures
que l'on peut déterminer la date de ceux qui sont racontés par les historiens. Nous parlerons d'abord de
la conquête de la Médie, de la Perse, de l'Élymaïde et

---

[1] Ὅτι ὁ Ἀρσάκης ὁ βασιλεὺς ἐπιείκειαν καὶ φιλανθρωπίαν ζηλώ-
σας, αὐτομάτην ἔσχε τὴν ἐπίρροιαν τῶν ἀγαθῶν, καὶ τὴν βασιλείαν ἐπὶ πλεῖον ηὔξησε. Μέχρι γὰρ τῆς Ἰνδικῆς διατείνας, τῆς
ὑπὸ τὸν Πῶρον γενομένης χώρας ἐκυρίευσεν ἀκινδύνως. Εἰς τη-
λικοῦτο δὲ μέγεθος προαχθεὶς βασιλείας, οὐκ ἐζήλωσε τρυφὴν
οὐδὲ ὑπερηφανίαν, ἅπερ ταῖς πλείσταις δυναστείαις ἀκολουθεῖν
εἴωθεν· ἀλλ' ἐπιείκειαν μὲν πρὸς τοὺς ὑποτεταγμένους, ἀνδρείαν
δὲ πρὸς τοὺς ἀντιταττομένους· καθόλου δὲ πολλῶν ἐθνῶν ἐγκρατὴς γενόμενος, τὰ παρ' ἑκάστοις ἄριστα τῶν νομίμων κατέδειξε
τοῖς Πάρθοις. (Diod. Sic. *Excerpt. de virt. et vit.* Opp. tom. II,
p. 597; ed. Wessel.)

[2] Mos. Khor. *Hist. armen.* lib. II, cap. VII, p. 71-99.

de la Babylonie sur les Séleucides; puis de la fondation du royaume arsacide d'Arménie; nous traiterons ensuite des guerres de Mithridate du côté de la Bactriane et de l'Inde; enfin, nous parlerons de l'expédition malheureuse de Démétrius Nicator, qui voulait reconquérir les provinces enlevées par les Parthes au royaume de Syrie.

Nous n'avons, pour déterminer l'époque où la puissance des Parthes s'établit sur les bords de l'Euphrate, que la date de la fondation du royaume d'Arménie, qui en fut une conséquence, et un passage d'Orose, qui nous apprend que Mithridate se rendit maître de Babylone sous le règne du roi de Syrie Démétrius. Le royaume d'Arménie, comme nous le prouverons bientôt, fut fondé l'an 150 avant J. C. Démétrius Ier, surnommé Soter, qui est le prince dont parle Orose, était fils de Séleucus IV; selon Frölich[1], il succéda, en 162, à son cousin Antiochus V, après avoir été longtemps en otage à Rome, d'où il s'échappa furtivement pour monter sur le trône de Syrie[2]. Après un règne d'environ onze ans, ce prince périt dans l'année 151, selon le même érudit[3], en combattant un rebelle appelé Alexandre Bala, qui cherchait à se faire passer pour un fils d'Antiochus Épiphane, et qui, après la mort de Démétrius Soter, régna quelques années.

[1] *Ann. reg. et rer. Syriæ*, p. 56.
[2] Polyb. *Reliq.* lib. XXXI, §§ 19-23; t. IV, p. 525-538.
[3] *Annal. reg. et rerum Syriæ*, p. 60.

DEUXIÈME PARTIE. 339

C'est donc entre l'an 162 et l'an 151 avant J. C. qu'il faut placer la première guerre de Mithridate contre les Séleucides; car nous ne pouvons pas douter qu'avant cette époque toutes les régions de la haute Asie, à l'exception de celles qui étaient reconnues pour former le domaine des rois parthes et des rois de la Bactriane, n'appartinssent encore aux rois de Syrie. Lorsque Phraate Ier, qui régna de 178 à 173, combattit les Mardes, ses voisins, il ne dépassa sans doute pas de beaucoup les limites qui avaient été fixées à ses états. Ainsi les Parthes n'avaient point alors attaqué les possessions des Séleucides. Un certain Timarque et son frère Héraclide avaient été chargés du gouvernement de Séleucie et de la Médie par Antiochus Épiphane, qui, selon Frölich [1], aurait régné depuis l'an 176 avant J. C. jusqu'à l'an 164. D'après les expressions de saint Jérôme, dans son Commentaire sur Daniel [2], nous avons lieu de croire que c'est vers le commencement de son règne qu'Antiochus confia à Timarque la fonction dont il s'agit; conséquemment, vers l'an 176, Séleucie et la Médie n'étaient point encore tombées au pouvoir des Parthes. Au rapport de Trogue Pompée [3], Timarque en conserva le gouvernement jusqu'au règne de Démétrius Ier, surnommé Soter, qui

[1] Frölich, *Annal. reg. et rer. Syriæ*, p. 44, 53.
[2] S. Jérôme, *Comment. in Dan.* cap. VIII, t. V, p. 674, 675; edit. Veron.
[3] Trog. Pomp. *Prol.* l. XXXIV, ad calc. Just. ed. Var. p. 531.

le lui ôta en l'année 162, selon Frölich[1]. Justin indique la Médie comme la première province envahie par les Parthes, et il dut effectivement en être ainsi, à cause de sa position et de son importance. La première tentative des Parthes pour subjuguer ce pays et les régions voisines doit donc être postérieure à l'an 162. Vers la fin de son règne, Antiochus Épiphane, selon saint Jérôme[2], porta la guerre en Arménie, où il n'y avait point encore de roi arsacide; il combattit et vainquit Artaxias, qui s'en était déclaré roi. Frölich[3] place cette expédition en l'année 165. Le prince séleucide parcourut ensuite les régions de la haute Asie, appelées *satrapies supérieures*, d'où il alla à Ecbatane, selon Josèphe[4], puis dans l'Élymaïde, sous prétexte de lever lui-même les tributs de la Perse proprement dite, mais réellement pour piller les trésors du célèbre temple de Diane Anaïtis; il y trouva la mort en l'année 164 selon Vaillant[5] et Frölich[6]. Le deuxième livre des Macabées[7] nous atteste qu'après la mort d'Antiochus, les armées de ce prince occupaient la Perse et la Médie. Pendant tous ces évé-

[1] *Annal. rer. et reg. Syr.* p. 52, 54.
[2] Loc. cit.
[3] Ubi supra.
[4] *Antiq. jud.* lib. XII, cap. vii et viii, t. II, p. 189 et 207; ed. Oberthür.
[5] *Seleucid. imperium,* p. 191, 192.
[6] *Annal. reg. et rer. Syr.* p. 50, 51.
[7] *Macab.* II, ix, 1, 3.

DEUXIÈME PARTIE. 341

nements, il n'est, en aucune manière, question des Parthes; ce qui nous paraît être une forte raison de croire qu'ils n'avaient point alors franchi les limites assignées à leurs états par les traités faits avec les rois de Syrie.

Depuis un assez long temps, les princes séleucides, pour être sans doute plus à portée de veiller aux affaires de l'Asie Mineure et de l'Égypte, avaient fixé leur résidence habituelle à Antioche; ils faisaient administrer les pays situés à l'orient de l'Euphrate par de simples gouverneurs, qui résidaient à Séleucie, leur ancienne capitale, ou bien à Babylone, qu'on a souvent confondue avec la première. Antiochus Épiphane, comme nous l'avons déjà dit, avait confié cette importante fonction à deux compagnons de ses plaisirs, Timarque et son frère Héraclide; celui-ci était chargé en particulier de l'administration des finances [1]. Nous avons vu qu'ils conservèrent, jusqu'au règne de Démétrius Ier, le gouvernement qui leur avait été confié. Après la mort d'Antiochus Épiphane, son fils Antiochus, qu'on surnomma Eupator, fut placé sur le trône, à peine âgé de neuf ans; il n'eut qu'un règne éphémère. Démétrius, fils de Séleucus IV Philopator, qui était en otage à Rome depuis longtemps, s'enfuit

---

[1] Σατράπην μὲν ἔχων ἐν Βαβυλῶνι Τίμαρχον, ἐπὶ δὲ ταῖς προσόδοις Ἡρακλείδην, ἀδελφὼ μὲν ἀλλήλοιν, ἄμφω δὲ αὐτοῦ γενομένω παιδικώ. (Appian. Syr. cap. XLV, t. I, p. 605; ed. Schweigh.)

secrètement par le secours de l'historien Polybe[1], qui nous a conservé les détails de son évasion ; et il se rendit bientôt maître du royaume de Syrie, en faisant mourir le jeune roi Antiochus V et son tuteur Lysias, selon les récits de Josèphe[2], de Justin[3] et d'Appien[4], tandis que, si l'on s'en rapporte à l'auteur du premier livre des Macabées[5], les soldats de Démétrius les auraient massacrés tous deux, et ce prince aurait été innocent de leur mort. Cet événement arriva, suivant Frölich, en l'an 162[6]. Appien nous donne lieu de croire que ce fut peu après la mort de Lysias et du jeune roi que Démétrius fit la guerre au rebelle Timarque. Il dit en effet que, dès le commencement de son règne, ce prince fut surnommé *Soter* ou Sauveur par les Babyloniens, parce qu'il les avait délivrés de la double tyrannie de Timarque, qui avait été mis à mort par son ordre, et d'Héraclide, qui avait été chassé[7]. Timarque avait, sans doute, profité, pour se révolter, des troubles causés par l'arrivée de Démétrius ; car il paraît qu'il était resté fidèle au fils d'Antiochus Épiphane, son bienfaiteur. Nous voyons dans

---

[1] *Reliq.* lib. XXXI, §§ 19-23 ; tom. IV, p. 525-538.
[2] *Antiquit. jud.* lib. XII, cap. x.
[3] Lib. XXXIV, cap. III.
[4] *In Syriac.* cap. XLVII, t. I, p. 607 ; ed. Schweigh.
[5] VII, 2, 3, 4.
[6] *Annal. reg. et rer. Syriæ*, p. 56.
[7] Τόν τε Λυσίαν καὶ τὸ παιδίον ἐπ' αὐτῷ διαφθείρας, καὶ Ἡρα-

DEUXIÈME PARTIE. 343

Josèphe[1] qu'après la mort d'Antiochus, ses troupes restèrent longtemps encore dans quelques provinces qui faisaient partie du gouvernement de Timarque, et qu'on en tira des renforts pour faire, en Syrie, la guerre aux Juifs. Il est fort probable que le meurtre d'Antiochus Eupator fut le prétexte de la révolte de Timarque, qui ne voulut pas reconnaître Démétrius, et qui prétendit s'emparer de la souveraine puissance. Ce dernier acte, dont aucun historien ne nous a conservé le souvenir, nous est attesté par une médaille extrêmement rare du Cabinet de la Bibliothèque royale, que M. Visconti[2] attribue avec raison à Timarque, gouverneur de la Babylonie. Le rebelle y prend le titre de *grand roi*, qui avait déjà été usurpé par quelque prince de la Bactriane, dans l'intention peut-être de s'attacher plus fortement les peuples de ces contrées. L'usage n'accordait ce titre qu'aux princes qui devaient exercer un empire absolu sur tout l'Orient. Aucun des successeurs d'Alexandre ne le prit, pas même les Séleucides, qui y avaient cependant plus de droit que les autres, puisqu'ils avaient hérité de presque toutes les provinces de l'empire des Perses. Le témoignage de Trogue Pompée sert à confirmer celui

κλείδην ἐκβαλὼν, καὶ Τίμαρχον ἐπανισ]άμενον ἀνελὼν, καὶ τἆλλα πονήρως τῆς Βαβυλῶνος ἡγούμενον· ἐφ' ᾧ καὶ Σωτὴρ, ἀρξαμένων τῶν Βαβυλωνίων, ὠνομάσθη. (Appian. Syriac. loc. cit.)

[1] *Antiq. jud.* lib. XII, cap. x, § 2.
[2] *Iconogr. grecq.* t. III, p. 188, 189.

qui résulte de la médaille citée, car cet historien donne à Timarque le titre de roi; et ce qui vient encore à l'appui de notre opinion sur l'indépendance et la puissance acquises par ce dernier, c'est que Trogue Pompée l'appelle roi des Mèdes[1]. Frölich pense que Timarque fut tué dans la première année du règne de Démétrius, c'est-à-dire l'an 162 avant J. C. Il nous paraît fort difficile d'admettre cette date; car si, comme il y a tout lieu de le croire, la mort d'Antiochus Eupator servit de prétexte à la révolte du gouverneur de Babylone, on ne peut guère croire que celui-ci périt dans la même année. Il faudrait supposer, en effet, que Démétrius, encore mal affermi sur son trône, aurait poussé la guerre contre Timarque avec une extrême activité, et qu'il aurait été assez favorisé par la fortune pour vaincre du premier coup un rebelle qui pouvait disposer d'une grande partie des forces de l'Orient, et qui osait s'arroger le titre de grand roi. Ce n'est donc, à notre avis, qu'en l'année suivante, 161, que l'on peut, avec quelque raison, placer la défaite et la mort de Timarque, dont la chute fut peut-être hâtée par la haine que lui portaient les Babyloniens; car Appien[2] nous atteste qu'il les gouvernait d'une manière très-tyrannique. Leur aversion pour lui était telle, que, selon le même écrivain,

---

[1] *Prol.* lib. XXXIV, ad calc. Justini; edit. var. p. 531.
[2] In *Syriac.* cap. XLVII, t. I, p. 607; ed. Schweigh.

ils donnèrent à son vainqueur le surnom de *Soter* ou Sauveur.

La révolte de Timarque dut causer dans l'Orient des troubles de longue durée; on peut présumer que Démétrius, alors fort occupé des affaires de la Syrie et de la Cappadoce, ne put pas rétablir entièrement son autorité, et que le roi des Parthes chercha à profiter de cet état de choses pour ajouter à son empire les provinces qui avaient été gouvernées par Timarque. Tout concourt d'ailleurs à nous prouver que c'est vers cette époque qu'il faut placer l'accroissement de la puissance des Parthes. Il est évident qu'elle ne se développa pas avant cette révolte; car Orose dit positivement[1] que lorsque Mithridate Ier, roi des Parthes, se rendit maître de Babylone, il en chassa le gouverneur qui y avait été placé par le roi séleucide. Cette conquête dut avoir lieu sous le successeur immédiat de Timarque, ou sous celui de ses successeurs qu'Antiochus Épiphane avait investi des fonctions de gouverneur à Babylone. Nous pensons que, par Babylone, il faut entendre, dans le passage d'Orose, la ville de Séleucie, qui, dès lors, avait remplacé l'ancienne capitale de la Chaldée, et qui en causa la ruine totale. Ces deux villes auront été confondues par Orose, comme elles le sont par plusieurs autres écrivains. La

---

[1] « Mithridates, victo Demetrio præfecto, Babyloniam urbem « finesque ejus universos victor invasit. » (Oros. lib. V, cap. iv.)

prise de Séleucie ou Babylone par le roi Mithridate dut être l'une des dernières conquêtes de ce prince sur les Grecs; elle paraît avoir eu lieu sous le règne de Démétrius, vers l'époque de sa mort. En l'an 153 avant J. C. Héraclide, dont nous avons déjà parlé, et qui avait échappé à la disgrâce de son frère Timarque en fuyant hors de la Syrie, s'était, selon Polybe [1], retiré à Rhodes, pour y préparer les moyens de se venger de Démétrius. Les habitants d'Antioche étaient alors en pleine révolte contre leur souverain. De concert avec son ennemi Ariarathe, roi de Cappadoce, ils lui suscitèrent un compétiteur dans la personne d'un jeune homme de basse extraction, qu'ils nommèrent Alexandre, et qu'ils firent passer pour un fils d'Antiochus Épiphane. Laodice, fille non supposée de ce roi, entra dans leur projet; Héraclide fut chargé de les conduire l'un et l'autre à Rome, où il obtint bientôt un décret du sénat qui conférait à Alexandre le titre de roi de Syrie. Fort de l'alliance des Romains, ce dernier débarqua à Ptolémaïs, sur les côtes de la Phénicie; la haine que l'on portait à Démétrius réunit promptement une armée autour de lui [2]. L'année suivante, selon Frölich [3], il fut vaincu par le prince séleucide dans une bataille dont Justin

---

[1] *Reliquiæ*, lib. XXXIII, §§ 14 et 16; t. IV, p. 614, 616-619; ed. Schweigh. — Justin. lib. XXXV, cap. I.

[2] Josèphe, *Antiquit. jud.* lib. XIII, cap. II.

[3] *Annal. rer. et reg. Syr.* p. 60.

DEUXIÈME PARTIE. 347

fait mention [1]. Cet échec ne le rebuta pas : soutenu par les troupes du roi d'Égypte ; d'Attale, roi de Pergame, et d'Ariarathe, roi de Cappadoce, il livra une nouvelle bataille, en l'an 151, à Démétrius, qui fut vaincu et tué, selon l'auteur du premier livre des Macabées [2], et selon Josèphe [3] et Justin [4]. Appien a donc commis une erreur en disant que ce prince mourut dans l'exil [5]. Alexandre, surnommé Bala, du nom d'une des concubines d'Antiochus Épiphane qu'on lui donnait pour mère, fut alors, sans contestation, reconnu roi de Syrie.

Les guerres qui, pendant toute la durée de son règne, occupèrent Démétrius dans la partie occidentale de ses états, l'avaient empêché de s'opposer aux progrès des Parthes dans l'Orient. La nouvelle de la révolte d'Alexandre Bala ayant débarrassé ceux-ci de toute espèce de craintes, ils durent profiter de cette circonstance pour s'emparer de Séleucie ou Babylone, après en avoir chassé le gouverneur. Ce fut alors qu'ils étendirent leur domination jusqu'aux bords de l'Euphrate ; et ce fait résulte du témoignage d'Ap-

---

[1] Lib. XXXV, cap. I.

[2] Cap. x, v. 48.

[3] *Antiquit. jud.* lib. XIII, cap. II.

[4] Lib. XXXV, cap. I.

[5] Καὶ Δημήτριος μὲν διὰ Πτολεμαῖον ἐξέπεσε τῆς ἀρχῆς, καὶ ἐτελεύτησεν. (Appian. *Syriac.* cap. LXVII), t. I, p. 637 ; ed. Schweigh.)

pien, qui, après avoir parlé des troubles du règne de Démétrius, mentionne immédiatement l'occupation de la Mésopotamie par les Parthes. « Les Parthes « qui antérieurement, dit-il, s'étaient révoltés contre « l'empire des Séleucides, leur enlevèrent alors la Mé- « sopotamie, qu'ils réunirent à leurs possessions [1]. » Nous ne pouvons d'ailleurs douter que, vers la fin du règne de Démétrius Soter, les Parthes n'aient fait une grande expédition dans la partie occidentale de l'Asie; car toutes les données chronologiques qui nous sont fournies par l'histoire tendent à prouver que le royaume arsacide d'Arménie fut fondé en l'année 150 avant J. C. un an seulement après la défaite et la mort du roi de Syrie. La fondation de ce royaume fut donc le fruit des dernières conquêtes des Parthes sous le règne de Démétrius Soter.

Quelques lignes de Justin [2] et d'Orose [3] sont tout ce que l'antiquité nous a laissé sur l'histoire des premières conquêtes que le roi des Parthes Mithridate Ier fit sur les Séleucides, dans les régions situées au delà de l'Euphrate. Nous avons déjà vu qu'elles durent toutes être faites sous le règne de Démétrius Ier, surnommé Soter, entre deux époques déterminées d'une

---

[1] Παρθυαῖοί τε, προαποστάντες ἀπὸ τῆς τῶν Σελευκιδῶν ἀρχῆς, Μεσοποταμίαν ἐς ἑαυτοὺς περιέσπασαν, ἢ τοῖς Σελευκίδαις ὑπήκουεν. (Appian. Syriac. cap. XLVIII.)

[2] Lib. XLI, cap. VI.

[3] Lib. V, cap. IV et X.

manière assez précise : l'année 160 avant J. C. dans laquelle, fort probablement, arriva la mort de Timarque, gouverneur grec de Babylone, qui avait pris le titre de *grand roi*, et dont, sans doute, la rébellion facilita aux Parthes la conquête d'une partie considérable de l'Orient; et l'année 150 avant J. C. dans laquelle fut fondé le royaume arsacide d'Arménie. Après la défaite de Timarque, Démétrius envoya de nombreuses troupes contre les Juifs[1]; il chassa de la Cappadoce Ariarathe, et y établit roi le frère de ce dernier, qui s'appelait Oropherne ou Olophénus[2]. Frölich[3] place cet événement en l'année 159; mais il semble qu'il dut plutôt avoir lieu l'année suivante; car Polybe nous atteste que le prince détrôné arriva à Rome pendant l'été, lorsque le consul Sextus Julius César et son collègue entraient en charge[4], c'est-à-dire en l'an 157 avant J. C. Il y a donc tout lieu de croire qu'il avait été chassé de ses états, par le le roi de Syrie, l'année précédente. Depuis ce temps, Démétrius ne prit plus aucune part aux affaires; il abandonna entièrement le soin du gouvernement

---

[1] Joseph. *Antiquit. jud.* lib. XII, cap. x, §§ 2, 3.
[2] Polyb. *Reliq.* lib. XXVI, § 20; t. IV, p. 581-583.
[3] *Annal. rer. et reg. Syr.* p. 59.
[4] Ὁ βασιλεὺς Ἀριαράθης παρεγένετο εἰς τὴν Ῥώμην, ἔτι θερείας οὔσης· τότε δὲ, παρειληφότων τὰς ἀρχὰς τῶν περὶ τὸν Σέξτον Ἰούλιον, κ.τ.λ. (Polyb. *Reliq.* lib. XXXII, § 20, t. IV, p. 581, 582.)

pour ne plus se livrer qu'aux plaisirs. C'est vraisemblablement à cette époque que l'on doit placer les conquêtes des Parthes. Démétrius, au rapport de Josèphe[1], s'enferma dans un palais qu'il avait fait bâtir dans le voisinage d'Antioche, et qui se nommait *Tetrapyrgion*, parce qu'il était défendu par quatre tours. Il s'y abandonna sans retenue à la volupté, jusqu'à ce que les habitants d'Antioche, indignés de sa conduite, se révoltèrent contre lui en 154. Alexandre Bala vint, l'année suivante, lui disputer la couronne, et la lui enleva avec la vie, en l'année 151.

Il est fort probable qu'à l'exception des régions voisines de Babylone et de Séleucie, les rois séleucides ne possédaient en toute souveraineté, dans l'Asie intérieure, que la grande Médie, dont la capitale était Ecbatane, et qui avait toujours fait partie du domaine royal des anciens monarques persans. Toutes les contrées environnantes étaient soumises à des princes particuliers qui étaient leurs vassaux. Quand les rois des Parthes furent maîtres de la Médie, ils voulurent, sans doute, en qualité de grands rois et de successeurs des rois de Perse, contraindre ces petits princes à reconnaître leur autorité et à leur rendre hommage. Nous voyons, par le témoignage de Justin[2], que, pour les y obliger, ils leur firent de longues guerres. Ces dynastes, accoutumés depuis longtemps à la domina-

---

[1] *Antiquit. jud.* lib. XIII, cap. II.
[2] Lib. XLI, cap. VI.

tion des Séleucides, devaient préférer la suzeraineté de monarques faibles, toujours occupés de guerres avec les rois d'Égypte et avec ceux de l'Asie Mineure, mal affermis sur leur trône, et hors d'état d'appesantir leur joug sur eux, à celle de princes aussi entreprenants que les rois parthes, qui étaient leurs voisins, et qui pouvaient disposer de plus grandes forces, grâce aux secours que leur fournissaient sans cesse les tribus scythiques du Nord. Ils n'ignoraient pas d'ailleurs que les rois parthes prétendaient exercer sur eux l'autorité suprême en vertu de titres plus sacrés, et que ces nouveaux maîtres, après les avoir vaincus et subjugués, ne seraient plus occupés qu'à appesantir le joug qu'ils leur auraient imposé. Aussi les dynastes dont nous entendons parler ne se soumirent-ils que très-difficilement à la suprématie des Parthes. Ils se hâtèrent, toutes les fois que les Séleucides reprirent quelque puissance et repassèrent l'Euphrate, de se joindre à eux avec toutes leurs forces, tant ils détestaient la domination des Arsacides. Ces derniers, en effet, quels que fussent les titres sur lesquels ils appuyaient leurs prétentions, n'en étaient pas moins, pour ces petits princes, des étrangers qui voulaient, comme les Grecs, se rendre maîtres de l'Asie, et dont le joug était bien plus pesant que celui de ces derniers, à cause surtout de la différence qui existait entre les mœurs de deux peuples, dont l'un était fort peu civilisé. Cette aversion subsista longtemps après la chute de la puissance des Séleucides ; car, lorsque les armées romaines pénétrèrent au delà de l'Euphrate et du Tigre, sous la conduite de Lucullus et de Pompée, ces généraux reçurent des ambassadeurs de divers princes de l'Orient qui leur offraient des secours contre les Parthes.

Le premier royaume feudataire des Séleucides que Mithridate Ier attaqua, fut celui des Mèdes. Vaillant[1] a cru sans fondement qu'il s'agissait du peuple qui habitait la Médie proprement dite, dont la capitale était Ecbatane. On peut supposer, d'après les expressions qu'emploie Justin[2] à l'occasion de cette guerre, qu'elle aurait éclaté entre deux peuples indépendants ; ce qui ne se rapporte, en aucune manière, à la partie de la Médie dont nous parlons, qui n'eut jamais de princes particuliers depuis la destruction de l'empire des Mèdes par Cyrus. Nous croyons qu'il est question, dans Justin, des peuples qui habitaient la partie de la Médie appelée Atropatène. Feu M. de Sainte-Croix[3] partageait, à cet égard, notre opinion. L'Atropatène,

---

[1] *Arsacid. imper.* t. I, p. 41. « Media regio est majoris Asiæ « maxima, habens Hyrcaniam et Parthiam ad ortum ; et dicitur « Media minor, quam occupavit Arsaces Mithridates. Pars altera « quæ occidentalis est, Armeniam conterminam habens, major « vocatur, et Atropatene, a satrapa Atropate, cui data est, dicta. « Hæc reges suos deinde habuit. »

[2] « Dum hæc apud Bactros geruntur, interim inter Parthos « et Medos bellum oritur. » (Justin. lib. XLI, cap. VI.)

[3] *Mém. de l'Académie des inscriptions* (*Recherches historiques et géographiques sur la Médie*), t. L, p. 110, note *d*.

située sur la frontière de l'Arménie, du côté du sud-est, n'en était séparée que par l'Araxe; elle comprenait toutes les régions montagneuses et toutes les vallées qui environnent le lac de Mantiane, appelé par les Arméniens *Caboudan*, et par les modernes *lac d'Ourmiah*, ainsi que les cantons situés entre ce lac et la mer Caspienne. Le royaume de l'Atropatène, comme l'atteste Polybe[1], n'avait point été conquis par Alexandre, quoique M. de Sainte-Croix[2], qui pense que Polybe s'est trompé, affirme le contraire. Rien ne prouve, en effet, dans les historiens dont nous possédons les ouvrages, que le conquérant macédonien, ni aucun de ses généraux, soient entrés dans cette partie de la Médie. Strabon[3] confirme notre remarque en disant qu'Atropatès, qui alors en était le gouverneur, empêcha les Grecs d'y pénétrer, et se déclara roi de ce pays. Selon Arrien[4], ce serait Alexandre qui y aurait envoyé comme satrape ce même Atropatès, pour surveiller les projets d'un certain Exodatès, qui s'était révolté contre lui. Tous ces faits sont également admissibles,

[1] Polybe, lib. V, cap. LV, t. II, p. 331, 332.
[2] *Mémoires de l'Académie des inscriptions* (*Recherches historiques et géographiques sur la Médie*), t. L, p. 109.
[3] Ἡ δ' ἑτέρα μερίς (τῆς Μηδίας) ἐστὶν ἡ Ἀτροπάτιος Μηδία. Τοὔνομα δ'ἔσχεν ἀπὸ τοῦ Ἀτραπάτου ἡγεμόνος, ὃς ἐκώλυσεν ὑπὸ τοῖς Μακεδόσι γενέσθαι καὶ ταύτην, μέρος οὖσαν μεγάλης Μηδίας. Καὶ δὴ καὶ βασιλεὺς ἀναγορευθεὶς ἰδίᾳ συνέταξε καθ' αὑτὴν τὴν χώραν ταύτην. (Strab. *Geogr*. lib. XI, cap. XII.)
[4] *De exped. Alexandr.* lib. IV, cap. XVIII; ed. Borheck.

et il est facile de les concilier. Très-probablement Atropatès, gouverneur de la Médie supérieure pour le roi de Perse, la défendit d'abord contre quelques détachements envoyés par Alexandre. Il n'est pas moins certain que ce dernier n'y entra jamais. Informé, sans doute, des difficultés que présentait la conquête de ce pays, et forcé de porter ses armes dans d'autres régions, Alexandre aura fait la paix avec Atropatès, et l'aura confirmé dans la possession de son gouvernement, pour s'en faire un allié; conduite qui, dans tous les temps, a généralement été suivie par les conquérants de l'Asie. Arrien[1] nous apprend qu'Atropatès, reconnaissant envers Alexandre, lui livra un Mède appelé Baryaxès, qui, après la mort de Darius, avait usurpé le titre de roi. Il conserva sa souveraineté sous les successeurs de ce prince, et la transmit à ses descendants, qui régnaient encore du temps de Strabon[2]. Ils se maintinrent, pendant ce long espace de temps, en faisant à propos des traités de paix et des alliances par mariage avec les familles des rois d'Arménie, de Syrie et des Parthes. Parmi les successeurs d'Atropatès, on remarque Artabazane, qui vivait du temps d'Antiochus le Grand, et qui, selon Polybe[3],

[1] *De exped. Alexandr.* Lib. VI, cap. XXIX.
[2] Ἡ διαδοχὴ σώζεται μέχρι νῦν ἐξ ἐκείνου πρός τε τοὺς Ἀρμενίων βασιλέας ποιησαμένων ἐπιγαμίας τῶν ὕστερον, καὶ Σύρων, καὶ μετὰ ταῦτα Παρθυαίων. (*Geogr.* XI, pag. 523.)
[3] *Histor.* lib. V, 55.

chercha à étendre les limites de ses états en soumettant à sa domination les peuples ses voisins, mais fut ensuite contraint de conclure la paix avec le roi de Syrie, l'an 220 avant J. C. selon Frölich [1].

Justin nous donne lieu de croire, par les expressions dont il se sert [2], que la guerre entre les Mèdes de l'Atropatène et les Parthes fut assez longue; ce qui n'est pas fort étonnant lorsque l'on considère la constitution physique du pays, qui était très-montagneux et peu favorable à la cavalerie des Parthes. Les deux peuples obtinrent alternativement des succès dans cette guerre; mais enfin la victoire resta aux Parthes, qui étaient plus puissants que les Mèdes; et Mithridate confia le gouvernement de la Médie à Bacasis, personnage probablement issu de la race royale d'Atropatès [3]. Vaillant [4] pense que ces événements eurent lieu en l'année 162, avant la révolte de Timarque contre Démétrius Soter. C'est une supposition inadmissible, car les deux peuples alors n'étaient pas voisins. Pour que les rois des Parthes eussent quelque chose à démêler avec ceux de l'Atropatène, il fallait, de toute

---

[1] *Annal. reg. et rer. Syr.* p. 34.

[2] « Cum varius utriusque populi casus fuisset, ad postremum « victoria penes Parthos fuit. His viribus auctus Mithridates « Mediæ Bacasin præponit. » (Lib. XLI, cap. VI.)

[3] Sainte-Croix, *Mémoires de l'Académie des inscriptions* (*Recherches historiques et géographiques sur la Médie*), tom. L, p. 110, note *d*.

[4] *Arsacid. imper.* t. I, p. 40 et 41.

nécessité, que les premiers eussent conquis la portion de la Médie soumise aux Séleucides, et nous savons qu'à cette époque elle était encore placée sous l'administration de gouverneurs envoyés par les rois de Syrie. C'est donc vraisemblablement après l'an 160 qu'il faut, comme nous l'avons déjà dit, placer la guerre des Parthes avec l'Atropatène, et l'établissement de Bacasis comme gouverneur de cette province.

Après avoir terminé la guerre contre les Mèdes et les avoir soumis, Mithridate augmenta son armée en y incorporant leurs troupes, et s'avança vers l'Hyrcanie, au rapport de Justin[1]. Nous avons vu que, vers l'année 243 avant J. C. Tiridate Ier avait fait la conquête de ce pays. Il faut supposer, avec Vaillant[2], qu'il ne l'avait pas soumis entièrement, ou que les Hyrcaniens, au temps de Mithridate Ier, se révoltèrent contre les Parthes. Nous aimons mieux admettre cette dernière hypothèse; car il est fort difficile de croire que les princes arsacides eussent attendu jusqu'à l'avénement de Mithridate Ier, pour attaquer ou soumettre un pays qui était dans leur voisinage, et qui avait toujours été réuni à celui sur lequel ils régnaient. Peut-être, cependant, s'agit-il seulement d'une expédition contre les peuplades barbares qui habitaient les montagnes de la partie méridionale de l'Hyrcanie, connue

---

[1] « His viribus auctus Mithridates Mediæ Bacasin præponit, ipse in Hyrcaniam proficiscitur. » (Lib. XLI, cap. VI.)

[2] *Arsacid. imp.* t. I, p. 41.

DEUXIÈME PARTIE. 357

jusqu'à nos jours sous le nom particulier de Dilem, et qui se maintint presque toujours indépendante. Nous aurons, dans la suite, l'occasion de parler des révoltes de ces peuplades contre plusieurs autres rois arsacides. Longtemps après, sous le règne des Sassanides, nous verrons, par le témoignage des historiens, qu'elles n'étaient pas soumises, et que même elles se rendirent fort redoutables aux rois de Perse.

A son retour de l'Hyrcanie, Mithridate, selon le même Justin[1], fit la guerre au roi de l'Élymaïde, pays situé vers l'embouchure du Tigre, dans les montagnes qui avoisinent la Séleucie située sur l'Hédyphon, et qui forment la limite entre la Susiane et la Perse proprement dite. Cette région, bien plus éloignée de la Parthyène que ne l'était l'Atropatène, s'en trouvait séparée par toute l'étendue de la Médie. On peut conclure de là qu'avant la guerre, elle était entièrement soumise aux Parthes. Quoique Justin dise qu'après la défaite du roi de l'Élymaïde, Mithridate réunit ce petit royaume à son empire, il est probable que le vainqueur n'exigea du vaincu que la reconnaissance de sa suprématie; car nous avons la certitude, d'après plusieurs passages de Strabon[2], que, de son temps, les Élyméens conservaient encore leur indépendance. Jus-

---

[1] « Ùnde reversus (Mithridates) bellum cum Elymæorum « rege gessit; quo victo, hanc quoque gentem regno adjecit. » (*Loc. cit.*)

[2] *Geogr.* lib. XI, p. 522 et 524; lib. XV, p. 732.

358 HISTOIRE DES ARSACIDES.

tin[1] lui-même cite ce peuple parmi ceux qui fournirent des secours à Démétrius II, fils de Démétrius Soter, lors de l'expédition que ce prince entreprit, l'année 141, pour recouvrer les provinces que les Parthes lui avaient enlevées au delà de l'Euphrate. Tacite[2] nous atteste aussi que, sous le règne d'Artaban III, vers l'année 37 ou 36 avant J. C. les Élyméens étaient indépendants et même ennemis des Parthes. Leur pays renfermait, au rapport de Strabon[3], plusieurs temples pleins de richesses. Il y en avait un, entre autres, qui était dédié à la Diane des Perses, désignée par les auteurs grecs sous le nom d'Anaïtis; il renfermait des trésors fort considérables, que le roi de Syrie Antiochus Épiphane voulut s'approprier; mais, repoussé par les prêtres, qui, selon le même Strabon et selon Polybe[4], avaient appelé à leur secours les peuples du voisinage, ce prince trouva la mort dans son entreprise sacrilége. Le texte de Strabon attribue cette tentative malheureuse au roi Antiochus le Grand[5]. Nous croyons que le géographe grec a commis une erreur, et qu'il confond Antiochus

---

[1] Lib. XXXVI, cap. 1.
[2] *Annal.* lib. VI, § 44.
[3] *Geogr.* lib. XVI, p. 744.
[4] *Reliq.* lib. XXXI, § 11, t. IV, p. 513 et 514.
[5] Ἀντίοχον μὲν οὖν τὸν Μέγαν τὸ τοῦ Βήλου συλᾶν ἱερὸν ἐπιχειρήσαντα, ἀνεῖλον ἐπιθέμενοι καθ' αὑτοὺς οἱ πλησίον βάρβαροι. (Strab. *Geogr.* lib. XVI, p. 744.)

le Grand avec Antiochus Épiphane. Le premier [1] et le second livre des Maccabées [2], Justin [3], Josèphe [4] et Sulpice Sévère [5] s'accordent à dire que ce dernier prince mourut en pillant un temple de l'Élymaïde ou de la Perse, ou peu après avoir été repoussé, dans cette entreprise, par les prêtres et les habitants du pays. Le récit de ces auteurs, à part le nom du prince séleucide, ne diffère de celui de Strabon que par le nom de la divinité à laquelle était consacré le temple que le roi de Syrie voulut spolier. Strabon rapporte que c'était un temple de Bélus. Saint Jérôme, qui l'a suivi dans son Commentaire sur Daniel [6], en fait un temple de Jupiter, ce qui reviendrait au même. Selon l'auteur du deuxième livre des Maccabées [7], le temple était celui de Nanée, déesse assyrienne. D'après Polybe et Josèphe, il aurait été consacré à Diane. Ce ne serait encore là qu'une différence apparente; car vraisemblablement la Nanée des Assyriens répondait à la Diane des Grecs et à la déesse Anaïtis des Perses. Comme on voit, par le témoignage de Strabon [8], qu'il y avait dans l'Élymaïde plusieurs temples fort riches,

[1] Cap. vi, vers. 1, 2, 3, 4 sqq.
[2] Cap. i, vers. 12, 13, 14, 15 sqq. cap. ix, vers. 1, 2 sqq.
[3] Lib. XXXII, cap. ii.
[4] *Antiquit. jud.* lib. XII, cap. ix, t. I, p. 620, 621.
[5] Lib. II, cap. xxxiii. p. 330, edit. Elzev.
[6] *Comment. in Dan.* cap. xi. T. III, col. 1133, ed. Paris. 1704.
[7] Cap. i, vers. 15.
[8] *Geogr.* lib. XVI, p. 744.

il est assez probable que le roi de Syrie aura voulu les piller tous, et que de cette circonstance provient la légère discordance qui se fait remarquer dans les récits des historiens.

Saint Jérôme est le seul écrivain ancien qui ait partagé l'opinion de Strabon quant au nom du spoliateur. Justin[1], d'accord, en apparence, avec le géographe grec, a évidemment confondu les deux rois de Syrie dont nous parlons ; on voit, par la place où se trouve, dans son livre, le récit de la mort d'Antiochus, que, dans Trogue Pompée, son original, il était question d'Antiochus Épiphane et non d'Antiochus le Grand. D'après toutes ces considérations, et malgré l'opinion de savants aussi recommandables que le P. Frölich[2] et M. Visconti[3], nous ne balançons pas à croire que Strabon s'est trompé. Aurélius Victor[4] nous apprend qu'Antiochus le Grand mourut massacré par ses propres soldats, peu de temps après la paix honteuse qu'il avait faite avec les Romains ; et nous ne voyons nulle part qu'il eût porté ses armes jusque dans l'Élymaïde. Pour terminer sur ce point, nous dirons, avec M. Tôchon, qui, dans un mémoire fort savant[5], s'est déjà occupé de cette question, sans toutefois la décider,

---

[1] Lib. XXXII, cap. II.
[2] *Annal. reg. et rer. Syr.* p. 41.
[3] *Iconogr. grecq.* t. II, p. 309.
[4] *De viris illust.*, cap. LIV, p. 221 ; edit. Amst. 1733.
[5] *Dissert. sur l'époq. de la mort d'Antiochus Évergète*, p. 53.

qu'il faudrait supposer que l'Élymaïde avait été une contrée bien fatale aux rois séleucides, puisque trois d'entre eux y auraient trouvé la mort en voulant piller un de ses temples; car on attribue au roi Antiochus Sidétès, dont nous parlerons bientôt, le même malheur et la même cupidité, et c'est avec aussi peu de fondement qu'à Antiochus le Grand.

Le P. Frölich[1] place en l'année 187 avant J. C. la mort d'Antiochus le Grand, et celle d'Antiochus Épiphane dans l'année 164[2]. Strabon, après avoir parlé de la prétendue tentative faite par le premier de ces princes pour piller un temple de l'Élymaïde, raconte qu'à peu de temps de là, le roi des Parthes fit une pareille entreprise, et enleva de grands trésors de deux temples situés dans le même pays. « Le Parthe, dit-il, « informé de ce qui était arrivé à Antiochus, et sa« chant qu'il y avait des temples fort riches chez les « Élyméens, qui n'étaient nullement disposés à se sou« mettre, attaqua ce peuple avec de grandes forces, et « enleva du temple de Minerve et de celui de Diane, « surnommée Zara, un trésor de dix mille talents[3]. » On ne peut douter que le roi des Parthes dont il

[1] *Annal. rer. et reg. Syr.* p. 41.

[2] *Ibid.* p. 52 et 53.

[3] Ἐκ δὲ τῶν ἐκείνῳ συμβάντων παιδευθεὶς ὁ Παρθυαῖος, χρόνοις ὕσ7ερον, ἀκούων τὰ ἱερὰ πλούσια παρ' αὐτοῖς, ὁρῶν δ' ἀπειθοῦντας, ἐμβάλλει μετὰ δυνάμεως μεγάλης· καὶ τό, τε τῆς Ἀθηνᾶς ἱερὸν εἷλε, καὶ τὸ τῆς Ἀρτέμιδος, τὰ Ἄζαρα (leg. τὰ Ζάρα), καὶ ἦρε ταλάντων μυρίων γάζαν. (*Geogr.* lib. XVI, p. 744.)

s'agit dans ce passage, ne soit Mithridate Ier, le même qui, selon Justin [1], fit la guerre aux Élyméens : il se rendit coupable de la profanation des lieux sacrés de l'Élymaïde dix ans, au plus tard, après la tentative d'Antiochus Épiphane, lorsque la mémoire de cet événement était encore toute fraîche, comme le prouvent les expressions qu'emploie Strabon. Ce géographe se serait exprimé autrement, s'il avait entendu parler de l'entreprise attribuée à Antiochus le Grand, qui serait arrivée vingt-trois ans auparavant. Les circonstances de la vie d'Antiochus Épiphane étaient fort connues des anciens; et il serait très-étonnant que Strabon, qui s'était occupé de l'histoire des Parthes, les eût ignorées, ou qu'il eût à dessein négligé d'en faire mention dans l'endroit même de sa Géographie où il avait à en parler. On ne peut guère croire que, si deux rois de Syrie avaient trouvé la mort dans ces mêmes régions et pour le même cause, il n'eût pas fait remarquer ce singulier rapprochement.

La situation politique des Parthes, à l'époque dont nous nous occupons, concourt à prouver que le géographe grec s'est trompé, et que c'est à Antiochus Épiphane qu'il faut rapporter son récit. En effet, la première invasion des Parthes dans l'Élymaïde ne put avoir lieu qu'après la conquête de la Médie, lors de la guerre dont parle Justin[2], et qui éclata

[1] Lib. XLI, cap. vi.
[2] *Id. ibid.*

incontestablement après la mort de ce roi de Syrie. La spoliation du temple de Diane par le roi des Parthes fut suivie, selon le même Strabon, de la prise d'une grande ville du même pays, qui s'appelait Séleucie, et qui était située sur le fleuve Hédyphon[1]. Cette ville avait d'abord porté le nom de Solocé, et il paraît qu'elle était l'une des plus considérables de l'Élymaïde. Pline, qui en fait mention[2], donne le nom d'Hédypnus au fleuve nommé Hédyphon par Strabon. Or, il est difficile de supposer que Séleucie et les contrées voisines de l'Euphrate et du Tigre soient tombées entre les mains des Parthes avant la soumission des Élyméens, qui leur en fermaient le chemin. Mais on admettra sans peine que Mithridate, déjà maître de toute la haute Asie, ait pu aisément s'emparer de l'Élymaïde, qu'il dominait et pressait de tous les côtés. Nous placerons, en conséquence, après cette conquête, la prise de Séleucie sur l'Hédyphon.

Le texte de Justin[3] semble indiquer qu'à la même époque Mithridate vainquit encore plusieurs autres nations et les réunit à son empire. La soumission de l'Élymaïde et de l'Assyrie dut nécessairement entraî-

---

[1] Ἡρέθη δὲ καὶ πρὸς τῷ Ἡδυφῶντι ποταμῷ Σελεύκεια, μεγάλη πόλις. Σολόκη δ' ἐκαλεῖτο πρότερον. (*Geogr.* lib. XVI, p. 744.)

[2] *Hist. nat.* lib. VI, cap. XXXI.

[3] « Imperiumque Parthorum a monte Caucaso, multis populis in ditionem redactis, usque ad flumen Euphratem protulit. » (Lib. XLI, cap. VI.)

ner celle de la Susiane, de la Perse proprement dite, de la Carmanie et des pays limitrophes. Les souverains de ces contrées, enveloppés de tous côtés par les Parthes, et sans moyens de communication avec les princes séleucides, qui étaient d'ailleurs hors d'état de les secourir, furent dépouillés de leurs possessions, ou contraints de subir le joug des Arsacides et de contribuer à l'accroissement de leur puissance. Bientôt après, les Parthes firent la conquête de l'Arménie; ils y établirent une branche de leur race royale, qui s'y maintint, avec plus ou moins d'indépendance, jusqu'à l'an 428 de J. C. Après tous ces succès, l'empire des Parthes, parvenu au plus haut degré de splendeur, s'étendit, comme le dit Justin, depuis le mont Caucase, voisin de l'Inde, jusqu'aux bords de l'Euphrate. La mort de Démétrius Soter, l'usurpation d'Alexandre Bala, la guerre qu'il eut à soutenir contre Démétrius Nicator, fils de Soter, et la révolte de Tryphon contre ce dernier, donnèrent à Mithridate le temps d'affermir sa domination sur les pays qu'il avait enlevés aux Séleucides. Ceux-ci, très-occupés de leurs guerres intestines, durent, pour le moment, renoncer à recouvrer leurs provinces orientales. C'est à cette époque que l'empire des Parthes, d'abord faible et chancelant, fut définitivement constitué. Il comprenait toutes les provinces de l'Asie renfermées entre l'Indus et l'Euphrate, la mer Persique et la mer Caspienne, le mont Caucase et le fleuve

Oxus, c'est-à-dire la Perse et l'Arménie tout entière.

Il ne nous reste plus maintenant qu'à fixer, d'une manière certaine, la date de cette grande révolution. Nous avons déjà prouvé que toutes les conquêtes de Mithridate sur les Séleucides durent se faire après la défaite et la mort de Timarque, gouverneur de Babylone, qui s'était révolté contre son souverain, Démétrius Soter. Cet événement, comme nous l'avons dit, arriva probablement l'an 160 avant J. C. Il n'est guère croyable que les Parthes aient attaqué les états du roi de Syrie immédiatement après; ainsi on ne peut placer qu'en l'année 158 la conquête d'Ecbatane et de la Médie proprement dite. Mithridate fit ensuite la guerre aux Mèdes de l'Atropatène et leur imposa un gouverneur. Comme la lutte fut opiniâtre et le résultat longtemps incertain, on ne peut lui supposer une durée de moins de deux années : elle dut donc finir en 156. Nous assignerons à la soumission des Hyrcaniens révoltés la date de 155. La guerre de l'Élymaïde remplira toute l'année 154. La conquête de Séleucie, de Babylone et de toute l'Assyrie, ainsi que la soumission des autres pays de l'Orient, se sera effectuée dans les années 153 et 152. Enfin, c'est en 151 et 150 que nous placerons la guerre d'Arménie et l'établissement d'une branche arsacide sur le trône de ce pays. Ces dates se trouvent d'accord avec la chronologie des Arméniens, qui datent de l'an 150 la domination des Parthes en Arménie.

On peut donc, sans craindre de se tromper, fixer à la même époque le commencement de la grandeur des Arsacides.

Quoique nous ayons assigné pour date à leur établissement en Arménie l'an 150 avant J. C. et quoiqu'après les considérations que nous avons présentées, il soit difficile de contester cette date, l'opinion contradictoire de Fréret nous force de nous arrêter plus longtemps que nous ne l'aurions voulu sur cette importante question. Il est nécessaire de détruire l'erreur dans laquelle il est tombé, et que son nom pourrait servir à propager, si nous ne la réfutions pas d'une manière complète. Fréret, jusqu'à ce jour, est le seul savant qui, en France, se soit occupé de ce point d'histoire; il a fixé à l'an 128 avant J. C. le commencement du règne des Arsacides en Arménie, et voici comment il s'exprime à cet égard[1] : « Il « paraît, dit-il, qu'après la mort d'Artaxias, l'Arménie « redevint une province du royaume des Séleucides, « ce qui continua jusqu'à la mort d'Antiochus Sidétès, « tué dans un combat contre les Parthes, l'an 130 « avant J. C. Ce fut alors qu'ils s'emparèrent de l'Ar« ménie, où ils envoyèrent une colonie et dont ils « formèrent un royaume séparé. Le premier roi de ce « pays, nommé Valarsacès, était frère d'Arsacès II, « surnommé le Grand par les Parthes. » Un peu plus

[1] *Mém. de l'Acad. roy. des inscript.* (*De l'année arménienne*), tom. XIX, p. 97.

bas, il ajoute : « La première année du règne de Va-
« larsacès répond, dans la chronologie de Moïse de
« Khoren, à l'an 183 des Séleucides, à l'année même
« de la défaite de Sidétès, qui arriva en hiver; et l'é-
« poque du nouveau royaume doit être fixée au prin-
« temps de l'an 128. »

On voit qu'il y a une différence de vingt-deux ans
entre le système de Fréret et celui que nous avons
adopté ; elle provient de ce que le savant académicien
confond, comme Moïse de Khoren, le roi des Parthes,
vainqueur de Démétrius Nicator, avec celui qui triom-
pha d'Antiochus Sidétès; en sorte qu'il a été obligé de
placer après la défaite de ce dernier l'avénement de
Valarsace, premier prince arsacide qui ait occupé le
trône d'Arménie. Il sera facile de s'en convaincre par
les paroles mêmes de l'historien arménien, que nous allons rapporter : « Arsace le Vaillant, ayant régné trente
« et un ans, son fils Ardaschès régna après lui vingt-
« six ans; il fut remplacé par son fils Arsace le Grand,
« qui fit la guerre à Démétrius, fils de Démétrius Soter.
« Ce prince était venu à Babylone, avec une armée ma-
« cédonienne, pour le combattre; il lui livra bataille,
« fut vaincu et fait prisonnier par Arsace, qui l'em-
« mena dans la Parthie, chargé de chaînes de fer, d'où
« il fut appelé Séripédès. Son frère Antiochus Si-
« détès, informé de la retraite d'Arsace, se mit en
« marche pour reprendre l'Assyrie ; Arsace revint alors
« avec une armée de cent vingt mille homme. Antio-

« chus, au cœur d'un hiver rigoureux, vint lui présen-
« ter la bataille dans un lieu resserré, où il périt
« avec son armée, et Arsace fut alors le maître de la
« troisième partie du monde[1]. »

Nous ne pouvons douter que le roi des Parthes dont nous nous occupons, c'est-à-dire Mithridate Ier, ne soit le même que le prince appelé, par Moïse de Khoren, Arsace le Grand; toutes les considérations se réunissent pour le prouver. Il faut donc croire que ce dernier fut réellement le vainqueur du roi de Syrie Démétrius Nicator. Mais, comme nous savons, d'après le témoignage de Justin[2], que ce ne fut pas le vainqueur de Démétrius qui battit Antiochus Sidétès, et que le premier de ces deux princes séleucides fut vaincu par Mithridate Ier, le second, par Phraate II, fils et successeur de Mithridate Ier, il faut aussi reconnaître que

---

[1] Այսպէս (Արշակ) տիրեալ ամն, և յետ նո՛ր Արտաշէս որդի՛ նորա, զամ պայազատէ նորին որդին Արշակ, որ կոչեցաւ՝ Մեծ, պատերազմի ը՛ Դեմետրեան՝յ, որդւոյ Դեմետրի Անտկգնեայ. քանդէ՛ ի վ՛՛ե նորա եկն ՛ի Բաբելօն Մակեդոնվնական զօրու, և պատերազմեալ՝ ՛ի պարտութէի մատնեցաւ, զոր կալեալ Արշակայ՝ տարաւ ՛ի պարթեւ՝ Հանդերձ երկաթեղէն կապանօք, ուստի և Սերիպեդէն կոչեցաւ: ԵՒ իմացեալ եզբոր նորին Սելեացւոյ Անտիոքայ զզինալն Արշակայ, զայ՝, ունի զԱսորիս: Իսկ՝ Արշակայ երկոտասան բիւրու՝ ընդրէն դարձեալ, և Անտիոքոս ՛ի սաստիկ ձմերայնոյն՝ Հերքեալ, պատահէ՛ նմա պատերազմաւ՝ յանձուկ տեղիս, և կորնջի Հանդերձ զօրօքն, և Արշակ տիրէ՝ երրորդ մասին Աշխարհիս. (Mos. Khor. *Hist. armen.*, lib. II, cap. II, p. 85.)

[2] Lib. XXXVIII, cap. IX.

DEUXIÈME PARTIE. 369

Moïse de Khoren a confondu les deux princes arsacides. Le nom d'Arsace, que portaient tous les rois parthes, a pu être la cause première de cette erreur. Valarsace ou Vagharschag, premier roi arsacide d'Arménie, était, ainsi que Moïse de Khoren l'atteste expressément dans plusieurs passages de son Histoire [1], frère d'Arsace le Grand, qui est notre Mithridate Ier; et comme il fut placé par ce dernier sur le trône d'Arménie, après ses victoires sur les rois de Syrie, l'historien arménien, qui avait trop allongé la vie d'Arsace le Grand, a été forcé de rapprocher beaucoup de l'époque de la mort de ce prince le règne de Valarsace. Il est certain, d'après Justin [2] et Appien [3], que ce fut Phraate II qui vainquit Antiochus Sidétès. Valarsace étant frère d'Arsace le Grand ou Mithridate Ier, père de Phraate, et ayant été créé roi par lui, on ne peut absolument pas admettre qu'il soit monté sur le trône après la défaite du roi de Syrie, à la date adoptée par Fréret; il faut, de toute nécessité, qu'il ait commencé de régner longtemps auparavant. Nous verrons bientôt qu'à l'époque assignée par le savant académicien à l'avénement de Valarsace, il y avait neuf ans que Mithridate Ier était mort. On pourrait, avec plus de raison,

[1] *Hist. armen.* lib. I, cap. VIII, p. 22; lib. II, cap. III, p. 86; cap. XXVII, p. 130; cap. LXVIII, p. 188.
[2] Lib. XXXVIII, cap. IX, X; lib. XXXIX, cap. I; lib. XLII, cap. I.
[3] Appian. *Syriac.* t. I, p. 639; ed. Schweigh.

supposer que Valarsace fut établi roi, après la défaite et la prise de Démétrius Nicator, quelques années avant la mort de Mithridate; mais les calculs chronologiques suivants prouveront incontestablement que cet événement eut lieu à l'époque que nous avons fixée, c'est-à-dire en l'année 150 avant J. C.

Moïse de Khoren[1] donne pour successeur à Arsace le Grand ou Mithridate Ier un prince qu'il appelle *Arschagan*, et qui monta sur le trône la treizième année du règne de Valarsace, roi d'Arménie. En partant de la date que nous avons adoptée pour le commencement de son règne, nous trouvons que Mithridate Ier dut mourir et son successeur monter sur le trône en l'année 137 avant J. C. année qui tombe précisément entre la défaite de Démétrius et celle d'Antiochus, conformément au récit de Justin. Une erreur de chronologie en amène toujours d'autres : Moïse de Khoren, après avoir prolongé considérablement la vie d'Arsace le Grand, et retardé, en conséquence, l'avénement de Valarsace, est obligé, pour faire concorder ses calculs avec la vérité historique, de raccourcir arbitrairement la durée du règne d'un des successeurs d'Arsace. Si l'on additionne, d'après son système chronologique, les années que régna chacun des rois parthes mentionnés dans son ouvrage, ou dans son abréviateur Samuel d'Ani, on trouve qu'il existe entre le résultat de ce calcul et la vérité une différence de vingt ans. La

[1] *Hist. armen.* lib. II, cap. lxv, p. 188.

durée totale de l'empire des Arsacides en Perse, selon ces deux historiens, n'aurait été que de quatre cent cinquante-six années, tandis qu'elle fut, en réalité, de quatre cent soixante et seize.

A l'époque où, selon nous, remonte la fondation du royaume arsacide d'Arménie, c'est-à-dire en l'an 150 avant J. C. les Parthes se trouvaient dans les circonstances les plus favorables pour étendre leurs conquêtes, et fonder de nouveaux royaumes. Mithridate était entièrement maître de la haute Asie et tranquille possesseur des provinces qu'il avait enlevées aux Séleucides; il lui était, par conséquent, facile d'envahir l'Arménie, et d'y placer pour roi un de ses frères. Ce ne fut environ que neuf années plus tard, que Démétrius Nicator entreprit une expédition contre lui, dans le but de recouvrer les provinces enlevées à ses prédécesseurs. Après la défaite et la mort d'Antiochus Sidétès, le roi des Parthes ne se trouvait pas, à beaucoup près, dans une position assez avantageuse pour tenter de nouvelles conquêtes; non-seulement il ne put songer à poursuivre ses avantages contre les Grecs, mais encore il fut obligé de se porter sur la frontière orientale de ses états pour repousser les invasions des Scythes, et il périt en combattant ces barbares. Après sa mort, ses successeurs furent fort longtemps occupés de la guerre contre les Scythes et de la révolte d'Himérus. On ne peut donc supposer que, dans cet état de choses, le vainqueur d'Antiochus, ou ses successeurs, aient songé à établir une branche de leur race en Arménie.

Que Moïse de Khoren, comme nous l'avons déjà dit, se soit évidemment trompé de vingt ans sur la chronologie des Parthes et sur l'époque de la fondation du royaume d'Arménie, en plaçant ce dernier événement immédiatement après la mort d'Antiochus Sidétès, c'est ce qu'il n'est pas difficile de prouver par les renseignements chronologiques qu'il nous a transmis lui-même sur les rois d'Arménie, prédécesseurs du célèbre Tigrane; ils confirment pleinement notre système. Moïse de Khoren les a tirés, pour la plupart, des ouvrages de Mar Ibas Cadina, historien syrien, qui vivait en Arménie sous le règne de ces princes, et dont il nous a conservé un grand nombre de fragments précieux. Sans nous arrêter, pour le moment, à discuter l'opinion de Fréret, qui place en l'an 129 ans avant J. C. la mort d'Antiochus Sidétès, arrivée, selon nous, en l'an 131, nous continuerons d'admettre, comme nous l'avons déjà fait, la première de ces deux dates. Tigrane, selon Moïse de Khoren, eut pour prédécesseurs sur le trône d'Arménie, trois princes, comme lui de la race des Arsacides, et tous trois fils l'un de l'autre; leurs règnes forment un total de soixante ans. Si nous partons de l'an 128, date de la fondation du royaume d'Arménie, selon Fréret, qui suit, sur ce point, Moïse de Khoren, nous trouvons que Tigrane dut monter sur le trône en l'an 68 avant J. C. ce qui est absolument contraire à la vérité, puisque nous savons, d'après le témoignage positif des historiens grecs, que Tigrane fut reconnu roi par les peuples de Syrie vers l'an 84, et qu'à cette époque, depuis plusieurs années déjà, il régnait en Arménie. Si, au contraire, nous prenons notre point de départ à l'an 150 avant J. C. nous reconnaissons que Tigrane dut ceindre le diadème vers l'an 90, date qui paraît d'accord avec tous les renseignements historiques que nous possédons.

Nous avons déjà dit que Moïse de Khoren a commis une erreur en prolongeant beaucoup trop la vie d'Arsace le Grand ou Mithridate Ier, et en plaçant la fondation du royaume d'Arménie après la mort d'Antiochus Sidétès. Nous avons vu qu'il avait été, en conséquence, forcé de diminuer de vingt ans la durée du règne de l'un des successeurs de Mithridate; nous pensons que c'est le règne d'Arschagan qui a été raccourci de ce nombre d'années. Moïse de Khoren donne un règne de trente ans à ce prince, dont il fait le successeur immédiat de Mithridate Ier, et qui, comme nous le prouverons par la suite, est le même que Mithridate II. Arschagan monta sur le trône de Perse, la treizième année du règne de Valarsace. Si nous prenons pour point de départ l'année 128 avant J. C. date assignée par Fréret à l'avénement de ce dernier prince, Arschagan aurait commencé à régner l'an 115, et serait mort vers 85, époque avec laquelle coïncide

374 HISTOIRE DES ARSACIDES.

effectivement la mort du roi Mithridate II. Malgré la justesse de ce rapprochement, il se trouve contredit par les documents historiques que Moïse de Khoren nous a conservés sur les premiers rois d'Arménie. Selon cet historien, Ardaschès, troisième prince arsacide d'Arménie, monta sur le trône dans la vingt-quatrième année d'Arschagan[1], qui, d'après le système de Fréret, répondrait à l'an 91 avant J. C. Comme ce roi régna vingt-cinq ans, il en résulterait que l'avénement de son fils Tigrane aurait eu lieu vers l'an 66 avant J. C. or ceci est en contradiction avec tous les renseignements qui nous restent sur ce prince. Si nous admettons, pour un moment, ce que plus tard Moïse de Khoren nous prouvera lui-même, c'est-à-dire qu'il a volontairement abrégé de vingt ans la durée du règne d'Arschagan, par suite du faux système qu'il avait adopté; et si nous donnons à ce roi un règne de cinquante ans, suivant notre opinion sur l'époque de la fondation du royaume d'Arménie, il n'existe plus de difficulté, et les Arméniens se trouvent d'accord avec les écrivains de l'antiquité, grecs ou romains. La treizième année du règne de Valarsace en Arménie, qui répond à la date de la mort d'Arsace le Grand, si l'on part de l'an 150, nous porte à l'année 137 avant J. C. pour le commencement du règne d'Arschagan. Le petit-fils de Valarsace, appelé Ardaschès, étant monté sur le trône dans la vingt-quatrième année du règne d'Ar-

[1] *Hist. armen.* lib. II, cap. x, p. 102.

DEUXIÈME PARTIE. 375

schagan., son avènement au trône devra être placé vers l'an 114 ou 113 avant J. C. Comme il régna vingt-cinq ans, on trouvera que son fils Tigrane commença de régner vers l'an 89 ou 88, ce qui est parfaitement d'accord avec les faits que nous connaissons d'autre part. Tigrane aura donc pris, d'après notre système, les rênes du gouvernement en Arménie, la quarante-neuvième année du règne d'Arschagan. Notre calcul est conforme au récit de Moïse de Khoren lui-même, qui, bien qu'il ne fasse régner que trente ans seulement ce roi des Parthes, ne laisse cependant pas que de placer à la quarante-neuvième année de son règne l'avènement de Tigrane. Cette contradiction manifeste prouve bien que, si l'historien arménien réduit de trente années le temps que la couronne de Perse resta sur la tête d'Arschagan, c'est par une conséquence forcée du système erroné qu'il avait adopté. Dans l'édition de son Histoire d'Arménie publiée à Amsterdam, en 1695, par Thomas, évêque de Vanant, on lit, en effet, ces paroles bien précises : « Après Ar-« daschès Ier, son fils Tigrane régna en l'an quarante-« neuf du règne d'Arschagan, roi de Perse[1]. » La même phrase se retrouve dans la traduction latine des frères Whiston, qui, toutefois, influencés par le passage du même ouvrage où Moïse de Khoren donne

---

[1] Տէր Արտաշիսի առաջնոյ թագաւորէ Տիգրան՝ որդի նորա, ՚ի քառասուն եւ յիններորդ ամի Արշականայ թագաւորի Պարսից. (*Hist. armen.* lib. II, cap. xiii, p. 108.)

trente ans de règne à Arschagan, et croyant d'ailleurs que le royaume d'Arménie avait commencé vers l'an 130 avant J. C. proposent, dans la table chronologique placée à la fin de leur édition[1], de lire, dans le texte de Moïse de Khoren, *dix-neuf* au lieu de *quarante-neuf*, et de changer le nom d'*Arschagan* en celui d'*Arschang*, successeur de ce roi. Ils se fondent, pour justifier cette variante, sur l'autorité d'un manuscrit. Néanmoins, nous persistons à maintenir, dans le texte de l'historien arménien, la date quarante-neuf, qui, d'ailleurs, dans l'édition d'Amsterdam et dans celle de Londres, comme dans les deux manuscrits sur lesquels ont été imprimées ces deux éditions, est exprimée en toutes lettres et non en chiffres, ce qui est une garantie contre une chance d'erreur. Le double témoignage qui résulte du manuscrit dont s'est servi l'évêque Thomas et de la copie qui a été suivie dans l'édition de Londres, peut être victorieusement opposé à l'autorité du manuscrit allégué par les frères Whiston dans leur table chronologique, manuscrit où il paraît que les années du règne du roi des Parthes Arschagan étaient exprimées en chiffres ou en lettres numérales. Il faut cependant avouer que l'erreur qui se fait remarquer dans Moïse de Khoren, relativement à la durée de ce règne réduite de trente années, a probablement toujours

---

[1] Series regum, etc, ex Mosis historiis decerpta, ad calc. Mos. Khor. *Hist. armen.* p. 398

existé dans le texte; et nous devons croire qu'elle provient de l'opinion erronée qu'il s'était formée sur l'époque de l'établissement des Arsacides en Arménie. On retrouve, en effet, le même nombre dans la Chronographie de Samuel d'Ani[1], qui est tirée, en grande partie, de l'ouvrage de Moïse de Khoren. Ce dernier historien, comme nous l'avons déjà dit, et comme nous aurons encore occasion de le faire remarquer, était bien plus curieux de soigner son style que de coordonner les matériaux dont il se servait pour la composition de son ouvrage; il se sera sans doute trouvé fort embarrassé pour faire concorder la quarante-neuvième année d'Arschagan, indiquée, dans les sources où il puisait, comme la première année de Tigrane, avec la chronologie qu'il avait adoptée, et qui ne peut attribuer à Arschagan qu'un règne de trente ans. Quant à nous, une date qui paraît fournie par une autorité respectable, et qui remplit une lacune que, sans son secours, on rencontrerait dans la chronologie des Arsacides, cette date nous semble mériter la préférence sur un calcul chronologique qui est entaché d'une erreur capitale; car, nous le répétons, Moïse de Khoren, après avoir confondu le roi des Parthes, vainqueur de Démétrius Nicator, avec celui qui défit Antiochus Sidétès, n'a pas osé, pour rester conséquent avec lui-même, changer une date, parce que, sans doute,

---

[1] Mss. arm. de la Biblioth. roy. n° 96, fol. 12 v°.

il l'avait trouvée dans quelque historien persan d'un grand poids.

Nous allons présenter diverses considérations qui donneront une nouvelle force à notre système. Moïse de Khoren rapporte qu'Ardaschès, petit-fils de Valarsace, qui monta sur le trône d'Arménie la vingt-quatrième année du règne d'Arschagan, c'est-à-dire l'an 113 avant J. C. était un prince fort ambitieux. Il ajoute que, fâché de ne tenir que le second rang en Asie, Ardaschès osa s'arroger le titre de roi des rois, contraignit, par la force des armes, le roi de Perse de se soumettre à sa domination; fit bâtir une résidence royale en Perse; ordonna que, dans ce royaume, on battît monnaie en son nom, et obligea Arschagan à se contenter du second rang[1]. Il est fort probable qu'Ardaschès ne put faire toutes ces usurpations, ni s'élever à ce haut degré de puissance, dès le moment même où il monta sur le trône d'Arménie. Les changements de règne, dans la monarchie arsacide, comme dans tous les états qui se sont succédé en Asie, ont presque toujours causé de grands troubles; et, avant que le prince appelé au trône par la naissance et la victoire eût pu s'y affermir, il lui fallait, sans doute, employer plusieurs années à combattre ou détruire ses rivaux, et à consolider ensuite sa puissance. On conçoit, dans cet état de choses, qu'Ardaschès, placé sur le trône l'an 113, la vingt-quatrième année d'Arschagan, n'au-

[1] Mos. Khor. *Hist. armen.* lib. II, cap. x, p. 102.

rait guère pu avoir des démêlés avec un prince qui, s'il n'avait régné que trente ans, serait mort six ans après, vers l'an 107. On se fortifie surtout dans cette opinion lorsque l'on considère que ce dernier, maître d'un empire puissant, ne dut perdre qu'après une guerre longue et malheureuse, une suprématie dont il était en possession par son droit d'aînesse, par la grandeur de ses états et par droit de succession. Il faut donc admettre que le règne d'Arschagan dura plus de trente années, et que ce fut postérieurement à l'an 107 qu'Ardaschès manifesta ses projets, et contraignit le roi des Perses à reconnaître sa suprématie. Ce n'est pas ici le lieu de nous occuper de l'époque où le roi d'Arménie usurpa le titre de roi des rois; il est vraisemblable que ce fut pendant la vieillesse d'Arschagan ou Mithridate II. Comme nous ne possédons qu'un fort petit nombre de renseignements sur l'état politique de l'Asie vers ce temps, il est difficile de déterminer la nature et les causes des différends qui durent s'élever entre les deux rois. Nous avons lieu de croire que Mithridate II ne laissa point d'enfant pour lui succéder, soit que ses fils fussent morts avant lui, soit que, comme beaucoup de rois parthes, il eût pris le parti de s'en défaire pour se mettre à l'abri de leurs projets d'usurpation. On a déjà fait remarquer avant nous que, pendant la vieillesse des rois parthes, leur empire était presque toujours troublé par les divisions des princes qui prétendaient à la couronne. Il est facile de concevoir que, si Mithridate II n'avait point d'héritier en ligne directe, ce dut être une raison de plus, pour le roi d'Arménie, d'attaquer le royaume des Parthes, déjà affaibli par ces divisions et par les longues guerres qu'il avait été obligé de soutenir contre les Scythes orientaux, sous le règne d'Arschagan et sous celui de ses prédécesseurs.

Pendant que Mithridate Ier franchissait les limites fixées par les rois de Syrie aux états des premiers rois parthes, soumettait à sa domination la plupart des princes de la haute Asie, s'emparait de Séleucie et de Babylone, et chassait les Macédoniens de toutes les contrées situées à l'orient de l'Euphrate, le royaume de la Bactriane, fondé par des Grecs révoltés contre les Séleucides, quelques années avant celui des Arsacides, s'élevait au plus haut degré de splendeur, pour s'écrouler peu après et agrandir de ses débris l'empire des Parthes, qui déjà était immense. A peu près vers le temps où Mithridate Ier monta sur le trône des Parthes, celui de la Bactriane fut occupé par Eucratide, qui ne se rendit pas moins illustre par ses grandes conquêtes, mais qui ne fut pas assez heureux pour transmettre à ses successeurs la puissance qu'il avait su acquérir. Son royaume, affaibli par les guerres continuelles qu'il eut à soutenir contre les peuples de la Sogdiane, de la Drangiane et de l'Inde, ne put se défendre contre tous ces ennemis quand ce prince, à son retour de la conquête de l'Inde, eut perdu la vie par les mains de son fils parricide. Les Grecs de la Bactriane, après s'être vu enlever une partie de leurs états, furent contraints de reconnaître la suprématie des Arsacides, jusqu'à ce qu'ils furent dépouillés de ce qui leur restait par les peuples scythes qui habitaient au nord de l'Oxus, et dont nous rechercherons ailleurs l'histoire et l'origine. Justin[1] trace, d'une manière aussi concise qu'éloquente, les destinées différentes des deux empires. Il est facile de découvrir les causes de la prospérité du royaume des Parthes, et de s'expliquer la chute rapide de la puissance des Bactriens, malgré le talent militaire et le courage de leurs princes. Les Parthes, voisins des tribus guerrières de la Scythie, d'où ils tiraient leur origine, purent toujours trouver facilement chez elles des secours pour combattre les Grecs et les expulser de l'Asie. D'ailleurs, dans le cours de leurs conquêtes, leurs forces durent s'accroître de celles d'autres peuples scythes plus anciennement établis dans la Perse, et de celles mêmes des naturels du pays; car ceux-ci, quoiqu'ils regardassent les Parthes, aussi bien que les Grecs, comme des étrangers, devaient cependant préférer

---

[1] « Eodem ferme tempore, sicuti in Parthis Mithridates, ita « in Bactris Eucratides, magni uterque viri, regna ineunt. Sed « Parthorum fortuna felicior, ad summum hoc duce imperii fas- « tigium eos perduxit. Bactriani autem, per varia bella jactati, « non regnum tantum, verum etiam libertatem amiserunt : si- « quidem Sogdianorum et Drangaritanorum Indorumque bellis « fatigati, ad postremum ab invalidioribus Parthis, velut ex- « sangues, oppressi sunt. » (Lib XLI, cap VI.)

les premiers : ils étaient mêlés depuis longtemps avec eux, et sans doute il existait entre les Perses et les Parthes quelques rapports de langue, de mœurs et de religion. Les Grecs de la Bactriane, au contraire, descendant des colonies ou des garnisons établies dans ce pays par Alexandre le Grand ou par les Séleucides, se trouvaient dans une position défavorable : placés dans une contrée très-éloignée de leur patrie originaire ; environnés, de tous les côtés, de nations guerrières et turbulentes, qu'il était difficile de subjuguer à cause de la nature des régions qu'elles habitaient, ils ne purent maintenir leur indépendance, avec beaucoup de peine, que pendant un peu plus d'un siècle. On a vu avec quelle facilité les rois séleucides furent chassés de l'Asie occidentale, bien qu'ils fussent à portée de renforcer journellement leurs armées avec des mercenaires ou des aventuriers venus de la Grèce. Les rois de la Bactriane étaient, par leur position, hors d'état de se procurer de pareils secours. Livrés à leurs seules forces, ils eurent bientôt épuisé tous leurs moyens dans les guerres continuelles qu'ils avaient à soutenir contre les Barbares qui les environnaient. Au milieu de ces circonstances difficiles, la postérité des colons grecs dut être peu nombreuse ; et il est à croire qu'elle ne fut pas suffisante pour résister aux attaques redoublées des Scythes, qui finirent par lui ravir la liberté.

C'est Justin qui raconte qu'Eucratide, revenant vainqueur de l'Inde, fut tué par son fils, qu'il avait associé au trône. L'historien latin ajoute que, pour rendre encore son parricide plus horrible, l'assassin fit passer son char sur le corps sanglant de son père, qu'il abandonna sans sépulture [1]. Bayer pense qu'ils portaient tous deux le même nom [2]. Justin, le seul écrivain de l'antiquité qui fasse une mention précise du fils, ne nous dit cependant pas comment il s'appelait ; mais Strabon [3], parlant du roi des Bactriens qui eut à soutenir contre les Parthes une guerre dans laquelle il perdit une partie de ses états, lui donne le nom d'Eucratide. Comme il ne paraît pas qu'Eucratide Ier, vainqueur de l'Inde, ait jamais combattu contre les Parthes, qui lui auraient enlevé plusieurs de ses provinces, ainsi que Strabon le dit d'un roi également appelé Eucratide, il ne peut être question, dans cet écrivain, que du fils d'Eucratide Ier, et ce fils sera alors Eucratide II. Après avoir raconté les guerres d'Eucratide Ier dans l'Inde et son assassinat, Justin [4] ajoute aussi que, pendant que ces événements se passaient dans la Bactriane, la guerre éclata entre les Mèdes et les

[1] « Unde (India) cum se reciperet, a filio, quem socium « regni fecerat, in itinere interficitur ; qui non dissimulato par- « ricidio, velut hostem, non patrem interfecisset, et per sangui- « nem ejus currum egit, et corpus abjici insepultum jussit. » (Lib. XLI, cap. vi.)

[2] Bayer, *Hist. regni Græc. Bactr.* p. 95.

[3] *Geogr.* lib. XI, pag. 515, 516 et 517.

[4] « Dum hæc apud Bactros geruntur, interim inter Parthos « et Medos bellum oritur. » (Lib. XLI, cap. vi.)

Parthes; puis il parle de tous les faits antérieurs à l'établissement des Arsacides sur le trône d'Arménie, faits dont nous avons fixé la chronologie. On peut en conséquence, et avec assez de probabilité, placer à la même époque que la fondation du royaume arsacide d'Arménie, c'est-à-dire en l'an 150 avant J. C. la mort d'Eucratide Ier et l'avénement de son fils parricide.

Lorsqu'il eut vaincu les Séleucides, étendu les limites de son empire jusqu'aux rives de l'Euphrate et fondé le royaume d'Arménie, Mithridate, débarrassé de toute crainte du côté de l'Occident, dut tourner ses regards vers l'Orient, où l'assassinat du roi de la Bactriane et les troubles qui en furent très-probablement la conséquence lui présentaient une occasion favorable pour agrandir ses états. C'est donc vers ce temps que nous placerons la guerre qu'il fit à Eucratide II. L'histoire ne nous a pas conservé les détails relatifs à cet événement. On sait seulement, par Strabon [1], qu'une partie du royaume de la Bactriane tomba au pouvoir des Parthes. Elle se composait vraisemblablement des provinces limitrophes de la Parthyène, telles que l'Arie, la Margiane et l'Ariane, qui, après avoir dépendu de la Bactriane, ont ensuite fait partie de l'empire des Arsacides. Strabon nous apprend même, dans un autre passage de sa Géographie, que

---

[1] Ἀφείλοντο δὲ (οἱ Παρθυαῖοι) καὶ τῆς Βακτριανῆς μέρος βιασάμενοι τοὺς Σκύθας· καὶ ἔτι πρότερον τοὺς περὶ Εὐκρατίδαν. (*Geogr.* lib. XI, p. 515.)

les Parthes s'emparèrent alors de deux satrapies de la Bactriane proprement dite, appelées *Aspionès* et *Tourioua*[1]. Selon Moïse de Khoren[2], Arsace le Grand, qui est pour nous Mithridate Ier, se rendit maître de la ville de Bahl, la même que la *Bactra* des Grecs. Il est probable qu'après ces conquêtes, le roi de la Bactriane fut obligé de reconnaître, malgré lui, la suprématie de Mithridate. Il se soumit, sans doute, à cette condition, afin de conserver le gouvernement du reste de ses états; mais il n'attendait qu'une occasion favorable pour secouer le joug que les circonstances l'avaient forcé de subir. Aussi voyons-nous que, lorsque Démétrius Nicator repassa l'Euphrate dans le dessein d'aller reconquérir les provinces enlevées à son père, les Bactriens le pressèrent, par des ambassadeurs, de venir les défendre, et lui fournirent des secours[3]. Vaillant[4] place en l'an 146 avant J. C. la réunion d'une partie de la Bactriane à l'empire des Parthes et la soumission de son roi. Nous avons déjà dit que la guerre qui eut pour résultat ces deux evènements, ne put commencer qu'après l'an 150. Nous adoptons, en conséquence, le calcul de Vail-

---

[1] Τήν τε Ἀσπιώνου καὶ τὴν Τουριούαν ἀφῄρηντο Εὐκρατίδαν οἱ Παρθυαῖοι. (Lib. XI, p. 516 et 517.)

[2] *Hist. armen.* lib. II, cap. LXV, p. 188.

[3] Joseph. *Ant. Jud.* lib. XII, cap. VII. — Justin. lib. XXXVI, cap. I. — Bayer. *Hist. reg. Græc. Bactr.* p. 95.

[4] *Arsacid. imper.* tom. I, p. 44.

lant, qui nous paraît exact, mais en ce point seulement ; car, selon lui, la guerre entre les deux royaumes n'aurait duré qu'une année, et Eucratide Ier aurait été assassiné l'an 147 avant J. C. Il nous semble impossible de supposer que les Grecs de la Bactriane, qui ne manquaient pas de courage, et qui, peu de temps auparavant, sous leur dernier roi, avaient eu assez de force pour faire la conquête d'une partie de l'Inde, aient cédé, en si peu de temps, dans une guerre où il s'agissait de leur liberté. Nous croyons approcher beaucoup plus de la vérité en plaçant le commencement de cette lutte en 149, un an après la mort d'Eucratide, ce qui lui donne une durée d'environ trois années.

Les anciens rois de Perse furent toujours les souverains de toutes les régions de l'Inde situées sur les deux rives de l'Indus, depuis les montagnes qui avoisinent la source de ce fleuve jusqu'à son embouchure dans l'Océan. Hérodote[1] et Ctésias[2] nous attestent positivement le fait ; la plupart des choses qu'ils racontent des Indiens se rapportent aux peuples qui habitaient les contrées dont nous venons de parler, et s'appliquent même, en grande partie, aux nations qui les occupent actuellement. On voit, d'après le témoignage des historiens d'Alexandre, que ces pays étaient

[1] Lib. III, S 94 et 98, t. II, p. 124 et 125; lib. IV, S 44, t. II, p. 236; ed. Schweigh.
[2] Apud Phot. *Biblioth.* cod. 72, p. 45; ed. Bekker.

alors, comme ils le sont encore, possédés par un grand nombre de princes particuliers. Ceux-ci, avant l'arrivée du conquérant macédonien, étaient sans doute vassaux du grand roi, de même que leurs successeurs l'ont été, jusqu'à nos jours, de toutes les dynasties qui ont successivement dominé dans la Perse ou dans le nord de l'Inde. Ils obéissent maintenant, pour la plupart, au chef suprême des Afghans. Tour à tour faibles ou puissants, soumis ou indépendants, ces petits princes ont, de tout temps, vu leur autorité dépendre du plus ou moins de force des grands états qui les environnent. La destruction de l'empire des Perses par Alexandre dut amener leur indépendance. L'auteur du Modjmel-al-téwarikh nous a conservé à ce sujet plusieurs faits curieux, qu'on ne trouve pas dans les historiens occidentaux, et qu'il a tirés d'un ancien livre indien, traduit d'abord en arabe par Abou-Saleb-ben-Schoaïb-ben-Djaméa, puis en persan, l'an 417 de l'hégire (1026 de J. C.), par Abou'lhassan-al-ben-Mohammed d'Halep[1]. Il parle d'un prince appelé Kéfend, qui n'était pas indien d'origine, et qui régnait sur les pays situés vers les bouches de l'Indus. Aussitôt que ce prince apprit les victoires d'Alexandre sur Darius, il s'empressa d'envoyer des ambassadeurs au conquérant macédonien pour faire alliance avec lui; peu après, il rassembla ses forces et celles de ses alliés, secoua le joug des Perses, détruisit les temples

[1] Mss. persans de la Bibliothèque royale, n° 61, fol. 69 r.

du feu, chassa les garnisons persanes, et les força de chercher, avec leur chef Mehrèh, un asile chez les Scythes, que, par anachronisme, notre auteur appelle Turks [1]. Ce récit est d'accord avec le témoignage des écrivains anciens, grecs ou latins, qui, de leur côté, nous apprennent que la Scythie fut le dernier espoir des Perses, et qu'elle servit de refuge aux généraux et aux satrapes de Darius qui survécurent à la destruction de l'empire. Après la bataille d'Arbèles, qui décida du destin de la Perse, ce prince, sans armée, résolut de se retirer chez les Scythes, espérant qu'avec leur secours il parviendrait à reconquérir ses états. Dès qu'il eut achevé la conquête de la Perse et pris possession du trône de Darius, le vainqueur entra dans l'Inde pour faire revivre les droits des souverains auxquels il succédait ; il soumit successivement tous les chefs indiens qui régnaient sur les bords de l'Indus, de l'Hydaspe et de l'Hyphasis, jusqu'à l'Océan ; ils se reconnurent ses vassaux, comme eux et leurs prédécesseurs s'étaient reconnus les vassaux des anciens rois de Perse.

Il est fort probable qu'après la mort d'Alexandre, ces princes indiens recouvrèrent, une seconde fois, leur indépendance. Nous voyons, en effet, les rois de Syrie, Séleucus Nicator et Antiochus le Grand, être obligés de recourir à la force des armes pour les faire

[1] Mss. persans de la Bibliothèque roy. n° 62, fol. 77 v. et 78 r.

rentrer sous la domination grecque; ce ne fut pas sans peine qu'ils triomphèrent de la valeur des Indiens. Hérodote nous atteste que ceux de ces peuples qui étaient voisins des provinces persanes de Pactyice et de Caspatyre, passaient pour être très-belliqueux [1]; et ce qui le prouve, c'est la résistance opiniâtre qu'ils opposèrent à Alexandre. Tels ils étaient alors, telles sont de nos jours les tribus patanes, afghanes et autres qui habitent les mêmes régions. Les rois de Syrie, ni, après eux, les rois grecs de la Bactriane, qui, par leur voisinage, semblaient avoir plus de facilité pour établir une domination stable sur les peuples dont il s'agit, ne réussirent à les dompter complétement. Apollodore, Ménandre et Eucratide Ier, quoiqu'ils aient porté leurs armes victorieuses depuis les frontières méridionales de la Bactriane jusqu'aux bouches de l'Indus, n'exercèrent jamais sur eux une autorité beaucoup plus longue que le séjour de leurs armées dans ces contrées. Chacun de ces princes fut obligé de recommencer l'ouvrage de son prédécesseur.

Ce fut sans doute à l'imitation des Achéménides, d'Alexandre le Grand, des rois de Syrie et de la Bactriane, pour la même raison et en vertu des mêmes droits, que les princes Arsacides entreprirent la conquête de l'Inde. Le premier d'entre eux qui porta ses armes vers cette vaste contrée, fut Mithridate Ier; nous avons sur ce point le témoignage formel d'Orose. Mi-

---

[1] Lib. III, § 102, t. II, p. 128.

390 HISTOIRE DES ARSACIDES.

thridate, pour nous servir des expressions de l'écrivain ecclésiastique, « soumit toutes les nations établies entre « l'Hydaspe et l'Indus, étendit jusqu'à l'Inde les limites « de son sanglant empire ¹. » Selon Diodore de Sicile, il s'avança jusqu'aux régions qui avaient été autrefois soumises à Porus², et qui sont situées à l'orient de l'Indus, entre l'Hydaspe et l'Hyphasis. Eucratide Ier, roi de la Bactriane, avait conquis plusieurs des pays dont nous venons de parler, mais sa fin malheureuse dut amener de nouveau l'affranchissement des peuples qu'il avait soumis. Il est donc fort probable qu'après la mort de ce prince, les Indiens ne reconnurent plus l'autorité des Bactriens, et qu'ils étaient indépendants lorsque Mithridate Ier entreprit son expédition. Elle doit être postérieure à la guerre de la Bactriane, et, par conséquent, à l'an 146 avant J. C. Orose nous atteste³ positivement qu'elle eut lieu antérieurement à la guerre du même roi des Parthes contre Démétrius Nicator, laquelle, comme nous le verrons bientôt, commença l'an 141 avant J. C. Ainsi, en supposant qu'il n'y eut aucun intervalle entre ces deux guerres, celle de l'Inde

---

[1] « Omnes præterea gentes, quæ inter Hydaspem fluvium et « Indum jacent, subegit. Ad Indiam quoque cruentum extendit « imperium. » (Oros. lib. V, cap. IV.)

[2] Μέχρι γὰρ τῆς Ἰνδικῆς διατείνας, τῆς ὑπὸ τὸν Πῶρον γενομένης χώρας ἐκυρίευσεν ἀκινδύνως. (Diod. Sicul. lib. XXXIII, vol. II, part. II, p. 137; éd. Lud. Dindorf.)

[3] Lib. V, cap. IV.

aura duré au moins quatre années entières; ce qui n'a rien d'étonnant, lorsque l'on considère le grand nombre de difficultés que les Parthes durent avoir à surmonter, soit par la vaillance des peuples qu'ils combattaient, soit par la nature, l'étendue et l'éloignement des pays qu'ils eurent à parcourir.

Il paraît que Mithritate pénétra assez avant dans l'Inde. L'histoire ne nous a pas conservé le récit détaillé de cette expédition; nous savons seulement par Orose, déjà cité plus haut, que Mithridate s'avança jusqu'au fleuve Hydaspe et à l'Hyphasis. Nous pensons que ses conquêtes ne furent pas plus durables que celles des rois qui, avant lui, avaient fait des invasions semblables. Après sa mort, l'empire des Arsacides ne se trouva point dans une position assez favorable pour retenir les princes indiens sous le joug. Les peuples scythes, venus du nord de l'Oxus, ne tardèrent pas à se rendre maîtres des mêmes contrées, après avoir conquis la Bactriane. Quand, plus tard, la fortune se montra moins contraire aux Arsacides, sous Mithridate II, les rois parthes reconnurent, sans doute, l'impossibilité de maintenir leur souveraineté sur des régions aussi éloignées du centre de leur monarchie; ils prirent le parti de faire ce qu'ils avaient déjà fait en Arménie, c'est-à-dire, d'établir dans ces contrées lointaines une branche de la famille royale. En fixant leur résidence au milieu des Indiens ou dans leur voisinage, les princes de cette branche purent bien plus facilement affermir leur domination et la transmettre à leurs descendants. Dans la suite des temps, il ne resta probablement aux Parthes, de toutes les conquêtes de Mithridate Ier, que les provinces situées sur les frontières de l'Inde et de la Perse, nommément la Drangiane et l'Arachosie, et celles qui s'étendent jusqu'aux rives de l'Indus, vers son embouchure. De ce côté, les possessions des Perses n'ont jamais été bien distinctes de celles qui appartenaient aux Indiens. Dans sa description abrégée de l'empire parthe[1], Isidore de Charax dit que l'Arachosie portait le nom d'*Inde blanche;* encore de nos jours, on trouve dans le même canton un grand nombre d'Indiens. Strabon étend, du côté de l'Orient, les limites de cette province jusqu'aux bords de l'Indus, et la fait dépendre de l'Ariane [2]. Selon le même géographe, la région la plus éloignée de l'empire des Parthes, vers l'Orient, sur les frontières de l'Inde, était la Choarine, située à dix-neuf mille stades de l'Ariane, pour le voyageur qui traversait l'Arachosie [3], sans doute dans

---

[1] *Geog. græc. min.* t. II, p 8.

[2] Καί ἡ Ἀραχωσία δὲ οὐ πολὺ ἀποθέν ἐσ7ι, καὶ αὕτη τοῖς νοτίοις μέρεσι τῶν ὀρῶν ὑποπεπτωκυῖα, καὶ μέχρι τοῦ Ἰνδοῦ ποταμοῦ τεταμένη, μέρος οὖσα τῆς Ἀριανῆς. (Strab. lib. XI, p. 516.)

[3] Περὶ ταῦτα δέ που τὰ μέρη τῆς ὁμόρου τῇ Ἰνδικῇ καὶ τὴν Χωαρηνὴν εἶναι συμβαίνει· ἐσ7ι δὲ τῶν ὑπὸ τοῖς Παρθυαίοις αὕτη προσεχεσ7άτη τῇ Ἰνδικῇ· διέχει δὲ τῆς Ἀριανῆς δι' Ἀραχωτῶν καὶ τῆς λεχθείσης ὀρεινῆς σ7αδίους μυρίους ἐννακισχιλίους. (Strab. Geogr. lib. XV, p. 725.)

la direction du sud-ouest. M. de Sainte-Croix[1] suppose que le texte de Strabon est corrompu en cet endroit, et qu'on doit lire Drangiane au lieu de Choarine. Nous croyons qu'il s'est trompé, et qu'il fait une supposition purement gratuite. Le passage du géographe grec est fort clair; il n'en serait certainement pas de même si l'on faisait la correction demandée par le savant académicien. Pour peu qu'on lise avec attention ce passage, on voit bien évidemment que Strabon veut parler de la dernière province de l'empire des Parthes, du côté de l'Inde; c'est-à-dire d'une contrée située au delà de l'Arachosie et dans cette direction. Si l'on substituait Drangiane à Choarine, il s'agirait, au contraire, d'une province de Perse située en deçà de l'Arachosie.

Quoique les Arsacides de Perse eussent établi une branche de leur race dans l'Inde, il est certain, comme nous venons de le dire, qu'ils conservèrent la possession de quelques cantons de cette contrée. On peut même croire, d'après le témoignage du Périple de la mer Érythrée, attribué à Arrien, que, bien qu'unis par des liens de parenté avec les princes qui régnaient sur les Scythes de l'Inde, ils tentèrent plusieurs fois de passer l'Indus, et de se rendre maîtres d'une grande et riche cité appelée *Minnagar,* qui était située sur la rive gauche du fleuve et qui comptait au nombre des

---

[1] *Mém. de l'Acad. des Inscr.* (*Mém. sur l'étendue de l'empire des Parthes*), tom. L, p. 106 et 107.

villes royales des Indo-Scythes[1]. Ces dernières invasions ont dû arriver avant le IIe siècle de l'ère chrétienne; mais, comme nous ne les connaissons par aucun autre témoignage, il nous est impossible d'en parler d'une manière plus circonstanciée.

Orose place après la guerre de l'Inde l'expédition malheureuse de Démétrius Nicator contre les Parthes[2]. Pour en déterminer l'époque précise, il est nécessaire de faire connaître, en peu de mots, ce qui s'était passé en Syrie depuis les grandes conquêtes de Mithridate Ier et la fondation du royaume d'Arménie. Les Grecs de Syrie, épuisés par les guerres civiles qui suivirent la mort de Démétrius Soter et l'usurpation d'Alexandre Bala, ne furent pas longtemps en état de porter des secours à leurs compatriotes de la haute Asie, opprimés par les Parthes. Démétrius Soter était mort dans l'année 151 avant J. C., en combattant contre Alexandre Bala. Le fils réel ou supposé d'Antiochus Épiphane resta maître de l'empire, qui lui fut bientôt disputé, dans le cours de l'année 148, par Démétrius, fils de Démétrius Soter. Quoique fort jeune encore, ce prince partit de Crète, où il avait été élevé, et retourna en Syrie pour reconquérir le trône de son père, avec l'appui du roi d'Égypte et de la plus grande partie des Syriens, qui étaient mécontents de la mol-

[1] *Geog. græc. min.* tom. I, p. 22.

[2] « Demetrium ipsum secundo sibi bello occurrentem (Mi« thridates) vicit et cepit. » (Oros. lib. V, cap. IV.)

DEUXIÈME PARTIE. 395

lesse d'Alexandre Bala. Après deux années de combats, ce dernier, vaincu par Ptolémée Philométor, alla chercher un asile chez un des princes des Arabes du désert. Il y trouva la mort; Démétrius II, qui prit le surnom de *Nicator*, Vainqueur, resta seul maître de l'empire des Séleucides, l'an 146. Mais il devait bientôt, à son tour, mécontenter ses sujets par sa conduite politique : il licencia toutes ses armées, renvoya les soldats qui avaient porté les armes contre lui, et ne garda, selon l'auteur du premier livre des Maccabées [1] et selon Josèphe [2], que les étrangers qui l'avaient aidé à monter sur le trône de son père. Diodote, surnommé Tryphon, qui avait servi sous Alexandre Bala, profita de la disposition générale des esprits pour se révolter; les habitants d'Antioche suivirent bientôt son exemple, ainsi que la plus grande partie de la Syrie. En 145, Diodote alla chercher chez les Arabes un jeune enfant appelé Antiochus, qui était fils d'Alexandre; il le fit proclamer roi, sous le nom d'Antiochus Épiphane Dionysus. Pendant environ deux ans, Démétrius Nicator soutint la guerre contre Tryphon, non en personne, mais par ses généraux, qui furent toujours vaincus; la plupart des provinces du royaume tombèrent au pouvoir du rebelle, qui, las de régner sous le nom d'un enfant, le fit périr en l'année 143, se croyant assez fort pour se faire recon-

---
[1] Cap. xi, v. 38.
[2] *Antiq. jud.* lib. XIII, cap. iv; Opp. tom. I, p. 644, 645.

naître comme roi et pour achever de chasser Démétrius. La guerre recommença avec une nouvelle fureur, mais sans succès pour ce dernier, que la perspective de sa chute inévitable ne put tirer de sa léthargie, et qui devint, par sa lâcheté, un objet de mépris aux yeux de ses sujets[1]. Voyant enfin que presque tous ils s'étaient révoltés contre lui, et que Tryphon allait rester maître de ses états, Démétrius, en l'année 141, résolut de regagner l'affection des peuples de Syrie par quelque brillant exploit, qui pût leur faire oublier la mollesse honteuse dans laquelle il avait passé plusieurs années de son règne : il entreprit une expédition dans la haute Asie, avec l'intention d'en chasser les Parthes, de recouvrer les provinces qui avaient été enlevées à son père, et d'en tirer de nouvelles forces pour combattre Tryphon. Pour tous les faits relatifs à l'histoire de Syrie et antérieurs à cette entreprise, nous avons admis sans restriction la chronologie du P. Frölich[2], qui nous paraît mériter pleine confiance; et nous assignerons, comme lui, à l'expédition de Démétrius Nicator la date de l'an 141 avant J. C. Cette date concorde avec le calcul du premier

---

[1] « Reciperato paterno regno Demetrius, et ipse rerum successu corruptus, vitiis adolescentiæ in segnitiam labitur; tantumque contemptum apud omnes inertiæ, quantum odium ex superbia pater habuerat, contraxit. » (Justin. lib. XXXVI, cap. 1.)

[2] *Annal. rer. reg. Syriæ*, p. 68-74.

livre des Maccabées ¹, qui place la guerre contre les Parthes en l'an 172 de l'ère de Séleucus, ce qui revient au même, si l'on suit la manière de compter des Syriens.

Quoique Justin ² dise positivement que Démétrius Nicator, pour réparer son honneur et regagner l'estime de ses sujets, entreprit une expédition contre les Parthes, et que, de son côté, Josèphe ³ confirme le fait, M. Visconti, se fondant sur un passage du premier livre des Maccabées, conjecture que le roi de Syrie ne s'était porté vers l'Orient qu'afin d'y chercher des forces pour combattre Tryphon. « Appien, « Justin et Josèphe, dit-il⁴, supposent tous que Démé- « trius II avait passé l'Euphrate pour faire la guerre « aux Parthes; j'ai préféré ici, comme au chapitre xɪɪɪ, « le récit de l'auteur des Maccabées, suivant lequel « Démétrius ne s'était transporté en Orient que pour « lever de nouvelles forces et pour les opposer aux « progrès de Tryphon. Ce récit est plus vraisemblable. « Le prince séleucide, dépouillé par son compétiteur « de la principale partie de ses états, ne pouvait songer « à chasser les Parthes de ses frontières. Nous avons

---

¹ Cap. xɪv, vers. 1.

² « Itaque cum ab imperio ejus passim civitates deficerent, « ad abolendam segnitiæ maculam, bellum Parthis inferre sta- « tuit. » (Lib. XXXVI, cap. 1.)

³ *Ant. jud.* lib. XIII, cap. v, tom. I, p. 650, 651.

⁴ *Iconogr. grecq.* tom, III, p, 54, not. 1.

« vu ailleurs combien le récit que les auteurs pro-
« fanes font de plusieurs événements de cette époque
« est fautif, et comment les récits contraires qu'on
« trouve dans l'auteur sacré, qui est plus ancien, sont
« confirmés par les découvertes numismatiques. » Il
serait difficile, en raisonnant dans cette supposition,
d'expliquer comment une guerre éclata entre les deux
états; et cependant nous ne pouvons pas révoquer en
doute cette guerre, lorsqu'elle est attestée par le témoignage formel de tous les écrivains de l'antiquité,
et lorsque nous savons qu'elle se termina par la défaite et la captivité de Démétrius. De l'opinion adoptée
par M. Visconti, il résulterait, quoiqu'il ne le dise pas
formellement, que les Parthes, à l'époque dont il s'agit,
n'étendaient point leur domination jusqu'aux bords de
l'Euphrate, puisque, selon le premier livre des Maccabées, Démétrius aurait été chercher des forces dans
les provinces de son empire situées au delà de ce fleuve
et jusque dans la Médie. N'avons-nous pas vu cependant que, sous le règne de Démétrius Soter, les Parthes
avaient conquis tout le pays jusqu'à l'Euphrate, pris
Séleucie, Babylone, et fondé le royaume d'Arménie,
qui, d'après Moïse de Khoren[1], avait alors pour capitale Nisibe, dans la Mésopotamie? S'il restait aux Séleucides quelques possessions au delà de l'Euphrate,
c'étaient peut-être Édesse et l'Osrhoène, royaume qui,

---

[1] Lib. I, cap. vii, p. 21; lib. II, cap. vi, p. 91; cap. vii, p. 99.

selon l'historien syrien Denys de Tel-mahar¹, ne fut fondé qu'en l'an 136 avant J. C. encore est-il impossible d'affirmer que ce pays n'était pas déjà tombé au pouvoir des Parthes ou des Arsacides d'Arménie. Mais, si à cette époque, comme nous le pensons, il continuait de rester soumis aux Séleucides, on doit reconnaître qu'il n'avait pas une assez grande étendue pour que l'opinion de M. Visconti se trouve justifiée. Tous les écrivains de l'antiquité attestent que Démétrius abandonna son royaume de Syrie, dans le dessein d'attaquer celui des Parthes. Justin², que nous avons déjà cité, l'affirme de la manière la plus positive. Trogue Pompée³, dans les Prologues de sa grande histoire, que nous ne possédons plus, le disait également. Appien mentionne aussi le fait, ajoutant que Démétrius entreprit cette expédition, à l'exemple de Séleucus Nicator⁴, ce qui pourrait induire en erreur et faire croire que celui-ci avait eu à soutenir quelque guerre contre les Arsacides, tandis que ces derniers n'ont commencé à régner que longtemps après sa mort. Toutefois, il serait possible qu'avant l'établissement de cette dynastie, Séleucus eût effectivement entrepris contre les Parthes rebelles une expédition dont l'his-

---

[1] Apud Asseman. *Bibl. orient.* tom. I, p. 388.

[2] Lib. XXXVI, cap. a.

[3] Ad calc. Justin. ed. vanor. p. 532 et 533.

[4] Ἐπί τε Παρθυαίους καὶ ὅδε μετὰ Σέλευκον ἐσ]ράτευσε: (Appian. *De bell. Syr.* c. LXVII; Opp. t. I, p. 638, ed. Schweigh.)

toire ne nous aurait pas conservé le souvenir. Josèphe, qui connaissait le premier livre des Maccabées, et qui souvent en emprunte les expressions, parle aussi de la guerre de Démétrius contre les Parthes; il dit[1] que ce prince passa l'Euphrate avec l'intention de se rendre maître de la Mésopotamie et de Babylone, ce qui prouve incontestablement qu'il en avait perdu la possession. L'historien juif ajoute même que Démétrius comptait sur le succès de son entreprise contre les Parthes pour combattre Tryphon avec plus d'avantage[2]. Nous verrons bientôt que cette version est la plus vraisemblable. Orose enfin, le dernier écrivain qui ait fait mention de la malheureuse expédition de Démétrius contre les Parthes[3], paraît s'être trompé en ce point seulement, que, confondant Démétrius Soter avec son fils, qui portait le même nom, il s'est trouvé induit à croire que le premier de ces princes avait fait deux fois la guerre à Arsace.

[1] Ὁ δὲ Δημήτριος διαβὰς εἰς τὴν Μεσοποταμίαν ἧκε, ταύτην βουλόμενος καὶ τὴν Βαβυλῶνα κατασχεῖν, κ. τ. λ. (Joseph. Antiquit. jud. lib. XIII, cap. v; Opp. t. I, p. 650 et 651.)

[2] Ταύταις (ὁ Δημήτριος) ἐπαρθεὶς ταῖς ἐλπίσιν ὥρμησε πρὸς αὐτοὺς, εἰ καταστρέψαιτο τοὺς Πάρθους, καὶ γένοιτο αὐτῷ δύναμις, τὸν Τρύφωνα πολεμῆσαι διεγνὼς, καὶ τῆς Συρίας ἐκβαλεῖν. (Ant. jud. lib. XIII, cap. v; Opp. tom. I, p. 651.)

[3] « Mithridates.... victo Demetrio præfecto, Babyloniam urbem finesque ejus universos victor invasit...... Demetrium ipsum secundo sibi bello occurrentem, vicit et cepit. » (Oros. lib V, cap. iv.)

DEUXIÈME PARTIE. 401

Si l'on examine avec attention le passage du premier livre des Maccabées, qui sert de fondement à l'opinion de M. Visconti, on verra qu'il ne contredit cependant en rien les récits des auteurs profanes. L'auteur dit, il est vrai, dans le premier verset du chapitre XIV : « En l'année 172, le roi Démétrius assembla « son armée et alla en Médie, pour s'y procurer des « secours qui le missent en état de faire la guerre à « Tryphon[1]. » Toutefois, si M. Visconti avait lu avec attention le verset suivant, il y aurait remarqué que Démétrius, en pénétrant dans la Médie, n'entra pas dans une province qui lui appartenait, mais bien dans les états du roi des Parthes; l'auteur sacré le dit positivement : « Et Arsace, roi de Perse et de « Médie, ayant appris que Démétrius était entré dans « ses états, envoya un de ses capitaines pour le prendre « vif et le lui amener[2]. » C'est la faiblesse extrême dans laquelle il est à présumer qu'était tombé Démétrius, qui a trompé M. Visconti. Il n'a pas cru possible qu'un prince hors d'état de résister chez

---

[1] Καὶ ἐν ἔτει δευτέρῳ καὶ ἑβδομηκοστῷ καὶ ἑκατοστῷ συνήγαγε Δημήτριος ὁ βασιλεὺς τὰς δυνάμεις αὐτοῦ· καὶ ἐπορεύθη εἰς Μήδειαν τοῦ ἐπισπάσασθαι βοήθειαν αὐτῷ, ὅπως πολεμήσῃ τὸν Τρύφωνα. (I Macc. cap. XIV, vers. 1.)

[2] Καὶ ἤκουσεν Ἀρσάκης, ὁ βασιλεὺς τῆς Περσίδος καὶ Μηδείας, ὅτι ἦλθε Δημήτριος εἰς τὰ ὅρια αὐτοῦ, καὶ ἀπέστειλεν ἕνα τῶν ἀρχόντων αὐτοῦ συλλαβεῖν αὐτὸν ζῶντα. (I Macc. cap. XIV, vers. 2.)

lui à un usurpateur, eût osé affronter une puissance aussi formidable que celle des Parthes. Cette faiblesse même, qui aurait dû naturellement empêcher une telle expédition, en fut cependant le seul et vrai motif. Le livre des Maccabées nous atteste que Démétrius n'eut pas d'autre but que de trouver les moyens nécessaires pour triompher de Tryphon. Josèphe, que nous avons déjà cité, n'est pas moins explicite à cet égard. Les faits qui vont être rapportés, montreront d'ailleurs que l'entreprise de Démétrius n'était ni aussi insensée qu'on pourrait le croire, ni aussi impossible que le pense M. Visconti.

A l'époque où elle eut lieu, il n'y avait pas longtemps que les provinces limitrophes de l'Euphrate et du Tigre, ainsi que la Médie et les autres pays de la haute Asie, faisaient partie de l'empire des Arsacides; ils ne leur étaient pas complétement soumis, les conquérants n'ayant point encore eu le temps d'y affermir leur domination. Les Grecs et les Macédoniens qui habitaient en grand nombre ces contrées, et les princes qui avaient été forcés de reconnaître la suprématie des Parthes, n'attendaient, les uns et les autres, qu'une occasion favorable pour briser le joug qui leur était imposé. Aussi Justin dit-il que les peuples de l'Orient, accoutumés à l'ancienne domination des Macédoniens et fatigués de l'insolence de leurs nouveaux maîtres, non moins que de la cruauté personnelle du roi des Parthes, virent avec plaisir l'arrivée de Démétrius dans

la haute Asie¹. Bien plus, l'expédition de ce prince, selon le témoignage de Josèphe, fut le résultat des pressantes sollicitations des Grecs établis dans ces contrées. « Les Grecs et les Macédoniens qui habitaient dans les « satrapies supérieures, lui envoyaient, dit l'historien « juif, de fréquentes ambassades, promettant que, s'il « venait vers eux, ils se soumettraient à sa puissance, « et se joindraient à lui pour faire la guerre à Arsace, « roi des Parthes². » Ce furent ces promesses et l'espérance qu'elles lui faisaient concevoir de tirer, des provinces qu'il se flattait de reconquérir, des forces pour vaincre Tryphon, qui engagea Démétrius à passer l'Euphrate et à marcher contre les Parthes. Bayer³, dont nous partageons l'opinion, pense que Josèphe entendait par les Macédoniens, les Grecs établis dans les provinces voisines de l'Euphrate et dans la Médie; et que, sous le nom de Grecs, il désignait ceux qui s'étaient fixés dans la Bactriane et vers l'Inde, attribuant ainsi ces deux dénominations différentes à une diversité

---

[1] « Cujus (Demetrii) adventum non inviti Orientis populi videre; et propter Arsacidæ, regis Parthorum, crudelitatem, et quod veteri Macedonum imperio assueti novi populi superbiam indigne ferebant. » (Justin. lib. XXXVI, cap. I.)

[2] Καὶ γὰρ οἱ ταύτῃ κατοικοῦντες Ἕλληνες καὶ Μακεδόνες συνεχῶς ἐπρεσβεύοντο πρὸς αὐτὸν (Δημήτριον), εἰ πρὸς αὐτοὺς ἀφίκοιτο, παραδώσειν μὲν αὐτοὺς ὑπισχνούμενοι, συγκαταπολεμήσειν δὲ Ἀρσάκην τὸν Πάρθων βασιλέα. (Joseph. Ant. Jud. lib. XIII, cap. v, p. 651.)

[3] *Histor. regn. Græc. Bactr.* p. 95.

d'origine. Justin compte, en effet, les Bactriens parmi les peuples qui fournirent des secours à Démétrius[1]. Il y avait alors fort peu de temps qu'ils avaient été forcés de se soumettre aux Parthes; le souvenir de leur origine et de la puissance que naguère ils exerçaient, devait leur rendre le joug des Arsacides d'autant plus insupportable, et les disposer à soutenir de toutes leurs forces le premier prince séleucide qui se montrerait, avec une armée, à l'orient de l'Euphrate.

Lorsqu'il entreprit la guerre dont nous parlons, Démétrius, comme l'atteste Josèphe[2], avait donc le projet de transporter au delà de l'Euphrate le centre de sa puissance ; et, sans les revers qu'il éprouva, il aurait trouvé dans les satrapies supérieures des secours suffisants pour chasser Tryphon du royaume de Syrie; c'est ce que pense l'auteur du premier livre des Maccabées, aussi bien que Josèphe. Malgré l'opinion contraire de M. Visconti, le récit de ces deux historiens ne contredit en aucune manière celui de Justin. L'armée de Démétrius, n'en doutons pas, se serait considérablement renforcée par les secours de toute espèce que lui auraient fournis et les Grecs établis dans la haute Asie, et les princes qu'il aurait affranchis du joug des Arsacides.

[1] Justin. lib. XXXVI, cap. I.
[2] Ὁ δὲ Δημήτριος..... βουλόμενος.... τῶν ἄνω σατραπνειῶ ἐγκρατὴς γενόμενος ἐντεῦθεν ποιεῖσθαι τὰς ὅλης τῆς βασιλείας ἀφορμάς. (Antiquit. jud. lib. XIII, cap. v, t. I, p. 650 et 651.)

Les historiens nous ont laissé ignorer tous les détails de cette guerre; mais il paraît qu'elle se fit à peu près comme toutes celles qui ont eu lieu dans les mêmes contrées, c'est-à-dire, en suivant les rives de l'Euphrate. Il est permis de croire, d'après les expressions d'un passage déjà cité de Josèphe[1], que Démétrius s'empara de Babylone; Moïse de Khoren[2] nous atteste le même fait. Josèphe nous apprend aussi que les peuples des pays que traversa le prince séleucide, le reçurent avec joie, et joignirent leurs forces aux siennes, pour combattre le roi des Parthes[3], qui finit néanmoins par le vaincre, détruisit entièrement son armée et le prit vivant. Outre Josèphe et Justin[4], Trogue Pompée[5], le premier livre des Maccabées[6], Orose[7] et le Syncelle[8] nous ont conservé le souvenir des revers et de la captivité de Démétrius. Avant ce désastreux

---

[1] Voy. ci-dessus, pag. 400, note 1.
[2] *Hist. armen.* lib. II, cap. II, p. 85.
[3] Δεξαμένων δ'αὐτὸν προθύμως τῶν ἐν τῇ χώρᾳ, συναγαγὼν δύναμιν ἐπολέμησε πρὸς τὸν Ἀρσάκην, καὶ τὴν σ7ρατιὰν ἅπασαν ἀποβαλὼν, αὐτὸς ζῶν ἐλήφθη. (*Antiquit. jud.* lib. XIII, cap. v.)
[4] Lib. XXXVI, cap. I; lib. XXXVIII, cap. IX.
[5] Ad calc. Just. ed. varior. *loc. cit.*
[6] Cap. XIV, vers. 3.
[7] Lib. V, cap. IV.
[8] Σ7ρατεύσας δὲ (ὁ Δημήτριος) ἐπ'Ἀρσάκην εἰς Βαβυλῶνα, αἰχμάλωτος γίνεται ὑπὸ Ἀρσάκου καὶ εἰς τὴν Παρθικὴν ἀναχθεὶς ἐφρουρεῖτο σιδηρωθείς· ὅθεν καὶ Σιδηρίτης ἐλέγετο ὕστερον. (Syncell. t. I, p. 554; ed. Guil. Dindorf.)

événement, la fortune avait cependant semblé favoriser le roi de Syrie. Il est probable que ses exploits ne se bornèrent pas à la prise de Babylone et des cantons riverains de l'Euphrate; la ville de Séleucie lui ouvrit sans doute ses portes, et lui fournit vraisemblablement de grands secours, car nous lisons dans Justin que Démétrius vainquit les Parthes en plusieurs batailles [1]. Selon l'auteur du premier livre des Maccabées [2], il pénétra jusque dans la Médie, où très-probablement il trouva le terme de ses succès. Justin rapporte aussi que, dans le cours de cette guerre, Démétrius fut soutenu par les Perses, les Élyméens et les Bactriens [3]. Les deux premiers peuples purent effectivement l'aider, parce qu'ils se trouvaient sur sa route ou dans le voisinage; mais les Bactriens, à cause de leur éloignement, ne lui furent utiles qu'autant qu'ils opérèrent, comme on doit le croire, une diversion en attaquant les Parthes du côté de l'Orient. Il ne paraît pas que le roi des Parthes ait marché en personne contre Démétrius; on lit dans un verset déjà cité du premier livre

---

[1] « Multis præliis Parthos fudit. » (Justin. lib. XXXVI, cap. I.) Et plus loin : « Namque Demetrius, cum bellum Parthis intulisset, et multis congressionibus victor fuisset, etc. » (Lib. XXXVIII, cap. IX.)

[2] Cap. XIV, vers. 2.

[3] « Itaque cum et Persarum, et Elymæorum, Bactrianorumque auxiliis juvaretur, multis præliis Parthos fudit. » (Justin. lib. XXXVI, cap. I.)

DEUXIÈME PARTIE. 407

des Maccabées[1], qu'il envoya un de ses capitaines pour le prendre vif et le lui amener. Le même verset nous apprend, de plus, que ce capitaine marcha contre Démétrius, défit son armée, le prit et le conduisit auprès d'Arsace, qui le fit mettre en prison[2].

Mithridate fut peut-être obligé de rester dans l'Orient pour résister aux Bactriens qui l'attaquaient de ce côté pendant que Démétrius s'avançait du côté de l'Occident. Les expressions dont se sert Justin, en parlant de la captivité du roi de Syrie, nous portent à croire que ce prince ne fut pas vaincu et pris en bataille rangée par les Parthes. Son malheur paraît avoir été le résultat d'une trahison; car suivant cet historien, on trompa Démétrius par de fausses propositions de paix; et ce fut sous le prétexte d'entrer en négociation avec lui, qu'on parvint à s'emparer de sa personne[3]. Le roi des Parthes lui fit alors parcourir ses états, le menant particulièrement dans les pays qui s'étaient révoltés en sa faveur, et le montrant partout comme un exemple éclatant de l'instabilité de la fortune[4]. Il l'envoya en-

---

[1] I, xiv, 2.

[2] Καὶ ἐπορεύθη καὶ ἐπάταξε τὴν παρεμβολὴν Δημητρίου, καὶ συνέλαβεν αὐτὸν, καὶ ἤγαγεν αὐτὸν πρὸς Ἀρσάκην, καὶ ἔθετο αὐτὸν ἐν φυλακῇ. (I Macc. cap. xiv, vers. 3.)

[3] « Ad postremum tamen, pacis simulatione deceptus (Demetrius), capitur. » (Justin. lib XXXVI, cap. i.) Et plus loin : « Repente insidiis circumventus, amisso exercitu, capitur » (lib. XXXVIII, cap. ix).

[4] « Traductusque per ora civitatium, populis, qui desciverant,

suite dans l'Hyrcanie, où on le retint prisonnier; et, malgré sa captivité, il y fut traité avec beaucoup de douceur et d'une manière conforme à son rang[1]. Pour rendre moins cuisant le chagrin que son malheur devait causer à Démétrius, Mithridate continua de tenir à son égard une conduite vraiment royale; il lui donna en mariage une de ses filles appelée Rodogune, et il promit de le rétablir dans son royaume de Syrie, dont, pendant son absence, le rebelle Tryphon s'était rendu maître[2]. Le roi des Parthes mourut avant d'avoir pu accomplir sa promesse; et Démétrius resta longtemps encore prisonnier dans l'Hyrcanie. Appien place après la mort de Mithridate le mariage du roi de Syrie avec une princesse arsacide; ses expressions ambiguës pourraient même faire supposer qu'il croyait que Démétrius avait été vaincu et pris sous Phraate II, fils et successeur de Mithridate Ier. « Démétrius captif, dit-il, vécut dans la résidence « royale de Phraate, et le roi lui donna en mariage sa « sœur Rodogune[3]. »

« in ludibrium favoris ostenditur. » (Justin. lib. XXXVI, cap. i.)

[1] « Missus deinde in Hyrcaniam, benigne et juxta cultum « pristinæ fortunæ habetur. » (Justin. *ibid.*)

[2] « Cui (Demetrio) Arsacides, Parthorum rex, magno et « regio animo, misso in Hyrcaniam, non cultum tantum regium « præstitit: sed et filiam in matrimonium dedit, regnumque « Syriæ, quod per absentiam ejus Trypho occupaverat, restitu- « turum promittit. » (Justin. lib. XXXVIII, cap. ix.)

[3] Γενόμενος αἰχμάλωτος (ὁ Δημήτριος), δίαιταν εἶχεν ἐν Φραά-

Pour réfuter l'opinion d'Appien et démontrer que Démétrius Nicator s'allia, du vivant de Mithridate I*er*, à la famille royale des Arsacides, il est nécessaire de déterminer l'époque du mariage de la reine Cléopâtre, épouse du roi de Syrie, avec le frère de ce prince, Antiochus Sidétès. Ce mariage, selon nous, fut une conséquence de l'alliance contractée par Démétrius avec la fille de son vainqueur; car Cléopâtre put, dès lors, se croire autorisée à briser un lien que son mari n'avait pas respecté. Restée sans défense après la défaite de Démétrius, et tombée entre les mains de Tryphon, cette princesse, pour se soustraire au pouvoir du rebelle, s'enferma avec ses enfants dans la ville de Séleucie, sur le bord de la mer ; elle y fut bientôt rejointe par un grand nombre de soldats que la cruauté de Tryphon avait déterminés à abandonner cet usurpateur[1]. C'est alors que Cléopâtre appela auprès d'elle Antiochus, frère de son mari, en lui promettant de partager avec lui son trône et sa couche. Il est fort probable que ce qui engagea la reine à prendre cette double résolution, ce fut tout à la fois la crainte de perdre une couronne que Tryphon pouvait, à chaque instant, lui enlever pour toujours, et la nouvelle du mariage que le roi son époux venait de contracter; tel est au moins le sentiment d'Ap-

του βασιλέως· καὶ Ῥοδογύνην ἔζευξεν αὐτῷ τὴν ἀδελφὴν ὁ βασιλεύς. (Appian. in *Syriac.* cap. LXVII.)

[1] Joseph. *Antiquit. jud.* lib. XIII, cap. VII, t. I, p. 655.

pien[1]. Le premier livre des Maccabées[2] nous atteste que la 174ᵉ année de l'ère des Séleucides, laquelle répond, selon la manière de compter des Juifs, aux années 139 et 138 avant J. C. vit Antiochus entrer en Syrie. D'un autre côté, nous savons, par Josèphe, que le prince séleucide était arrivé dans ce pays avant que Cléopâtre l'eût invité à s'y rendre. L'historien juif rapporte, en effet, qu'aucune ville ne voulait le recevoir, à cause de la crainte qu'inspirait Tryphon; il ajoute qu'Antiochus n'acquit une certaine importance que lorsque la reine l'eut appelé auprès d'elle[3]. On ne peut guère présumer que ces événements, et par conséquent le mariage de Cléopâtre, eurent lieu au commencement de la 174ᵉ année de l'ère des Séleucides; il est beaucoup plus probable qu'ils arrivèrent dans le cours de cette année ou dans l'année suivante. Nous leur assignerons donc la date de l'an 138 avant J. C. en admettant que le mariage de Démétrius avec Rodogune, fille du roi des Parthes, avait été célébré

---

[1] Ἔκτεινε δέ καὶ Δημήτριον ἐς τὴν βασιλείαν ἐπανελθόντα ἡ γυνὴ Κλεοπάτρα, δολοφονήσασα, διὰ ζῆλον τῦ γάμυ Ῥοδογύνης· δι' ὃν δὴ καὶ Ἀντιόχῳ τῷ ἀδελφῷ τῦ Δημητρίυ προγεγάμητο. (Appian. in *Syriac.* cap. LXVIII.)

[2] Cap. XV, vers. 10.

[3] Ἀλωμένυ δὲ καὶ Ἀντιόχυ τῦ Δημητρίου ἀδελφῦ, ὃς ἐπεκαλεῖτο Σωτήρ, καὶ μηδεμιᾶς αὐτὸν πόλεως δεχομένης διὰ Τρύφωνα, πέμπει πρὸς αὐτὸν Κλεοπάτρα, καλῦσα πρὸς αὐτὴν ἐπί τε γάμῳ καὶ βασιλείᾳ. (Joseph. *Antiq. jud.* lib. XIII, cap. VII, § 1, tom. I, pag. 655.)

quelque temps auparavant, c'est-à-dire en 139, deux ans environ après la défaite du roi de Syrie. Cette date s'accorde avec le récit de Justin[1], qui, après avoir parlé du mariage de Démétrius, ajoute que le roi des Parthes lui promit de l'aider à chasser Tryphon, l'usurpateur de ses états. Ce dernier mourut en l'année 175 de l'ère des Séleucides, d'après le calcul de Frölich[2], que nous admettons, mais en ce point seulement; car, cette année répondant aux années 138 et 137 avant J. C. nous préférons placer dans la dernière la mort de ce rebelle, afin que les événements ne se trouvent pas trop pressés. En effet, si le mariage d'Antiochus avec Cléopâtre n'eut lieu, comme nous l'avons déjà dit, qu'en 138, on ne peut accorder moins d'une année pour les défaites de Tryphon, sa fuite dans Dora en Phénicie, le long siège de cette place, la nouvelle fuite de Tryphon à Orthosia, puis à Apamée, où, au moment d'être pris, il se donna la mort[3]. Ce ne fut certainement pas dans cette dernière période de la vie de l'usurpateur, que le roi des Parthes, dont la mort, d'ailleurs, arriva vers la même époque, put promettre à son prisonnier de le remettre en possession du trône de Syrie, en l'aidant à chasser Try-

---

[1] Lib. XXXVIII, cap. ix.

[2] *Annal. reg. et rer Syr.* pag. 80.

[3] Strab. *Geogr.* lib. XIV, p. 668.—Joseph. *Antiq. jud.* lib. XIII, cap. vii, tom. I, pag. 655, 656. — Frontin. *Strat.* lib. II, cap. xiii. — Appian. in *Syriac.* cap. lxviii.

phon, qui n'était pas alors fort redoutable. C'est contre Antiochus et Cléopâtre, maîtres, dans ce moment, de presque tout le royaume, qu'il lui aurait fallu tourner ses armes. Il est donc hors de doute que Démétrius, captif chez les Parthes, se maria, non avec la sœur, mais avec la fille de son vainqueur, et que ce mariage eut lieu l'an 139 avant J. C. dans le temps où nous voyons Tryphon maître encore de toute la Syrie, à l'exception de Séleucie, qui était entre les mains de la reine Cléopâtre.

L'auteur du premier livre des Maccabées, qui à été suivi par Frölich[1], place en l'année 172 de l'ère des Séleucides l'époque de l'expédition de Démétrius contre les Parthes; cette date, selon la manière de compter en usage chez les Syriens ou chez les Juifs, répond aux années 141 et 140 avant J. C. Frölich pense que la défaite et la captivité de Démétrius eurent lieu en l'an 141, ou, au plus tard, dans le printemps de l'année suivante[2]; Vaillant[3] a daté ces événements de l'année 139; mais nous croyons qu'il assigne une trop longue durée à une guerre qui n'exigea sans doute qu'une seule campagne, les peuples qui avaient appelé le prince séleucide ayant dû aplanir devant lui

---

[1] *Annal. reg. et rer. Syr.* pag. 76.

[2] « Utrum prælia ista hoc anno omnia, an potius pars in vere anni sequentis commissa sint, ac tum captus sit Demetrius, certo definire non possumus. » (*Annal. reg. et rer. Syr.* p. 76.)

[3] *Seleucid. imper.* pag. 160; *Arsacid. imper.* pag. 46.

DEUXIÈME PARTIE. 413

la plus grande partie des difficultés; en sorte que, dans l'espace de quelques mois, Démétrius, parti de la Syrie, put pénétrer au cœur de l'empire des Parthes. Nous verrons ailleurs que, par la même raison, l'expédition d'Antiochus Sidétès se fit avec une égale rapidité. Ainsi, en plaçant le commencement de celle de Démétrius dans les six derniers mois de l'année 141 avant J. C. on ne peut guère craindre de se tromper, non plus qu'en assignant pour date à la captivité du roi de Syrie les premiers mois de l'année 140. Pour n'avoir pas lu avec assez d'attention le passage d'Orose relatif à la guerre de Démétrius Nicator contre Mithridate Ier, Vaillant a été conduit à croire que le roi de Syrie fut vaincu et pris dans le second combat qu'il livra au roi des Parthes[1]; tandis que l'écrivain ecclésiastique, sans distinguer toutefois, d'une manière claire, Démétrius Nicator de son père Démétrius Soter[2], a entendu parler seulement de la seconde guerre que les Séleucides eurent à soutenir contre les Arsacides, durant la vie de Mithridate Ier.

Par suite de la défaite de Démétrius, les pays de l'Asie situés à l'orient de l'Euphrate durent naturel-

---

[1] « Secundo tantum prælio cum Parthis commisso, supera-« tum fuisse Demetrium tradit Orosius. E contrario post multa « prælia, si Justino credimus. » (Vaillant, *Imper. Arsac.* tom. 1, pag. 46.)

[2] « Demetrium ipsum sibi secundo bello occurrentem et « vicit et cepit. » (Oros. lib. V, cap. IV.)

lement retomber sous la domination des Parthes; il est au moins certain qu'Antiochus Sidétès fut obligé d'en faire de nouveau la conquête, quand il porta ses armes dans la Médie pour venger les revers de son frère. L'histoire ne nous a pas conservé le souvenir des combats qui replacèrent ces régions sous le sceptre des Arsacides; il est fort probable que les généraux et les gouverneurs grecs, épouvantés par la captivité de leur roi et la destruction de son armée, ne firent pas une vigoureuse résistance. On peut croire aussi que les Parthes rentrèrent, presque sans combat, en possession de leurs anciennes conquêtes. Si la Mésopotamie entière ne fut pas comprise au nombre des premières contrées enlevées par Mithridate Ier aux rois de Syrie, il paraît certain, du moins, qu'il en soumit la plus grande partie, puisque, selon Moïse de Khoren[1], il donna la ville de Nisibe à son frère Valarsace, roi d'Arménie. En tout cas, on ne peut douter qu'après la défaite de Démétrius, la Mésopotamie n'ait été envahie tout entière par les armées parthes; car c'est en l'année 136 avant J. C. que le patriarche Denys de Tel-mahar place la fondation du royaume particulier d'Édesse[2]. Comme cet événement arriva trois ou quatre ans, au plus, après la captivité de Démétrius; il est à croire qu'il fut une des consé-

---

[1] Moïse de Khoren, *Hist. armen.* lib. I, c. VII.
[2] Apud Asseman. *Biblioth. orient.* tom. I, p. 338.

quences des victoires de Mithridate Ier. Les princes de l'Élymaïde, de la Perse et de la Bactriane, qui avaient profité de l'arrivée du roi de Syrie, pour se révolter contre les Parthes, ne tardèrent sans doute pas non plus à rentrer dans le devoir; et le roi Mithridate se trouva, sans contestation, maître de toute la haute Asie et l'un des plus puissants monarques de cette partie du monde.

Les malheurs de Démétrius Nicator et les victoires de Mithridate Ier répandirent jusqu'en Europe le nom des Parthes. Les Romains, qui, à cause des rapports fréquents qu'ils entretenaient avec les rois de Syrie, et de la part active qu'ils s'attribuaient dans leurs affaires, devaient attacher beaucoup d'importance à être informés avec soin de ce qui se passait en Orient, apprirent alors à connaître la puissance des Arsacides; ils eurent, pour la première fois, à ce qu'il paraît, des relations avec eux, à l'occasion des Juifs, qui, dans le même temps, firent alliance avec la république romaine. L'auteur du premier livre des Maccabées[1] rapporte que le grand prêtre Simon, de la race des Asmonéens, envoya en ambassade à Rome un certain Numénius, qui fut chargé de porter au sénat un bouclier d'or, du poids de mille livres, et de solliciter l'alliance du peuple romain. Les Juifs obtinrent ce qu'ils désiraient; l'ambassade revint,

---

[1] Cap. XIV, vers. 22.

l'année suivante, avec des lettres adressées à tous les peuples et républiques de l'Asie alliés des Romains, ainsi qu'à tous les princes de l'Orient, pour leur notifier l'alliance qui était contractée entre les deux peuples, et leur défendre d'attaquer les Juifs[1]. Parmi ces lettres, il y en avait une pour Démétrius, roi de Syrie, qui, quoique captif chez les Parthes, n'en était pas moins considéré comme le légitime possesseur du royaume de Syrie, la république romaine ne reconnaissant ni l'usurpateur Tryphon, ni Antiochus, frère de Démétrius, qui n'avait pas encore eu le temps d'acquérir une grande puissance. Une autre lettre était adressée au roi des Parthes, Arsace[2]. D'après le premier livre des Maccabées, l'alliance entre les Romains et les Juifs fut conclue sous un consul qu'il appelle simplement Lucius[3]. Selon Frölich[4], il s'agit de Lucius Calpurnius Pison, qui fut consul en l'année 139 avant J. C. avec Lucius Popilius Lénas, et qui se trouvait alors seul à Rome, son collègue étant occupé à faire la guerre en Espagne, où il commandait les armées de la république. Comme cette alliance et sa notification aux princes de l'Orient eurent lieu dans l'année qui suivit la prise de Démé-

---

[1] 1 Maccab. cap. xv, vers. 15-23.
[2] Ibid. cap. xv, vers. 22.
[3] Ibid. cap. xv, vers. 16.
[4] Annal. rer. et reg. Syr. pag. 78.

trius Nicator, le roi Arsace mentionné dans le premier livre des Maccabées, ne peut être que Mithridate Ier, vainqueur du roi de Syrie. La notification diplomatique que les Romains firent à ce prince, de leur alliance avec les Juifs, n'eut pour lors aucune suite; les deux empires étaient trop éloignés l'un de l'autre. C'est longtemps après, qu'il s'établit entre eux de fréquents rapports; ils furent la conséquence de l'intervention active des Romains dans les affaires de l'Asie, et la conséquence aussi des événements qui rendirent limitrophes les possessions de ceux-ci et le territoire des Parthes.

Le mariage de Démétrius Nicator avec Rodogune, qui dut se célébrer, comme nous l'avons démontré, en l'année 139 avant J. C. pendant que Tryphon était maître de l'empire des Séleucides, est le dernier événement du règne de Mithridate Ier dont on ait conservé le souvenir. L'histoire des Arsacides passe immédiatement à la guerre que le roi de Syrie, Antiochus Sidétès, entreprit pour venger la défaite de son frère, et qui commença, ainsi qu'on le verra plus loin, dans l'année 131 avant J. C. Au rapport de Justin[1], Phraate II, fils de Mithridate Ier, régnait alors sur les Parthes; c'est donc entre ces deux époques qu'on doit placer la mort du vainqueur de Démétrius; car il ne faut pas, comme Moïse de Khoren[2], le

---
[1] Lib. XXXVIII, cap. x; lib. XLII, cap. i.
[2] Moïse de Khoren, *Hist. armen.* lib. II, c. ii.

confondre avec son fils, qui vainquit Antiochus Sidétès ; Justin distingue ces deux princes d'une manière trop précise pour qu'il soit permis d'hésiter. Rien, dans tout ce qui nous reste des écrivains grecs ou latins, ne peut nous porter à assigner pour date à la mort de Mithridate Ier, l'une plutôt que l'autre des huit années comprises entre ces deux points extrêmes. Vaillant a donc pris au hasard la détermination de placer cet événement dans l'année 137 avant J. C.[1]. M. Visconti, qui, depuis lui, s'est occupé de l'histoire des Arsacides, n'a point admis cette date ; mais il s'est contenté de dire, dans son Iconographie grecque[2], que la mort du roi Mithridate était postérieure à l'année 140 qui précéda la naissance de J. C. D'après les considérations que nous avons exposées plus haut, il aurait pu en fixer la date après l'année 139, puisque, dans le temps où Tryphon était entièrement maître du royaume de Syrie, le roi des Parthes vivait encore et promettait à Démétrius son appui pour chasser l'usurpateur. Plus récemment, dans un travail déjà cité sur les rois arsacides et les rois sassanides, publié en 1804, M. Richter[3] est revenu, comme M. Tychsen[4], à l'opinion de Vaillant. Quoi-

---

[1] Vaillant, *Arsac. imper.* tom. I, pag. 47.
[2] Tom. III, pag. 54.
[3] Ouvrage cité, pag. 49.
[4] *Commentat. recentior. Soc. reg. scient. Gottingensis* (*De numis veterum Persarum comment. VI*), tom. III, pag. 56.

DEUXIÈME PARTIE. 419

qu'elle ne s'appuie sur aucune preuve, elle paraît cependant mériter la préférence ; et nous l'adoptons, non point, avec le savant français, comme une probabilité, mais parce que nous avons, pour l'admettre, des autorités qu'il ne pouvait pas connaître.

On a déjà vu que lorsque Mithridate Ier, qui est appelé par les Arméniens Arsace le Grand, eut vaincu les Séleucides, il étendit les limites de ses états jusqu'aux bords de l'Euphrate, et créa roi d'Arménie, l'an 150 avant J. C. son frère Valarsace. Moïse de Khoren[1] nous atteste que ce fut dans la treizième année du règne de ce dernier, que mourut le roi des Parthes, vainqueur de Démétrius Nicator. Le témoignage de l'historien arménien assigne donc, et d'une manière plus positive que ne le fait Vaillant, l'année 137 avant J. C. pour date à ce grand événement; or cette date tombe précisément entre les deux époques extrêmes que nous avons déterminées, c'est-à-dire entre le mariage de Démétrius Nicator avec la princesse Rodogune, en 139, et la guerre d'Antiochus Sidétès contre Phraate II, en 131.

Moïse de Khoren indique le nombre d'années que régna chacun des rois arsacides de Perse; mais il ne nous apprend point, en particulier, combien de temps le trône fut occupé par Arsace le Grand ou Mithri-

---

[1] Յետ՝ Աշշակայ մեծի, առնու զթագաւորութիւն Արշական, յերեքտասաներորդ ամի Վաղարշակայ թագաւորի Հայոց, ամս Լ. (*Hist. armen.* lib II, cap. LXV, pag. 188.)

420 HISTOIRE DES ARSACIDES.

date Ier. Nous ne pouvons déterminer la durée de ce règne que par le rapprochement de divers passages de son Histoire d'Arménie avec le témoignage de quelques autres écrivains. Nous citerons surtout Samuel d'Ani, savant chronologiste, qui affirme que Mithridate Ier régna cinquante-six ans [1]. Nous pensons qu'il avait tiré ce renseignement de l'Histoire même de Moïse de Khoren, quoiqu'on ne le trouve plus maintenant dans le texte de cet historien, fort altéré par les copistes qui nous l'ont transmis, comme on peut facilement s'en convaincre en comparant avec ce texte plusieurs autres passages que Samuel d'Ani avait extraits du même ouvrage. On ne remarque dans ses citations aucune des inexactitudes que présentent les éditions de Moïse de Khoren imprimées, soit à Amsterdam, soit à Londres. Si, dans le cas dont il s'agit, ce dernier historien n'était pas son autorité, ce serait le seul fait important de l'histoire ancienne de la Perse et de l'Arménie que Samuel n'aurait pas emprunté à Moïse de Khoren; et il n'y a aucune raison de croire qu'il l'ait puisé ailleurs, bien qu'il eût consulté un grand nombre d'autres historiens. Lorsque, partant de l'année 137 avant J. C. date certaine de la mort de Mithridate Ier ou Arsace le Grand, on remonte de cinquante-six ans en arrière, on trouve que, d'après les Arméniens, son règne aurait commencé l'an 193

[1] *Chronogr.* manuscrits arméniens de la Bibliothèque royale, n° 96, fol. 12 r.

avant J. C. c'est-à-dire précisément à l'époque où l'on voit mourir Artaban Ier ; et nous avons démontré que cet Artaban est le prince nommé par les Arméniens Ardaschès, dont ils font le prédécesseur immédiat d'Arsace le Grand ou Mithridate Ier, quoiqu'il y ait eu, entre les règnes de ces deux rois, ceux de Priapatius et de Phraate Ier. On se rappelle sans doute comment nous avons expliqué l'extrême différence qui existe entre les données des Arméniens, relatives à la durée des règnes des rois parthes, et celles des écrivains grecs ou latins; nous avons fait voir que les historiens d'Arménie n'ont point tenu compte des princes qui s'emparèrent, pour quelque temps, de l'autorité souveraine, ou qui, héritiers légitimes du trône, en furent dépouillés par des usurpateurs issus de leur sang, lorsque ces derniers parvinrent à transmettre la couronne à leur postérité. Les écrivains arméniens ont également passé sous silence les guerres civiles qui suivirent la mort de presque tous les rois parthes : dans leurs récits, la succession royale ne paraît point interrompue, parce que, de tous les prétendants, ils n'ont conservé le souvenir que d'un seul, de celui qui, vainqueur de ses adversaires, sut se maintenir sur le trône; et parce qu'ils comptent les années de son règne, sans doute à son exemple, du moment que le trône fut vacant. La succession à la couronne étant une cause presque sans cesse renaissante de querelles entre les princes du sang, plusieurs rois, pour prévenir la guerre civile, prirent le parti d'associer à l'empire un de leurs enfants, comme le firent, en France, les premiers rois de la troisième race; et il paraît que, chez les Parthes, comme chez nous, lorsque les princes associés restèrent seuls sur le trône, ils continuèrent à compter les années de leur règne, de l'année où ils avaient reçu le titre de roi. C'est ainsi que nous expliquons la longue durée du règne de Mithridate Ier, qui, selon les Arméniens, occupa le trône pendant cinquante-six ans; tandis que, selon nous, il n'en régna réellement que trente-six. Nous éclaircirons plus loin les difficultés qu'on rencontre dans les historiens grecs et dans les historiens arméniens lorsque l'on veut fixer la durée du règne de Phraate III.

Sans Justin, nous ignorerions l'existence des rois Priapatius et Phraate Ier, qui occupèrent le trône des Parthes avant Mithridate Ier et après Artaban Ier. Il paraît qu'aucune action d'éclat, aucun fait digne de mémoire ne signalèrent le règne de Priapatius; l'historien latin ne place sous le règne de Phraate Ier que la soumission des Mèdes, qui furent vaincus par ce prince. Il y a tout lieu de croire que l'ouvrage de Trogue Pompée ne contenait pas beaucoup plus de détails; car les Prologues qui nous restent de son Histoire ne mentionnent, parmi les premiers successeurs du fondateur de la monarchie parthe, qu'Artaban et Mithridate, surnommé Théos, qui s'empara de la Médie et de la Mésopotamie[1]. A l'exemple du P. Longuerue[2] et de MM. Silvestre de Sacy [3] et Visconti [4], nous admettons la correction de Vaillant[5], qui substitue, dans le texte latin, le nom de Mithridate à celui de Tigrane, lequel ne paraît s'y être introduit que par suite d'une erreur de copiste. L'abrégé de Justin prouve suffisamment que, dans cet endroit, il ne doit être question que de Mithridate Ier; et d'ailleurs, il est avéré qu'aucun des princes arsacides qui régnèrent sur la Perse ne s'appela Tigrane. Les personnes qui connaissent les Prologues de Trogue Pompée, savent dans quel état d'altération ils nous sont parvenus; aussi admettront-elles sans difficulté cette correction. D'autre part, il ne serait nullement surprenant que les historiens arméniens, s'ils ont réellement négligé de parler de rois aussi obscurs que Priapatius et Phraate Ier, eussent attribué les années de leurs règnes à Arsace le Grand, c'est-à-dire à Mithridate Ier. Mais nous avons beaucoup de peine à croire que ces historiens eussent entièrement passé sous silence les deux princes dont il s'agit, si Mithridate Ier était parvenu au trône par la

---

[1] « Successores deinde ejus Artabanus, et Tigranes (leg. « Mithridates) cognomine Deus : a quo subacta est Media et « Mesopotamia. » (Trog. Pomp. *Prolog.* lib. XLI, pag. 535; ad calc. edit. var.)

[2] *Annal. arsacid.* p. 8.

[3] *Mémoires sur diverses antiquités de la Perse*, pag. 35.

[4] *Iconographie grecque*, tom. III, pag. 59.

[5] *Arsacidarum imperium*, tom. I, pag. 39.

voie directe de la succession. Les omissions de ce genre, qu'on remarque dans la chronologie arménienne, nous paraissent devoir être expliquées, soit par des usurpations à main armée, soit par une association au trône, antérieure à l'époque où un prince régna seul ou sans contestation. Quoique l'histoire ne nous ait conservé aucun fait qui range Mithridate Ier dans l'une de ces deux catégories, nous ne voyons pas une autre manière de lever les difficultés chronologiques que présente la durée de son règne.

Il y a tout lieu de croire que Priapatius, fils d'Artaban Ier, était un prince sans qualités éminentes, et même incapable de régner; on peut penser que, à l'exemple de plusieurs de ses successeurs, il remit, de son vivant, à l'un de ses fils le soin de gouverner l'état et de commander les armées. Une prédilection particulière, comme l'histoire des Parthes nous en montre beaucoup d'autres du même genre, ou bien les brillantes qualités de Mithridate, qui le rendirent si célèbre dans la suite, et dont il avait peut-être déjà donné quelques preuves, furent sans doute les raisons qui firent préférer ce prince à son frère aîné Phraate. Après la mort de Priapatius, des circonstances qui nous sont restées inconnues auront mis Phraate en état de faire valoir son droit d'aînesse, et d'éloigner du trône, pour quelque temps, Mithridate, que ses talents et le choix de son père y avaient appelé. Le règne de Phraate Ier, nous l'avons déjà dit, fut de courte durée : peut-être ce prince laissa-t-il des enfants trop jeunes pour régner ; peut-être aussi connaissant, comme l'affirme Justin[1], les vertus et le mérite de son frère, préféra-t-il l'état à sa propre famille; peut-être enfin, et c'est la supposition la plus probable, aima-t-il mieux, pour prévenir la guerre civile, léguer, au préjudice de ses enfants, le trône à son frère, qui s'en serait d'ailleurs emparé malgré lui et malgré eux. Dans cette hypothèse, Mithridate aurait déjà porté le titre de roi; il ne serait donc point étonnant qu'il n'eût pas tenu compte du règne de son frère, et qu'il eût daté le sien de son association au trône. Les rapprochements que nous allons faire pour fixer l'époque de sa naissance et, par conséquent, la durée de sa vie, puisque nous connaissons la date certaine de sa mort, prouveront qu'en l'année 193 avant J. C. c'est-à-dire au temps où son père Priapatius monta sur le trône, Mithridate était parvenu à un âge assez avancé pour administrer les affaires, et que déjà il avait pu donner des preuves de son courage et de ses talents.

Lucien, dans son livre des *Macrobii* ou *Hommes qui ont vécu longtemps*, nous a conservé un passage du géographe et historien Isidore de Charax, dont, jus-

---

[1] « Nec multo post decessit (Phrahates), multis filiis reli« ctis : quibus præteritis, fratri potissimum Mithridati, insignis « virtutis viro, reliquit imperium. Plus regio quam patrio « deberi nomini ratus : potiusque patriæ, quam liberis, consu« lendum. » (Justin. lib. XLI, cap. v.)

qu'à ce jour, personne, à notre connaissance, n'a fait usage pour l'histoire des Parthes, quoiqu'il nous paraisse s'y rapporter et l'éclairer d'une lumière assez vive. Cet auteur s'exprime ainsi : « Artaxerxès, sur-« nommé *Mnémon*, contre qui Cyrus, son frère, fit « la guerre, mourut de maladie, sur le trône de Perse, « à l'âge de quatre-vingt-six ou quatre-vingt-quatorze « ans, comme le rapporte l'historien Dinon. L'autre « Artaxerxès, roi des Perses, qu'Isidore de Charax dit « avoir régné du temps de ses pères, périt par la per-« fidie de son frère Gosithrès, après avoir vécu quatre-« vingt-treize ans [1]. » Ces renseignements, qui ont dû être tirés d'un des grands ouvrages composés sur la Perse par Isidore de Charax, ne se trouvent pas, non plus que beaucoup d'autres du même écrivain, dans le seul livre que nous possédons de lui. Ce livre, intitulé *Stathmes parthiques*, n'est qu'une nomenclature très-abrégée des lieux situés sur une route qui traversait l'empire des Parthes depuis les bords de l'Euphrate jusqu'aux frontières de l'Inde. On a été fort embarrassé pour savoir quel est cet Artaxerxès, roi de

---

[1] Ἀρταξέρξης ὁ Μνήμων ἐπικληθεὶς, ἐφ' ὃν Κῦρος ὁ ἀδελφὸς ἐστρατεύσατο, βασιλεύων ἐν Πέρσαις ἐτελεύτησε νόσῳ, ἐξ καὶ ὀγδοήκοντα ἐτῶν γενόμενος· ὡς δὲ Δείνων ἱστορεῖ, τεττάρων καὶ ἐνενήκοντα. Ἀρταξέρξης, ἕτερος Περσῶν βασιλεὺς, ὅν φησιν ἐπὶ τῶν πατέρων τῶν ἑαυτȣ Ἰσίδωρος ὁ Χαρακηνὸς συγγραφεὺς βασιλεύειν, ἔτη τρία καὶ ἐνενήκοντα βιοὺς, ἐπιϐȣλῇ τἀδελφȣ͂ Γωσίθρȣ ἐδολοφονήθη. (Lucian. *Macrob.* Opp. tom. VIII, pag. 116; edent. Lehman.)

DEUXIÈME PARTIE. 227

Perse, dont parle Isidore. Selon les Grecs, trois rois de Perse portèrent ce nom : Artaxerxès surnommé Longue-Main, fils du roi Xerxès que les Grecs vainquirent à Salamine ; Artaxerxès Mnémon, contre qui Cyrus se révolta ; et enfin son fils, qui est plus connu sous le nom d'Ochus. Le roi Artaxerxès mentionné par Isidore de Charax ne peut être Artaxerxès Mnémon ; car Lucien, immédiatement avant de citer Isidore, parle de ce dernier prince, en rapportant, d'après Dinon, auteur d'une histoire de Perse, qu'il avait vécu quatre-vingt-six ou quatre-vingt-quatorze ans. Sur ce point il est d'accord avec Plutarque, qui donne au même roi un règne de soixante-deux années, et qui, comme Dinon, le fait vivre quatre-vingt-quatorze ans[1]. Pour avoir lu avec trop peu d'attention Plutarque, M. de Sainte-Croix a confondu les années du règne avec celles de la vie de ce prince[2] ; c'est une erreur que nous relevons en passant. L'Artaxerxès d'Isidore ne peut pas être non plus Artaxerxès Longue-Main, puisque Lucien le place après Mnémon, et ne lui donne pas son surnom ordinaire, qui était si connu des Grecs qu'il faisait, pour ainsi dire, partie de son nom ; d'ailleurs, il ne paraît point, par ce que nous savons

---

[1] Plutarch. in *Vita Artaxerx*. Opp. tom. V, pag. 505 ; edent. Reiske.

[2] Sainte-Croix, *Mémoire sur l'étendue de l'empire des Parthes, ou Remarques sur les Stathmes parthiques d'Isidore de Charax*, dans le tom. L des Mém. de l'Acad. des inscript. pag. 80.

de ce prince, qu'il ait prolongé sa vie aussi longtemps. On ne peut donc s'arrêter, parmi les anciens rois de Perse, qu'à Artaxerxès Ochus, qui, selon le savant Larcher[1], monta sur le trône en l'année 361 avant J. C. Ce prince régna vingt-trois ans, d'après Diodore de Sicile[2], ou vingt et un ans seulement, selon le Canon chronologique joint par Théon à son Commentaire sur l'Almageste de Ptolémée[3]; il fut assassiné par l'eunuque Bagoas, qui mit sur le trône Arsame, frère d'Ochus. Gérard Vossius[4], et, depuis lui, M. de Sainte-Croix[5] ont supposé qu'Isidore de Charax avait voulu parler de ce prince. « Si Artaxerxès « Mnémon, dit l'académicien français, a poussé sa car-« rière jusqu'à quatre-vingt-treize ans, son fils Ochus, « qui lui a survécu de vingt et un à vingt-trois ans, a « pu sans doute aussi mourir dans un âge très-avancé. » Cette raison est bien plus spécieuse que solide; car Ochus était le dernier fils[6] qu'Artaxerxès Mnémon avait eu d'une de ses filles, appelée Atossa, dont il était devenu éperdument amoureux, et dont il avait

---

[1] Chronologie d'Hérodote, à la suite de sa traduction française d'Hérodote, tom. VII, pag. 693.

[2] Diod. Sicul. lib. XV, cap. XCIII.

[3] Théon, Comment. sur l'Almag. p. 140; édit. d'Halma. Paris, 1822.

[4] De histor. Græc. lib. IV, cap. X.

[5] Mém. de l'Acad. des Inscr. tom L, pag. 81.

[6] Plutarch. in Vita Artaxerx. Opp. tom. V, pag. 495, 504.

fait son épouse¹ après que Statira eut été empoisonnée par Parysatis, mère d'Artaxerxès². La mort de Statira suivit celle de Cyrus le Jeune, qui succomba en combattant contre son frère l'an 401 avant J. C. selon Larcher³. Nous ignorons combien de temps s'écoula entre ces deux catastrophes; mais nous savons qu'un intervalle de soixante et un ou soixante-trois ans sépare la mort de Cyrus le Jeune de celle d'Ochus, d'où il résulte que ce dernier ne peut être l'Artaxerxès dont parle Isidore de Charax. Avant nous, le savant Dodwell avait déjà conjecturé qu'il ne fallait point placer le règne de ce dernier prince à une époque aussi reculée, et qu'il avait dû vivre au temps où les Parthes dominaient en Asie⁴; les paroles mêmes de Lucien donnent lieu de le croire. Si tel n'avait pas dû être leur sens, se serait-il servi de ces expressions : « du temps de ses pères, » ἐπὶ τῶν πατέρων τῶν ἑαυτῦ? Vossius⁵ et

¹ Plutarch. in *Vita Artaxerx*. Opp. tom. V, pag. 490.

² Ctésias, apud Phot. *Biblioth.* cod. 72, pag. 44; ed. Bekker.—Plutarch. in *Vita Artaxerx.* Opp. tom. V, pag. 481, 482.

³ Chronologie d'Hérodote, à la suite de sa traduction française d'Hérodote, tom. VII, pag. 677.

⁴ « Parthis itaque rerum potientibus quærendus erit Arta-« xerxes ille Persarum rex, qui coævus fuerit parentibus Isidori. » (*Dissert. de Isid. Chárac.* in *Geogr. græc. minor.* t. II, p. 58.)

⁵ « Ergo Isidorus eo Artaxerxem vocat τὸν ἐπὶ τῶν πατέρων, « ut distinguat ab duobus ejus nominis, qui antiquiores erant. » (Ger. Voss. *De histor. græc.* lib IV, cap x.)

M. de Sainte-Croix[1] reconnaissent que ces mots excluent d'autant plus toute possibilité d'appliquer le passage aux deux premiers Artaxerxès, qu'on le trouve immédiatement avant une phrase où il est question du dernier d'entre eux. Mais se rapporte-t-il mieux à Artaxerxès Ochus, qui n'est ordinairement désigné, par les anciens auteurs, que sous le dernier de ces noms? et Isidore aurait-il employé les expressions dont il s'est servi, s'il avait voulu parler d'un des anciens rois de la Perse, qui avait vécu environ quatre siècles avant lui? Cette opinion, il est vrai, devait être moins choquante pour Vossius que pour nous; car ce savant croyait qu'Isidore écrivait peu de temps après Alexandre, sous le règne de Ptolémée, fils de Lagus[2]. On doit supposer qu'il n'avait point lu les Stathmes parthiques; autrement, il n'aurait pas placé à une époque aussi reculée l'auteur de la description d'un empire qui ne fut fondé que cinquante-six ans après le temps où il fait vivre Isidore, et qui n'acquit, qu'un siècle environ plus tard, l'étendue que lui assigne ce dernier écrivain. Enfin, au temps où, selon Vossius, Isidore aurait vécu, la ville d'où il tirait son surnom n'avait pas encore reçu le nom de Charax. Il a dû composer son livre vers le commencement de l'ère chrétienne; car le dernier fait historique dont il y soit question se rapporte à l'an 30 avant J. C.

[1] *Mém. de l'Acad. des Inscript.* tom L, pag. 81.
[2] Ger. Voss. *De histor. græc.* lib. IV, cap. x.

et le premier auteur ancien qui cite Isidore de Charax, est Pline le Naturaliste [1]. Au reste, Vossius, mieux instruit plus tard, place l'écrivain grec sous le règne d'Auguste [2]. Enfin Dodwell a tenté, avec plus de science que de succès, et contre le témoignage de l'antiquité, de le rapprocher de nous jusqu'au temps d'Adrien [3]; mais M. de Sainte-Croix est revenu à un système fondé sur des faits positifs, et il adopte, comme nous, l'opinion qu'Isidore vécut vers le premier siècle de l'ère chrétienne [4]. Ce géographe était né dans la ville de Charax, située à l'extrémité de la Babylonie, vers les bords du golfe Persique. Fondée par Alexandre, qui lui donna son nom, cette ville fut agrandie ensuite par un roi de Syrie, que Pline [5] appelle Antiochus, et qui paraît être Antiochus le Grand; elle prit alors le nom d'Antioche. Plus tard, elle reçut celui de *Charax Spasini* (rempart de Spasinès), du premier chef arabe qui s'y rendit indépendant des Séleucides. Alexandre l'avait peuplée de vétérans grecs, et Isidore était peut-être un de leurs descendants. Or, sous le règne des trois anciens Artaxerxès, il n'y avait pas de Grecs dans cette partie de l'Asie; et Isidore ne se serait certaine-

---

[1] *Hist. nat.* lib. VI, cap. XXVII.

[2] *De natur. art.* lib. II, sive *De Philolog.* Opp. t. III, p. 50, col. 2.

[3] *Dissert. de Isid. Characeno* in *Geogr. græc. min.* t. II, p. 57-78.

[4] *Mém. de l'Acad. des Inscript.* tom. L, pag. 80.

[5] *Hist. nat.* lib. VI, cap. XXVII.

ment pas servi des expressions qu'il emploie, s'il se fût agi de temps aussi reculés. Elles semblent indiquer, au contraire, que quelques générations seulement s'étaient succédé depuis le prince dont il parle; et même que ce prince avait régné sur ses aïeux, circonstance qui ne pourrait, en aucune manière, s'appliquer aux rois de Perse de la race des Achéménides. Il faut donc, de toute nécessité, revenir à l'hypothèse de Dodwell, et chercher à une époque plus rapprochée de la domination des Parthes le prince mentionné par Isidore de Charax. Toutefois, nous ne pensons pas qu'il faille aller aussi loin que le savant critique anglais, qui pense que l'Artaxerxès en question a dû être un des rois qui gouvernèrent la Perse proprement dite sous la suprématie des Arsacides. Nous sommes d'avis que c'est bien plutôt parmi les Arsacides eux-mêmes qu'on le trouvera; car il ne paraît pas que les petits princes de l'Élymaïde aient jamais étendu leur autorité jusqu'aux rives occidentales de l'Euphrate, où était située la ville de Charax. L'opinion de Dodwell n'a d'autre fondement que la qualification de roi de Perse qui est donnée par Isidore à Artaxerxès; ce n'est pas là un argument sans réplique. On sait que les noms de Perses et de Parthes ont été très-souvent confondus par les anciens. Bien qu'aucun des rois parthes que nous connaissons n'ait porté le nom d'Artaxerxès, est-ce une raison suffisante pour rejeter notre système? Nous avons déjà vu que ce nom, divérsement altéré, selon les temps et les lieux, n'avait pas, dans l'origine, d'autre sens que celui de *grand roi;* qu'il n'est probablement pas le nom propre des souverains à qui l'histoire l'applique, et que les Arméniens l'attribuent, sous la forme arménienne d'*Ardaschès*, à plusieurs rois parthes qui ne le portèrent pas comme nom propre. S'ils ne le donnent point en particulier à Mithridate 1er, ce n'est pas un motif de croire qu'il ne l'ait pu prendre comme nom de dignité, puisque son prédécesseur l'avait reçu, bien qu'il fût moins puissant. Par des raisons que nous ne connaissons point, les Arméniens ont mieux aimé l'appeler simplement du nom d'Arsace, commun à tous les rois de sa race. En admettant donc que c'est parmi les rois parthes qu'il faut chercher l'Artaxerxès d'Isidore de Charax, on devra supposer que le géographe grec nous a transmis le nom de ce prince sous la forme antique qu'il avait dans la langue des Perses, forme qui, sans doute, était encore en usage au temps d'Isidore, dans les contrées voisines de sa patrie, quoiqu'on se servît alors plus communément des diverses altérations que, d'âge en âge, avait subies ce nom chez les Perses et chez les Arméniens.

Comme il nous paraît démontré qu'Isidore de Charax a voulu parler d'un roi dont ses aïeux avaient été les sujets, et qui ne peut être qu'un des monarques parthes, il s'agit de trouver parmi ceux-ci un prince à qui puissent s'appliquer les diverses circonstances rapportées par l'historien grec. Il faut d'abord que l'époque où il aura vécu ne soit ni trop rapprochée, ni trop éloignée du temps d'Isidore, pour justifier les expressions qu'emploie ce dernier. On ne doit point interroger la liste des princes qui régnèrent avant Mithridate Ier; car la ville de Charax, située dans la Babylonie, à l'occident de l'Euphrate et près de son embouchure dans le golfe Persique, ne dut reconnaître la souveraineté des Parthes qu'après la conquête de Séleucie et de Babylone, c'est-à-dire vers l'an 150 avant J. C. Mais rien n'empêche de croire que ce fut à Mithridate Ier que se soumirent les princes de Charax. Il est, de tous les rois parthes, le seul auquel ses grandes actions et ses grandes qualités aient pu mériter le surnom de *grand roi* ou *Artaxerxès*; et, comme il mourut en l'an 137 avant J. C. son règne n'est ni assez éloigné ni assez rapproché du temps où vécut Isidore, pour que cet historien n'ait pas pu dire que ses pères avaient vécu sous ce règne. Quelques expressions de Justin, que nous allons rapprocher de celles d'Isidore, serviront à donner un degré de plus de probabilité à notre conjecture. L'Artaxerxès dont parle l'écrivain de Charax mourut dans une vieillesse fort avancée, à l'âge de quatre-vingt-treize ans. Selon Justin, Mithridate, après avoir égalé la renommée de son aïeul, mourut dans une glorieuse vieillesse[1]. Isidore dit qu'Artaxerxès

---

[1] « Non minor Arsace proavo, gloriosa senectute decedit. » (Justin. lib. XLI, cap. VI.)

DEUXIÈME PARTIE.

périt par la perfidie de son frère Gosithrès; Justin se sert des mots *adversa valetudine arreptus*[1], qui pourraient nous faire soupçonner qu'il périt par le poison; et, dans un autre endroit de son ouvrage[2], il emploie l'expression de *necem*, en parlant de la mort du même prince, particularité qui tend à nous confirmer dans cette opinion. Nous savons aussi, par le témoignage de Justin, que, quoique Mithridate Ier fût fort avancé en âge quand il mourut, il avait encore des frères vivants, puisque l'un d'eux, Artaban, monta sur le trône après la mort de Phraate II, fils de Mithridate[3].

Si donc l'Artaxerxès d'Isidore de Charax est notre Mithridate Ier, celui-ci étant mort, comme nous l'avons vu, dans l'année 137 avant J. C. il en résulte qu'il sera né en 230, sous le règne de Tiridate, son bisaïeul, frère du fondateur de l'empire. Dans cette supposition, à l'époque de la mort de son aïeul Artaban Ier, 193 ans avant J. C. il devait être âgé de trente-sept ans; dès lors son père Priapatius avait fort bien pu l'associer au trône et lui donner le commandement des armées; mais il ne régna seul qu'en 173, à l'âge de cinquante-sept ans.

Outre le titre de roi des rois que portait Mithridate Ier, et qu'il fut sans doute le premier à prendre

---

[1] Lib. XLI, cap. VI.

[2] « Post necem Mithridatis, Parthorum regis, Phrahates « filius ejus rex constituitur. » (Lib. XLII, cap. I.)

[3] Justin. lib. XLII, cap. II.

parmi les rois Arsacides, il prit ou reçut le titre distinctif de Théos (le Dieu); c'est ce que nous apprend le passage corrigé des Prologues de Trogue Pompée[1], qui a été cité plus haut. Nous verrons, par la suite, que le même surnom fut également porté par Phraate III. Cependant, on ne l'a trouvé jusqu'ici sur aucune des médailles arsacides à légendes grecques que nous possédons. Sur plusieurs d'entre elles on lit le titre de *Théopator* (fils d'un père dieu), que M. Visconti[2] attribue avec beaucoup de raison, ce nous semble, à Phraate II, fils de Mithridate Ier. Il existe aussi un grand nombre de médailles à légendes grecques, que leur travail permet de faire remonter au temps de Phraate II, et sur lesquelles le titre de *Autocrator* (souverain indépendant) est joint à celui de *Théopator*. Le prince arsacide, comme l'a fort bien démontré M. Visconti[3], s'arroge le premier de ces deux titres, à l'imitation de l'usurpateur Tryphon, qui vivait à la même époque, et qui avait été élevé sur le trône par les soldats de Démétrius Nicator, roi de Syrie, mécontents de l'injustice de ce prince. Tryphon, sans doute pour flatter ceux qui faisaient toute sa force et qui lui avaient donné la couronne, prit la qualification d'Autocrate, parce qu'elle rappelait l'origine de sa puissance, et qu'elle était, aux yeux de ses partisans,

---

[1] *Prolog.* lib. XLI, ad calc. Justin. p. 535, edit. varior.

[2] Visconti, *Iconographie grecque*, tom. III, pag. 59 et 60.

[3] *Ibid.* pag. 60.

la marque de son attachement et de sa reconnaissance. Aucun autre des rois de Syrie ne s'est attribué ce surnom, qui a été pour M. Visconti une raison de rapporter à Phraate II les nombreuses médailles arsacides où il se trouve réuni avec celui de Théopator. Tryphon était mort depuis peu de temps, lorsque Phraate devint roi, et ses monnaies devaient être fort communes dans les pays envahis, sous son règne, par les armées parthes; d'ailleurs, le surnom d'Autocrate désignant celui qui possède l'autorité souveraine, il dut être adopté avec empressement par un prince plein d'activité, qui commandait ses armées en personne [1]. Comme on rencontre aussi sur plusieurs médailles, qui paraissent être du même temps, le titre de *Autocrator* joint à celui de *Philopator*, M. Visconti[2] en a conclu, avec beaucoup de sagacité, qu'elles appartiennent au même prince arsacide; il pense, de plus, qu'elles nous autorisent à croire que Phraate II avait, avant la mort de son père, été associé à la dignité royale. Enfin, toutes les médailles où l'on voit ces deux surnoms réunis lui paraissent avoir été frappées du vivant de Mithridate Ier, lorsque son fils régnait avec lui; tandis que celles, au contraire, où l'on trouve le surnom de *Autocrator* réuni à celui de *Théopator*, ou bien ce dernier seul, auraient été frappées après sa mort. Ce système nous semble fort admissible, et

---

[1] Visconti, *Iconographie grecque*, tom. III, pag. 59 et 60.
[2] *Ibid.* pag. 60 et 61.

cette association de Phraate II à son père est parfaitement d'accord avec les considérations que nous avons déjà fait valoir. Mithridate Ier agit sans doute ainsi pour éviter la guerre civile après sa mort, et pour assurer sans contestation à Phraate la succession au trône. Il nous est impossible de fixer d'une manière précise l'époque des médailles qui paraissent appartenir à Phraate II, parce qu'elles ne portent pas de date; mais on peut en classer approximativement quelques-unes. Celles, par exemple, où se lit le surnom de *Théopator*, doivent avoir été frappées postérieurement à l'an 137 avant J. C. époque de la mort de Mithridate; et les pièces où se trouvent réunis les titres de *Autocrator* et de *Philopator*, ont dû l'être entre les années 141 et 137 avant J. C. car c'est à la première de ces deux époques, au plus tôt, que Tryphon dut se rendre entièrement indépendant.

Quoique l'auteur des Prologues de Trogue Pompée nous atteste que Mithridate Ier portait le surnom de Théos (le Dieu), on ne le trouve sur aucune médaille qu'on puisse attribuer à ce prince. Il ne le prit, sans doute, que pour se conformer à un usage des anciens monarques de l'Asie. Ce fut peut-être un motif pareil qui engagea Alexandre à se faire décerner les honneurs divins, et les rois de Syrie Antiochus II, Antiochus IV, Démétrius Ier, Démétrius II et Antiochus XII à s'attribuer le surnom de Théos[1]. On voit,

[1] Frölich, *Annal. reg. et rer. Syr.* pag. 45, 47, 51, 55, 59,

sur les monuments persans expliqués par M. Silvestre de Sacy [1], que les premiers princes de la dynastie des Sassanides prenaient le même titre, se prétendant issus de la race des dieux. Nous avons des médailles de Tigrane, roi d'Arménie, qui le lui donnent aussi [2]. Tout fastueux qu'il était en apparence, ce titre n'avait pas une autre signification que le mot latin *divus*, et il s'employait à peu près de même. Bien qu'il paraisse généralement avoir été réservé aux grands monarques de l'Asie, il fut quelquefois aussi porté par des princes d'un rang très-inférieur; parmi les petits souverains d'Édesse, il y en eut un que Denys de Tel-mahar [3] appelle Maanou, et à qui avait été décerné le surnom d'*Allaha* ou *le Dieu*.

Nous avons déjà fait observer que toutes les médailles arsacides à légendes grecques que l'on possède ne doivent pas être antérieures à Mithridate Ier, malgré l'opinion contraire de quelques savants respec-

---

113. — Vaillant, *Imper. Seleucid.* pag. 28, 96, 129, 149. — *Coins of the Seleucidæ, from the cabinet of Duane*, pag. 66, 67, 68, 94, 95, 96, 109, 110. — Visconti, *Iconogr. grecq.* tom. II, pag. 317, 333.

[1] *Mémoires sur diverses antiquités de la Perse*, pag. 31, 38, 39 et *passim*.

[2] *Coins of the Seleucidæ, from the cabinet of Duane*, pag. 145. — Visconti, *Iconographie grecque*, tom. II, pag. 262.

[3] Apud Asseman. *Biblioth. orient.* tom. I, pag. 418 sqq. — Bayer. *Hist. osrhoena*, pag. 80.

tables[1] : ils en ont attribué quelques-unes à ses prédécesseurs, sans aller toutefois aussi loin que Vaillant, qui en accordait un bien plus grand nombre à ces princes. Les médailles qui portent les légendes : ΒΑΣΙΛΕΩΣ ΑΡΣΑΚΟΥ, *du roi Arsace*, ou ΒΑΣΙΛΕΩΣ ΜΕΓΑΛΟΥ ΑΡΣΑΚΟΥ, *du grand roi Arsace*, et que M. Visconti[2] attribue à Tiridate ; celles où on lit : ΒΑΣΙΛΕΩΣ ΜΕΓΑΛΟΥ ΑΡΣΑΚΟΥ ΕΠΙΦΑΝΟΥΣ, que le même antiquaire rapporte à Phraate Ier[3], nous paraissent les unes et les autres appartenir à Mithridate Ier ; nous partageons d'ailleurs son sentiment sur toutes les médailles qu'il donne à ce dernier prince[4]. La non-conformité qui se fait remarquer entre les têtes, les légendes et les divers accessoires que l'on y voit, ne doit pas, à ce qu'il nous semble, empêcher de les attribuer au même roi. En effet, quelle importance peut-on attacher aux dissemblances que présentent entre elles les têtes gravées sur des médailles frappées en des villes diverses, et par des artistes plus ou moins inhabiles? Les différences qui existent entre les attributs et les costumes

---

[1] Pellerin, *Recueil de médailles de rois*, pag. 132 et 3e suppl. pag. 4. — Eckhel, *Doctr. numm. veter.* tom. III, pag. 524 sqq. — Tychsen, *Comment. II de numis veter. Pers. et Parthor.* pag. 9, 18, in *Comment. Societ. scient. reg. Gotting. recent.* tom. I. — Visconti, *Iconog. grecq.* tom. III, pag. 47 à 52.

[2] *Iconogr. grecq.* tom. III, pag. 47.

[3] *Ibid.* pag. 51.

[4] *Ibid.* pag. 54, 55 et 56.

ne prouvent rien non plus; car telle ville pouvait en adopter un, et telle ville en adopter un autre qui ne fût pas semblable. La similitude des attributs sur quelques médailles des rois de Syrie antérieurs à Mithridate Ier, et sur des médailles arsacides, ne prouve rien non plus en faveur de l'opinion de ceux qui ont attribué celles-ci aux prédécesseurs de ce roi; tout ce qu'on est en droit d'en conclure, c'est qu'elles ont été frappées dans les mêmes villes. D'autre part, la multiplicité des objets que ces médailles représentent, donne à penser qu'elles ne proviennent pas d'une seule ville, et que les accessoires qui s'y trouvent n'y ont pas été placés parce qu'ils plaisaient à tel ou tel prince; car ce n'étaient pas les rois eux-mêmes qui faisaient frapper ces monnaies. Nous ne reviendrons pas, à cet égard, sur ce que nous avons dit ailleurs; cependant, nous ferons encore observer ici que la diversité des titres, sur les médailles que nous attribuons à Mithridate Ier, n'infirme en rien ce que nous avons avancé. Les Grecs nouvellement soumis aux Arsacides durent être fort embarrassés dans le choix des titres qu'ils donneraient à leurs nouveaux maîtres; ils se trouvèrent, en définitive, obligés de faire pour eux ce qu'ils étaient accoutumés de faire pour les rois de Syrie. Jusqu'au règne d'Antiochus Épiphane, on ne remarque, sur les médailles des Séleucides, aucun autre titre que celui de *roi*. Frölich[1] en mentionne

---

[1] *Annal. reg. et rer. Syr.* pag. 43.

une seule où l'on voit le surnom de *Philopator* donné à Seleucus IV. L'usage de multiplier les surnoms ne commença qu'avec le règne d'Antiochus Épiphane : ce prince prit sur ses médailles ceux de *Dieu*, d'*Illustre* et de *Victorieux*, Θεός, ἐπιφανής, νικηφόρος [1]. Cependant, cette innovation ne fut pas adoptée dans tous ses états : on connaît un très-grand nombre de médailles sur lesquelles il ne porte que le simple titre de *roi*[2], comme tous ses prédécesseurs ; il en est de même pour plusieurs de ses successeurs. On ne doit donc pas être étonné de voir, sur quelques médailles de Mithridate Ier, cette simple légende : *du roi Arsace*. Les Grecs des provinces enlevées aux Séleucides faisaient pour lui ce qu'ils avaient fait pour leurs anciens souverains. Il est probable qu'il n'y eut pas, dès les premiers temps de la conquête, un usage établi à cet égard : les rois arsacides, n'ayant point encore eu d'occasion d'exprimer leurs titres dans une langue qui leur était étrangère, ne durent pas exiger de leurs nouveaux sujets plus que ceux-ci n'accordaient à leurs maîtres légitimes. Ce n'est sans doute que lorsque

---

[1] Vaillant, *Imp. Seleuc.* pag. 104, 105. — Frölich, *Annal. reg. et rer. Syr.* pag. 45, 47. — *Coins of the Seleucidæ, from the cabinet of Duane*, pag. 66, 68. — Visconti, *Iconogr. grecq.* tom. II, pag. 317 et 318.

[2] Vaillant, *Imp. Seleuc.* pag. 106, 107. — Frölich, *Annal. reg. et rer. Syr.* pag. 45, 47, 49, 51. — *Coins of the Seleucidæ, from the cabinet of Duane*, pag. 66, 67. — Visconti, *Iconogr. grecq.* tom. II, pag. 315 et 316.

Mithridrate fut le paisible possesseur de la plupart des provinces qui avaient appartenu aux anciens monarques de la Perse, qu'il prit les titres de *grand roi* et de *roi des rois*, portés par ces princes, dont il se regardait comme le successeur; il dut y joindre alors les surnoms que s'attribuaient les rois de Syrie ses contemporains. Il était monté sur le trône pendant le règne d'Antiochus IV, surnommé Théos et Épiphane ou Illustre; il régna pendant plusieurs années, en même temps que ce roi, et on peut croire que c'est à l'exemple du prince séleucide, que les Grecs lui donnèrent le surnom d'Épiphane sur les médailles qu'ils frappèrent à son effigie. Jusqu'à ce jour, on n'en connaît aucune, parmi toutes celles qu'on peut lui attribuer, où se lise le surnom de Dieu, qu'il était en droit de prendre, aussi bien que celui d'Épiphane, et qu'il portait, en effet, ainsi que l'atteste l'auteur des Prologues de Trogue Pompée. Nous ne balançons donc pas à croire qu'il faut restituer à Mithridate Ier toutes les médailles arsacides qui se distinguent par une sorte de pureté dans le travail, et où l'on trouve, avec le titre ordinaire de roi, de grand roi ou de roi des rois, le seul surnom d'Épiphane. M. Visconti[1], d'après Eckhel[2], les attribue à Phraate Ier, prédécesseur de Mithridate. Ce ne fut sans doute, comme nous l'avons déjà dit, qu'à l'imitation du

[1] *Iconogr. grecq.* tom. III, pag. 51 et 52.
[2] *Doctr. numm. veter.* tom. III, pag. 526.

roi de Syrie Antiochus IV, que le prince arsacide, quel qu'il soit, qui est représenté sur ces médailles, prit le surnom d'Épiphane. Antiochus monta sur le trône l'an 176 avant J. C. et mourut en 164. Nous avons vu que Phraate Ier avait dû commencer de régner l'an 178 avant J. C. et mourir, au plus tard, dans l'année 173. Ces deux princes furent donc contemporains pendant environ trois années seulement, à moins qu'on n'attribue au dernier un plus long règne, et qu'on ne suppose, avec M. Visconti[1], qu'il occupa le trône depuis l'année 190 avant J. C. jusqu'en 165. Quoique Phraate Ier ne régnât point sur des contrées où la langue grecque était en usage, nous admettons toutefois que quelques villes grecques lui étaient soumises. Il n'est guère à présumer, même dans cette hypothèse, qu'elles aient pu frapper beaucoup de médailles en son nom, durant la courte durée de son règne; ni que, pendant les trois années qu'il régna en même temps qu'Antiochus IV, il ait pu prendre le surnom d'Épiphane. D'ailleurs, comme le fait fort bien observer M. Tychsen[2], il serait le premier et le seul des Arsacides qui eût pris les surnoms d'un roi de

---

[1] *Iconogr. grecq.* tom. III, pag. 50 et 51.

[2] « Fatendum tamen hunc primum titulum esse, quem rex « Parthus vivo Seleucida usurpaverit; reliquos plerumque ali- « quanto post sumserunt. » (Tychsen, *Commentatio IV de numis veterum Persarum,* pag. 6, in *Comment. Societ. reg. scient. Gotting. recentior.* tom. III.)

Syrie encore vivant ; tous les autres rois parthes ne se les attribuèrent qu'après la mort du prince séleucide. Considérons, de plus, que le roi de Syrie n'avait peut-être pas lui-même encore reçu le surnom d'Épiphane ; car, nous l'avons dit, l'usage de le décerner à Antiochus IV, sur les monnaies, ne fut pas généralement adopté dans ses états, ou du moins il ne fut pas suivi pendant toute la durée de son règne. On sait qu'il existe un grand nombre de médailles qui ne lui donnent que la qualification de roi ; et, parmi celles qui présentent des titres plus fastueux, on n'en connaît aucune d'une date qu'on puisse rapporter aux années où les deux princes dont il est question, occupaient simultanément le trône ; tandis qu'on en possède plusieurs de la première espèce, portant des dates qui coïncident avec cette époque. Il est donc fort difficile d'adopter l'opinion qui attribue à Phraate Ier les médailles arsacides dont il s'agit. Il existait, dans le cabinet du duc de Devonshire [1], une médaille à légende pareille, que M. Tychsen [2] rapporte à Mithridate Ier par l'unique raison que le prince qu'elle représente est barbu, au lieu que celles qu'on donne à Phraate Ier offrent une image sans barbe. Cette raison nous paraît très-faible ; et, à notre avis, elle ne peut être d'aucun poids dans la question ; car, sur beaucoup

---

[1] Haym, *Tesoro Britannico*, tom. II, pag. 31.

[2] *Comment. IV de numis Persarum*, pag. 7, in *Comment. Societ. reg. scient. Gotting. recent.* tom. III.

de médailles, un même prince est représenté avec ou sans barbe, selon les diverses époques de sa vie, et souvent sur des pièces qui portent une même date. Outre un petit nombre de rapports entre les attributs qui se trouvent sur ces médailles et sur quelques monnaies des premiers rois de Syrie, l'absence du surnom de Philhellène ou ami des Grecs est, sans doute, le motif qui a porté Eckhel, ainsi que MM. Tychsen et Visconti, à penser que la série dont nous nous occupons appartient, non à Mithridate Ier, mais à l'un de ses prédécesseurs. Il est certain que, depuis ce roi jusqu'à la fin de la monarchie, les princes arsacides portent tous le titre de Philhellène sur les médailles frappées par les villes grecques. L'absence de ce surnom ne nous paraît pas toutefois une raison concluante; car nous croyons que toutes ces médailles datent des premiers temps où la domination des Parthes s'établit sur les bords du Tigre et de l'Euphrate. Les Grecs qui venaient de combattre les rois parthes et d'être subjugués par eux, ne pouvaient pas donner la qualification d'amis à des conquérants que leur barbarie et leur insolence rendaient insupportables aux vaincus; comme nous l'avons dit, ils ne cessaient, au contraire, par de fréquents messages, d'appeler à leur secours, pour qu'il les délivrât du joug des barbares, le roi de Syrie Démétrius Nicator, qu'ils regardaient comme leur légitime souverain. Il est fort probable que ce fut seulement après la défaite de ce malheu-

DEUXIÈME PARTIE. 447

reux prince, que les rois Arsacides, sentant de quelle importance il était pour eux de ménager les Grecs devenus leurs sujets par le sort des armes, songèrent à leur accorder quelques priviléges pour se concilier leur affection et les empêcher de regretter la domination de leurs anciens souverains. Il paraît qu'ils les laissèrent alors jouir d'une espèce de gouvernement municipal; nous en avons du moins la certitude pour Séleucie. Chacune des villes grecques de la Mésopotamie, de la Babylonie et de l'Assyrie formant une sorte de république, sous la protection des rois parthes, le titre de Φιλέλλην, que l'on trouve sur presque toutes les médailles arsacides à légendes grecques, ne serait alors que la consécration du fait de la reconnaissance de toutes ces petites républiques par ces princes. Le surnom d'Épiphane que les rois Parthes adoptèrent, et qu'ils conservèrent jusqu'à la fin de leur empire, est pour nous une preuve suffisante qu'il faut rapporter non pas à Tiridate ou à Phraate Ier, comme le font Eckhel, Pellerin et MM. Tychsen et Visconti[1], mais à Mithridate Ier toutes les médailles qui présentent, d'un

---

[1] Eckhel, *Doctr. numm. veter.* tom III, pag. 524 sqq.—Pellerin, *Recueil de médailles de rois*, pag. 137 sqq. 3e *Suppl.* pag. 4. — Tychsen, *Commentatio II de numis veter. Pers. et Parth.* pag. 10, 11, in *Comment. Societ. reg. scient. Gotting. recentior.* tom. I; *Commentatio IV*, pag. 8, in *Comment. Societ. reg. scient. Gotting. recent.* tom. III.—Visconti, *Iconogr. grecq.* tom. III, pag. 47 à 52.

côté, une tête couverte d'une espèce de bonnet phrygien, et, au revers, un homme assis, vêtu d'un costume oriental, la tiare en tête et l'arc à la main, avec la légende ΒΑΣΙΛΕΩΣ ΑΡΣΑΚΟΥ, ou ΒΑΣΙΛΕΩΣ ΜΕΓΑΛΟΥ ΑΡΣΑΚΟΥ; nous attribuons au même roi les pièces où l'on voit, sur l'une des deux faces, un prince sans barbe, la tête ceinte d'un diadème, et, sur l'autre face, un revers semblable à celui que nous venons de décrire, ou une tête de cheval, et la légende ΒΑΣΙΛΕΩΣ ΜΕΓΑΛΟΥ ΑΡΣΑΚΟΥ ΕΠΙΦΑΝΟΥΣ. Quant à l'attribution des médailles qui offrent, d'un côté, un prince barbu, la tête ornée d'un diadème et de pendants d'oreilles, et, au revers, un personnage assis, tenant un arc à la main et entouré de la légende ΒΑΣΙΛΕΩΣ ΒΑΣΙΛΕΩΝ ΜΕΓΑΛΟΥ ΑΡΣΑΚΟΥ ΕΠΙΦΑΝΟΥΣ, nous sommes du même avis que les savants recommandables dont nous ne pouvons partager l'opinion sur les points indiqués plus haut. Nous n'hésitons pas à reconnaître, au revers des médailles de cette dernière catégorie, le roi lui-même, représenté dans l'attitude décrite par Dion Cassius, lorsque cet historien raconte l'entrevue du roi Phraate IV avec les envoyés de Marc-Antoine [1].

[1] Lib. XLIX, tom II, pag. 730; ed. Sturz.

FIN DU TOME PREMIER.

www.ingramcontent.com/pod-product-compliance
Lightning Source LLC
Chambersburg PA
CBHW060513230426
43665CB00013B/1505